浙江省生态文明智库联盟

《生态文明研究丛书》
主编◎沈满洪

中国自然资源生产率排行榜研究

顾光同　李玉文　陈秀平　何青华
邱　峰　叶玉菁　朱兴旺　◎著

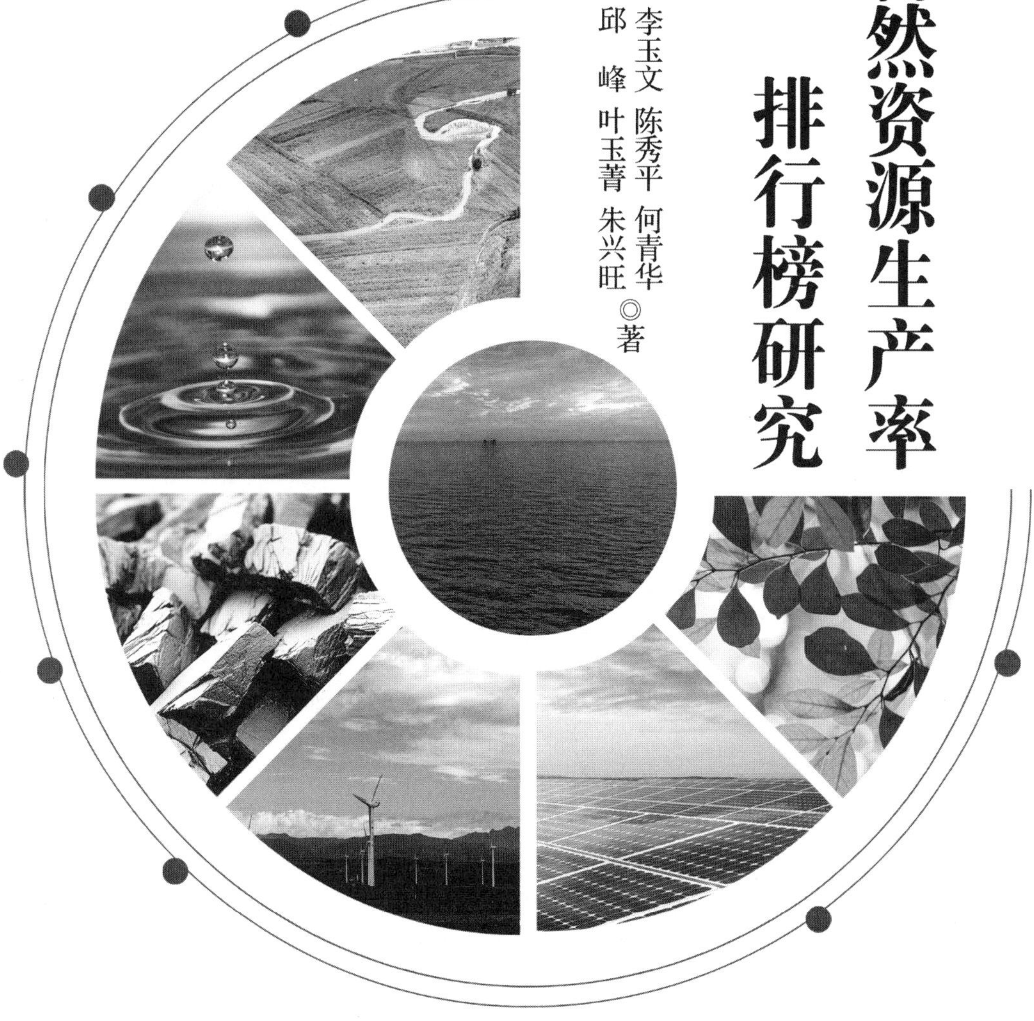

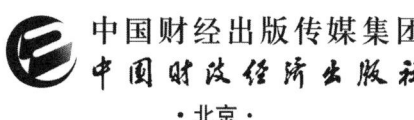
·北京·

图书在版编目（CIP）数据

中国自然资源生产率排行榜研究 / 顾光同等著.
北京：中国财政经济出版社，2025.5. -- （生态文明研究丛书 / 沈满洪主编）. -- ISBN 978-7-5223-3708-1

Ⅰ．F124.5

中国国家版本馆CIP数据核字第2025X68Y54号

组稿编辑：周桂元　　　　　责任校对：胡永立
责任编辑：周桂元　　　　　责任印制：张　健
封面设计：孙俪铭

中国自然资源生产率排行榜研究
ZHONGGUO ZIRAN ZIYUAN SHENGCHANLÜ PAIHANGBANG YANJIU

中国财政经济出版社 出版

URL：http://www.cfeph.cn
E-mail：cfeph@cfeph.cn

（版权所有　翻印必究）

社址：北京市海淀区阜成路甲28号　邮政编码：100142
营销中心电话：010-88191522
天猫网店：中国财政经济出版社旗舰店
网址：https://zgczjjcbs.tmall.com
涿州汇美亿浓印刷有限公司印刷　各地新华书店经销
成品尺寸：170mm×240mm　16开　19.75印张　310 000字
2025年5月第1版　2025年5月河北第1次印刷
定价：110.00元
ISBN 978-7-5223-3708-1
（图书出现印装问题，本社负责调换，电话：010-88190548）
本社质量投诉电话：010-88190744
打击盗版举报热线：010-88191661　QQ：2242791300

《生态文明研究丛书》编委会

编委会主任：

沈满洪 浙江农林大学生态文明研究院院长、碳中和研究院院长、浙江省生态文明智库联盟理事长、浙江省特级专家、国家哲学社会科学领军人才、环球中国环境专家协会理事会主席

编委会委员：

潘家华 中国社会科学院学部委员、北京化工大学生态文明研究院院长、研究员

刘　亭 浙江省人民政府咨询委员会原委员、浙江省发展和改革委员会原副主任

李　周 中国社会科学院农村发展研究所原所长、中国生态经济学学会原理事长、研究员

周国模 浙江省特级专家、浙江农林大学亚热带森林培育国家重点实验室（省部共建）主任、教授

王旭烽 "茅盾文学奖"获得者、浙江农林大学茶学院名誉院长、一级作家

常纪文 国务院发展研究中心资源与环境政策研究所副所长、研究员

兰建平 浙江省发展规划研究院副院长、研究员

诸大建 同济大学可持续发展与管理研究所所长、教授

徐　鹤　南开大学战略环境评价研究中心主任、教授

林　震　北京林业大学生态文明研究院院长、教授

刘　刚　北京大学城市与环境学院长聘教授、长江学者讲习教授

许勤华　中国人民大学国际发展与战略研究院副院长、欧亚研究院执行院长

钭晓东　浙江大学光华法学院新时代枫桥经验研究院常务副院长、"国家百千万人才工程"入选专家

张俊飚　浙江农林大学浙江省乡村振兴研究院副院长兼首席专家、教授、国家哲学社会科学领军人才

王建明　浙江财经大学科研处处长、绿色管理研究院院长、教授

谢慧明　宁波大学商学院副院长、长三角生态文明研究中心主任、教授

方　恺　浙江大学区域协调发展研究中心副主任、公共管理学院长聘教授、浙江生态文明研究院学术交流中心副主任、国家哲学社会科学领军人才

钱志权　浙江省新型重点专业智库——浙江农林大学生态文明研究院副院长、教授

总　　序

2003年7月10日，时任浙江省委书记习近平在中共浙江省委十一届四次全体（扩大）会议上的报告中明确提出"八八战略"，即发挥"八个方面的优势"，推进"八个方面的举措"。"八八战略"之五便是："进一步发挥浙江的生态优势，创建生态省，打造'绿色浙江'。"[①] 我是在"八八战略"指引下成长起来的一名生态经济学者。正因为"八八战略"的持续推进，才持续有机会参与"八八战略"尤其是战略之五的规划研究、工作总结、经验提炼及理论宣讲，多次承担浙江文化研究工程重大项目并出版《绿色创新——生态省建设创新之路》《生态文明建设：浙江的探索与实践》等专著。

生态文明建设是一个博大精深的课题。因此，我几十年只做一件事——生态文明研究，主要研究方向是习近平生态文明思想、生态经济发展战略、生态文明制度建设、资源与环境经济学等。一个人的力量总是有限的，团队建设和平台建设不可或缺。于是，我在浙江大学工作期间积极推动成立"浙江大学循环经济研究中心"，并担任常务副主任；在浙江理工大学工作期间，牵头成立"浙江理工大学浙江省生态文明研究中心"，兼任主任和首席专家，使之成为浙江省重点研究基地；在宁波大学工作期间，牵头成立"宁波大学长三角生态文明研究中心"，

---

① 习近平. 干在实处 走在前列——推进浙江新发展的思考与实践［M］. 北京：中共中央党校出版社，2006：71-73.

兼任主任和首席专家，使之成为浙江省推进长三角一体化发展支撑智库；在浙江农林大学工作期间，牵头重组"浙江农林大学生态文明研究院、碳中和研究院"，兼任院长和首席专家，使之成为浙江省新型重点专业智库。

浙江农林大学生态文明研究院、碳中和研究院是为了响应国家生态文明建设、碳达峰碳中和重大战略而设立，旨在综合运用文理融合、多学科交叉的研究方法，为国家和地方生态文明建设、碳达峰碳中和领域提供跨学科综合解决方案，力求在生态产品价值实现机制、低碳发展路径与政策、亚热带森林增汇稳碳、碳达峰碳中和制度创新、生态文化传承与创新、生态文明法治理论与实践等领域研究取得重大突破。研究院前身是2011年设立的浙江农林大学生态文明研究中心。2021年6月，更名为浙江农林大学生态文明研究院，并设立浙江农林大学碳中和研究院，实行"两院合一"运行机制。2021年9月获中共浙江省委宣传部批准为浙江省习近平新时代中国特色社会主义思想研究中心研究基地。2022年12月获浙江省哲学社会科学工作办公室、浙江省新型智库联席会议批准为浙江省新型重点专业智库，并进入浙江省建设具有全国影响的新型智库培育名单。2024年9月，被浙江省哲学社会科学工作办公室确立为全国影响力智库建设单位。研究院下设生态经济、低碳发展、生态文化、生态治理四个研究所。研究院现有研究人员70余人，其中，有正高级职称的研究人员占三分之一以上。国家哲学社会科学领军人才沈满洪教授担任研究院首席专家。国家科技进步奖二等奖获得者周国模教授、国家一级作家及"茅盾文学奖"得主王旭烽教授、北京大学城市与环境学院刘刚长聘教授、"国家百千万人才工程"入选专家钭晓东教授分别担任低碳发展、生态文化、生态经济、生态治理四个研究所的方向带头人。沈满洪教授任院长，钱志权教授任副院长。研究院产出了一大批有较大影响的学术理论和智库成果。主要研究成员承担了包括国家自然科学基金重大项目和重点项目、国家社科基金重大项目和重点项目以及"973项目"在内的国家级和省部级项目250余项，在《经济研究》等国内外重要学术期刊发表学术论文超过1000余篇，出版学术专著160余部，成果获得国家科技进步奖及省部级优秀科研成果奖近50项，获得国家发明专利20余项，提交的政策咨询报告获中共中央、国务院、全国人大、中央国家机关、部委和省级党委政府领导批示超过100次，形成了较强的政策影响力、学术影响力、社会影响力和国际影响力。本丛书第一部专著《生态文明建设的淳安样本》校稿期间，沈满洪教授领衔的生态文明教师团队入选浙江省高校黄大年式教师团队。

浙江省是习近平生态文明思想的重要萌发地和率先践行地。浙江省各个单位高度重视生态文明研究和平台建设。但研究平台呈现出"多"而"散"的问题。根据省委"大成集智"的指示精神，在浙江省社科联的领导下，成立了"浙江省生态文明智库联盟"。该联盟由浙江农林大学生态文明研究院牵头，由浙江大学区域协调发展研究中心（国家高端智库）、浙江省发展规划研究院、浙江大学中国农村研究中心、浙江省生态环境科学设计研究院、浙江理工大学浙江省生态文明研究院等浙江省23家从事生态文明研究的国家高端智库、省级新型重点专业智库、研究基地等组成。国家哲学社会科学领军人才沈满洪教授担任智库联盟理事长。智库联盟坚持以习近平新时代中国特色社会主义思想为指导，利用绿水青山就是金山银山理念浙江省先行地优势，忠诚践行"八八战略"，聚焦生态文明研究，通过重大选题联合攻关、数据库案例库共建共享、联合举办国际学术论坛等重大举措，着力推动浙江省经济社会全面绿色转型重大理论与实践问题研究，集聚高显示度研究成果，为浙江省率先建成人与自然和谐共生的省域现代化先行示范区、生态文明制度"重要窗口"提供大成集智和理论支撑。智库联盟已经开展了一系列卓有成效的工作：协同开展重大项目研究，如浙江省文化研究工程重大项目"共同富裕的探索与实践——浙江案例研究"（丛书 22 本）、浙江省哲学社会科学重大项目"碳中和论丛"（丛书 11 本）；合作举办国际性全国性学术会议，如"PACE 中国绿色低碳发展的理论与政策国际研讨会"（年度系列）等。

习近平生态文明思想是一个博大精深的理论体系，是一个开放发展的理论体系，尚有大量的理论问题、战略问题、政策问题值得深入研究。我国生态环境保护虽然取得历史性、转折性、全局性变化，但是，我国生态文明建设处于生态环境安全需要与生态环境审美需要并存、陆域生态环境保护与海洋生态环境保护并存、生态经济化任务与经济生态化任务并存、工业化现代化目标与绿色化低碳化目标并存的历史方位。可见，生态文明研究的任务依然任重道远，亟须持续推进和深化生态文明研究。为此，浙江省生态文明智库联盟、浙江农林大学生态文明研究院推出"生态文明研究丛书"。

《生态文明研究丛书》为"不定期""不定册""连续出版"丛书。"不定期"就是不受出版时间的严格约束，书稿成熟就与出版社签署协议，进入出版程序；"不定册"就是不受一时认识水平的约束，实施开放式选题；"连续出版"就是形成生态文明研究的系列拳头产品，避免一本书单打独斗。该丛书可能的选题方向主要有：(1) 习近平生态文明思想研究。重点研究习近平生态文明思想的理论及全国各地践行习近平生态文明思想的实践。(2) 绿色发展的理论和实践研究。重点研究绿色发展理论、生态产品价值实现机制、各地绿色发展实践、绿色发展制度和政策等。(3) 碳达峰碳中和研究。重点研究国家与地方碳减排增碳汇、碳达峰碳中和战略、适应气候变化等理论与实践。(4) 生态文明治理制度研究。重点研究资源与环境法律制度、生态环境治理机制、生态文明体制改革等。(5) 生态文化建设研究。重点研究茶文化、竹文化、生态林业文化等特色生态文化、生态文明哲学、生态文明伦理、生态文明教育等。欢迎符合选题要求的著作纳入本丛书！

丛书编委会由浙江农林大学生态文明研究院院长、首席专家及各方向带头人、浙江农林大学生态文明研究院学术委员会全体委员、浙江省生态文明智库联盟部分成员单位学术带头人组成。作为该丛书主编，对于各位专家同意邀约担任编委会委员表示衷心感谢！

2025 年 1 月修订

（作者系浙江农林大学生态文明研究院院长、碳中和研究院院长、浙江省生态文明智库联盟理事长、浙江省特级专家、国家哲学社会科学领军人才、环球中国环境专家协会理事会主席）

目　　录

第一章　导论 ………………………………………………………（ 1 ）
　第一节　研究背景与意义 …………………………………………（ 2 ）
　第二节　自然资源及其生产率的内涵界定 ………………………（ 8 ）
　第三节　研究内容与框架 …………………………………………（ 16 ）
　第四节　主要创新与价值 …………………………………………（ 19 ）

第二章　自然资源生产率相关理论与测算方法 ………………（ 24 ）
　第一节　自然资源生产率的理论基础 ……………………………（ 25 ）
　第二节　以绿色革命精神推进自然资源生产率提升 ……………（ 39 ）
　第三节　自然资源生产率测算方法 ………………………………（ 51 ）

第三章　土地生产率排行榜 ……………………………………（ 68 ）
　第一节　引言 ………………………………………………………（ 69 ）
　第二节　土地生产率指标选取及数据来源 ………………………（ 72 ）
　第三节　土地生产率排行榜测算 …………………………………（ 74 ）
　第四节　土地生产率排行榜分析与探讨 …………………………（117）

第四章　水资源生产率排行榜 …………………………………（131）
　第一节　引言 ………………………………………………………（132）
　第二节　水资源生产率指标选取及数据来源 ……………………（134）
　第三节　水资源生产率排行榜测算 ………………………………（136）
　第四节　水资源生产率排行榜分析与探讨 ………………………（162）

第五章　环境生产率排行榜 ……………………………………（176）
　第一节　引言 ………………………………………………………（177）

第二节　环境生产率指标选取与数据来源 …………………（180）
　　第三节　环境生产率排行榜测算 ……………………………（183）
　　第四节　环境生产率排行榜分析与探讨 ……………………（211）

第六章　碳生产率排行榜 …………………………………………（218）
　　第一节　引言 …………………………………………………（219）
　　第二节　碳生产率指标选取及其数据来源 …………………（221）
　　第三节　碳生产率排行榜测算 ………………………………（223）
　　第四节　碳生产率排行榜分析与探讨 ………………………（236）

第七章　能源生产率排行榜 ………………………………………（243）
　　第一节　引言 …………………………………………………（244）
　　第二节　能源生产率指标选取及其数据来源 ………………（248）
　　第三节　能源生产率排行榜测算 ……………………………（250）
　　第四节　能源生产率排行榜分析与探讨 ……………………（276）

第八章　提高自然资源生产率的对策建议 ………………………（285）
　　第一节　提高自然资源生产率的综合对策 …………………（286）
　　第二节　提高自然资源生产率的专项对策 …………………（291）

后　记 ………………………………………………………………（300）

第一章

导　论

习近平总书记强调："要大力节约集约利用资源，推动资源利用方式根本转变，加强全过程节约管理，大幅降低能源、水、土地消耗强度"①"绿色发展是高质量发展的底色，新质生产力本身就是绿色生产力"②。可见，提高资源生产率是贯彻新发展理念、推进高质量发展的重要路径。自然资源生产率，亦称"资源生产率"，是单位自然资源投入所能创造的产出量。自然资源生产率的高低是衡量经济社会绿色低碳转型的重要标志。我国自然资源生产率排行榜研究和发布成为一个紧迫的任务。本章主要阐述研究背景与意义、内涵界定及分类、研究内容与框架、可能创新与价值。

---

① 任一林，姜萍萍. 习近平谈资源安全：全面促进资源节约集约利用 [EB/OL]. 中国共产党新闻网，http://cpc.people.com.cn/xuexi/n1/2018/0816/c385474-30233113.html.
② 习近平. 发展新质生产力是推动高质量发展的内在要求和重要着力点 [J]. 求是，2024 (11)：1.

第一节 研究背景与意义

一、研究背景

2013年5月，习近平总书记在中央政治局第六次集体学习时的讲话中强调，节约资源是保护生态环境的根本之策。要大力节约集约利用资源，推动资源利用方式根本转变，加强全过程节约管理，大幅降低能源、水、土地消耗强度，大力发展循环经济，促进生产、流通、消费过程的减量化、再利用、资源化。[①] 2022年9月，习近平总书记又强调要完整、准确、全面贯彻新发展理念，坚持把节约资源贯穿经济社会发展全过程、各领域，推进资源总量管理、科学配置、全面节约、循环利用，提高能源、水、粮食、土地、矿产、原材料等资源利用效率，加快资源利用方式根本转变。[②] 可见，习近平总书记的论述中多次提及自然资源，尽管没有直接针对自然资源生产率的表述，但多方面论断都包含了提升自然资源使用效率的内涵。因此，可以理解为习近平总书记在更宏观的层面强调了提升自然资源生产率的重要性。

2024年1月，习近平总书记在主持中共中央政治局第十一次集体学习时强调，绿色发展是高质量发展的底色，新质生产力本身就是绿色生产力。[③] 这一论断阐明了新质生产力与绿色生产力的内在联系。新质生产力在追求高效能、高质量的同时，也要注重绿色低碳的发展方式，符合绿色生产力的基本要求。绿色生产力强调在生产过程中减少资源消耗和环境污染，

[①] 人民日报. 习近平：坚持节约资源和保护环境基本国策 努力走向社会主义生态文明新时代 [EB/OL]. 中国共产党新闻网，http://cpc.people.com.cn/n/2013/0525/c64094-21611332.html?bj=az73s.

[②] 新华社. 习近平主持召开中央全面深化改革委员会第二十七次会议 [EB/OL]. 中国政府网，https://www.gov.cn/xinwen/2022-09/06/content_5708628.htm.

[③] 新华社. 习近平在中共中央政治局第十一次集体学习时强调：加快发展新质生产力 扎实推进高质量发展 [EB/OL]. 中国政府网，https://www.gov.cn/yaowen/liebiao/202402/content_6929446.htm.

提高资源利用效率。而自然资源生产率正是衡量这一效率的关键指标之一。

由《2023年中国自然资源公报》可知①，在土地资源方面，全国共有耕地12758.0万公顷、园地2011.3万公顷、林地28354.6万公顷、草地26428.5万公顷、湿地2356.9万公顷、城镇村及工矿用地3596.8万公顷、交通运输用地1018.6万公顷、水域及水利设施用地3629.6万公顷；在森林资源方面，全国共有林地28354.6万公顷。其中，乔木林地19680.8万公顷，竹林地699.2万公顷，灌木林地5835.8万公顷，其他林地2138.8万公顷；而在水资源方面，地下水储存量520985.8亿立方米；在矿产资源方面，截至2022年末，全国已发现矿产资源173种，其中能源矿产13种，金属矿产59种，非金属矿产95种，水气矿产6种。2022年，中国近四成矿产储量均有上升。其中，储量大幅增长的有铜、铅、锌、镍、萤石、晶质石墨等。根据《2023年全国油气储量统计快报》数据，全国油气勘查新增探明储量总体保持高位水平，石油勘查新增探明地质储量连续4年稳定在12亿吨以上，天然气、页岩气、煤层气合计勘查新增探明地质储量连续5年保持在1.2万亿立方米以上。

《中国能源发展报告2024》和《中国电力发展报告2024》统计数据显示，我国能源资源方面，2023年，我国电能占终端能源消费比重达28%，相比10年前增加了6.7个百分点。电力消费结构也在持续优化，高技术及装备制造业用电量同比增长11.3%，超过制造业整体用电增长水平。同时，传统煤电行业也正在加快低碳化改造，推进能源绿色低碳转型。2023年6000千瓦及以上火电供电标准煤耗302克/千瓦时，10年来累计下降了近20克/千瓦时。下一步，我国将持续推动工业、建筑、交通、农业等领域电能替代，增强电动汽车充电服务保障能力。争取到2025年，终端电气化水平提高到30%左右。未来3年，新增煤电重点围绕大型新能源基地、主要负荷中心、电网重要节点，统筹资源，科学确定并优化调整煤电项目布局。存量煤电机组通过节能降碳改造、供热改造和灵活性改造，实现向清洁、高效、灵活转型，以最小体量发挥最大的灵活性调节、惯性支撑和供热保障能力。

总体而言，我国土地资源类型多样，而且耕地主要集中在东部季风区

---

① 中华人民共和国自然资源部.2023年中国自然资源公报［EB/OL］.2024.2：https://gi.mnr.gov.cn/202402/P020240312701247258838.pdf.

的平原、盆地和低缓丘陵地区，其中北方以旱地为主，南方以水田为主；水资源总量丰富，但分布不均。南方地区水资源量占全国的80%以上，北方地区仅占20%左右。同时，水资源还存在时空分布不均的问题，夏秋两季多雨，冬春两季少雨；碳资源主要存在于森林、草地、湿地等生态系统中。我国森林面积广阔，尤其是东北、西南和东南三大林区，是碳资源的重要储存地；我国能源资源种类丰富，包括煤炭、石油、天然气等化石能源以及风能、太阳能等可再生能源。煤炭资源主要分布在北方地区，尤其是山西、陕西、内蒙古等地；石油和天然气资源则主要分布在东北、华北和西北等地。可再生能源方面，风能资源在东南沿海和西北地区较为丰富；太阳能资源则在全国大部分地区都有分布。

同时，我国自然资源也迎来了历史性重大机遇。①政策方面，国家高度重视自然资源保护和可持续发展问题，出台了一系列政策措施加强资源节约和环境保护工作。②技术进步方面，随着科技的不断进步和创新能力的提升，我国在自然资源监测、评估、管理和利用等方面的技术水平不断提高。③市场需求方面，随着经济的快速发展和人民生活水平的提高，对自然资源的需求不断增加。

但是，也面临许多严峻挑战：①资源短缺，我国人均自然资源占有量较低且分布不均导致部分资源短缺问题突出。②环境污染问题突出，随着工业化和城市化进程的加速，环境污染问题日益严重地对自然资源和生态环境造成了破坏。③区域发展明显不平衡，不同地区在自然资源禀赋、经济发展水平和社会文化等方面存在差异，导致区域发展不平衡问题突出。为此，需要发挥高等院校生态经济研究的优势，加快推进我国自然资源生产率排行榜的研究和编制，并以此为基础去激励自然资源生产率高的地区、行业或企业，约束资源生产率低的地区、行业或企业。

二、研究意义

（一）本研究有助于促进自然资源的节约和高效利用，助推资源节约型社会建设

自然资源生产率排行榜通过排名和比较不同地区或行业的自然资源生产率，能够直观地展示出哪些地区或行业在资源利用上更为高效，哪些存在浪费和低效的问题。这种排名的方式，不仅有助于提升公众对资源节约和高效利用的认识，还能激发各地区和行业在资源利用上的竞争意识和创新动力。更重要的是，自然资源生产率排行榜的研究和应用，能够助推资源节约型社会的建设。在资源日益紧张、环境问题日益突出的今天，建设资源节约型社会已成为全球性的共识。而自然资源生产率排行榜，正是实现这一目标的重要抓手和有力工具。它能够通过引导资源的高效利用和节约，推动社会经济结构的优化和升级，实现经济发展与资源环境的和谐共生。因此，自然资源生产率排行榜的首要目标就是通过提高自然资源生产率来节约资源、保障自然资源的可持续利用。它的研究和应用，不仅有助于提升资源利用的效率，还能推动资源节约型社会的建设，为人类的可持续发展贡献力量。

（二）本研究有助于促进生态环境的保护和修复工作，助推环境友好型社会建设

自然资源利用如同一座桥梁，一头连接着人们从生态系统中获取的各种宝贵资源，另一头则连接着人们向生态系统排放的废弃物。在这个过程中，节约资源不仅意味着减少浪费、提高利用效率，更直接地关联到保护环境的重大任务。自然资源生产率排行榜的研究不仅关注资源的生产效率，更隐含着对资源节约和环境保护的深刻思考。通过排行榜的形式，可以直观地看到哪些地区或行业在资源利用上做得更好，哪些还有改进的空间。这种比较和竞争机制，无疑会激励更多的地区和行业加入资源节约和环境保护的行列中来。更重要的是，自然资源生产率排行榜的研究和应用，还有助于推动环境友好型社会的建设。在这样的社会中，资源的节约和环境的保护不再是外在的强制要求，而是内化为社会发展的核心理念和行动指南。通过提高资源生产率、减少废弃物排放、促进生态环境的修复和保护，构建一个更加绿色、可持续的未来。因此，自然资源生产率排行榜的研究不仅有助于提升资源利用的效率，更在促进生态环境的保护和修复、推动环境友好型社会建设方面发挥着不可替代的作用，是实现可持续发展目标的重要工具。

（三）本研究有助于促进碳达峰碳中和工作目标实现，助推气候适宜型社会建设

能源生产率提高意味着在相同产出下减少能源消耗，或在相同能源消耗下增加产出，从而直接减少二氧化碳等温室气体的排放。这是实现碳达峰碳中和目标的关键途径之一。而提升碳生产率意味着在相同的碳排放量下创造更多的经济价值，或者通过提高经济产出而相对减少碳排放。这有助于推动经济社会向低碳、高效方向发展，是实现碳中和目标的重要手段。除了能源生产率和碳生产率外，其他自然资源生产率（如土地资源生产率、水资源生产率等），通过提升资源利用效率、促进绿色低碳转型、增强全社会环保意识等间接促进碳达峰碳中和目标的实现。自然资源生产率排行榜通过科学评估各地区、各行业的自然资源生产率水平，为政府制定相关政策和规划提供科学依据，推动经济社会向低碳、绿色、可持续方向发展；排行榜的发布和竞争机制有助于激发各地区、各行业在资源节约和环境保护方面的创新活力，推动新技术、新模式的不断涌现和应用；通过宣传和推广自然资源生产率排行榜的研究成果和理念，提升公众的环保意识和参与度。因此，自然资源生产率研究对于助推气候适宜型社会建设具有重要意义。

三、研究特色

（一）坚持问题导向，明晰自然资源生产率内涵

党的十八大以来，党中央和国务院多次强调可持续发展的重要性，要求在经济社会发展中注重资源节约和环境保护。自然资源生产率排行榜研究正是为了回应这一政策导向，应对资源稀缺性与可持续发展挑战，通过科学评估各地区在资源利用上的效率，为优化资源配置、提高资源利用效率提供数据支持。排行榜以揭示我国区域发展不平衡问题为导向，反映我国区域自然资源生产率时空演变特征，可以更有针对性地制定区域发展政策，促进区域协调发展。资源生产率排行榜特别关注碳生产率和环境生产率，旨在评估各地区在减少碳排放、改善环境质量方面的表现，为绿色低碳转型提供科学依据和政策建议。因此，要想对我国自然资源生产率排行榜进行研究，就必须从土地资源、水资源、能源、碳以及环境污染等生产率出发，明晰自然资源生产率的内涵。

（二）坚持目标导向，构建自然资源生产率指标体系

党的十八大以来，党中央和国务院多次强调生态文明建设、资源节约

和环境保护的重要性，提出了碳达峰、碳中和等具体目标。自然资源生产率排行榜的研究正是围绕这些政策目标展开的，旨在通过科学评估各地区、各行业在自然资源利用上的效率，推动资源节约、环境保护和绿色低碳发展。为了全面、准确地评估各地区、各行业在自然资源利用上的效率，自然资源生产率排行榜研究必须构建科学、合理的指标体系，并且该指标体系尽可能涵盖土地资源、水资源、能源、碳以及环境污染等多个方面，以有助于全面、系统地评估各地区、各行业在自然资源利用上的效率水平，还为政策制定提供了科学依据和数据支持。同时，通过定期发布排行榜并更新指标体系，可以动态监测各地区、各行业在资源利用和环境保护方面的变化情况，及时发现问题并采取措施加以改进。

（三）坚持数据导向，编制自然资源生产率排行榜

党的十八大以来，党和政府多次在推动生态文明建设、资源节约和环境保护等方面，强调了数据的重要性。数据是科学决策的基础，也是评估政策效果的关键依据。自然资源生产率排行榜的研究必须基于大量、翔实的数据，通过科学分析和计算，得出各地区、各行业在自然资源利用上的效率排名。这种数据导向的研究方法，确保了排行榜的客观性和准确性，为政策制定提供了有力支持。排行榜的编制过程体现了以下几个方面的数据导向特色：一是数据来源广泛，研究团队收集了大量来自官方统计、行业报告、学术研究等多方面的数据，确保了数据的全面性和权威性；二是数据处理严谨，在数据处理过程中，研究团队采用了先进的统计方法和分析技术，对数据进行清洗、整理和分析，确保了数据的准确性和可靠性；三是指标体系科学，排行榜的构建基于科学的指标体系，这些指标不仅反映了自然资源利用的直接效率，还考虑了经济、社会、环境等多方面的因素，确保了评估结果的全面性和客观性；四是结果透明公开，排行榜的结果通过公开渠道发布，接受社会各界的监督和检验。这种透明度不仅增强了排行榜的公信力，也促进了各地区、各行业之间的良性竞争和相互学习。

（四）坚持客观导向，剖析自然资源生产率结果

党的十八大以来，党和政府在推动生态文明建设、资源节约和环境保护等方面，多次强调了客观性和科学性的重要性。自然资源生产率排行榜的研究正是遵循了这一原则，通过构建科学合理的指标体系，采用客观的数据来源和分析方法，对各地区、各行业在自然资源利用上的效率进行了全面、系统的评估。这种坚持客观导向的研究方法，确保了排行榜结果的公正性和准确性，进而深入剖析各地区、各行业在自然资源利用上的效率和问题。整体上，采用广泛、权威的数据来源，确保数据的真实性和可靠性，保障了数据来源客观；构建科学合理的指标体系，采用先进的统计方法和分析技术进行评估，保障了评估方法科学；不仅关注排名结果，还深入剖析背后的原因和影响因素，结果剖析深入；基于剖析结果提出针对性的政策建议，为政策制定提供有力支持。

第二节　自然资源及其生产率的内涵界定

一、自然资源的概念

自然资源是指具有社会有效性和相对稀缺性的自然物质或自然环境的总称，是一个多维度的概念，其定义和范围随着人类社会的发展、科学技术的进步以及人类对环境认知的深化而不断演变。联合国出版的文献中对自然资源的含义解释为："人在其自然环境中发现的各种成分，只要它能以任何方式为人类提供福利的都属于自然资源。"从广义上来说，自然资源包括全球范围内的一切要素，既包括过去进化阶段中无生命的物理成分（如矿物），也包括地球演化过程中的产物（如植物、动物、景观要素、地形、水、空气、土壤和化石资源等）。这一定义强调了自然资源的多样性和对人类福利的潜在贡献。[①]

自然资源，也是天然存在、有使用价值、可提高人类当前和未来福利

[①] 邓湖川. 恩格斯《自然辩证法》的自然观及其对我国生态文明建设的启示 [J]. 马克思主义研究，2023（04）：109–119.

的自然环境因素的总和。[①] 在国土开发利用中,自然资源包括土地资源、水资源、森林资源、矿产资源、海洋资源、旅游资源、环境资源、能源资源、气候资源等。[②] 具体而言,土地资源是指地球陆地表面部分,是人类生活和生产活动的主要空间场所。水资源是指在目前技术和经济条件下,比较容易被人类利用的补给条件好的那部分淡水量;经过一定的地质过程形成的,赋存于地壳内或地壳上的固态、液态或气态物质,当它们达到工业利用的要求时,称为矿产资源。环境资源是一个既包含自然资源属性又涉及环境污染和环境质量的综合性概念。从环境质量的角度看,环境资源是指那些能够保持或提升环境质量,满足人类生存发展需求,促进可持续发展的自然资源。能源资源是指能够提供某种形式能量的物质或物质的运动。能源资源包括常规能源(如石油、煤炭)和新能源(如太阳能、地热、潮汐能等)。气候资源是指地球上生命赖以产生、存在和发展的基本条件,包括太阳辐射、热量、降水、空气及其运动等要素。

自然资源的有限性是其最本质的特征之一。任何资源在数量上都是有限的,且可替代资源的品种也是有限的。同时,自然资源的分布具有区域性,受太阳辐射、大气环流、地质构造和地表形态结构等因素的影响,不同地区的资源种类、数量和质量存在显著差异。基于上文的研究背景和研究意义,本书重点以土地、水、能源、碳以及环境等自然资源领域为研究对象。

二、自然资源生产率的内涵

生产力是指人们征服自然、改造自然、获得物质资料的能力。它体现了人与自然的关系,是人们在生产过程中利用自然、改造自然并创造物质财富的能力。从广义上来看,生产力包括一切物质生产力和精神生产力;从狭义上来看,生产力主要指再生生产力,即人类创造新财富的能力。生产力的构成要素通常包括劳动者、劳动资料和劳动对象,其中劳动者是决

---

① 自然资源部. 自然资源部关于印发《自然资源调查监测体系构建总体方案》的通知(自然资发〔2020〕15 号)[EB/OL]. 2020 年 1 月 17 日, https://www.gov.cn/zhengce/zhengceku/2020-01/18/content_5470398.htm.

② 刘成林. 试论生态经济原理在国土资源开发中的应用[J]. 生态经济, 1990 (02): 35-37.

定性的因素。生产率则是指单位时间或单位投入所产出的合格产品的数量。它是衡量生产效率的一个重要指标。根据考察的生产要素或测定方法的不同，生产率可以分为多种类型，如劳动生产率、资本生产率、原材料生产率和能源生产率等。生产力和生产率之间存在着密切的关系。生产力是生产率的基础，没有生产力的发展，就不可能有生产率的提高。同时，生产率的提高也是生产力发展的一个重要标志。生产力的提高意味着人们在单位时间内能够创造出更多的物质财富，而生产率的提高则反映了人们在生产过程中的效率得到了提升。

而自然资源生产率，亦称"资源生产率"，是单位自然资源投入所能创造的产出量。这一概念在经济学和环境科学中具有重要意义，是衡量资源利用效率和可持续发展水平的重要指标，其核心要素包括资源投入和经济产出[①]，其中自然资源生产率关注的是特定时期内投入生产过程中的自然资源量，衡量的是这些资源投入后所带来的经济价值或附加价值。同时，注重效率与生产力，单位资源产生的效益越多，资源利用效率就越高，相应的资源生产力也越高。这要求以最少的资源投入产出最多的价值，同时减少废弃物的产生，从而减轻经济活动对环境的不利影响。

自然资源生产率的提出与可持续发展理论密切相关。随着全球资源短缺和环境问题的日益严峻，如何在保障经济增长的同时减少资源消耗和环境污染成为各国关注的焦点。自然资源生产率作为衡量资源利用效率和可持续发展的重要指标，为评估和指导经济活动提供了科学依据。在实际应用中，自然资源生产率被广泛用于评估国家和地区的资源利用状况、制定可持续发展战略和政策措施等方面。例如，通过提高自然资源生产率，可以在保障经济增长的同时减少资源消耗和环境污染，实现经济、社会和环境的协调发展。

随着科技的进步和全球对可持续发展认识的深入，自然资源生产率的研究和应用将不断深入和完善。未来，自然资源生产率的核算方法将更加科学、准确，应用领域也将更加广泛。同时，随着人们对环境质量要求的提高和环保意识的增强，自然资源生产率将成为衡量一个国家或地区可持续发展水平的重要标尺。

---

① 首都科学决策研究会. 中央政治局集体学习专辑 [J]. 领导决策信息, 2009 (39): 4 - 63.

可见，自然资源生产率的内涵丰富而深刻，它不仅是衡量资源利用效率和可持续发展的重要指标，也是指导经济活动、制定可持续发展战略和政策措施的重要依据。

三、自然资源生产率的分类

（一）自然资源的分类

党的十八大报告强调："着力推进绿色发展、循环发展、低碳发展"。[①] 以此判断，绿色发展对应的是生态环境保护，循环发展对应的是资源高效利用，低碳发展对应的是应对气候变化。因此，可以把自然资源分成下列三类：

1. 狭义自然资源

狭义自然资源主要包括土地、水、空气、森林、湿地、海洋、沙漠、荒地等自然资源。这些自然资源中，有的较早得到开发，如土地；有的长期无价或低价使用，但如今变得越来越稀缺，如水资源；有的迄今仍是无价使用，如空气等。随着自然资源使用强度的增加，人们发现"资源容量"是有极限的，存在"资源阈值"。为了生态系统的安全，必须保持足够的生态用水；为了渔业资源的再生，捕捞速率不可超过再生速率；为了森林资源的循环，砍伐速率不可高于再生速率；等等。就我国政府的管理职能看，狭义自然资源大多由自然资源部门负责管理，水资源的部分职能则由水利部门负责管理。

2. 环境资源

环境资源主要包括水土涵养、生态平衡、环境容量等。随着工业化的推进，环境污染的加剧，人们发现"环境容量"是有极限的，存在"环境阈值"。具体的表现就是废水、废气等排放总量控制导致的排污许可的稀缺性进而形成排污权交易市场。就我国政府管理职能的分工来看，环境资源由生态环境部门负责管理。

3. 气候资源

气候资源主要包括气候调节、碳汇资源、碳排放容量等。长期以来，

[①] 胡锦涛. 坚定不移沿着中国特色社会主义道路前进 为全面建成小康社会而奋斗——在中国共产党第十八次全国代表大会上的报告 [M]. 北京：人民出版社，2012：39.

吸收氧气、吐出二氧化碳被认为是"天赋人权"。但是，随着温室气体排放的增加，全球气候的不断变暖，人们发现"气候容量"是有极限的，存在"气候阈值"。具体的表现就是"碳排放权""碳汇"等产品纳入碳市场。就我国政府管理职能的分工来看，气候资源由发展改革部门总体负责，生态环境部门等具体落实。

当然，自然资源还有其他划分，比如根据自然资源的更新速度或再生能力分类可分为可再生资源（可更新资源）和不可再生资源（不可更新资源）；根据自然资源的性质分类可分为生物资源、矿产资源以及其他资源；根据自然资源的空间分布分类可分为陆地自然资源、海洋资源以及气候资源。本书根据研究出发点，按照狭义自然资源（比如土地资源、水资源）、环境资源、气候资源（比如能源、碳）进行分类。

（二）自然资源生产率的分类

从生产效率的测度指标来看，生产率可以分为绝对指标和相对指标两大类。绝对指标通常被称为生产率，计算表达式为：产出/投入，反映的是生产过程中产出与投入的比例，即生产资源的实际配置状况。[①] 按照新古典经济学框架，全要素生产率主要是由劳动和资本共同决定的，并未考虑自然资源的作用，资源效率仅仅是一种经济效率，即经济资源配置效率。相应地，获取资源效率的手段仅依赖于市场交易。从可持续发展的角度来看，经济效率不仅要注重劳动生产率，而且还应关注自然资源生产率。

由于自然资源生产率是衡量单位自然资源投入所能创造的产出量的指标，因此其分类主要依赖于所涉及的资源类型。按照狭义自然资源（比如土地资源、水资源等）、环境资源、气候资源（比如碳、能源等）的分类具体而言可分为：

1. 土地生产率

土地利用与配置问题始终是社会发展的重要热点问题。我国正处于高速度增长转向高质量发展的阶段，土地供需矛盾与土地资源配置问题显得尤为突出。土地资源配置可以通过市场机制与政府调控来实现，但是由于

---

① 杨鑫，穆月英. 中国粮食生产与水资源的时空匹配格局［J］. 华南农业大学学报（社会科学版），2019，18（04）：91-100.

农用地和建设用地可能带来的正负外部性会导致市场失效使得单纯的市场调控机制并不能实现土地资源最优配置,因此,在利用市场机制的同时需要结合政府调控才能实现土地资源优化配置。[①]

土地生产率是反映土地生产能力的指标,一般用一定时期内的单位土地面积出产的产品数量或产值表示,比如粮食作物与其土地种植面积之比,其中粮食产量统计由国家统计局统一口径计算并公布。评价土地生产率的指标可分为实物量法和货币量法,实物量法中除了粮食亩均产量用得较为普遍,特殊情况下还可考虑牧场等生产率。

由于限定范围内的土地规模具有时间上的稳定性和有限再生性,对于城市来说,土地生产率取决于某一时间段内城市地区生产总值,而一个城市的地区生产总值,一般情况下是三类产业产值的总和。不同地类的产出价值是不同的,农用地具有较大的生产价值,但经济价值较差;未利用地同样具有完全的生态价值,但没有经济意义上的产值;城市建设用地在城市地区生产总值中贡献较大,但其并不具有生态价值,故而城市土地生产率的土地指标应该选用城市建设用地指标。[②] 同时也有另一种方法,就是将一个地区的经济部门分为农业部门与非农业部门,假定其经济产出由资本、劳动力、土地及全要素生产率决定,考虑农用地的正外部性和建设用地的负外部性。

2. 水资源生产率

水资源利用领域较为广泛,不同自然科学对水资源生产率没有统一的定义,在此提及的是非经济学的概念,即水资源生产率包括有效灌溉效率、水分利用效率和水分生产率等多种指标。在经济学概念中,生产率含义为产出与投入比,包括单要素生产率、全要素生产率及其各类基于非期望产出等修正类型,生产率越高表示农业生产管理水平越高。效率的含义为投入或产出的观测值与最优值的比值,属于无单位量纲,与一个基准比较才能评价某个体生产率是否有提高潜力。因此,水资源生产率是指在一定的经济环境与技术条件下,投入单位水资源量的经济产出。

[①] 李辉,王良健. 土地资源配置的效率损失与优化途径 [J]. 中国土地科学,2015,29(07):63-72.

[②] 臧漫丹,许琨. 城市土地资源生产率提高的实现路径及上海实证 [J]. 同济大学学报(社会科学版),2010,21(04):118-124.

3. 环境生产率

环境生产率是用来计算一个国家或地区单位废物所对应的经济产出，包括污水生产率、废气生产率以及固废生产率，而污水、废气以及固废简称"三废"，尤其工业中产生的"三废"占地区"三废"的90%以上，国家统计局主要统计了工业中的废水排放量（万吨）、二氧化硫排放量（万吨）和烟（粉）尘排放量（万吨），分别对应废水、废气以及固废。从"三废"（污水、废气、固废）的分类角度，还可选择化学需氧量排放量、氨氮排放量、二氧化硫排放量、氮氧化物排放量、颗粒物排放量、一般工业固体废物产生量等六类污染物作为环境资源消耗量。

4. 碳生产率

碳生产率，又称"碳均GDP"，是指单位二氧化碳的GDP产出水平，即一定时期内，一个国家或地区所产生的国内生产总值（GDP）与其同期二氧化碳排放量的比值。它反映了单位二氧化碳排放所产生的经济效益大小，是衡量低碳经济发展水平的一个重要指标。

5. 能源生产率

能源生产率是指单位能源投入所产生的产出。测算能源生产率的方法可以根据具体情况采用不同的指标和数据。通常，需要综合考虑能源消耗与产出之间的关系，包括能源消耗的种类和数量，以及产出的价值或数量。最直接的就是以能源消耗与产出之间的比率来衡量，即实际产出/能源投入。

需要注意的是，自然资源生产率的分类并不是绝对的，不同的分类方式之间存在一定的交叉和重叠。同时，随着科学技术的发展和人类认知水平的提高，自然资源及其生产率的分类也会不断细化和完善。在实际应用中，应根据具体需求和目的选择合适的分类方式。

四、自然资源生产率的测算指标与测算范围

本书开展我国省域层面和设区市层面的自然资源生产率排行榜研究，包括土地资源生产率排行榜、水资源生产率排行榜、碳生产率排行榜、能源生产率排行榜、环境资源排行榜等，具体测算指标与测算范围见表1-1。

表 1−1　　　　　　　　自然资源生产率测算指标与测算范围

一级指标	二级指标	三级指标	尺度	时间跨度	实际GDP基期
土地	农用地生产率	粮食作物产量（千克）	省域、副省级城市、设区市	2000—2022年	—
		耕地面积（亩）			
	建设用地生产率	实际生产总值（万元）	省域、副省级城市、设区市	2000—2022年	2000年
		建设用地面积（公顷）			
水	水资源生产率	实际生产总值（万元）	省域、副省级城市、设区市、三次产业	2002—2022年	2000年
		水资源用水量（立方米）			
环境	环境生产率	实际生产总值（万元）	省域、副省级城市、设区市	2000—2022年	2000年
		化学需氧量（吨）			
		氨氮排放量（万吨）			
		二氧化硫排放量（吨）			
		氮氧化物排放量（吨）			
		颗粒物排放量（吨）			
		一般工业固体废物量（吨）			
		工业废水排放量（万吨）			
		工业二氧化硫排放量（吨）			
		工业烟(粉)尘排放量（吨）			
碳	碳生产率	实际生产总值（万元）	省域、副省级城市、设区市	2000—2021年	2000年
		二氧化碳排放量（吨）			
能源	能源生产率	实际生产总值（亿元）	省域、副省级城市、设区市	2000—2021年	2000年
		能源消费总量（吨标准煤）			

第三节 研究内容与框架

一、研究思路

本研究以习近平生态文明思想和习近平经济思想为指导，依据"自然资源及其生产率内涵界定—指标体系构建—生产率排行测算—结果解读与分析"的思路，以土地、水资源、环境、碳和能源等生产率为重点研究对象，通过构建科学合理的指标体系，采集和收集2000—2022年我国各省域、各副省级城市、设区市以及行业相关数据，采用定量与定性相结合的分析方法，对自然资源中的土地、水、环境、碳和能源等自然资源进行投入产出测算，实现各省域、各副省级城市、设区市以及三次产业（水资源）的排行，并进行结果解读和分析，深入研究各类自然资源生产率的区域差异、影响因素及提升途径，旨在揭示自然资源利用效率和经济发展的内在关系，为实现经济社会的绿色转型和可持续发展提供理论支持和实践指导。

二、研究内容

第一，自然资源生产率分类及其指标体系研究。首先，对自然资源生产率进行内涵界定。其次，按照类型对自然资源进行分类，重点关注土地、水资源、环境、碳和能源。最后，为了系统评估和比较我国省域、副省级城市、设区市等层面的自然资源生产率，从自然资源的投入与产出入手，构建自然资源生产率测算指标体系。

第二，自然资源生产率测算方法研究。根据自然资源生产率的分类与界定，从生产效率视角，探讨自然资源生产率的测算方法，其中包括单要素亩均测算、加权综合多要素亩均测算以及全要素生产率测算等方法，细化土地、水资源、环境、碳和能源等生产率的测算方法，根据数据可获得性思考各类自然资源在2000—2022年单位资源消耗的产出指数可比性与时效性。

第三，土地生产率排行榜研究。根据土地类型将土地资源生产率分为农用地生产率和建设用地生产率，搜集 2002—2022 年各省域、副省级城市以及各设区市的农用地、建设用地等相关数据，并获取相应的经济产出数据，其中国内生产总值（GDP）以 2000 年为基期计算其相应的实际 GDP，并根据耕地质量等级对不同土地质量等级的地区的耕地生产率分别进行排名，展示了其变化情况；建设用地生产率则主要考虑地区实际生产总值与建设用地总面积之比，进行建设用地生产率排行。进一步对农用地和建设用地生产率的结果进行了深入分析和讨论，以期全面了解对土地利用的情况。

第四，水资源生产率排行榜研究。在分析我国水资源供需基础上，搜集 2002—2022 年各省域、副省级城市及设区市的三次产业的水资源利用等相关数据，采用要素投入产出的测算方式，其中国内生产总值（GDP）以 2000 年为基期计算其相应的实际 GDP，对我国水资源生产率进行计算和排行，以期帮助理解我国各省域、副省级城市、设区市以及产业水资源利用的效率和可持续性，探索改善水资源管理的策略和政策建议。

第五，环境生产率排行榜研究。基于环境生产率的内涵界定，从"三废"（污水、废气、固废）的分类角度，选择化学需氧量排放量、氨氮排放量、二氧化硫排放量、氮氧化物排放量、颗粒物排放量、一般工业固体废物产生量等六类污染物产出数据，搜集 2002—2022 年各省域、副省级城市、设区市的投入和产出数据，采用要素投入产出的测算方式，其中国内生产总值（GDP）以 2000 年为基期计算其相应的实际 GDP，通过每种污染物的社会支付意愿的权重，加权合成环境污染物排放综合指数；从省域、副省级城市、设区市三个层面对综合环境生产率和分项环境生产率的排行榜和测算结果进行分析，以揭示不同地区在环境治理上的表现差异，为推动我国可持续发展和资源管理提供政策建议和指导。

第六，碳生产率排行榜研究。基于碳生产率的内涵界定，搜集 2002—2021 年各省域、副省级城市、设区市的碳排放等相关数据，采用要素投入产出的测算方式，其中国内生产总值（GDP）以 2000 年为基期计算其相应的实际 GDP，对我国碳生产率进行计算和排行，以揭示各省域、各副省级城市、各设区市碳资源利用的效率和可持续性，对我国推动"双碳"目标的政策制定和实施具有重要意义。

第七，能源生产率排行榜研究。在分析我国能源结构的基础上，搜集 2002—2021 年各省域、副省级城市、设区市的能源利用等相关数据，包括煤炭、石油、天然气、一次电力及其他等能源类资源加权获得地区能源总量。采用要素投入产出的测算方式，其中国内生产总值（GDP）以2000年为基期计算其相应的实际GDP，对我国能源生产率进行计算和排行，以揭示不同地区在能源利用方面的表现和潜力，从而推动可持续能源发展和资源管理的政策和实践。

第八，提高自然资源生产率的对策研究。首先从整体视角分析资源环境效率的严峻形势，并提出了全面实施自然资源生产率领跑者制度、深化环境要素配置市场化改革、推进创新驱动以及加强资源环境数据搜集和统计等宏观措施。接着，从细分视角详细探讨了提升各类资源生产率的对策建议。

三、研究框架

本书由八章构成，研究框架如图1-1所示。

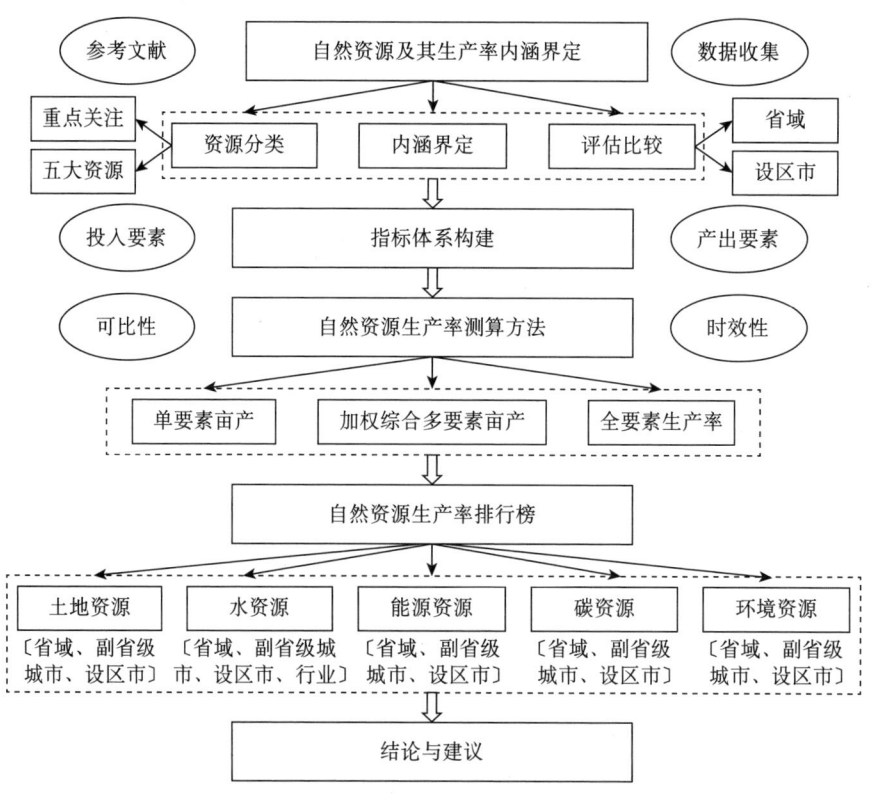

图1-1 自然资源生产率排行榜研究框架

第一章为导论。简要阐述研究背景与意义、内涵界定及分类、测算指标以及测算范围、研究内容与框架、可能创新与价值。本章内容为后续各章研究的逻辑起点。

第二章介绍然资源生产率相关理论与测算方法。系统阐述自然资源生产率相关理论、单要素、综合权重法和绿色全要素测算一般测算方法以及土地、水资源、环境、碳和能源等特定生产率的后续测算方法。

第三章为土地生产率排行榜研究。重点从农用地和建设用地分别进行省域、副省级城市、设区市层面的土地生产率测算和排行,并进行结果分析和解读。

第四章为水资源生产率排行榜研究。重点进行省域、副省级城市、设区市以及分产业层面的水资源生产率测算和排行,并进行结果分析和解读。

第五章为环境生产率排行榜研究。重点进行省域、副省级城市、设区市层面的环境生产率测算和排行,并进行结果分析和解读。

第六章为碳生产率排行榜研究。重点进行省域、副省级城市、设区市层面的碳生产率测算和排行,并进行结果分析和解读。

第七章为能源生产率排行榜研究。重点进行省域、副省级城市、设区市层面的能源生产率测算和排行,并进行结果分析和解读。

第八章提出提高自然资源生产率的对策建议。针对我国自然资源生产率排行榜的研究结果,提出相应的对策建议。

第四节 主要创新与价值

一、主要创新点

(一)全面推进"自然资源生产率论英雄"制度,激励自然资源生产率高的地区和行业,约束自然资源生产率低的地区和行业

习近平生态文明思想强调人与自然是生命共同体,人类必须尊重自

然、顺应自然、保护自然。这一思想为全面推进"自然资源生产率论英雄"制度提供了重要的理论指导。"双碳"目标是党中央作出的重大战略决策,旨在实现碳达峰、碳中和目标。这一战略目标的实现需要全社会的共同努力和广泛参与。提高自然资源生产率是实现"双碳"目标的重要途径之一。自然资源生产率排行榜揭示了我国不同地区、不同行业在自然资源利用效率上的显著差异。这种差异不仅反映了各地资源禀赋、经济发展水平和技术条件的差异,也凸显了提升自然资源生产率的巨大潜力和空间。因此,通过制度设计来激励高效利用自然资源的地区和行业,同时约束低效利用的地区和行业,是实现资源优化配置、推动经济高质量发展的有效途径。

具体而言:①面对自然资源供求状况的差异性和区域间、行业间的自然资源生产率差异,全面推进"自然资源生产率论英雄"制度是一种必要的制度创新。通过制度能够引导资源向高效利用的地区和行业流动,实现资源的优化配置。②在推进"自然资源生产率论英雄"制度的过程中,应注重政策引导与市场机制的有机结合。政府应制定科学合理的激励和约束政策,同时充分发挥市场在资源配置中的决定性作用,形成政府引导、市场主导、社会参与的良好格局。③在推进"自然资源生产率论英雄"制度的过程中,应注重与生态文明建设和"双碳"目标的协同推进,形成相互促进、共同发展的良好局面。④为确保制度的有效实施和目标的顺利实现,应建立完善的监测和评估体系。定期对各地区、各行业的自然资源生产率进行测算和排名,并公开发布结果。同时,加强对制度实施效果的评估和分析,及时调整和完善政策措施。

(二) 基于自然资源生产率的差异性,加快自然资源与环境产权制度改革,全面推进环境要素市场化配置

从自然资源生产率提升的必要性与紧迫性来看,自然资源是经济社会发展的基础,提升自然资源生产率是实现可持续发展的关键。近二十年来的提升表明我国已有一定基础,但横向差距表明仍有巨大潜力可挖。面对全球资源紧张和环境恶化的挑战,提升自然资源生产率刻不容缓;从产权制度改革的重要性来看,清晰的产权制度是资源高效利用的前提。改革自然资源与环境产权制度,可以明确资源权属,减少资源浪费和破坏;有助于激发市场活力,促进资源优化配置;从环境要素市场化配置的优势来

看，市场化配置能够反映资源的真实价值，提高资源利用效率。通过市场机制，可以引导资源向更高效、更环保的领域流动，形成节约资源和保护环境的内生动力。

具体而言，通过产权制度改革，明确土地权属，推动土地集约利用，以市场化配置促进土地资源的合理分配；改革水资源产权制度，确保水资源的可持续利用，以市场化配置推动水资源的高效利用；明确能源产权，推动能源结构的优化，以市场化配置引导能源消费向更清洁、更高效的方向转变；健全碳排放权交易制度，以市场化配置激励企业减少碳排放，促进低碳经济的发展；改革环境产权制度，以市场化配置推动环境的保护和修复。同时，制定详细的改革方案和时间表，分阶段推进产权制度改革；建立健全市场机制，完善环境要素的价格形成和交易体系；加强监管和执法力度，确保改革措施得到有效执行；鼓励科技创新和人才培养，为自然资源的高效利用提供技术支持。

（三）更加主动融入生态文明建设和实现"双碳"目标，坚持创新驱动，不断提高地区自然资源生产率

从生态文明建设与"双碳"目标的内在要求来看，生态文明建设强调人与自然的和谐共生，要求在发展经济的同时，必须保护好生态环境；"双碳"目标则明确提出了碳达峰和碳中和的目标，这要求必须转变传统的高碳发展模式，走向低碳、绿色的发展道路；融入这两大战略，意味着要在发展中更加注重资源的节约和环境的保护，实现经济与环境的双赢；从创新驱动的紧迫性与重要性来看，面对资源约束和环境压力，传统的发展模式已经难以为继。创新驱动成为了破解这一难题的关键。通过技术创新、管理创新、制度创新等多方面的创新，可以找到更加高效、环保的资源利用方式。创新还可以推动产业结构的优化升级，促进经济的绿色转型。

具体而言，在土地方面，通过推广节水农业、实施土地整治等措施，提高土地的利用效率和产出；在水资源方面，采用先进的节水技术和设备，加强水资源的循环利用和保护；在能源方面，大力发展可再生能源，减少对传统化石能源的依赖，提高能源利用效率；在碳方面，实施碳减排和碳捕捉技术，推动低碳经济的发展；在环境方面，加强生态环境的保护和修复，提高生态系统的稳定性和服务功能。而提高地区自然资源生产率，意味着在同样的资源投入下，可以获得更多的经济产出，从而推动经济的增长。同时，这也可以减少对资源的过度开采和浪费，保护生态环境，实现经济与环境的协调发展。对于地区来说，提高自然资源生产率还可以增强其吸引力和竞争力，吸引更多的投资和人才。

（四）积极推动时空大数据、人工智能与自然资源管理的深度融合，加快信息化建设及治理模式创新，不断提升环境要素生产投入质量

一是加强时空大数据与自然资源管理的融合。时空大数据具有时空关联、动态变化等特性，能够为自然资源管理提供更为全面、准确的信息支持。通过时空大数据分析，可以更准确地了解资源的分布、利用状况及变化趋势，为制定科学合理的资源管理政策提供依据。

二是加快人工智能在自然资源管理中的应用。人工智能具有强大的数据处理和模式识别能力，可以更好地挖掘和利用自然资源数据，可以实现自然资源的智能监测、预警和管理，提高资源利用效率和保护水平。

三是加强信息化建设与治理模式创新。信息化建设是推动自然资源管理现代化的重要手段。通过构建自然资源信息化平台，可以实现资源的数字化、网络化和智能化管理。治理模式创新则是提升自然资源管理效能的关键，应该积极探索新的治理模式，如多元共治、协同管理等，以更好地应对资源环境挑战。

四是不断提升环境要素生产投入质量。环境要素是自然资源的重要组成部分，其生产投入质量直接影响资源的利用效率和环境的可持续性，应该注重提升环境要素的生产投入质量，通过采用先进的环保技术和管理方法，减少资源浪费和环境污染，提高资源的生态价值和经济价值。

五是深度融合与综合效益。推动时空大数据、人工智能与自然资源管理的深度融合，不仅可以提升自然资源管理的科学性和有效性，还可以带来显著的综合效益。这种深度融合将有助于实现自然资源的可持续利用和生态环境的持续改善，为经济社会的可持续发展提供有力支撑。

二、主要价值

本书不仅具有重要的理论价值，能够丰富和完善资源经济学和环境经济学的理论体系；而且具有显著的应用价值，能够为政府决策、地区发展和企业实践提供科学依据和实践指导。排行榜研究有助于促进自然资源的节约和高效利用、生态环境的保护和修复以及碳达峰碳中和目标的实现，可为推动经济社会全面协调可持续发展发挥积极作用。其价值可从政府、地区以及企业这三个层面来阐述：

（一）政府层面

一是有利于健全动态政策制定与调整机制。政府可依据排行榜结果，动态制定更加精准的自然资源管理和环境保护政策，调整产业结构，推广节能减排技术，促进绿色低碳发展。

二是有利于建立健全监管与考核机制。排行榜为政府提供了监管和考核的依据，有助于加强对自然资源利用和环境保护的监管力度，确保政策的有效执行。

三是有利于健全公众教育与引导机制。政府可通过公布排行榜结果，增强公众对自然资源节约和环境保护的意识，引导全社会形成绿色生活和消费方式。

（二）地区层面

一是有利于区域协调发展。地区可根据排行榜结果，识别自身在自然资源利用和环境保护方面的优势和不足，加强区域间的合作与交流，实现协调发展。

二是有利于产业结构调整。排行榜有助于地区明确产业结构调整的方向，优先发展资源节约型和环境友好型产业，推动经济转型升级。

三是有利于生态保护与修复。地区可根据排行榜中环境生产率的评估结果，加大对生态环境保护和修复的投入力度，提升区域生态质量。

（三）企业层面

一是有利于技术创新与低碳转型升级。企业可通过对比排行榜中的行业标杆，明确自身在资源利用和环境保护方面的差距，加大技术创新和升级力度，提高资源生产率和环境绩效，加快企业低碳转型升级。

二是有利于绿色供应链管理。排行榜促使企业构建绿色供应链管理体系，加强与供应商和客户的合作，共同推动绿色低碳发展。

三是有利于市场竞争力提升。通过提高资源生产率和环境绩效，企业能够降低生产成本，提升产品和服务的质量与竞争力，赢得更多市场份额。

第二章

自然资源生产率相关理论与测算方法

　　我国是世界上自然资源消耗大国，但人均自然资源拥有量大约只有世界平均水平的1/4，而资源生产率又远远低于发达国家，资源节约迫在眉睫。本章聚焦于自然资源生产率的相关理论与测算方法探索，旨在为后续自然资源生产率的测算分析提供理论基础，制定出既符合经济规律、又兼顾生态保护和社会发展的资源利用策略。在理论分析上，从经济学、生态学以及社会学三个层面展开论述，三者相互交织、相互影响，共同构成了一个复杂而全面的分析框架。在测算方法上，引入多种测算方法，如单要素生产率测算法、加权法及绿色全要素生产率测算法，以科学评估自然资源在不同经济活动中的使用效率与可持续性。本章还强调了绿色革命精神对于提升自然资源生产率的重要性，提高自然资源生产率能促进绿色增长、缓解资源约束及实现经济—环境双赢。

第一节 自然资源生产率的理论基础

一、自然资源生产率的经济学基础

(一) 自然资源的经济学起源

重商主义强调的财富指的是货币,即金银。他们认为,通过货币的数量可以衡量一个国家的富裕和发展水平。然而,重商主义并不认为国家财富的积累完全取决于物质生产的发展,尽管他们承认工农业产品和自然资源也是财富的一部分。相反,他们把财富的获取直接归结于流通领域。因此,重商主义者认为,国家财富的唯一增长途径是通过展开对外贸易并实现贸易顺差。接下来,古典政治经济学强调了农业在国民经济中的基础地位,并强调财富的产生源自生产而不是流通。在《赋税论》中,威廉·配弟指出:物品的价值是由土地和劳动这两个自然要素所决定的。他认为,价值的来源可以归结为土地和劳动。[1] 18世纪中期,法国重农学派非常重视农业,将农业放在首位,尝试从自然法则角度对经济进行解释,将农业视为所有净价值的起源。[2]

(二) 古典经济学的报酬递减与资源稀缺

对于古典经济学家而言,他们同样关注自然资源和环境问题。随着工业革命的兴起和人口的不断增长,自然资源逐渐被广泛开采利用,进而导致环境污染和生态环境恶化。在工业革命之前,欧洲人生活在一个相对稳定的社会。然而,18世纪开始的工业革命带来了巨大的变革,不仅影响了英国,也波及了整个欧洲大陆。蒸汽机和气体照明的广泛应用使煤炭成为主要能源。此时,面对社会变革、人口激增带来的挑战,众多经济学家

---

[1] 汤在新,颜鹏飞. 近代西方经济学 [M]. 上海:上海人民出版社,2002.
[2] 孟维华. 生产率的绿色内涵 [D]. 上海:复旦大学,2007.

逐渐将目光投向了自然资源的日益稀缺、产品分配以及社会高效运转的难题上。生活水平和经济增长的根源始终是一个引人入胜的议题。自然资源往往被视为国家财富增长的关键因素。经济受到土地供应的深刻影响和主导，这直接关系到生活水平的长期发展趋势，这一核心观念贯穿古典政治经济学的始终。土地（有时泛指所有自然资源）的可用性被认为是有限的。在古典经济学家看来，土地作为生产的必要投入，且存在报酬递减的现象，因此他们得出结论：经济增长只是历史的一个短暂阶段，最终将不可避免地进入稳定状态，导致大多数人的生活前景堪忧。

阿伦·克尼斯认为环境资源经济学的主要关注焦点在于自然资源的稀缺性，与此同时，他也提到古典经济学同样是以探讨自然资源的稀缺性为起点。① 而且，他认为托马斯·马尔萨斯是首位真正的自然资源经济学家。在《人口原理》一书中，他明确地探讨了报酬递减规律对自然资源稀缺性的影响。他还指出农业是经济发展中关键的领域，农业产出的不足对社会的稳定造成了威胁。② 土地资源的存量是有限的，因此，在土地供应不变的情况下，人口持续增长和农业报酬递减的假设表明，长期来看单位资本产出将会下降。

稳定状态这一观点由著名经济学家大卫·李嘉图提出并深入发展，特别在他的代表作《政治经济学与赋税原理》中进行了详尽的阐述。在探讨经济增长与资源环境两者之间的关系时，李嘉图受到了马尔萨斯理论的启发。尽管自然资源涵盖了广泛的领域，但李嘉图特别强调了农业土地的重要性。在假定农业生产报酬递减且缺乏技术进步的前提下，他认为经济将会进入一种长期的均衡状态，此时人口数量和总量水平将稳定在一个生存水平，即人均收入等于支出。③ 尽管李嘉图也承认技术进步能够暂时打破这种均衡状态，但他仍然认为这种影响是暂时的。所以，李嘉图的增长极限理论是根植于生产力报酬逐渐降低的静态法则之上，这一法则构成了其理论的基石。

在约翰·斯图亚特·穆勒的著作中，古典经济学的精髓被完美地展现

---

① Kneese A V. The economics of natural resources [J]. Population and Development Review, 1988, 14: 281-309.
② 〔英〕马尔萨斯. 人口原理 [M]. 朱泱, 等, 译. 北京: 商务印书馆, 1996.
③ 大卫·李嘉图. 政治经济学及赋税原理 [M]. 郭大力, 王亚南, 译. 北京: 商务印书馆, 2013.

了出来，达到了其巅峰状态。尽管穆勒在其论述中采纳了报酬递减的论点，但他同样广泛地认同了知识增长和技术进步在农业与制造业中的补偿作用。他之所以对报酬递减的影响未持有较为重视的态度，是因为考虑到殖民扩张所带来的新土地、矿物燃料的不断开发，以及技术创新推动农业生产率迅速提升，这些都大大减轻了外延界限的制约。[①] 尽管如此，穆勒并未放弃稳定状态的概念，反而将其视为一种能够实现相对较高物质繁荣水平的状态。从更宏观的角度来看，假如将人口增长与经济进步视为一个整体，穆勒的观点与马尔萨斯和李嘉图的看法在本质上是一致的。实际上，增长是永无止境的，最终会趋于一个稳定的均衡状态。此外，与前辈们相比，穆勒对自然资源所扮演的角色持有更为开阔的视野。他深信，土地除了用于农业和采掘外，还拥有其独特的游憩价值，同时，随着物质条件的不断提升，这种价值将愈发重要。

尽管人们普遍认可报酬递减规律，但它并不明确导致自然资源稀缺。19世纪以来，面对自然资源的稀缺，古典经济增长理论的影响逐渐减弱。土地等自然资源不再被视为增长的限制因素，而对生产要素、资本和技术等方面更加关注。在后凯恩斯经济学、新古典经济学以及剑桥经济学派等西方主流经济学的经济增长模型中，自然资源往往被排除在考量之外。因为他们中的大多数学者深信，自然资源和自然环境对于经济的持续增长来说，并非关键性的限制因素。他们普遍认为，长期经济活动中，资本与劳动力一直是制约对自然资源进行有效赋值的关键因素，这些生产要素经常处于短缺状态。相较于资本、劳动力，自然资源似乎始终保持着相对充裕的态势。

（三）新古典经济学的边际理论

19世纪70年代问世了一系列重要著作，形成了"新古典经济学派"，开启了代替古典经济学的时代。在研究方法上，新古典经济学通过边际分析技术，根据边际生产率递减的原则，为早期的报酬递减概念提供了正式的基础。根据效用和需求理论，杰文斯（1835—1882）和门格尔（1840—1921）形成了消费者偏好理论，瓦尔拉斯（1834—1910）提出新

---

① 罗杰·珀曼等. 自然资源与环境经济学（第二版）[M]. 侯元兆，等，译. 北京：中国经济出版社，2002.

古典一般均衡理论，艾尔弗莱德·马歇尔（1842—1924）细致解释了供给和需求的局部均衡。① 现代环境经济学的一个主要方面就是继续运用这些工具来做解释。

在早期的新古典增长模型中，生产函数的独特之处在于其并未包含土地或任何其他自然资源要素。在传统以土地恒定投入为基础的增长论中，早期的新古典增长模型并未给予其任何地位。直到 19 世纪 70 年代，新古典经济学家才开始系统地研究资源的效率和最优消耗问题，这时自然资源才被引入新古典经济增长模型之中。基于这些研究，他们提出了有关自然资源开发的有效和最优模型，并展开了深入的讨论。

在自然资源理论领域，Sorly 的重要贡献在于他对矿石生产的分析相较于穆勒有了更为深入的探讨。Sorly 认为，矿石生产过程中存在着当前收益与未来收益之间的矛盾，这一观点展现了他对矿石开采活动经济特性的深刻理解。此外，他还明确指出，李嘉图关于农业租的理论并不适用于采矿业的分析。②这是因为劣等矿石的收益是随着市场条件和开采技术的进步而变化的，而劣等土地的收益则相对固定。最终，当资源面临枯竭时，即便是最差的矿石也将因其稀缺性而具有价值和收益，而最劣等的土地则无须支付租金。Sorly 的这些观点为理解自然资源，特别是矿产资源的经济价值提供了重要的理论支撑。

（四）生态经济理论

马克思主义对于构建现代生态经济理论具有深远的启示意义，它在我国生态经济学研究的初期阶段就发挥了积极的引导作用。我国学者在探索生态经济理论的过程中，积极汲取马克思主义的思想精髓，以期为构建具有中国特色的生态经济理论体系提供有力的理论支撑。许涤新系统论述了马克思对生态经济学的贡献。首先，马克思在《资本论》中多次强调生态平衡的重要性，他深入探讨了劳动过程，指出这是人类与自然之间物质转换的关键环节，其中蕴含的生态意义显而易见。这些论述不仅为后人理解人与自然的关系提供了重要视角，更为后来生态经济学的发展奠定了坚

---

① 罗杰·珀曼等.自然资源与环境经济学（第二版）[M].侯元兆，等，译.北京：中国经济出版社，2002.

② 孟维华.生产率的绿色内涵 [D].复旦大学，2007.

实的理论基础。马克思深刻指出自然环境对劳动过程的重要影响,并倡导人们要合理利用自然资源,避免无谓的浪费,以实现可持续的发展。其次,马克思主义对资本主义的批判也具有生态经济学的意义。马克思强调,过度砍伐树木将使得土地变得荒芜不堪;而恩格斯则进一步指出,滥伐森林必然会引来自然规律的严厉惩罚,甚至可能引发一连串难以预料的灾难。[①] 再次,美索不达米亚、希腊、小亚细亚的居民,以及阿尔卑斯山的意大利人、西班牙的种植场主等实例,都为后来的生态经济学提供了坚实的基础和丰富的素材,使得这一学科得以被更加深入地研究。最后,马克思主义为生态经济的实现奠定了坚实的理论和制度基石。只有当人类社会迈向比资本主义更为先进的社会制度,也即社会主义制度时,人类才能有效地调控自身与自然之间的物质交换过程。这充分证明了在发展生态经济过程中,社会主义制度具有比资本主义制度更为特别的优势。在社会主义的指引下,人类必须将经济发展与生态环境改善紧密相连,实现经济效益与生态效益的和谐共生。

在新时代的背景下,中国特色生态经济理论进一步传承并拓展了马克思关于自然生产力的思想。习近平总书记深刻认识到生态环境对生产力发展的关键作用,他明确提出"保护生态环境就是保护生产力"的重要论断。[②] 这一观点不仅凸显了生态环境在推动经济社会发展中的基础性地位,也强调了"保护生态环境就是保护自然价值和增加自然资本"的重要性,从而确保经济社会发展的潜力和可持续性。所以,在人类的发展进程中,应当高度重视保护自然生产力,并使其作用得到充分发挥,通过积极环境保护和污染治理来改善生态环境质量,进而促进生产力的稳步发展。习近平总书记的观点,为在实施中国特色社会主义经济建设时,如何有效利用自然生产力、提升社会生产力提供了宝贵的指导。这不仅有助于我国实现经济的可持续发展,更能够确保人与自然和谐共生,为人类的未来描绘出一幅美好的画卷。

---

① 许涤新. 马克思与生态经济学——纪念马克思逝世一百周年 [J]. 社会科学战线, 1983 (03): 50-58.

② 习近平. 决胜全面建成小康社会 夺取新时代中国特色社会主义伟大胜利 [M]. 北京: 人民出版社, 2017.

二、自然资源生产率的生态学基础

(一) 产业生态学

产业生态学,作为一门新兴的跨学科领域,自 Frosch 等学者于 1989 年在 Scientific American 上正式提出产业生态系统的概念以来,便呈现迅猛的发展势头。① 这一学科的发展,不仅提供了全新的视角来审视产业发展与生态环境之间的关系,也为推动产业的绿色转型和可持续发展提供了有力的理论支撑和实践指导。产业生态学的兴起,源于人们环保意识的日益增强、积极寻求环境保护与管理机制以及不断探索可持续发展有效措施的背景。这正是顺应了时代潮流,回应了社会对于绿色、低碳、循环发展的迫切需求。相较于传统的环保理论,产业生态学展现出了独特的视角。它并未将产业与环境视为相互对立的存在,也未将环境仅仅视作产业活动与发展的外部因素。相反,产业生态学致力于将产业与环境紧密结合,视为一个不可分割的整体体系。② 在这一框架下,产业生态学以辩证的视角审视产业系统与自然系统之间的关系,寻求二者之间的和谐共生与可持续发展。产业生态学为产业系统赋予了双重的特性。从目的的角度来看,它以人类为中心,致力于推动人类生活质量的提升和社会的进步;而从方法论的角度来看,它则注重整个生态系统的和谐共生,将系统思维作为其核心理念。产业生态学所追求的目标并非仅仅是控制资源的使用量和减少废物的排放,而是实现物质在产业生态系统内部以及与自然生态系统之间实现"和谐且高效"的循环流动。与传统的环境科学相比,产业生态学在时间维度上更着眼于未来,致力于构建一个可持续的产业生态体系,为未来的时代留下更美好的生态环境和经济发展空间。

产业生态学倡导的是一种系统思考的理念,它提供了一种全面且综合的分析视角,聚焦于产业体系的各个组成部分及其与生物圈之间的复杂关系。通过这一视角,学者们能够更深入地理解产业活动与自然环境之间的

---

① Frosch R A, Gallopoulos N E. Strategies for manufacturing [J]. Scientific American, 1989, 261 (03): 144 – 153.

② 吴鹏举,孔正红,郭光普. 产业生态学:传统环境保护的选项还是对其颠覆? [J]. 生态经济, 2007 (07): 50 – 53.

相互作用，从而更有效地推动产业的绿色发展和可持续发展。① 它将人类生产、生活与环境置于统一框架下，专注于探究他们之间的相互作用与关联，以此洞察人类生存与发展的核心本质。它将人与自然、产业系统与环境紧密地结合在一起，致力于研究并保护这个由自然和人类共同构成的庞大系统。② 研究焦点更加侧重于各子系统之间的相互联系与协同作用，弥补了研究单个系统的不足，以寻求整体的和谐与可持续发展。产业生态学通过运用一系列技术性分析方法，如物质流分析、生命周期评价等系统理论和方法，对产业系统的各部分及其与自然环境间的关系进行深入研究。物质流分析能够追踪物质在产业系统中的流动路径，揭示物质利用效率及潜在的浪费环节；而生命周期评价则能够全面评估产品、工艺或服务从原材料获取到最终处置的整个生命周期内对环境的影响。生命周期评价不仅是对传统环境影响评价技术和思想的一次革新，更是对材料、过程、产品或系统全生命周期环境影响的全面审视。③ 这一方法不仅包括产品的生产和流通环节，还致力于在产品的功能、能耗和排污之间找到最佳的平衡点，以实现可持续发展的目标。通过这些技术性分析，产业生态学能够综合考虑产品、工艺或服务在整个生命周期内的环境影响，以及多种空间尺度的环境作用。这种系统性的思考方式克服了机械论和还原论的局限性，避免了在细分子系统中寻找局部解决方案的片面性。它能够使人们更全面地了解产业活动对环境产生的整体影响，从而为制定有效的环境保护和可持续发展策略提供科学依据。它致力于实现资源节约、环境保护与生产范式转变的协同推进，而非仅仅聚焦于污染末端治理的单一举措。这种综合性的考虑方式强调从源头上预防和控制污染，通过优化生产流程和工艺，减少资源消耗和环境污染，同时推动生产范式的转变，实现产业结构的升级和可持续发展。因此，产业生态学不仅仅关注污染物的末端处理，更注重通过系统性的方法，促进产业系统与自然环境之间的和谐共生。

（二）生态学马克思主义

20 世纪 70 年代，生态学马克思主义迅速兴起，成为当代西方马克思

---

① 苏伦·埃尔克曼. 产业生态学 [M]. 徐兴元，译. 北京：经济日报出版社，1998：28-29.
② Allenby B R. 工业生态学：政策框架与实施 [M]. 翁端，译. 北京：清华大学出版社，2005：51.
③ 王寿兵，吴峰，刘晶茹. 产业生态学 [M] 北京：化学工业出版社，2006.

主义中一股不可忽视的重要思潮。① 该理论流派以其深刻的见解和独特的视角，对当代社会环境问题进行了深入剖析，并在马克思主义的基础上提出了全新的解决方案，从而在全球范围内产生了广泛的影响。绿色思潮曾对马克思提出批评，指责其为"经济决定论"的拥护者，并声称马克思关于生产力发展的理论是导致生态环境破坏的罪魁祸首。然而，生态学马克思主义理论家对此持有不同看法。他们认为，绿色思潮之所以存在问题，在于绿色思潮只是简单抽象地研究了生产力与生态两者之间的关系，并未将社会结构或制度结合起来进行考虑，脱离了实际情况的约束。因此，这些理论家对历史唯物主义中的生产力发展理论进行了重新解读，并从两个重要方面进行了深入探讨：一是生产力发展与人的解放之间的关系，二是生产力发展与生态危机之间的联系。通过这一过程，他们揭示了生产力发展与人类解放以及自然解放之间存在的深刻内在联系。生态学马克思主义在探讨未来生态社会主义社会的构建时，明确指出生产力的发展是不可或缺的。然而，它同时强调，人类不能再沿袭那种单纯追求经济增长而忽视生态影响的生产力发展模式。②

生态学马克思主义强调，为了重塑资本主义社会中人与自然之间的和谐共生关系，并有效遏制资本主义生产逻辑对自然环境的侵蚀及人类福祉的削弱，亟须实现一场深刻的文化价值观革新与社会生产模式的双重转型。在这场转型中，核心在于推动社会经济结构与生产方式的根本性变革，因为这不仅是缓解环境危机的根本途径，也是实现可持续发展和社会全面进步的基石。通过调整经济体系，引导资源向更加环保、高效、以人为本的方向流动，方能从根本上扭转人与自然关系的失衡状态，确保经济活动的长远健康与社会的整体福祉。首先，在经济领域，主张生态理性替代经济理性。经济理性其内在逻辑往往与生态保护相悖。而生态理性倡导的是一种高效、低耗、环保的发展模式，它要求在生产过程中最大限度地优化资源配置，减少劳动力和自然资源的消耗，同时采用对环境友好的生产技术和手段，确保产品不仅具备较高的使用价值，还具备长久的耐用

---

① 郭华. 生态学马克思主义的技术理性批判与范式重建探析 [J]. 科学技术哲学研究，2018，35（04）：118-122.

② 郇庆治. 论习近平生态文明思想的马克思主义生态学基础 [J]. 武汉大学学报（哲学社会科学版），2022，75（04）：18-26.

性，从而真正满足民众的基本生活需求。① 通过调整生产目标，转变经济发展模式，完全有可能在促进经济繁荣的同时，保护好生态环境，实现两者的和谐共生与共同发展。其次，在政治领域，主张生态社会主义。生态学马克思主义批判了仅从文化价值观的单一层面探讨人与自然矛盾的片面性，主张深入理解生态危机需触及资本主义的阶级结构与扩张逻辑。具体来说，资本主义生产方式的内在机制导致了资源与环境的不公分配，这是人与自然关系恶化的根源。因此，唯有超越资本主义生产方式，方能从根本上缓解人与自然的紧张状态。为实现人与自然和谐共存，生态学马克思主义提倡将生态理性融入马克思主义与社会主义实践，构建一个生态社会主义的新社会形态，以此作为化解矛盾、促进共同发展的根本途径。② 最后，在文化价值观领域，倡导融合生态意识与劳动自由的全新人类中心主义价值观。这一价值取向，在马克思主义的理论框架下得以深化，它明确反对将自然的固有价值和权利抽象化，脱离人类社会的实际需求与价值取向来讨论，其核心精髓在于构建一个长远的、集体利益为重的人类中心主义价值观，促进可持续发展；而且，要崇尚自由劳动，摒弃消费主义幸福观。消费主义幸福观的盛行，从根本上扭曲了生产与消费之间的健康平衡，导致了个体发展的单一化倾向以及自然环境遭受不应有的剥削与损害。这种趋势，不仅限制了人类潜能的全面释放，还加剧了人与自然之间的紧张关系。唯有摒弃消费主义所倡导的狭隘幸福观，才能在日常生活中找到缓解人与自然冲突的有效途径。这一转变，意味着要重新审视劳动的价值，将其视为实现个人自由与幸福的根本途径，而非仅仅将其视为满足消费欲望的手段。通过自由劳动，人们不仅能够创造物质财富，更能在过程中实现自我价值的提升与心灵的满足，从而构建起一种更加和谐、可持续的人与自然关系。

---

① Gorz andr. Capitalism, Socialism, Ecology [M]. London and New York, Verso Press, 1994：32.
② 蒋谨慎. 生态学马克思主义对资本主义生产方式的生态批判及其当代价值 [J]. 社会科学家，2023（06）：23-28.

三、自然资源生产率的社会学基础

(一) 生态不平等交换理论

世界体系理论长期对一种现象保持着浓厚的兴趣：那就是原材料和自然资源是如何从边缘地带或发展中国家，在不平等的贸易条件下被掠夺，进而服务于那些领先的、霸权式的国家和阶级的增长与扩张。简单来说，这一理论关注的是资源如何从较弱的一方流向更强的一方，为后者的发展和扩张提供动力。世界体系理论家们最初的研究重点，落在了那些由不公平交换关系所催生出的社会、政治和经济不平等现象上。然而，从20世纪90年代中期开始，环境议题逐渐占据重要地位，成为世界体系理论家们研究的重点。而在众多的研究路径中，有两条路径显得尤为显著，吸引了大量的关注和深入探究。第一条研究路径是从历史角度出发，基本上运用定性或解释性的研究方法，着重探讨几个在长期历史进程中崛起的经济体。深入剖析了这些经济体如何通过从世界体系中的边缘国家攫取资源，进而对自然环境和生态系统带来严重的破坏。这条研究路径致力于揭示这些经济体在崛起过程中付出的环境和生态代价，并探讨它们如何影响了全球环境格局的演变。第二条研究路径是利用跨国数据进行定量分析，对多个经济体进行深入探究，关注短期内气候变化带来的影响。通过这一研究，发现相比于边缘经济体，位于中心地位的经济体在全球环境的污染和破坏问题上，表现出更为严重的影响。这一发现揭示了不同经济体在全球环境议题中承担的角色和影响力存在显著差异，从而强调了核心经济体在应对环境保护挑战和履行环保责任方面的重要性。由此可知，无论是哪一种路径，均聚焦于剖析不平等关系，来阐释环境破坏的根源。因此，它们都被统一归类为"环境不平等交换理论"，这一理论提供了一种全新的视角，用以审视和理解全球环境问题及其背后的社会经济结构。

但是，自20世纪90年代起，两个重大变化产生了重要影响。这些变化不仅对上述框架的既有观点产生了质疑，更为其未来的深化与拓展提供了全新的思考角度和发展方向。首先，全球对环境问题的认知发生了深刻的变化。特别是在20世纪90年代这一关键时期，人们开始深刻意识到自然资源消耗和环境污染的问题，这些问题不再仅仅是全球交换和相互依存中微不足道的副作用。相反，它们已经上升到了关乎全球生存和可持续发展的核心议题，亟待全球范围内的高度关注和全力应对。随着各国纷纷建立环境保护制度，签署多边环境协议，并召开国际可持续发展大会，全球环保行动正逐步加强。同时，各地区的环境非政府组织也在积极发挥作用，推动环保事业的发展。此外，全球商品网络和跨国公司对环保要求的日益重视，也进一步促进了全球环境意识的提升。这些努力共同推动了一种全球性的环境意识和规范性的逐渐形成，也即无论是跨境活动，或是全球性活动，都必须合法化，对生态环境产生的影响必须承担对应责任。这种新兴的环境规范正不断挑战以往的各种活动所带来的环境问题，它强烈呼吁并推动环境领域的改革，以应对当前日益严峻的环境问题。[①] 但是，目前尚缺乏一个专门的陪审团机制，用于评估全球范围内哪些具体活动能够在多大程度上遵循了这一环境规范。这造成了一个问题，即在尝试对这些方面进行改进和评估时，缺乏一个清晰、统一的标准来作为参考。综上所述，可以了解到，对于全球经济发展的实际情况，基于世界体系理论的解释并未将概念空间考虑其中，在一定程度上表现得过于片面。

其次，随着各种新环境制度在全球范围内稳固确立，世界格局发生了巨大变化，即现有大国的发展与新兴大国的崛起引起更多关注，不同的阐释框架纷纷探讨他们在全球环境和自然资源领域所面临的挑战与问题。相较于世界体系理论，一些新的概念框架将环境理性纳入其中，探讨其是如何在全球关系中显现的，并进而深入到跨国经济、全球文化交融以及各种制度架构中。需要深入解析的变量，既包括了权力薄弱的行为体和边缘化国家在环境领域所承受的不平等待遇和沉重负担，又涉及环境约束与环境理性如何逐步融入全球经济、政治和社会文化等多个层面的交流与互动中。在此过程中，需细致探究环境要素是如何影响并塑造全球交流与关系的整体格局，以及环境理性在不同行为主体间的运作机制，从而进一步理解其在推动或制约全球环境治理进程中所扮演的角色。

（二）生态现代化理论

生态现代化理论最初由杰尼克在其《国家的失败》一书中提出[②]，为

---

① 阿瑟·摩尔，谢来辉. 中国的崛起与非洲的环境 [J]. 国外理论动态，2012（10）：72 - 81.

② Janicke M. Stata Failure [M]. University Park, PA: Pennsylvania State University Press, 1990.

生态现代化理论的发展奠定了重要基础。在那个时期，只有少数学者对此概念进行了深入探讨，众多社会学家在该方面还缺乏足够的了解和认识。[①] 生态现代化理论的发展历程可以被划分为两个显著的阶段。第一阶段，即20世纪80年代至90年代初，研究者们主要基于社会建构视角出发，详细剖析了资本流动对机构能力的多维度影响，并深入探讨了这些影响如何进一步引发各种环境效应。第二阶段，即20世纪90年代中后期，研究的重心转向了资本流动的现代化趋势，以及这些趋势如何通过其他因素与生态环境产生互动。在这一时期，两大流派开始崭露头角：英美流派以斯巴格伦和莫尔为代表，他们为生态现代化理论带来了新的思考和创新；而大陆流派则以休伯和杰尼克等人为核心，为理论提供了不同的观察角度和发展路径。这两大流派的兴起，无疑标志着生态现代化理论在深度和广度上都取得了令人瞩目的进步。

该理论的主要特点表现在以下两个方面：第一，它强调通过政策的实施，来有效管理和控制环境污染的外溢性影响，在实现污染时间优化的同时，实现污染空间的优化；第二，针对实际发生的生态危机，需制定一套具备规范性的策略，并坚持预防性原则，以有效应对并减少其对环境和社会的负面影响。环境政策应遵循一条从集权逐步转向分权，从被动应对到积极主动，从单纯听从指令到广泛参与的转变路径。生态现代化理论特别强调，实现经济增长的同时，应承担起环境管理的责任，这两者应当相辅相成，共同构成生态现代化进程中的显著特点，确保发展的可持续性，实现经济效益与生态效益的双赢局面。

生态现代化，不仅是一种新兴的、具有包容性的理论，同时也被视为一种引领未来的绿色实践探索，预示着人类将迈向一个充满希望的新社会——生态社会。在这个生态社会中，不同层面的绿色文明会衍生出来，绿色创新、产品及服务也会广泛发展。这些新兴力量将携手推动人类社会进入一个崭新的时代，这个时代将是以生态环境优美、人与自然和谐共生为标志的，人们将在这样的环境中享受诗意般的工作和生活，实现经济增长与生态保护的双赢，自然主义与人本主义将在此达到和谐共生的新高

---

① 黄齐东. 环境社会学的经典溯源、多元格局与中国语境 [J]. 青海社会科学，2020 (04)：106 - 113.

度。① 面对我国的生态环境问题，选择沿着生态工业化的道路前行是完全可行的。生态现代化开辟了一条全新的经济发展道路，这条道路可以在更为严格的环境保护要求下持续发展。环境污染治理将不再仅仅是经济发展的负担，而是成为推动经济发展的重要引擎。在这样的发展模式下，不仅可以实现经济的快速增长和人民生活水平的稳步提高，同时还可以显著提升环境保护水平，实现经济与环境的双赢。这对于我国实施环境保护战略具有重大的现实意义和深远的历史意义。

（三）生产跑步机理论

该理论由 Schnaiberg 首次提出，是一个别具一格的学术观点。它旨在刻画经济扩张进程中一种错综复杂的自我强化现象，该理论的诞生，源自两个引人深思的洞察。首先，在 20 世纪下半叶，生产过程对生态系统的冲击经历了前所未有的剧变，其中，新技术的广泛应用尤为突出。这些技术无疑提升了生产效率，但同时也给生态环境带来了沉重的负担。其次，社会系统对这一变革的反应呈现出错综复杂的态势。② 一些人因担忧现代生产系统可能带来的环境风险而持怀疑态度；而另一些人则对新技术满怀期待，视其为解决环境问题的新希望。这种多元化的社会反应进一步彰显了生产过程与生态系统之间复杂而微妙的关联。正是基于这两个深刻洞察，作者提出了"生产跑步机"理论，旨在揭示经济扩张过程中的自我强化机制，并深入探究社会系统对此的复杂反馈。

生产跑步机可细分为生态性与社会性两大类别。从生态性的视角来看，借助高效的新技术，企业能够生产更多商品，进而实现高额利润，从而有动力将大量资金投入到更为先进、生产力更高的技术。然而，这种扩张往往伴随着对原材料和能量的需求增长，导致自然资源的过度开采。同时，这也引发了更多的污染排放问题。从社会性的视角来看，认为随着生产循环的不断推进，更多的资金被投入工厂技术效率的提升中。这与生态

---

① 何玉宏，冯韵东. 生态现代化理论及其对当代中国环境保护的启示 [J]. 江西社会科学，2008（01）：229-236.

② Allan Schnaiberg, David N. Pellow, Adam Weinberg, The treadmill of production and the environmental state, in Arthur P. J. Mol, Frederick H. Buttel (ed.) The Environmental State Under Pressure (Research in Social Problems and Public Policy), 2002, Vol. 10, Emerald Group Publishing Limited, p. 15.

系统所面临的挑战有着相似之处，劳动者们在不自觉中也为自己的未来困境埋下了伏笔。通过他们生产的利润，推动了企业技术进步，进而可能导致他们在生产过程中的角色逐渐淡化，甚至被完全取代。

在运行过程中，所有利益相关者都被包括在内，成为这个复杂系统的重要一员。这些利益主体各自发挥着独特的作用，彼此之间相互关联、相互影响，共同维持着这个系统的稳定运行。企业的目标是为了追求利润最大化，在目标驱动下，企业会通过技术创新或技术改造的方式，代替劳动投入，减少人工成本，在日益激烈的竞争环境下，以维持甚至扩大自身的市场地位；劳动者则渴望得到更多的工作机会，期望获得更高的薪酬和更优厚的福利待遇，同时追求一个更为舒适的工作环境，然而，这些愿望的实现离不开企业收益的增长，只有当企业不断发展壮大，才能创造更多的就业机会，提高员工待遇，并改善工作环境，从而满足工人们的期望；政府依赖于企业提供的税收来维持其运作，税收不仅是政府的重要财源，也是实现社会治理、促进经济发展和维护国家安全的基础。在生产跑步机下，各方利益相关者都取得了收益，并形成一个整体。在追求利润最大化的道路上，企业常常倾向于借助技术升级来降低劳动力成本，进而提升利润空间。然而，企业在这一过程中也不得不考虑社会稳定和安全的需求。因此，企业又必须加快生产节奏，创造更多的就业机会。政府在多个方面展现出了其积极的角色。一方面，它致力于通过扩大公共教育规模，努力培养出更多具备高技能劳动力，以满足社会经济发展的需求。另一方面，为了匹配企业生产能力，政府还积极开放消费信贷市场，以刺激和保障需求。而且，在以往，企业往往受到地方和中央政府的严格监管和控制，但如今它们正逐渐获得更多的自治权，能够在经营决策上发挥更大的自主性。而政府方面，则越来越依赖于企业这一"生产跑步机"机制的重要组织者，需要它们提供财政支持和政治协助。

"生产跑步机"这一理念反映了企业与政府需共同推动劳动者生产更多产品和服务的现实。同时，也必须确保这些劳动者具备相应的消费能力。然而，这一过程中不可避免地会消耗大量的资源，给环境和可持续发展带来严峻挑战。①

---

① 任克强. 政绩跑步机：关于环境问题的一个解释框架 [J]. 南京社会科学，2017（06）：84-90.

第二节 以绿色革命精神推进自然资源生产率提升

一、自觉践行发展方式的变革是发展观的深刻革命

（一）能源革命

习近平总书记指出，推动能源生产和消费革命是保障国家能源安全、推动经济社会持续健康发展的必由之路。① 习近平总书记的重要论述深刻揭示了能源革命对于国家长远发展的重大意义。推动能源生产和消费革命，实际上是在全球气候变化和能源转型的大背景下，对中国能源发展战略的深刻思考和科学布局。能源革命要求从传统的化石能源依赖中解放出来，大力发展清洁能源和可再生能源，实现能源结构的优化升级。这一变革不仅关乎经济发展，更关乎生态环境的保护，是实现绿色发展的重要途径。

从能源生产的角度来看，革命意味着要减少对煤炭、石油等传统化石能源的依赖，转而大力发展风能、太阳能、水能等清洁能源和可再生能源。这不仅要求在能源开采和生产技术上进行创新，提高清洁能源的利用效率和经济性，还需要在能源基础设施建设上进行大规模的投资和升级，以适应新能源的生产和传输需求。

在能源消费方面，革命则要求通过政策引导和技术创新，促进能源使用方式的转变，提高能源利用效率，减少能源浪费。这包括推动工业、交通、建筑等领域的节能减排，鼓励发展低碳经济和循环经济，以及培养全社会的节能意识和习惯。

更重要的是，能源革命与生态环境保护紧密相联。传统的化石能源使用是导致全球气候变化和环境污染的重要因素之一。因此，推动能源革

---

① 中共中央党史和文献研究院.习近平关于国家能源安全论述摘编［M］.北京：中央文献出版社，2024.

命,大力发展清洁能源和可再生能源,是实现绿色发展、保护生态环境的重要途径。这不仅有助于应对全球气候变化挑战,也是实现经济社会可持续发展的重要保障。

(二) 产业革命

面对全球产业竞争格局的深刻变化,要加快构建现代产业体系,推动传统产业转型升级,培育战略性新兴产业。在全球产业竞争格局加速重塑的背景下,构建现代产业体系不仅是适应外部环境变化的必然选择,也是我国经济发展从规模速度型向质量效率型转变的内在要求。产业革命的核心在于创新驱动,通过技术创新、管理创新、模式创新等手段,提升产业竞争力,实现高质量发展。在自然资源领域,这意味着要推动资源开采、加工、利用等环节的智能化、绿色化、高效化,提升资源利用效率和附加值。

首先,创新驱动是构建现代产业体系的核心引擎。在自然资源领域,这意味着要加大科技研发投入,特别是针对资源勘探、开采、加工、利用等关键技术环节,推动技术创新,提升资源开发的精准度和效率。同时,鼓励企业和管理者进行管理创新,优化生产流程,降低运营成本,提高资源管理的科学性和精细化水平。此外,还应积极探索商业模式创新,比如利用大数据、云计算等现代信息技术,打造资源交易平台,促进资源优化配置和高效利用。

其次,绿色化是现代产业的发展方向。这要求在资源开采过程中,严格遵循生态保护原则,采用环保型开采技术和装备,减少生态破坏和环境污染。在资源加工和利用环节,则应大力推广清洁生产技术,提高资源循环利用率,减少废弃物排放,构建绿色产业链。同时,加强环境监管和执法力度,确保绿色发展理念得到有效落实。

再次,智能化是提升产业竞争力的关键途径。在自然资源领域,智能化技术的应用可以极大地提高生产效率和资源利用效率。例如,通过引入智能机器人、物联网、人工智能等先进技术,实现资源开采的自动化、智能化控制,减少人力成本,提高开采精度和安全性。在资源加工环节,利用智能制造技术优化生产流程,提升产品质量和附加值。同时,构建智能化的资源管理系统,实现资源供需信息的实时监测和预测,为产业决策提供有力支持。

最后，在加快传统产业转型升级的同时，还应积极培育战略性新兴产业，特别是与自然资源相关的绿色低碳、数字经济、新材料等领域。这些新兴产业不仅具有广阔的市场前景和增长潜力，还能够引领传统产业升级，拓展产业价值链。通过政策扶持、技术创新、市场开拓等措施，推动这些新兴产业快速发展壮大，为我国经济持续健康发展注入新的动力。

（三）科技革命

科技是第一生产力，是推动社会进步的重要力量。习近平总书记多次强调科技创新的重要性，指出要加快科技自立自强，实现关键核心技术自主可控。在自然资源领域，科技革命意味着要运用现代信息技术、生物技术、新材料技术等先进手段，提升资源勘探、开采、加工、利用等环节的科技含量，推动自然资源产业向高端化、智能化、绿色化方向发展。习近平总书记的重要论述，不仅指明了方向，也激发了行业内对技术创新的不懈追求。这一理念的落实，是确保国家资源安全、促进经济转型升级、实现生态文明建设目标的关键路径。

首先，在资源勘探环节，科技的进步极大地提升了勘探的效率和准确性。通过应用遥感技术、地理信息系统（GIS）、大数据分析及人工智能算法，工作人员能够更加精准地识别地下矿藏、油气资源及其他自然资源的分布，减少"盲探"现象，降低勘探成本，同时保护生态环境不受过度干扰。这些技术的应用，不仅加速了新资源的发现，也为老矿区的深部及边际找矿提供了新的可能。

其次，在开采环节，智能化技术的引入彻底改变了传统的作业模式。自动化采矿设备、智能机器人、物联网技术以及云计算平台的结合，实现了开采过程的远程监控、精准控制和无人化作业，大大提高了开采效率，降低了人力成本，并显著提升了作业安全性。同时，智能分析系统能够实时监测开采过程中的环境影响，确保开采活动符合环保标准，实现绿色开采。

再次，在资源加工与利用环节，科技创新同样发挥着不可替代的作用。新材料技术的应用，使得资源加工过程更加环保高效，减少了能源消耗和污染物排放。生物技术和化学工程技术的进步，促进了资源的循环利用和废弃物的资源化利用，如通过微生物处理提高矿石选矿效率，或是将工业废渣转化为建筑材料等，实现了资源的最大化利用。此外，清洁能源技术的突破，如太阳能、风能等，在资源加工中的广泛应用，进一步推动了行业的绿色转型。

最后，科技革命在自然资源领域的深入实践，正有力推动着该产业向高端化、智能化、绿色化方向转型升级。这不仅提升了资源开发利用的效率和效益，增强了我国在全球资源市场中的竞争力，更为实现碳达峰、碳中和目标，构建人与自然和谐共生的现代化国家提供了坚实支撑。

二、自然资源生产率革命的现实依据

（一）资源约束趋紧

随着经济的快速发展和人口的不断增长，我国对各类自然资源的需求急剧增加，尤其是能源（如煤炭、石油、天然气）、矿产资源（如铁、铜、铝等）、水资源以及土地资源等。经济发展中的高消耗模式使得部分资源储量迅速下降，部分资源进口依赖度攀升。同时，我国能源消费结构长期以煤炭为主，清洁能源（如风能、太阳能、核能等）占比相对较低。这种能源结构不仅加剧了环境污染（如空气污染、温室气体排放），也影响了能源安全和可持续发展。尽管我国在提高资源利用效率方面取得了一定进展，但整体上仍存在浪费严重、循环利用水平低的问题。比如工业生产中的能源消耗强度较高，农业用水效率低下，城市生活中也普遍存在水电等资源浪费现象。在我国面临的资源约束日益趋紧，传统的高投入、高消耗、高排放的发展模式已经难以为继的背景下，必须通过提升自然资源效率来缓解资源压力。

（二）生态环境压力增大

长期以来，粗放型的资源开发利用方式给生态环境带来了巨大压力。这种方式往往只关注短期的经济利益，而忽视了长期的生态和环境成本。

首先，粗放型资源开发往往导致资源的过度开采和消耗。由于这种开发模式缺乏精细的管理和科学规划，往往会导致资源的浪费和低效使用。这不仅降低了资源的可持续利用性，还加速了资源的枯竭，对未来的发展造成了威胁。

其次，这种开发方式忽视了资源开发过程中的环境保护措施。由于缺乏环保意识和技术手段，开发过程中产生的废弃物、废水和废气等污染物往往直接排放到环境中，造成严重的环境污染。这不仅影响了当下的生态平衡，还可能对生物多样性造成长期影响。

再次，粗放型资源开发还容易导致生态退化。大规模的开采和活动会破坏原有的生态系统，降低土地资源的利用率和产出率，甚至引发水土流失、荒漠化等生态问题。这些问题的解决需要投入大量的人力、物力和财力，而且恢复周期极长，甚至可能无法完全恢复。

最后，虽然从短期来看，粗放型资源开发可能带来了一定的经济效益，但从长远来看，这种短视的开发策略实际上隐藏着巨大的社会成本。生态环境的恶化会影响居民的生活质量，减少清洁能源的供应，增加疾病的发生和传播风险等，这些都对社会经济的可持续发展构成了严重威胁。因此，推动自然资源效率革命，是实现生态环境保护和经济社会发展双赢的必然选择。

（三）国际竞争加剧

在全球化的背景下，自然资源的国际竞争日益激烈。

首先，资源需求持续增长与供给有限性的矛盾加剧。随着我国经济的持续回升向好，对关键矿产、能源等自然资源的需求不断增加。这种需求的增长不仅来自传统的工业部门，也来自快速发展的高新技术产业和绿色能源领域。国际市场上，关键矿产和能源的供给受到多重因素影响，包括地缘政治、资源国政策调整、环境保护压力等，导致供给存在不确定性。这种不确定性加剧了我国在国际市场上的资源获取难度。

其次，资源竞争多极化趋势明显。越来越多的国家意识到自然资源对经济发展的重要性，纷纷加大对海外资源的勘探、开发和投资力度。这种多国竞争的局面使得我国在国际资源市场上的地位受到挑战。特别是在一些资源丰富的地区，如非洲、南美洲等地，多个国家和跨国公司围绕资源展开激烈竞争，形成了复杂的地缘政治和经济关系。

再次，资源贸易保护主义抬头。一些资源国为了保障自身利益和国家安全，采取贸易保护主义措施，限制或禁止资源出口。这种贸易壁垒的增加使得我国在国际资源市场上的获取成本上升。而且，国际贸易和投资规则的变化也可能对我国获取国际资源产生不利影响。例如，一些国家可能通过修改规则来限制外国公司在本国的资源开发活动。然后，资源利用技术竞争加剧。随着科技的不断进步，资源开发和利用的技术门槛不断提高。为了在国际竞争中占据有利地位,各国纷纷加大技术研发和创新力度,提高资源利用效率和降低开采成本。同时,高端技术人才是推动资源领域技术创新的关键因素。为了吸引和留住这些人才,各国在人才培养、引进和激励方面展开了激烈竞争。

最后,环境和社会责任压力增大。随着全球对环境保护的重视程度不断提高,各国对资源开发项目的环保要求也越来越高。这要求我国在国际资源开发过程中必须严格遵守环保法规和标准,承担相应的环保责任。同时,国际社会对我国在资源开发过程中履行社会责任的期望也越来越高。这要求我国企业在追求经济效益的同时,也要关注当地社区的发展和民生改善等问题。

综上所述,自然资源国际竞争加剧的表现是多方面的。面对这些挑战和机遇,我国需要积极应对,加强国际合作与交流,推动资源领域的创新与发展。提升自然资源效率,不仅可以增强我国在国际市场上的竞争力,还可以为我国实现经济高质量发展提供有力支撑。

三、自我革命和社会革命并举推进自然资源生产率提升

(一)自我革命

自我革命是党的优良传统和宝贵经验,也是推动自然资源生产率提升的重要动力。要以自我革命的精神,革除自身存在的弊端和问题,不断提升自身的素质和能力。

1. 加强思想建设

深入学习贯彻习近平新时代中国特色社会主义思想,牢固树立绿色发展理念,增强责任感和使命感。在推动自然资源生产率提升的过程中,加强思想建设具有不可或缺的重要性。自然资源作为经济发展的物质基础,其高效、可持续利用直接关系到国家的长远发展和生态安全。而思想建设,作为指导行动的灵魂和先导,对于转变资源利用观念、创新资源管理模式、促进绿色发展具有深远的影响。

首先,加强思想建设有助于在全社会范围内树立绿色发展理念。通过宣传教育,使公众、企业和政府深刻认识到自然资源有限性和环境保护的紧迫性,从而自觉地将绿色发展作为经济发展的重要导向。这种理念的转变将促使人们从过去的高消耗、高排放、低效益的粗放型发展模式中解脱

出来，转向低消耗、低排放、高效益的集约型发展模式。

其次，思想建设能够激发创新思维，推动资源利用方式的根本性变革。在传统观念中，资源往往被视为无限的或可以轻易替代的，这导致了资源的浪费和环境的破坏。而通过加强思想建设，可以引导人们认识到资源的稀缺性和不可再生性，进而探索更加高效、循环、可持续的资源利用方式。例如，推广循环经济、发展清洁能源、实施资源回收利用等，都是创新资源利用思维的具体体现。

再次，思想建设还有助于强化全社会的资源保护意识和法治观念。通过法律法规的宣传教育，使人们明确自己在资源保护和利用中的权利和义务，增强责任感和使命感。同时，加强执法力度，对违法违规行为进行严厉打击，形成有效的震慑作用。这样不仅能够保护自然资源免受破坏，还能够维护社会公平正义和生态环境安全。

最后，思想建设是推动科技与管理创新的重要动力。在资源生产率提升的过程中，科技创新和管理创新是不可或缺的两大支柱。通过加强思想建设，可以激发人们对科技创新的渴望和对管理创新的追求，从而推动新技术、新工艺、新方法的不断涌现和应用。同时，也可以促进管理体制机制的改革和完善，提高资源管理的效率和水平。

2. 强化组织建设

加强自然资源系统的组织建设，提高组织的凝聚力和战斗力，为推进自然资源生产率提升提供坚强的组织保障。组织建设不仅是实现资源高效管理和优化的基础，也是推动创新、协调各方利益、确保政策有效执行的关键。

首先，协调各方力量，形成合力。自然资源的管理和利用涉及多个部门、企业和利益相关者，如环保部门、能源部门、农业部门、工业企业以及当地居民等。强化组织建设意味着要建立一个高效、协调的管理机制，确保各方能够在共同的目标下协同工作，形成推动自然资源生产率提升的合力。通过设立跨部门的协调机构或委员会，可以加强信息共享、政策协同和联合执法，有效避免资源浪费和冲突。

其次，明确职责分工，提高管理效率。清晰的职责分工是组织高效运作的前提。在推动自然资源生产率提升的过程中，需要明确各个组织机构的职责范围和工作目标，确保每个部门或岗位都能专注于自身任务，避免职能重叠和推诿扯皮。通过优化组织结构和人员配置，可以提高管理效率,加快决策速度,确保资源管理和利用政策的及时有效执行。

再次,推动制度创新,激发内在活力。组织建设不仅是对现有机构的完善和调整,更是对制度创新的有力推动。在推动自然资源生产率提升的过程中,需要不断探索和尝试新的管理模式、激励机制和监管手段。通过强化组织建设,可以鼓励和支持相关部门和企业进行制度创新,如引入市场机制、建立激励机制、加强监管力度等,从而激发内在活力,推动资源管理和利用方式的持续优化。

又次,培养专业人才,提升专业能力。自然资源管理和利用需要具备一定的专业知识和技能。强化组织建设意味着要加大对专业人才的培养和引进力度,提升整个组织的专业能力。通过设立专业培训机构、开展定期培训和交流活动、建立人才激励机制等方式,可以吸引和留住更多的专业人才,为自然资源生产率提升提供有力的人才保障。

最后,强化监督评估,确保政策效果。有效的监督评估是确保政策效果的重要手段。在推动自然资源生产率提升的过程中,需要建立健全的监督评估机制,对政策执行情况进行定期检查和评估。通过强化组织建设,可以确保监督评估工作的独立性和公正性,及时发现问题并纠正问题,确保政策能够真正落地生效,实现预期目标。

3. 深化作风建设

在推动自然资源生产率提升的过程中,深化作风建设具有不可忽视的重要性。以作风建设为抓手,推动形成求真务实、真抓实干的工作作风,切实解决工作中存在的形式主义、官僚主义等问题。作风建设直接关系到自然资源管理部门及其工作人员的工作态度、效率和质量,对于提升自然资源生产率具有深远的影响。

首先,提升工作效率,确保政策落实。深化作风建设能够促使自然资源管理部门及其工作人员树立高效、务实的工作作风,减少形式主义、官僚主义等不良现象。这有助于提升工作效率,确保各项提升自然资源生产率的政策措施能够得到有效落实。例如,通过优化工作流程、简化审批程序、加强沟通协调等措施,可以缩短项目周期,提高资源利用效率。

其次,增强服务意识,提升群众满意度。自然资源的管理和利用直接关系到广大人民群众的切身利益。深化作风建设能够增强自然资源管理部门及其工作人员的服务意识,使其更加关注群众需求,积极回应群众关切。通过加强政策宣传、提供咨询服务、解决群众困难等措施,可以提升群众对自然资源管理工作的满意度和支持度，为自然资源生产率的提升营造良好的社会氛围。

再次，强化责任担当，确保资源安全。自然资源是国家和社会的重要财富，其安全稳定对于经济社会发展具有重要意义。深化作风建设能够强化自然资源管理部门及其工作人员的责任担当意识，使其更加认真地履行职责，确保自然资源的合理开发和可持续利用。通过加强监管力度、打击违法违规行为、推动生态文明建设等措施，可以维护自然资源的安全稳定，为自然资源生产率的提升提供有力保障。

又次，推动创新创造，提升资源利用效率。创新是推动自然资源生产率提升的重要动力。深化作风建设能够激发自然资源管理部门及其工作人员的创新创造精神，鼓励其积极探索新的管理模式、技术手段和利用方式。通过加强科技创新、引进先进技术、推广成功经验等措施，可以提升自然资源的利用效率和质量，推动自然资源生产率的持续提升。

最后，加强党风廉政建设，营造风清气正的工作环境。党风廉政建设是作风建设的重要组成部分。深化作风建设能够加强自然资源管理部门的党风廉政建设，营造风清气正的工作环境。通过加强党性教育、严明纪律规矩、强化监督执纪等措施，可以提升工作人员的廉洁自律意识，防止腐败现象的发生。这有助于树立自然资源管理部门的良好形象，增强群众对政府的信任和支持。

（二）社会引导

社会引导是推动自然资源生产率提升的重要外部力量。要积极引导和动员社会力量参与自然资源效率革命，形成全社会共同推进的良好局面。

1. 完善政策制定与法规

政策制定与法规在提升自然资源生产率中扮演着关键角色。它们不仅为资源的可持续利用设定了法律框架，还通过经济激励与约束机制，促进了技术创新和高效管理模式的推广，从而确保自然资源得到最优配置与最大化利用，为经济社会的长期发展奠定坚实基础。

首先，促进立法强化。立法强化对自然资源生产率的提升至关重要。通过制定和完善相关法律法规，可以明确界定自然资源的产权归属、使用权限及保护责任，为资源的合理开发与高效利用提供坚实的法律基础。立法强化不仅能有效遏制资源浪费和非法开采行为，还能促进资源节约和循环利用技术的研发与应用,从而推动自然资源生产率的显著提升。

其次,增强政策激励。政策激励是提升自然资源生产率不可或缺的一环。政府可以通过实施税收优惠、财政补贴、绿色金融等政策措施,激励企业和个人采用更加环保、高效的资源利用方式。这些政策能够降低资源高效利用的成本,增加其经济吸引力,进而激发市场主体的积极性和创造力,推动技术创新和产业升级,最终实现自然资源生产率的全面提升。

最后,加强规划引导。规划引导在提升自然资源生产率方面发挥着战略性作用。通过科学制定和实施自然资源开发利用规划,可以合理布局产业结构,优化资源配置,避免无序竞争和重复建设。规划引导还能促进资源开发与环境保护的协调发展,确保在提升资源生产率的同时,维护好生态系统的平衡与稳定。此外,规划还能为资源的高效利用提供明确的方向和目标,引导社会各界共同努力,推动自然资源生产率的持续提升。

2. 加快技术创新与产业升级

加快技术创新与产业升级对于自然资源生产率的提升具有举足轻重的意义。技术创新能够推动资源开采、加工、利用等各个环节的效率飞跃,减少资源消耗与浪费,同时开发出更加环保、高效的资源利用技术。而产业升级则意味着从低附加值、高能耗的传统产业向高技术含量、高附加值的新兴产业转变,这种转变不仅直接提升了资源的使用效率,还促进了资源产业链的延伸和资源的循环利用。因此,加快技术创新与产业升级是提升自然资源生产率、实现可持续发展目标的关键路径。

首先,科技研发是提升自然资源生产率的核心驱动力。通过不断的技术创新与突破,能够发现更高效、更环保的资源开采与利用方式,减少浪费,提高单位资源产出,从而在不增加环境负担的前提下,满足社会经济发展的需求。这不仅促进了资源利用效率的飞跃,也为可持续发展奠定了坚实基础。

其次,产业升级则是自然资源生产率提升的关键路径。随着产业结构的优化升级,传统高耗能、低效率的产业模式逐渐被淘汰,取而代之的是以绿色、低碳、循环为特征的现代产业体系。这种转变不仅提升了资源在产业链各环节的利用效率,还促进了资源在不同产业间的优化配置,实现了资源价值的最大化利用,为自然资源生产率的提升注入了强大动力。

最后,循环经济是自然资源生产率提升的重要策略。循环经济强调资源的减量化、再利用和再循环。通过构建闭环经济系统,循环经济能够最大限度地减少资源消耗和废弃物产生，同时促进废弃物的资源化利用，实现资源的循环再生。这种发展模式不仅有效缓解了资源短缺的压力，还减少了环境污染，提升了自然资源的整体生产效率和可持续性，是推动社会革命向更加绿色、和谐方向发展的重要力量。

3. 增强社会意识与提升公众参与度

增强社会意识与提升公众参与度对于自然资源生产率的提升具有不可估量的重要性。这不仅要求公众深刻理解自然资源的有限性和珍贵性，形成可持续利用资源的共识，还鼓励民众积极参与资源管理的决策过程，通过集思广益和创新思维，优化资源配置方案，减少浪费，提高资源利用效率。这种从意识到行动的全面转变，能够激发社会整体的环保责任感和创新活力，推动形成更加绿色、高效、公平的自然资源利用模式，从而实现自然资源生产率的显著提升和社会经济的可持续发展。

首先，提高公众意识。提高公众对自然资源价值的认识与保护意识是提升自然资源生产率的关键。通过教育、媒体宣传及社区活动，增强公众对资源稀缺性、可持续利用重要性的理解，能够激发社会各界参与资源保护和管理的积极性，促进资源节约型社会的形成，从而从根本上提升自然资源的利用效率与生产率。

其次，健全公众参与机制。建立健全的公众参与机制，是确保自然资源管理决策科学、民主、高效的重要途径。这要求政府及相关机构开放信息渠道，鼓励公众参与资源规划、政策制定及监督评估的全过程，使公众的声音成为影响决策的重要因素。通过公众参与，不仅能增强政策的可接受性和执行力，还能集思广益，发现并实施更多创新、高效的资源利用方案，显著提升自然资源生产率。

最后，加强非政府组织合作。非政府组织在推动自然资源保护与管理方面发挥着不可替代的作用。加强与非政府组织的合作，能够汇聚更多专业力量、创新思路和资源投入，共同应对自然资源面临的挑战。非政府组织往往具有深入基层、贴近民众的优势，能够更有效地传播环保理念、动员社会力量参与资源保护。同时，它们还能为政府提供独立、客观的评估和监督，促进政策优化与落实，形成政府、市场、社会三方协同推进自然资源生产率提升的良好格局。

4. 深化体制机制改革

深化体制机制改革是推动自然资源管理现代化、科学化的关键举措。

通过资源价格改革、监管体制改革及绩效评价体系改革等改革措施，可以优化资源配置、激发市场活力、提升资源利用效率，从而有效促进自然资源生产率的提升。这些改革不仅有助于实现自然资源的可持续利用，还能为经济社会发展提供坚实的资源保障。

首先，资源价格改革。资源价格改革是提升自然资源生产率的重要手段。通过调整资源价格，使其更加真实地反映市场供求关系、资源稀缺程度以及环境成本，可以引导企业和个人更加合理、高效地利用资源。一方面，资源价格上涨会增加资源使用的经济成本，促使企业和个人采取节约措施，减少浪费；另一方面，合理的资源价格还能激发企业技术创新和产业升级的动力，推动资源利用方式的转变，从而提高资源生产率。此外，资源价格改革还有助于优化资源配置，促进资源从低效率领域向高效率领域流动，进一步提升整体经济效率。

其次，监管体制改革。监管体制改革是自然资源生产率提升的重要保障。当前，我国自然资源监管体系面临着多头管理、职责不清、执法不严等问题，导致监管效率低下，资源浪费和破坏现象时有发生。因此，推进监管体制改革，明确监管职责，加强执法力度，建立健全的监管机制，对于提升自然资源生产率具有重要意义。一方面，监管体制改革可以规范企业和个人的资源利用行为，防止违法违规行为的发生；另一方面，通过加强监管和执法，可以及时发现并纠正资源浪费和破坏问题，保障自然资源的可持续利用。

最后，绩效评价体系改革。绩效评价体系改革是激励自然资源生产率提升的有效方式。传统的绩效评价体系往往侧重于经济指标的考核，而忽视了资源利用效率和环境效益的评估。因此，推进绩效评价体系改革，将资源利用效率、环境效益等指标纳入考核体系，可以引导企业和个人更加注重资源节约和环境保护，推动经济发展方式的转变。通过绩效评价体系改革，可以建立科学合理的激励机制，对在资源节约和环境保护方面表现突出的企业和个人给予奖励和支持，从而激发全社会参与资源节约和环境保护的积极性，进一步提升自然资源生产率。

5. 加大国际合作与交流

积极参与国际合作与交流，借鉴国际先进经验和技术成果，推动自然资源效率革命的国际化进程。同时，加强与周边国家和地区的合作与协调，共同应对全球性资源环境问题。在推动自然资源生产率提升的过程中，加强国际合作具有极为重要的意义。

首先，国际经验借鉴。国际经验借鉴对提升自然资源生产率具有不可估量的价值。通过深入研究并借鉴其他国家在资源管理、技术创新、政策制定等方面的成功经验和最佳实践，能够避免重蹈覆辙，加速自身发展进程。这种跨国界的知识共享与交流，有助于相关人员找到更科学、更高效的方法来优化资源配置，提高资源利用效率，从而在全球化的背景下，实现自然资源生产率的显著提升。

其次，国际合作平台搭建。搭建国际合作平台对于提升自然资源生产率同样至关重要。通过构建多边或双边的合作机制，促进国家间在资源勘探、开发、利用、保护等方面的信息共享、技术交流和项目合作，可以形成优势互补、互利共赢的局面。这些平台不仅有助于降低单个国家在面对资源挑战时的成本和风险，还能通过规模效应和协同效应，推动全球资源产业的转型升级，提升整体自然资源生产率。

最后，全球治理参与。积极参与全球治理是提升自然资源生产率不可或缺的一环。在全球化的今天，资源问题已超越国界，成为全人类共同面临的挑战。作为负责任的大国或地区，我国应当主动参与到全球资源治理的进程中，与各国共同制定并执行国际规则和标准，推动建立公平、合理、高效的全球资源治理体系。这不仅有助于维护国际资源市场的稳定与繁荣，还能为自身争取更多的话语权和利益，为提升自然资源生产率创造更加有利的外部环境。

第三节 自然资源生产率测算方法

一、单要素测算法

从生产效率的测度指标来看，可以分为绝对指标和相对指标两大类。绝对指标通常被称为生产率，计算表达式为：产出/投入，反映的是生产过程中产出与投入的比例,即生产资源的实际配置状况[①]。

自然资源生产率是用来衡量经济活动利用自然资源生产效率的指标。按照新古典经济学框架,全要素生产率主要是由劳动和资本共同决定的,并未考虑自然资源的作用。从可持续发展的角度来看,经济效率不仅要注重劳动生产率,而且还应关注自然资源生产率。Pearce(2001)[②] 给出了自然资源生产率的内涵,其是对经济因素与生态因素综合考虑的配置效率,本质上是超越了经济效率的生态效率的概念。

具体而言,自然资源生产率可以用经济社会发展的价值量和自然资源实物量比值来衡量:

$$自然资源生产率(RP)=\frac{经济社会发展(价值量)}{自然资源(实物量)} \quad (2.1)$$

由式(2.1)可知,单位资源产生的效益越多,资源利用效率就越高,资源生产率也越高。提升自然资源生产率要求以最少的资源投入产出最多的价值,而对环境资源要使废弃物排放最小,从而减少环境对经济活动的不利影响。

根据 IPAT 公式的亩均概念,如果以 GDP 为实际产出,而 I 为资源要素投入量,P 为人口数量;A 为富裕水平:人均 GDP,即 A = GDP/P;T 为技术水平:单位 GDP 的资源强度,即 T = I/GDP,那么以 GDP 实际产出衡量的要素资源生产率可定义为:

$$R = P \times A/I = GDP/I \quad (2.2)$$

二、综合权重法

综合权重法是考评计量体系中进行数据分析和处理时常用的统计方法。其核心思想是根据不同指标的重要性或相关性,赋予指标不同的权重,以此来优化或者合成指标数据的最终结果。

(一)综合权重法的基本原理

综合权重法是根据指标的特性或重要性,为每个指标点分配一个权重

---

① 杨鑫,穆月英. 中国粮食生产与水资源的时空匹配格局 [J]. 华南农业大学学报(社会科学版), 2019, 18 (04): 91 – 100.

② Pearce D. W. Measuring resource productivity [C]. Paper to DTI/Green Alliance Conference, Feb. 2001.

值。在数据处理过程中，根据权重值的大小来决定每个指标点对最终结果的影响程度。这种方法在处理大量数据时非常有效，因为它能够识别并强调那些更重要或更有代表性的数据。加权法常出现于现代社会统计分析中的统计指数，是构造统计指数较重要的一环。

其中统计指数有两种：一种是基于传统经济指标相乘关系而确立的统计指数，如物价指数、物量指数；另一种是基于多指标综合评价方法编制的统计指数，如共同富裕指数、现代化进程指数。二者的共同之处在于，都是测度复杂社会经济现象综合水平及其变动程度的指标，不同之处在于，前者之"复杂"是现象总体的"不可加性"，需要通过寻找"同度量因素"进行"同度量化综合"或基于"个体指数"进行"加权集成"；后者之"复杂"是现象概念的"不可（直接）度量性"，需要通过概念分解构建"指标体系"，并作"指标无量纲化（同度量化）"处理再"加权集成"。当单项指标的无量纲化方法采用的是"动态综合指数法"时，二者的基本形态都表现为"单项指数的加权集成"[①]。

（二）权重确定法

权重指某一因素或指标相对于某一事物的重要程度，其不同于一般的比重，体现的不仅仅是某一因素或指标所占的百分比，强调的是因素或指标的相对重要程度，倾向于贡献度或重要性。

在综合评价的理论体系中，若按主客观性的不同，权重确定的方法常有主观定权法和客观定权法之分。主观定权法主要利用评价者或者专家的判断信息对权数进行确定，如德尔菲法、层次分析方法等。而客观定权法则从已有的评价数据出发，根据一定的目标函数或采用某种计算方法以确定权数，如熵权法、离差最小二乘法等。当然在本书研究的自然资源生产率指标权重的选择上，借鉴前人的研究经验，可根据专家对概念的解读，选择依据指标利益相关的客观衡量数据作为权重，如环境生产率中的权重选择环境保护税收系统中每一种污染物的社会支付意愿转化而成。

（三）综合权重法类型

综合权重法有多种类型，这些类型主要根据权重的分配方式、应用场

---

① 浙江省永康市统计局，浙江工商大学，浙江科技五金城集团公司. 服务特色产业高质量发展的统计指数体系探索——以永康世界五金研究为例 [J]. 中国统计，2024（03）：66-69.

景以及计算目的来划分。以下是综合权重法一些常见的类型。

从综合权重集成信息的本身出发,有最大和最小法,算术平均法、加权算术平均法、几何平均法、加权几何平均法;考虑每个指标信息数据所在位置的重要性,有序加权平均法、加权有序加权平均法、诱导有序加权平均法、有序加权几何平均法;考虑加权集成过程的指标之间相互关系,有麦克劳林对称平均法、幂平均法、幂几何法、幂麦克劳林对称平均法、幂 Heronian 平均法等;考虑了指标处于不同的优先水平,有优先集成法。

本书研究所采用的综合权重法主要是综合权重加权算术平均法。

$$加权平均数 = \frac{\sum_{i=1}^{n}(x_i \times w_i)}{\sum_{i=1}^{n} w_i} \qquad (2.3)$$

式中,x_i 表示第 i 个指标数值,w_i 表示第 i 指标数值对应的权重,n 表示指标数值的总个数。

三、绿色全要素测算法

(一) 参数法

参数法涵盖了 C—D 函数法、代数指数模型以及超越对数生产函数法,这三种途径均强调了对生产函数确切形态的界定,并需要精确掌握投入与产出变量的相关价格数据。此外,参数法所基于的假设框架较为苛刻,它预设生产过程遵循规模报酬恒定的原则,且假定生产活动在技术前沿层面达到了完全效率。鉴于其模型结构的直观性,在研究的初步阶段,众多国内外学者倾向于采用参数法来估算全要素生产率。然而,当涉及绿色全要素生产率的核算时,情况就变得复杂了,因为这需要将污染排放和能源消耗因素整合进生产率的分析框架。但污染物定价信息的难以获取,以及参数法严苛的前提假设,使得在实际应用中难以满足这些条件。因此,在环境约束条件下采用参数法来计算全要素生产率,其结果不可避免地会产生一定的偏差。[①]

---

① 许冬兰,李丰云,吕朵. 绿色全要素生产率的测算方法及应用 [J]. 青岛科技大学学报(社会科学版),2016,32 (04): 30 - 35.

（二）非参数法

鉴于获取投入与产出变量的价格信息颇具挑战性，加之参数法所依赖的假设条件难以实现，一种仅聚焦于生产函数中投入与产出数量关系，无须预设特定函数形式的非参数方法应运而生。随着数据包络分析（DEA）技术的不断进步，Färe et al.（1994）[①] 巧妙地将 DEA 与 Caves et al.（1982）[②] 提出的 Malmquist 指数方法相融合，开创了一种非参数的增长核算新途径。该方法的核心理念在于构建一个生产函数的随机前沿边界，通过对比各个决策单元与这一最优前沿的差距，并运用指数计算手段，从而得出绿色全要素生产率。

1. SBM—GML 方法

基于非期望产出的 SBM 方向性距离函数和 GML 指数来测度绿色全要素生产率（GTFP）。该测度方法中的方向性距离函数不仅可以测度正向效率最大化前沿与期望产出距离，还可以测度负向最小化前沿与负向非期望产出距离，使绿色发展理念充分显现。[③] 关于 GML 指数的测度主要借鉴 Oh 的研究[④]，将绿色全要素生产率指数进一步划分为绿色技术进步（GTC）和绿色技术效率（GEC）。

对于效率的测算，目前形成了以随机前沿分析、层次分析法、因子分析法和数据包络分析法为代表的多种方法体系。与其他的方法相比，数据包络分析是一种非参数方法，具有客观性较强、无须对数据无量纲化处理且能解决多投入和多产出问题等特点。传统 DEA 模型在设定上忽视了松弛变量与径向形式，当多个决策单元同时有效时，传统 DEA 模型不能进一步区分和比较，从而影响效率评估的准确性。为了修正测算的有偏性并提高测算精度，学者们在目标函数中加入松弛变量，将函数设定为非径向

---

① Färe R, Grosskopf S, Norris M, et al. Productivity growth, technical progress, and efficiency change in industrialized countries [J]. The American economic review, 1994: 66 - 83.

② Caves D W, Christensen L R, Diewert W E. The economic theory of index numbers and the measurement of input, output, and productivity [J]. Econometrica: journal of the Econometric Society, 1982: 1393 - 1414.

③ 陈超凡. 中国工业绿色全要素生产率及其影响因素——基于 ML 生产率指数及动态面板模型的实证研究 [J]. 统计研究, 2016, 33（03）: 53 - 62.

④ Oh D. A global Malmquist - Luenberger productivity index [J]. Journal of productivity analysis, 2010, 34: 183 - 197.

距离形式，建立超效率 SBM 模型来克服传统 DEA 模型的不足。

超效率 SBM 模型中，允许有效 DMU 的效率值大于 1，从而可以对有效 DMU 单元进行评价和比较。定义绿色全要素生产率的生产可能性集为：

$$PPS\left\{(\overline{X},\overline{Y^g},\overline{Y^b}) \mid \overline{X} \geq \sum_{\substack{j=1\\j\neq 0}}^{L} \lambda_j x_j, \overline{Y^g} \leq \sum_{\substack{j=1\\j\neq 0}}^{L} \lambda_j y_j^g, \overline{Y^b} \geq \sum_{\substack{j=1\\j\neq 0}}^{L} \lambda_j y_j^b, L \leq e\lambda \leq \mu, \lambda_j \geq 0\right\} \quad (2.4)$$

式中，每个地区对应 m 种投入，s_1 种期望产出以及 s_2 种非期望产出。$X = (x_1, x_2, \cdots, x_L) \in R_+^m$，$Y^g = (y_1^g, y_2^g, \cdots, y_L^g) \in R_+^{S_1}$，$Y^b = (y_1^b, y_2^b, \cdots, y_L^b) \in R_+^{S_2}$。$\lambda = (\lambda_1, \lambda_2, \cdots, \lambda_L)$ 是 L 维权重向量。$(L=1, \mu=1)$ 表示生产绿色技术规模报酬可变；$(L=0, \mu=\infty)$ 表示生产过程规模报酬不变。$s^- \in R_+^{S_m}$ 表示过度投入，$s^b \in R_+^{S_2}$ 表示非期望产出较多，$s^g \in R_+^{S_1}$ 表示期望产出不足。那么，超效率 SBM 模型为：

$$\rho = \min_{\lambda, \bar{x}, \bar{y}^g, \bar{y}^b} \frac{\sum_{i=1}^{m} \frac{\overline{x_i}}{x_{io}}}{\frac{1}{s_1 + s_2}\left(\sum_{r=1}^{S_1} \frac{\overline{y_r^g}}{y_{ro}^g} + \sum_{k=1}^{S_2} \frac{\overline{y_k^b}}{y_{ko}^b}\right)} \quad (2.5)$$

$$s.t. \ \overline{X} \geq \sum_{\substack{j=1\\j\neq 0}}^{L} \lambda_j x_j$$

$$\overline{Y^g} \leq \sum_{\substack{j=1\\j\neq 0}}^{L} \lambda_j y_j^g$$

$$\overline{Y^b} \geq \sum_{\substack{j=1\\j\neq 0}}^{L} \lambda_j y_j^b$$

$$\overline{X} \geq x_o, \ \overline{Y^g} \leq y_o^g, \ \overline{Y^b} \geq y_o^b$$

$$\overline{Y^g} \geq 0, \ \overline{Y^b} \geq 0, \ L \leq e\lambda \leq \mu, \ \lambda_j \geq 0$$

$$\overline{x_t} = x_{io} + s^- \ (i=1, \cdots, m)$$

$$\overline{y_r^g} = y_{ro}^g - s^g \ (r=1, \cdots, s_1)$$

$$\overline{y_k^b} = y_{ko}^b + s^b \ (k=1, \cdots, s_2)$$

式中，$\overline{x_t}$、$\overline{y_r^g}$、$\overline{y_k^b}$ 代表被评价单元投入产出的投影值，x_{io}、y_{ro}^g、y_{ko}^b 代表对

应的原始值。

GML 指数可以分解为绿色技术进步（GTC）和绿色技术效率（GEC）。

$$GML = GEF \times GTC = \frac{E^g(x^{t+1}, y^{t+1})}{E^g(x^t, y^t)} = \frac{E^{t+1}(x^{t+1}, y^{t+1})}{E^t(x^t, y^t)} \left[\frac{E^g(x^{t+1}, y^{t+1})}{E^{t+1}(x^{t+1}, y^{t+1})} \right.$$
$$\left. \frac{E^t(x^t, y^t)}{E^g(x^t, y^t)} \right] \tag{2.6}$$

$$GEC = \frac{E^{t+1}(x^{t+1}, y^{t+1})}{E^t(x^t, y^t)} \tag{2.7}$$

$$GTC = \frac{E^g(x^{t+1}, y^{t+1})}{E^{t+1}(x^{t+1}, y^{t+1})} \frac{E^t(x^t, y^t)}{E^g(x^t, y^t)} \tag{2.8}$$

式中，x^t、y^t 分别表示被评价单元在 t 期的投入产出数值，E^g、E^t 分别表示全局前沿和前沿 t 期的效率值。

在超效率 SBM 的基础上，构造一个非角度、非径向的 MPI，公式如下：

$$GML_o^{T,T+1} = \frac{\rho_o^{T+1}(x_o^{T+1}, y_o^{g,T+1}, y_o^{b,T+1})}{\rho_o^T(x_o^T, y_o^{g,T}, y_o^{b,T})} \times \left[\frac{\rho_o^g(x_o^{T+1}, y_o^{g,T+1}, y_o^{b,T+1})}{\rho_o^{T+1}(x_o^{T+1}, y_o^{g,T+1}, y_o^{b,T+1})} \times \right.$$
$$\left. \frac{\rho_o^T(x_o^T, y_o^{g,T}, y_o^{b,T})}{\rho_o^g(x_o^T, y_o^{g,T}, y_o^{b,T})} \right] \tag{2.9}$$

式中，$GML_o^{T,T+1}$ 测度地区从 T 到 T+1 时期绿色 TFP 的变动，$\rho_o^T(x_o^T, y_o^{g,T}, y_o^{b,T})$、$\rho_o^{T+1}(x_o^{T+1}, y_o^{g,T+1}, y_o^{b,T+1})$ 分别表示地区在 T、T+1 时期的效率值，$\rho_o^g(x_o^T, y_o^{g,T}, y_o^{b,T})$ 是基于全局各期生产技术和 T 时期投入产出值的效率值，$\rho_o^g(x_o^{T+1}, y_o^{g,T+1}, y_o^{b,T+1})$ 是基于全局各期生产技术和 T+1 时期投入产出值的效率值，$\frac{\rho_o^T(x_o^T, y_o^{g,T}, y_o^{b,T})}{\rho_o^g(x_o^T, y_o^{g,T}, y_o^{b,T})}$、$\frac{\rho_o^g(x_o^{T+1}, y_o^{g,T+1}, y_o^{b,T+1})}{\rho_o^{T+1}(x_o^{T+1}, y_o^{g,T+1}, y_o^{b,T+1})}$ 分别反映了前沿 T、T+1 与全局前沿的接近程度。若 $GML_o^{T,T+1} = 1$，说明绿色 TFP 没有变化；若 $GML_o^{T,T+1} < 1$，说明绿色 TFP 减小；若 $GML_o^{T,T+1} > 1$，说明绿色 TFP 提高。

2. SBM—DDF 方法

基于松弛变量的方向距离函数（SBM—DDF），此法的优点即可解决传统 DEA 模型将污染排放作为投入变量的不合理性，又解决了 DDF 方法对于存在投入或产出松弛时的测算失准，成为了当前测算绿色发展水平方法中与现实最相符的方法（陈诗一，2012）[1]。若地区有 N 种投入，记为

---

[1] 陈诗一. 中国各地区低碳经济转型进程评估 [J]. 经济研究, 2012, 47 (08): 32-44.

$x = (x_1, \cdots, x_N) \in R_N^+$；若地区有 M 种期望产出，记为 $y = (y_1, \cdots, y_M) \in R_M^+$；若地区有 I 种非期望产出，记为 $b = (b_1, \cdots, b_I) \in R_I^+$。在 $t = 1, \cdots, T$ 期的投入产出向量为 $(x^{k,t}, y^{k,t}, b^{k,t})$，则绿色生产技术模型可写为：

$$P^t(x^t) = \left\{ (y^t, b^t) : \sum_{k=1}^{K} \lambda_k^t y_{km}^t \geq y_{km}^t, \forall m; \sum_{k=1}^{K} \lambda_k^t b_{ki}^t = b_{ki}^t, \forall i; \sum_{k=1}^{K} \lambda_k^t x_{kn}^t \leq x_{kn}^t, \forall n; \sum_{k=1}^{K} \lambda_k^t = 1, \lambda_k^t \geq 0, \forall k \right\} \quad (2.10)$$

式中，λ_k^t 表示每一决策单元观测值的权重。当所有权重为非负值且和为1时，绿色生产基于规模报酬可变假设；当所有权重仅为非负值时，则基于规模报酬不变假设。借鉴 Fukuyama（2009）①、李玲（2012）② 的方法，构建 SBM 方向距离函数：

$$\vec{S}_V^t(x^{t,k}, y^{t,k}, b^{t,k}, g^x, g^y, g^b) = \max_{s^x, s^y, s^b} \frac{\frac{1}{N}\sum_{n=1}^{N}\frac{s_n^x}{g_n^x} + \frac{1}{M+I}\left[\sum_{m=1}^{M}\frac{s_m^y}{g_m^y} + \sum_{i=1}^{I}\frac{s_i^b}{g_i^b}\right]}{2}$$

s.t. $\sum_{k=1}^{K} \lambda_k^t x_{kn}^t + s_n^x = x_{kn}^t, \forall n; \sum_{k=1}^{K} \lambda_k^t y_{km}^t - s_m^y = y_{km}^t, \forall m; \sum_{k=1}^{K} \lambda_k^t b_{ki}^t + s_i^b = b_{ki}^t,$

$\forall i; \sum_{k=1}^{K} \lambda_k^t = 1, \lambda_k^t \geq 0, \forall k; s_n^x \geq 0, \forall n; s_m^y \geq 0, \forall m; s_i^b \geq 0, \forall i \quad (2.11)$

在 SBM 方向距离函数的基础上，可计算从 t 到 t+1 时期的生产率指数，从而表示各地区的绿色 TFP。

$$GTFP_t^{t+1} = \frac{1}{2}\left\{ \left[S_C^t(x^t, y^t, b^t; g) - S_C^t(x^{t+1}, y^{t+1}, b^{t+1}; g) \right] + \left[S_C^{t+1}(x^t, y^t, b^t; g) - S_C^{t+1}(x^{t+1}, y^{t+1}, b^{t+1}; g) \right] \right\} \quad (2.12)$$

3. DDF—GML 方法

方向性距离函数（DDF）既鼓励期望产出向生产前沿扩张，又鼓励污染排放向污染最小化前沿缩减，因而符合生产过程的可持续发展的理念。同时，在此基础上通过全局 Malmquist – Luenberger 生产率指数测度绿色全要素生产率。

构造一个包含期望产出、非期望产出的投入产出技术结构，生产可能

---

① Fukuyama H, Weber W L. A directional slacks – based measure of technical inefficiency [J]. Socio – Economic Planning Sciences, 2009, 43 (04): 274 – 287.

② 李玲，陶锋. 中国制造业最优环境规制强度的选择——基于绿色全要素生产率的视角 [J]. 中国工业经济，2012（05）：70 – 82.

性集合可以表示为：

$$P(x) = \{(y,b) : x \text{ 能生产出的}(y,b)\}, x \in R_N^+, y \in R_M^+, b \in R_W^+ \quad (2.13)$$

式中，投入向量 $x = (x_1, \cdots, x_N) \in R_N^+$，期望产出向量 $y = (y_1, \cdots, y_M) \in R_M^+$，非期望产出向量 $b = (b_1, \cdots, b_W) \in R_W^+$。

DDF 用下式表示：

$$\vec{D}_0(x, y, b; g) = \sup\{\beta : (y, b) + \beta g \in P(\varphi)\} \quad (2.14)$$

式中，g 为方向向量。将 g 设定为 $g = (g^y, g^b)$，表示期望产出和非期望产出按照一定比例进行同步扩张或收缩。β 代表了最优化的比例，即好产出 y 增长的同时，能够最大限度地减少坏产出 b 的比例。当存在两种以上的产出时，可以构造如下公式：

$$\vec{D}_0^t(x^t, y^t, b^t; g^t) = \max \beta \quad (2.15)$$

$$\text{s.t.} \sum_{k=1}^{K} z_k^t y_{km}^t \geq (1+\beta) y_{km}^t, m = 1, 2, \cdots, M$$

$$\sum_{k=1}^{K} z_k^t b_{kw}^t = (1-\beta) b_{kw}^t, w = 1, 2, \cdots, W$$

$$\sum_{k=1}^{K} z_k^t x_{kn}^t \leq x_{kn}^t, z_k^t \geq 0; n = 1, 2, \cdots, N; k = 1, 2, \cdots, K$$

式中，投入要素为 N 种，M、W 分别为期望和非期望产出种数，z_k^t 为每一横截面观测值权重。全局 Malmquist-Luenberger 指数不仅巧妙地规避了线性规划可能导致的无解困境，还极大地降低了"技术倒退"现象发生的几率。更值得一提的是，它具备传递性这一优良特性，使得在不同情境下的应用都能保持连贯性，并且可以进行累乘，从而在处理复杂问题时能够展现出更大的灵活性和实用性。

因此，可采用 GML 指数对绿色 TFP 进行测算。计算方法见公式 (2.16)：

$$GML_t^{t+1} = GTFP_t^{t+1} = \frac{[1 + \vec{D}_0^G(x^t, y^t, b^t; g^t)]}{[1 + \vec{D}_0^G(x^{t+1}, y^{t+1}, b^{t+1}; g^{t+1})]} \quad (2.16)$$

GML 指数可分解为技术效率变化和技术进步变化。相应计算方法如下：

$$GML_t^{t+1} = GEFFCH_t^{t+1} \times GTECH_t^{t+1} \quad (2.17)$$

$$GEFFCH_t^{t+1} = \frac{[1 + \overrightarrow{D_0^t}(x^t, y^t, b^t; g^t)]}{[1 + \overrightarrow{D_0^{t+1}}(x^{t+1}, y^{t+1}, b^{t+1}; g^{t+1})]} \quad (2.18)$$

$$GTECH_t^{t+1} = \frac{[1 + \overrightarrow{D_0^G}(x^t, y^t, b^t; g^t)] / [1 + \overrightarrow{D_0^t}(x^t, y^t, b^t; g^t)]}{[1 + \overrightarrow{D_0^G}(x^{t+1}, y^{t+1}, b^{t+1}; g^{t+1})] / [1 + \overrightarrow{D_0^{t+1}}(x^{t+1}, y^{t+1}, b^{t+1}; g^{t+1})]}$$
(2.19)

如果 GML 指数大于 1，说明绿色 TFP 提高；如果 GML 指数小于 1，说明绿色 TFP 下降。同理，可判断技术效率和技术进步的提高或下降。

4. EBM—DDF 方法

准确度量绿色全要素生产率是实证研究不可或缺的核心基石。为了克服 CCR 模型和 SBM 模型存在的局限性，基于 Tone 和 Tsutsui（2010）[①] 的理论，以 EBM 模型来定义 DDF。假设存在 m 种投入（i = 1, ⋯, m），s 种产出（i = 1, ⋯, s）的 n 个决策单元（j = 1, ⋯, n）。则 EBM 模型如下：

$$\gamma^* = \min\theta - \varepsilon_x \sum_{i=1}^{m} \frac{W_i S_i}{X_{i0}} \quad (2.20)$$

s. t. $\theta x_0 - X\lambda - s = 0$

$\lambda Y \geqslant y_0$

$\lambda \geqslant 0, s \geqslant 0$

式中，γ^* 表示最优效率值，而且 $0 \geqslant \gamma^* \geqslant 1$。$W_i$ 是投入要素 i 的权重，满足 $\sum_{i=1}^{m} w_i = 1 (w_i \geqslant 0, \forall i)$。θ 代表径向效率值，$S_i$ 表示第 i 个投入要素对应的松弛变量，ε_x 表示综合径向 θ 和非径向松弛变量的参数，λ 表示重要决策单元相对重要程度。投入向量为 $X = \{x_{ij}\} \in R^{mn}$，产出向量为 $Y = \{y_{ij}\} \in R^{sn}$，而且 X > 0, Y > 0。

相比于 ML 指数，GML 指数通过构建全局生产可能性集，避免了 ML 指数存在的非传递性和线性等不足之处，根据 EBM 模型的 GML 指数对绿色 TFP 进行测算。GML 指数可表达为：

$$GML^{t,t+1}(x^t, y^t, b^t, x^{t+1}, y^{t+1}, b^{t+1}) = \frac{1 + D^G(x^t, y^t, b^t)}{1 + D^G(x^{t+1}, y^{t+1}, b^{t+1})} \quad (2.21)$$

[①] Tone K, Tsutsui M. An epsilon-based measure of efficiency in DEA - a third pole of technical efficiency [J]. European journal of operational research, 2010, 207 (03): 1554-1563.

式中，b^t、b^{t+1} 分别代表 t、$t+1$ 时期的非期望产出。方向距离函数 $D^G(x^t, y^t, b^t) = \max\{B : (y + By, b - Bb) \in P^G(X)\}$。

四、自然资源生产率分类测算方法

在上述自然资源相关理论以及生产率的通常测算基础上，本书按照自然资源分为狭义的自然资源生产率、气候资源生产率、环境生产率分类，再细化为土地、水资源、环境、碳和能源等自然资源，在后续章节分别在省域、副省级城市、设区市以及行业等层面对我国自然资源生产率测算和排行。下面介绍具体测算方法及其相关公式。

（一）土地生产率测算

1. 农用地生产率测算

农用地生产率采用单要素亩均的方式，具体测算方法：

农用地生产率 = 该地区粮食总产量/粮食耕地总面积 　　　　（2.22）

2. 建设用地生产率测算

建设用地生产率采用单要素亩均和综合权重的方式，具体测算方法：

建设用地生产率 = 该地区地区生产总值/建设用地总面积 　　　（2.23）

其中地区生产总值为经过换算后的实际 GDP，建设用地为居民点及工矿用地、交通运输用地、水利设施用地三项相加。

3. 土地质量等级测算

土地质量等级引入综合权重加权法的方式来刻画，具体测算方法：

第 i 个地区加权平均等别 = $a_{ij} \times w_{ij}$ 　　　　　　　　（2.24）

式中，a_{ij} 表示第 i 个地区第 j 个等级的分值，分值越小表示土地等级质量越高，1 表示土地等级质量最高，15 表示土地等级质量最差，w_{ij} 表示第 i 个地区第 j 个等级的权重，其值为第 i 个地区第 j 个等级面积与第 i 个地区的总面积的比值。

4. 不同土地质量亩均差异性分析

（1）Kruskal—Wallis 检验

提出如下假设检验：

$H_0: M_1 = M_2 = M_3 = M_4 \leftrightarrow H_1: M_i$（$i = 1, 2, 3, 4$）至少有 2 个不相等

式中，M_i 为四个土地质量等级区间的 2000—2022 年的平均亩均的中位数，i = 1，2，3，4 分别表示土地质量等级排名前 25%，25%—50%，50%—75%，75%—100%。

Kruskal—Wallis 统计量为：

$$H = \frac{12}{N(N+1)} \sum_{i=1}^{k} n_i (\overline{R}_i - \overline{R})^2 = \frac{12}{N(N+1)} \sum_{i=1}^{k} \frac{R_i^2}{n_i} - 3(N+1)$$

(2.25)

式中，$N = \sum_{i=1}^{k} n_i$ 为样本总数，R_{ij} 为第 i 组样本的第 j 个观测值 x_{ij} 的秩，$R_i = \sum_{j=1}^{n_i} R_{ij}$ 为各组观测值的秩求和后的秩和，$\overline{R}_i = R_i/n_i$ 为第 i 组数据的平均秩，$\overline{R} = \sum_{i=1}^{k} R_i/N = (N+1)/2$ 为 k 组数据的平均秩，这里的 k 取 4，表示一共分为 4 组，分别为土地质量等级排名前 25%，25%—50%，50%—75%，75%—100%。可以看出，统计量 H 的分子是每个样本实际等级和与期望等级和的偏差平方和。如果原假设 H_0 为真，则统计量 H 的值应该倾向很小；如果统计量 H 的值过大，就有理由怀疑原假设不为真。

（2）多重比较

当 H_0 被拒绝时，说明各总体有显著差异，进一步利用多重比较分析具体哪些总体之间存在差异，差异有多大。Kruskal—Wallis 检验的多重比较可以利用 Dunn 检验实现。

提出假设检验如下：

H_0：$M_s = M_t \leftrightarrow H_1$：$M_s \neq M_t$

检验统计量如下：

$$d_{st} = \frac{|\overline{R}_s - \overline{R}_t|}{\sqrt{\frac{N(N+1)}{12} \left(\frac{1}{n_s} + \frac{1}{n_t} \right)}}$$

(2.26)

式中，$1 \leq s$，$t \leq k$，$s \neq t$ 表示土地质量等级排名前 25%，25%—50%，50%—75%，75%—100% 四个组的顺序号，$\overline{R}_s = R_s/n_s$，$\overline{R}_t = R_t/n_t$ 表示四个组的平均秩。

（3）土地利用系数

用土地利用系数表示土地质量等级排名前 25%，25%—50%，

50%—75%，75%—100% 四个组地区的土地利用效率，公式如下：

$$I = \frac{K_i}{K_{max}} \qquad (2.27)$$

式中，K_i 为各地区亩均均值，K_{max} 为不同土地质量等级区间内亩均均值排名第 1 的地区。

（4）年复合增长率

$$2000—2022\text{年亩均年复合增长率} = \sqrt[23]{2022\text{年亩均}/2000\text{年亩均}} - 1 \qquad (2.28)$$

（二）水资源生产率测算

本书结合单要素和全要素生产率测算方法，水资源生产率简化考虑水资源消耗总量、人口总量、生产总值 GDP 三要素，具体测算方法如下：

$$\begin{cases} y_i = \dfrac{g}{p} \\ y_c = \dfrac{c}{p} \\ y = \dfrac{g}{c} = \dfrac{y_i}{y_c} \end{cases} \qquad (2.29)$$

式中，y_i 表示人均 GDP，g 表示生产总值 GDP，c 表示水资源用水量，p 表示地区人口数，y_c 表示人均水资源消耗水平，y 表示水资源的生产率。当 y 值越大时，表示水资源的生产率越大；反之，y 值越小，则说明该地区的水资源生产率越低。

农业水资源生产率是第一产业 GDP 与农业用水量的比值；工业水资源生产率是工业 GDP 与工业用水量的比值；在计算第三产业水资源生产率时，2019—2022 年第三产业水资源量是用地区生活用水量减去城乡居民生活用水量，2002—2018 年第三产业水资源量则是用生活用水量乘以第三产业用水量占比。①

（三）环境生产率测算

本书结合单要素和综合权重测算方法，对综合环境生产率和分项环境

---

① 第三产业用水量占比取值为 2019—2022 年占比平均值。

生产率进行测算。具体测算方法如下：

1. 环境生产率

根据各指标数据的统计，环境生产率的计算公式设计如下：

$$环境生产率 = \frac{实际国内生产总值}{环境污染物排放综合指数} \quad (2.30)$$

其中，环境污染物排放综合指数可从两个视角进行集成：一是根据传统的"三废"排放量直接加总得到，即环境污染物排放综合指数 = 废水排放量 + 废气排放量 + 固体废物产生量；二是根据"三废"主要的构成元素排放量，即废水中化学需氧量（COD）排放量、废水中氨氮排放量、废气中二氧化硫（SO_2）排放量、废气中氮氧化物（NO_x）排放量、颗粒物排放量、一般工业固体废物产生量，考虑不同污染物对环境的损害程度，以每种污染物的社会支付意愿[①][②]作为权重（见表2-1），加权合成得到，即环境污染物排放综合指数 = COD权重 × 废水中化学需氧量（COD）排放量 + 氨氮权重 × 废水中氨氮排放量 + SO_2权重 × 废气中二氧化硫（SO_2）排放量 + NO_x权重 × 废气中氮氧化物（NO_x）排放量 + 颗粒物权重 × 颗粒物排放量 + 固体废物权重 × 一般工业固体废物产生量。

表2-1　　　　　　　　各污染物的社会支付意愿及权重

项目	COD	氨氮	SO_2	NO_x	颗粒物	固体废物
社会支付意愿（元/千克）	0.7	0.8	0.63	0.9	0.43	0.03
权重	0.20	0.23	0.18	0.26	0.12	0.01

2. 分项环境生产率的公式

此外，根据环境生产过程排放的三大类废弃物划分，环境生产率包括了废水生产率、废气生产率以及固废生产率；根据环境生产过程废弃物排放涉及的污染物元素细分，环境生产率包括了化学需氧量生产率、氨氮排放量生产率、二氧化硫排放量生产率、氮氧化物排放量生产率、颗粒物排放量生产率、一般工业固体废物生产率等六类污染物生产率。其中，由于

[①] 邱士雷, 王子龙, 刘帅等. 非期望产出约束下环境规制对环境绩效的异质性效应研究[J]. 中国人口·资源与环境, 2018, 28 (12): 40-51.

[②] 吴星. 建筑工程环境影响评价体系和应用研究[D]. 北京：清华大学, 2005.

指标数据一致，一般工业固体废物生产率即指固废生产率。

废水排放生产率是指一定时期内一个国家或地区每排放一个单位的废水所创造的国内生产总值，计算公式为：废水排放生产率＝实际国内生产总值/废水排放总量，其中废水排放总量指报告期内由不同用水户（如工业、第三产业和城镇居民生活等）排放的已被污染的水量总和，截至2023年底数据较完整的统计指标主要是工业废水排放量、化学需氧量、氨氮排放量。废气排放生产率是指一定时期内一个国家或地区每排放一个单位的废气所创造的国内生产总值，计算公式为：废气排放生产率＝实际国内生产总值/废气排放量，其中废气排放量指报告期内各种排入空气中含有污染物的气体的总量，以标准状态（273K，101325Pa）计，截至2023年底数据较完整的统计指标主要是工业废气排放量、二氧化硫排放量、氮氧化物排放量和颗粒物排放量。固体废物生产率是指一定时期内一个国家或地区每产生一个单位的固废所创造的国内生产总值，计算公式为：固体废物生产率＝实际国内生产总值/固体废物产生量，其中固体废物产生量是指一般工业固体废物产生量。

化学需氧量生产率是指一定时期内一个国家或地区每排放一个单位的化学需氧量所创造的国内生产总值，计算公式为：化学需氧量生产率＝实际国内生产总值/化学需氧量。氨氮排放量生产率是指一定时期内一个国家或地区每排放一个单位的氨氮量所创造的国内生产总值，计算公式为：氨氮排放量生产率＝实际国内生产总值/氨氮排放量。二氧化硫排放量生产率是指一定时期内一个国家或地区每排放一个单位的二氧化硫量所创造的国内生产总值，计算公式为：二氧化硫排放量生产率＝实际国内生产总值/二氧化硫排放量。氮氧化物排放量生产率是指一定时期内一个国家或地区每排放一个单位的氮氧化物量所创造的国内生产总值，计算公式为：氮氧化物排放量生产率＝实际国内生产总值/氮氧化物排放量。颗粒物排放量生产率是指一定时期内一个国家或地区每排放一个单位的颗粒物量所创造的国内生产总值，计算公式为：颗粒物排放量生产率＝实际国内生产总值/颗粒物排放量。一般工业固体废物生产率是指一定时期内一个国家或地区每排放一个单位的一般工业固体废物所创造的国内生产总值，计算公式为：一般工业固定废物生产率＝实际国内生产总值/一般工业固体废物产生量。

(四) 碳生产率测算

碳生产率反映了每单位碳排放产生的经济效益,以单位碳排放的增加值表示。[①] 本书借鉴已有文献[②][③]普遍使用的测度方法,碳生产率通过年生产总值与同期碳排放量之比进行衡量,具体公式如下:

$$CP_{it} = \frac{GDP_{it}}{CO_{2it}} \qquad (2.31)$$

式中,i 代表地区,t 代表年份。

GDP_{it} 表示 i 地区在 t 年的总产值。总产值选用各地区实际 GDP 指标衡量,各地区实际 GDP (以 2000 年为基期) 指标按照如下公式计算:当年实际 GDP = 上一年实际 GDP × 当年地区生产总值指数/100。

CO_{2it} 表示 i 地区在 t 年的 CO_2 排放量。CO_2 排放量使用 CEADs 中国碳核算数据库网站上提供的表观碳排放数据,具体涵盖 47 个社会经济部门、17 种化石燃料燃烧和水泥生产过程相关排放,采用政府间气候变化专门委员会 (IPCC) 推荐的二氧化碳排放核算方法,涵盖了城市行政边界内人类社会经济活动引发的所有直接碳排放。

(五) 能源生产率测算

本书结合单要素和综合权重测算方法,简化能源生产率测算,具体过程和测算方法如下:

能源合计可以折算成总吨标准煤,具体的折算公式如下:

$$能源合计 = \sum 能源品种消耗量 × 折标准煤系数 \qquad (2.32)$$

因此,总吨标准煤可以用来比较不同类型能源的能效,以及评估不同产业、地区和国家的能源消耗情况。

能源生产率又称单位能耗国内生产总值,可用国内生产总值与能源投入之比来表示。能源生产率测算使用以 2000 年为基期的实际 GDP,以消

[①] Ghisetti C, Quatraro F. Green technologies and environmental productivity: A cross-sectoral analysis of direct and indirect effects in Italian regions [J]. Ecological Economics. 2017, 132: 1-3.

[②] Watanabe M and Tanaka K. Efficiency analysis of Chinese industry: a directional distance function approach [J]. Energy policy, 2007, 35 (12): 6323-6331.

[③] 孙华平,杜秀梅. 全球价值链嵌入程度及地位对产业碳生产率的影响 [J]. 中国人口·资源与环境. 2020, 30 (07): 27-37.

除价格的影响。我国能源投入主要包括煤炭、石油、天然气、一次电力及其他能源。不同类型的能源消费均按等价热值统一折算成总吨标准煤。

能源生产率的具体计算公式如下：

$$能源生产率 = \frac{实际GDP}{能源消费总量} \tag{2.33}$$

式中，实际 GDP 分别对应于省与设区市，以 2000 年为基期以消除价格的影响，分省能源消费总量的数据来源于《中国能源统计年鉴》。由于我国各个设区市的能源消费存在统计数据不全、统计口径不一致的缺点。苏泳娴等基于夜间灯光影像数据实现了 1992—2010 年各个设区市的能源消费碳排放的估算。[①] 本书的设区市能源消费总量的测算主要根据全社会用电量（万千瓦时）、人工煤气和天然气供气总量（万立方米）、液化石油气供气总量进行加权折算成总吨标准煤（吨）。

总吨标准煤的具体折算公式如下：

总吨标准煤 = 全社会用电总量 × 1.229 吨标准煤/万千瓦时 + 人工煤气和天然气供气总量 × 13.3 吨标准煤/万立方米 + 液化石油气供气总量 × 1.7143 吨标准煤/吨 (2.34)

---

① 苏泳娴，陈修治，叶玉瑶等. 基于夜间灯光数据的中国能源消费碳排放特征及机理[J]. 地理学报，2013，68（11）：1513 – 1526.

第三章

土地生产率排行榜

　　土地的高效利用和管理对于应对经济发展中的资源约束、实现可持续发展以及推动绿色转型至关重要。本章对土地利用效率进行了系统测算与评估，根据土地类型将土地生产率分为农用地生产率和建设用地生产率，并进行省域层面、副省级城市层面和设区市层面排名。农用地生产率主要考虑耕地生产率，将粮食作物的亩均产量作为农用地生产率的衡量标准。由于耕地生产率与耕地质量等级有关，因此，依据《农用地质量分等规程（GB/T 28407-2012）》，对 31 个省域（含省、自治区、直辖市）的土地质量进行分类，并检验不同质量等级土地的耕地生产率是否存在统计学意义上的显著差异。对不同土地质量等级地区的耕地生产率分别进行排名，并展示了其变化情况。建设用地生产率是地区生产总值与建设用地总面积之比，这一指标反映了土地的产出效益以及土地对经济总量的承载能力。本章最后，对农用地和建设用地生产率的结果进行深入分析和讨论，以促进土地的合理利用和可持续发展。

第一节 引 言

一、土地生产率的重要性

土地是人类赖以生存和发展的基本条件之一。[①] 土地生产率是衡量土地生产能力的重要指标，它反映了在一定时期内（通常为 1 年）单位土地面积产出的产品数量或产值。土地生产率的高低受多种因素影响，包括自然条件（如土壤、地形、气候等）、物质与能量的投入量、科技水平及经营管理水平等。尤其在当今快速发展的背景下，如何高效利用有限的土地，实现经济、社会与生态效益的平衡，成为各国关注的重点。土地是农业、城市建设等社会经济活动的基础。在全球范围内，各国根据各自的自然条件和发展需求，制定了不同的土地利用规划和管理政策，以实现土地的有效利用和保护。

在发达国家，土地利用已经趋于精细化[②]，特别是在农业生产和城市建设领域。通过高效的土地管理政策和现代科技的应用，在土地利用效率和环境保护之间取得了较好的平衡。例如，欧洲的土地利用注重可持续发展，农业机械化和生态保护并行，以确保农业产量和生态系统的稳定；美国则通过科技创新提升农用地生产率，同时严格控制建设用地的扩张，保持土地的多功能性。这些国家通过不断提高土地的利用效率，实现了农业增产和环境保护的双赢。我国在土地利用方面也做了不少工作，以实现土地的高效管理和保护。在农用地方面，推进高标准农田建设，通过提升农田基础设施和生产能力，提高耕地的利用效率和抗灾能力。例如，建设农田水利设施，推广节水灌溉技术，确保农业生产的持续性和高效性。此

---

① 刘彦随. 中国土地研究进展与发展趋势 [J]. 中国生态农业学报, 2013, 21 (01): 127 - 133.
② 李俊, 叶瑜, 方修琦, 等. 过去 200 年欧洲耕地格网化重建 [J]. 中国科学: 地球科学, 2024, 54 (09): 3005 - 3022.

外，我国还积极开展土地污染防治，出台《土壤污染防治行动计划》，加强对受污染土壤的修复，确保农田的土壤质量安全。同时，积极推广土壤修复技术，如植物修复、生物修复等，以恢复土地的生产力。在建设用地方面，中国政府注重土地的节约集约利用，出台了严格的土地管理政策，控制建设用地的无序扩张。通过城市更新和存量用地再开发，减少对新增土地的需求。同时，推行"多规合一"政策，实现土地利用规划、城市发展规划和生态保护规划的有机结合，确保土地的高效配置，促进城市的可持续发展。

二、土地生产率的严峻性

我国在土地利用方面既存在巨大机遇，也面临严峻挑战。我国人均耕地面积仅为 0.08 公顷，远低于世界平均的 0.19 公顷。这使得在确保粮食安全的前提下，提高土地的高效利用成为当务之急。同时，随着我国城市化进程的加快，建设用地的需求持续增长。截至 2022 年，我国城市化率已达到 65.22%。土地作为一种稀缺的基础性自然资源，关系国家粮食安全、生态安全和经济社会的可持续发展。国家在推进高标准农田建设、土地整治和集约利用等方面采取了多项措施，为提升土地利用效率提供了良好机遇。此外，土地政策的持续完善以及对生态文明建设的重视也为土地的合理配置提供了契机。

总体来说，土地生产率的严峻性，包括土地供需矛盾、区域分布不均以及生态保护不足等问题。一是土地供需矛盾突出。随着城市化进程的加快，建设用地的需求不断增加，导致耕地保护压力增大。城乡建设用地的扩张侵占了部分优质耕地，这与保障国家粮食安全的目标形成了矛盾。二是土地利用效率有待提高。我国部分地区土地利用方式仍然粗放，存在低效使用甚至闲置的现象，特别是在一些中小城市和农村地区，工业园区和住宅区的土地利用效率较低，造成了土地的浪费。三是区域土地分布不均。我国东部、中部和西部地区在土地的自然禀赋和利用状况上存在显著差异。东部沿海地区由于经济发展快，土地开发强度高，土地供给压力大，而中西部地区土地相对丰富，但开发利用的程度较低。四是生态用地保护不足。尽管近年来生态文明建设取得了一定成就，但一些地区仍存在对生态用地保护不足的问题，特别是在部分生态脆弱区，生态用地被不合理开发，导致土地退化和生态环境恶化。五是土地管理体制和政策的完善。我国土地的管理涉及多个部门和政策体系，部分政策之间存在交叉和矛盾，影响了土地管理的效率和效果。

三、提升土地生产率的紧迫性

提升土地生产率的紧迫性是一个多维度的问题，它不仅关系农业的可持续发展，还涉及经济、社会和环境等多个方面协调发展。粮食安全是"国之大者"，耕地是粮食生产的命根子。党的十八大以来，以习近平同志为核心的党中央采取一系列硬措施，坚守耕地保护红线。一是耕地资源的有限性，耕地资源是有限的，而且随着城市化和工业化的推进，可耕种的土地面积还在不断减少。因此，提高单位面积的农用地生产率成为了保障粮食供应的关键。二是气候变化的影响，气候变化对农业生产构成了严重威胁，极端天气事件的频发导致农作物产量不稳定。因此，提升农用地生产率，增强农业对气候变化的适应能力，是应对这一挑战的迫切需要。三是城市化进程的加快，随着城市化的快速发展，对建设用地的需求不断增加。在有限的土地资源下，提升建设用地的生产率，即提高土地的利用效率和效益，成为城市规划和管理的重要任务。四是经济转型的需要，传统的经济增长模式往往依赖于资源的大量消耗，包括土地资源的过度开发。随着全球资源环境压力的增大，这种模式已不再可持续。经济转型要求从粗放型增长转向集约型增长，提高土地生产率正是实现这一转变的关键途径。五是环境保护的压力，随着工业化和城市化的快速发展，人类对土地资源的开发利用达到了前所未有的规模和速度。然而，这种粗放型的土地利用方式往往伴随着生态系统的破坏、生物多样性的丧失和自然资源的枯竭。环境保护的压力要求我们重新审视土地资源的利用效率，寻求更加可持续的土地管理方式。六是社会稳定的考量，土地作为最基本的生产资料，其合理分配和高效利用对于保障社会公平正义、促进社会和谐稳定具有重要意义。土地资源的不公平分配和低效利用可能导致社会矛盾和不稳定。通过提升建设用地生产率，可以更公平、高效地分配和利用土地资源，促进社会的和谐与稳定。

因此，提升土地生产率的紧迫性不仅体现在保障粮食安全和促进经济发展上，还涉及环境保护、社会稳定等多个层面。这需要政府、企业和社会各界共同努力,通过科技创新、政策支持和市场机制等多种手段提高土地生产率。

第二节 土地生产率指标选取及数据来源

一、土地生产率指标选取

土地生产率是反映土地利用水平与土地生产能力的重要经济指标,又称为土地生产水平,通常以生产周期内单位面积土地上的产量或产值来衡量。为更全面地评估土地生产效益,本节依据《土地管理法》第四条规定的土地划分类型,如表3-1所示,将土地生产率分为农用地生产率和建设用地生产率进行测算(未利用地不进行测算),并在省域层面、副省级城市层面和设区市层面进行排名与分析。

表3-1 土地类型划分表

农用地	耕地	建设用地	居民点及工矿用地
	园地		交通运输用地
	林地		水利设施用地
	牧草地	未利用地	未利用土地
	其他农用地		其他土地

(一) 农用地生产率

农用地生产率主要衡量农用地的农业生产能力,尤其是耕地生产率。本书中,将粮食作物的亩均产量作为农用地生产率的核心衡量标准,通过对主要粮食作物(如水稻、小麦、玉米等)的单位面积产量进行测算(测算方法见第二章公式(2.22)),以便对全国各地区的农业生产效率进行对比分析。由于农用地生产率在很大程度上受到耕地质量的影响,本书依据《农用地质量分等规程(GB/T 28407-2012)》对耕地质量进行分类,将全国 31 个省、自治区、直辖市的土地划分为不同质量等级,并分析各质量等级土地的耕地生产率差异,检验其是否具有统计学意义上的显著性。

(二) 建设用地生产率

建设用地生产率采用地区生产总值与建设用地面积的比值表示,是衡量该地区或国家建设用地利用效率的重要指标。建设用地的地均生产总值指在单位面积建设用地上创造的经济价值平均水平,通过地均生产总值可以有效评估建设用地的利用效率和经济活力。本书中,建设用地地均生产总值的计算方法是将地区生产总值(经过换算后的实际 GDP)除以建设用地总面积(包括居民点及工矿用地、交通运输用地和水利设施用地),从而得到每单位建设用地的经济产出(测算方法见第二章公式(2.23))。这样的衡量方式能够全面反映不同地区在建设用地开发和经济活动中的差异。

二、数据来源

农用地生产率的相关数据主要采用《中国统计年鉴》《中国农村统计年鉴》以及各个地方统计年鉴上的省域、副省级城市和设市区 2000—2022 年各年度的粮食亩均产量。本书利用国家统计局和地方统计局定期公布的粮食产量数据,其中包括农业普查和常规粮食统计调查取得的统计数据,通过对粮食作物亩均产量的分析,评估不同地区的耕地生产率。

关于建设用地生产率的相关数据,其中地区生产总值来源于《中国统计年鉴》以及各地方统计年鉴;建设用地面积主要包括居民点及工矿用地、交通运输用地和水利设施用地,数据来源于《中国自然资源统计年鉴》。省域层面的数据涵盖 2000—2022 年,副省级城市数据涵盖 2022 年,设区市层面数据涵盖 2009—2022 年。本书采用某一年份的地区生产总值与该年份建设用地总面积的比值来计算建设用地生产率,以反映不同区域建设用地的利用效率。

第三节 土地生产率排行榜测算

一、省域土地生产率排行榜

(一) 省域农用地生产率测算

2000—2022年的农用地生产率测算结果见表3-2的第2列至第9列，限于篇幅，中间年份省略，将这跨度为23年的亩均产量求平均值得到亩均均值并进行排名，结果如表3-2第10列和第11列所示。

表 3-2　　　2000—2022年农用地生产率省域排行榜　　　单位：千克/亩

省域	2000年	2001年	…	2012年	2013年	…	2021年	2022年	亩均均值	排名
北京	311.77	327.10	…	391.23	403.27	…	413.12	394.06	366.54	10
天津	239.09	290.87	…	337.68	354.21	…	446.02	453.47	353.63	16
河北	245.82	250.60	…	350.20	361.71	…	396.67	399.88	331.07	18
山西	178.54	160.37	…	267.15	279.80	…	301.94	309.86	250.91	27
内蒙古	186.64	188.46	…	298.26	327.36	…	371.89	374.06	286.47	25
辽宁	265.86	293.91	…	431.62	459.76	…	477.63	465.07	399.86	5
吉林	284.84	309.94	…	470.26	488.86	…	470.67	470.26	423.28	3
黑龙江	216.11	207.15	…	332.95	346.46	…	360.46	352.47	296.52	24
上海	448.22	478.01	…	435.54	450.21	…	533.65	518.80	467.86	1
江苏	390.45	401.37	…	419.11	418.96	…	460.13	461.53	417.23	4
浙江	352.92	368.79	…	414.30	394.14	…	411.18	405.68	395.66	8
安徽	266.51	285.34	…	337.97	335.09	…	372.80	373.71	324.69	20
福建	311.62	315.74	…	373.80	377.71	…	404.26	404.88	364.38	13
江西	324.02	326.68	…	380.78	385.38	…	387.39	379.89	366.00	12
山东	347.47	346.74	…	414.24	406.57	…	438.91	441.44	399.72	6
河南	302.82	311.31	…	376.85	375.40	…	405.00	419.94	366.35	11
湖北	355.85	355.02	…	385.79	390.38	…	393.28	389.73	377.81	9
湖南	366.86	374.82	…	410.28	397.81	…	430.73	422.20	398.51	7
广东	354.38	341.29	…	370.51	353.69	…	385.56	386.06	357.74	15

续表

省域	2000 年	2001 年	…	2012 年	2013 年	…	2021 年	2022 年	亩均值	排名
广西	278.73	276.67	…	319.28	325.18	…	327.44	328.27	308.34	21
海南	245.53	251.01	…	306.69	307.46	…	358.65	357.92	301.72	22
重庆	266.08	251.36	…	339.09	341.56	…	361.89	349.45	326.88	19
四川	327.96	290.90	…	348.62	354.72	…	375.62	362.09	342.20	17
贵州	**245.68**	**235.02**	…	**255.18**	**232.03**	…	**261.83**	**266.46**	**249.17**	**28**
云南	230.86	228.36	…	266.86	273.94	…	307.03	309.98	264.98	26
西藏	318.44	328.95	…	370.24	364.40	…	379.50	371.57	360.49	14
陕西	**190.00**	**185.09**	…	**266.02**	**261.51**	…	**281.91**	**286.75**	**244.93**	**30**
甘肃	**169.98**	**186.63**	…	**266.46**	**270.82**	…	**306.70**	**312.37**	**247.77**	**29**
青海	**170.85**	**220.37**	…	**242.20**	**244.20**	…	**240.49**	**235.65**	**239.08**	**31**
宁夏	208.73	234.45	…	317.32	329.27	…	356.35	361.92	299.75	23
新疆	**355.86**	**367.29**	…	**470.47**	**510.13**	…	**487.92**	**496.73**	**437.26**	**2**

数据来源：2000—2022 年《中国统计年鉴》和《中国农村统计年鉴》。

由表 3-2 可得，排前 5 名的省域分别为上海（467.86 千克/亩）、新疆（437.26 千克/亩）、吉林（423.28 千克/亩）、江苏（417.23 千克/亩）和辽宁（399.86 千克/亩）。而排后 5 名的省域分别为青海（239.08 千克/亩）、陕西（244.93 千克/亩）、甘肃（247.77 千克/亩）、贵州（249.17 千克/亩）和山西（250.9 千克/亩）。排第 1 名的上海与排最后 1 名的青海相差 228.78 千克/亩，排中间的是天津（353.63 千克/亩）。

2000—2022 年及 2022 年排行榜见图 3-1 和图 3-2。

从 31 个省、自治区（包括西藏）和直辖市的 2000—2022 年亩均平均值的空间分布模式和趋势来看，亩均均值排前 5 名的 5 个省域中有 2 个地区属于东部沿海地区（上海和江苏），2 个省域属于东北地区（吉林和辽宁），只有新疆属于西北地区。亩均均值排后 5 名的 5 个省域中有 2 个省域属于西北地区（青海和甘肃），2 个省域属于黄河中游地区（陕西和山西），1 个省域属于西南地区（贵州）。亩均均值位于中位数的省域是北部沿海地区（天津）。由此可见，亩均均值排名比较靠前的省域基本分布在南部沿海地区、东部沿海地区和东北地区以及西北地区的新疆。亩均均值排名比较靠后的省域基本分布在黄河中游地区、西北地区、西南地区。

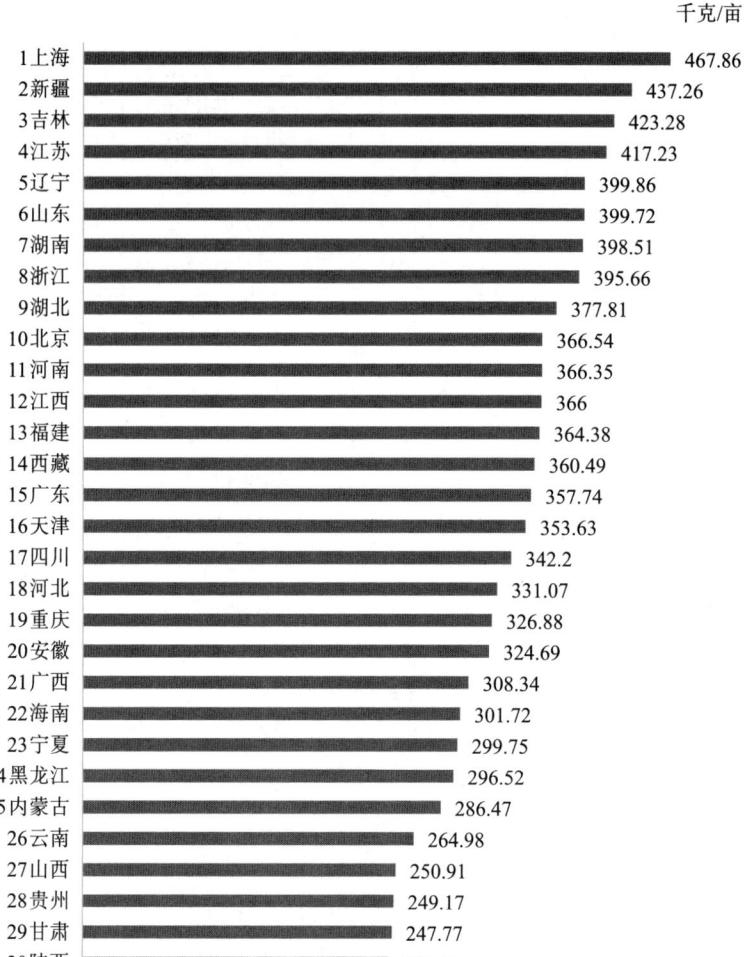

图 3-1　2000—2022 年农用地生产率省域排行榜

土壤的理化性质对农作物生长和产量有直接的影响。例如，粘土质地的土壤通常保水性较好，但透气性较差。沙质土壤则透气性较好，但保水能力较差。因此，进行土地质量等级划分并进行排名。国土资源部按照2016 年工作部署（国土资厅发〔2016〕7 号），依据《农用地质量分等规程（GB/T 28407-2012）》，对 2015 年度内由于土地利用变化及土地整治、土地复垦、高标准农田建设等引起的耕地质量变化进行评价，形成了基于 2015 年土地变更调查的最新耕地质量等别成果，国土资源部将全国

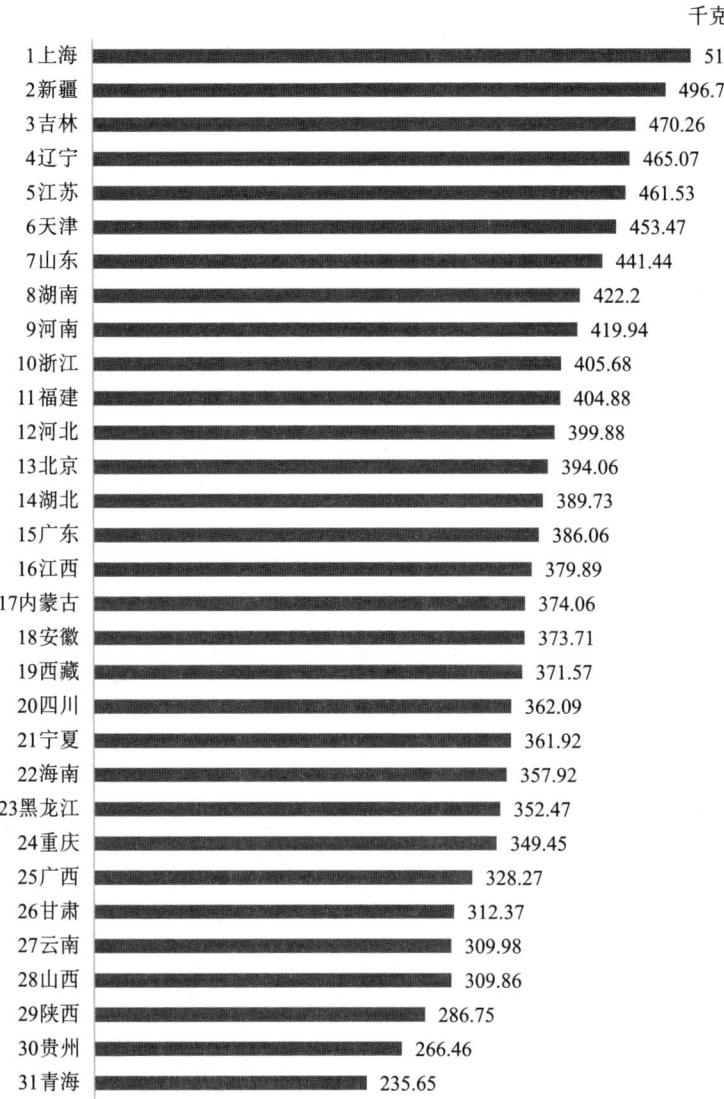

图 3-2 2022 年农用地生产率省域排行榜

耕地评定分为 15 个等级，1 等耕地质量最好，15 等最差，1—4 等为优等地、5—8 等为高等地、9—12 等为中等地、13—15 等为低等地，数字越大，土地质量越低。同时，国土自然资源部公布了每个省域在各个等级的面积，如表 3-3 所示。

表 3-3 全国 31 个省域土地耕地质量状况

单位：万亩

省域	1等	2等	3等	4等	5等	6等	7等	8等	9等	10等	11等	12等	13等	14等	15等
北京							1.49	196.29	45.83	62.70	22.68				
天津						151.35		0.04	90.34	350.64	178.52	35.72	0.05		
河北					41.97		497.58	1074.44	1260.84	1343.72	1128.25	1351.31	1348.73	1385.15	92.36
山西					5.85	10.82	51.76	164.67	366.51	545.94	680.78	1427.50	1790.63	1043.72	
内蒙古						0.10	1.71	8.72	69.81	234.72	473.98	965.56	2049.20	2960.05	7093.13
辽宁							0.71	44.06	429.45	1117.14	3132.05	2544.60	197.09	1.01	
吉林						15.07	36.28	196.21	1953.97	2908.95	2119.51	2480.85	672.85	115.15	
黑龙江							0.07	73.70	769.20	2872.17	7912.74	7484.22	4076.30	592.76	
上海				7.12	69.19	187.42	20.21	0.77							
江苏		2.73		4.51	765.48	4909.55	1176.91	-5.82							
浙江			15.62	71.58	119.49	321.84	460.66	552.13	558.73	543.27	281.45	40.20	0.18		
安徽			41.85	135.21	380.86	628.64	1013.82	1383.81	2593.62	2268.76	348.49	14.24			
福建			0.69	16.63	80.07	229.60	404.28	436.30	378.13	266.85	132.60	51.03	8.25		
江西			12.17	163.01	531.60	884.85	1056.76	848.98	496.77	281.22	206.85	116.45	25.30		
山东				0.47	101.67	695.05	2303.11	3580.11	2565.40	1557.27	451.95	161.41		0.14	
河南				19.86	267.40	1402.00	5782.29	2957.89	1045.03	549.50	134.56	0.37			

续表

省域	1等	2等	3等	4等	5等	6等	7等	8等	9等	10等	11等	12等	13等	14等	15等
湖北	355.77	618.22	938.46	1251.16	1390.49	1081.27	517.33	537.59	518.87	346.17	222.42	88.02	16.71		
湖南	295.77	159.18	356.99	283.66	414.17	332.69	370.34	795.31	646.04	739.67	694.96	599.71	333.79	191.29	11.72
广东	12.66	108.85	325.46	574.00	958.61	987.34	543.22	256.94	124.50	31.80	0.40				
广西				13.32	106.15	772.85	1224.72	825.40	1435.65	1835.41	389.91	0.01			
海南			0.32	7.17	105.54	142.34	165.54	204.94	134.34	97.68	91.92	112.67	24.60	1.75	
重庆						1.50	39.04	429.52	970.99	1195.40	895.15	114.09			
四川				3.31	52.16	180.02	785.99	1997.75	2518.61	2761.78	1298.98	435.86	62.70		
贵州							7.99	112.17	518.08	1132.40	1709.50	2202.76	1088.46	34.55	
云南	0.68	0.00	19.59	25.49	45.12	165.15	220.39	375.74	729.90	2026.57	3509.33	2161.90	32.96		
西藏										19.17	68.82	134.56	73.06	1.69	
陕西				7.07	59.94	177.23	336.19	460.44	374.64	383.45	651.18	1072.50	1319.36	1150.75	0.22
甘肃								0.74	55.11	427.70	665.52	1076.73	1921.33	3586.00	329.17
青海											18.63	188.40	471.31	121.92	
宁夏					0.36	20.84	108.37	188.68	221.65	153.05	174.33	359.33	624.16	84.38	
新疆						0.76	14.23	49.04	130.91	556.75	2892.27	3141.89	764.19	233.29	

注：数据来源于2016年全国耕地质量等级更新评价主要数据成果。

由表3-3可得，不是所有地区都拥有1等地，拥有1等地的省域只有湖北、湖南、广东和云南，而且其相应数量也相差比较大，比如，湖北拥有1等地355.77万亩，云南只拥有1等地0.68万亩，为了合理地评估31个省域的土地质量等级，引入加权平均（方法见第二章公式（2.24））等级来刻画。计算结果如表3-4所示。

表3-4　　　　全国31个省域耕地质量等级加权平均排名表

省域	加权平均等级	排名	省域	加权平均等级	排名
湖北	5.41	1	天津	10.24	17
广东	5.48	2	云南	10.49	18
上海	5.78	3	吉林	10.67	19
江苏	6.06	4	河北	10.84	20
江西	7.38	5	宁夏	11.08	21
河南	7.43	6	辽宁	11.11	22
福建	8.19	7	贵州	11.29	23
湖南	8.21	8	陕西	11.34	24
浙江	8.27	9	黑龙江	11.54	25
山东	8.32	10	新疆	11.56	26
海南	8.36	11	西藏	11.90	27
安徽	8.46	12	山西	12.00	28
广西	8.47	13	青海	12.87	29
北京	8.72	14	甘肃	13.04	30
四川	9.26	15	内蒙古	14.02	31
重庆	9.77	16			

由表3-4可得，排名25%的省域分别为湖北、广东、上海、江苏、江西、河南、福建、湖南，其加权平均等级分别为5.41等、5.48等、5.78等、6.06等、7.38等、7.43等、8.19等、8.21等。

排名25%—50%的省域分别为浙江、山东、海南、安徽、广西、北京、四川、重庆，其加权平均等级分别为8.27等、8.32等、8.36等、8.46等、8.47等、8.72等、9.26等、9.77等。

排名50%—75%的省域分别为天津、云南、吉林、河北、宁夏、辽宁、贵州、陕西，其加权平均等级分别为10.24等、10.49等、10.67等、10.84等、11.08等、11.11等、11.29等、11.34等。

排名 75%—100% 的省域分别为黑龙江、新疆、西藏、山西、青海、甘肃、内蒙古，其加权平均等级分别为 11.54 等、11.56 等、11.90 等、12.00 等、12.87 等、13.04 等、14.02 等。

从耕地质量等级空间分布情况来看，中国耕地质量等级靠前的省域大多数位于东南地区，居前 5 位的地区中上海、江苏位于东部沿海地区，广东位于南部沿海地区，江西和湖北则位于长江中游地区。相反，中国耕地质量等级靠后的省域都位于西北地区，比如，内蒙古、甘肃、青海分别居最后 3 位。

为了进一步说明不同质量等级的亩均是否具有统计学意义上的显著差异，应用非参数统计中的 Kruskal – Wallis 检验，其统计量 H 的表达式见第二章公式（2.25）。不同土地质量等级的省域亩均箱线图如图 3 – 3 所示。

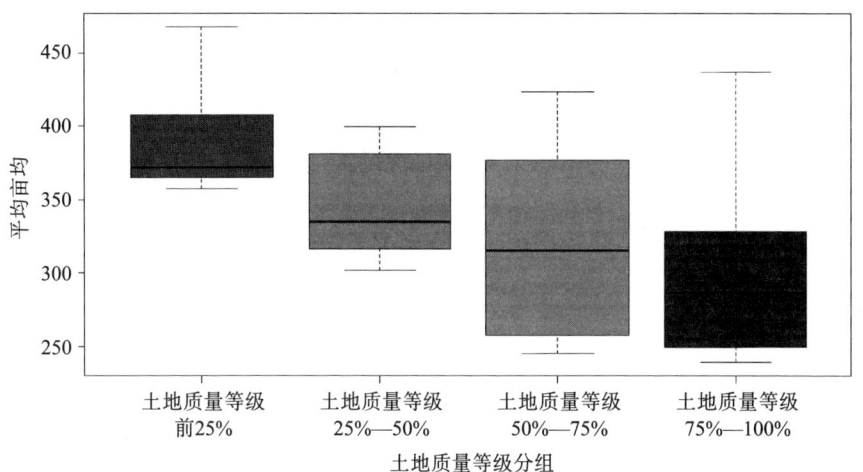

图 3 – 3 2000—2022 年平均亩均与土地质量等级的箱线图

根据 Kruskal – Wallis 检验，可提出如下假设检验：

H_0：$M_1 = M_2 = M_3 = M_4 \leftrightarrow H_1$：$M_i (i = 1, 2, 3, 4)$ 至少有 2 个不相等。

其中 M_i 为 4 个土地质量等级区间的 2000—2022 年的平均亩均的中位数，$i = 1, 2, 3, 4$ 分别表示土地质量等级排名前 25%、25%—50%、50%—75%、75%—100%。

由此可以看出，统计量 H_0 的分子是每个样本实际等级和与期望等级和的偏差平方和。如果原假设 H_0 为真，则统计量 H_0 的值应该倾向很小；

如果统计量 H_0 的值过大，就有理由怀疑原假设不为真。

在给定的显著性水平 $\alpha = 0.05$ 下，由于 p-value $= 0.04184$ 小于 0.05，因此，拒绝原假设，即认为四个不同土地质量等级区间中，至少存在两个不同土地质量等级区间，其平均亩均有显著差异。应用多重比较分析具体哪些不同土地质量等级区间之间其亩产存在统计学意义上的差异。

进一步进行多重比较：当 H_0 被拒绝时，说明各总体有显著差异，利用多重比较分析具体哪些总体之间存在差异，差异有多大。Kruskal-Wallis 检验的多重比较可以利用 Dunn 检验实现。假设检验为：$H_0: M_s = M_t \leftrightarrow H_1: M_s \neq M_t$。检验统计量表达式见第二章公式（2.26），多重比较结果如表 3-5 所示。

表 3-5　　不同耕地质量等级亩均多重比较结果

两两比较	统计量值	调整前 P 值	调整后 P 值
土地质量等级前 25% 至土地质量等级 25%—50%	-1.4023	0.1608	0.3216
土地质量等级前 25% 至土地质量等级 50%—75%	-2.1172	0.0342	0.1027
土地质量等级前 25% 至土地质量等级 75%—100%	-2.7019	0.0069	0.0414
土地质量等级 25%—50% 至土地质量等级 50%—75%	0.7149	0.4747	0.5696
土地质量等级 25%—50% 至土地质量等级 75%—100%	1.3472	0.1779	0.2669
土地质量等级 50%—75% 至土地质量等级 75%—100%	0.6565	0.5115	0.5115

由表 3-5 可得，土地质量等级前 25% 与土地质量等级 75%—100% 这两组比较后，其调整后 P 值 $= 0.0414$，在给定的显著性水平 0.05 下，拒绝原假设 H_0，因此，可以认为土地质量等级前 25% 与土地质量等级 75%—100% 这两个总体，其 2000—2022 年亩均具有显著差异。而其余 5 组，由于对应的 P 值都大于给定的显著性水平 0.05，因此，可以认为其余 5 组，其 2000—2022 年亩均不具有显著差异。

为了更加客观地比较省域的土地生产率，根据表 3-4 的土地质量排名，将31个省、自治区、直辖市分成4个区间，分别为土地质量等级前25%，25%—50%，50%—75%，75%—100%，然后在每一个区间计算其土地利用系数（计算方法见第二章公式（2.27））。比如：湖北省所在区间为土地质量等级排名前25%，在这个区间中上海市亩均均值最高，因此，这个区间中所有地区的亩均均值分别除以上海市的亩均均值，上海市土地利用系数为1，湖北省土地利用系数0.8075就是377.81（湖北省亩均均值）除以467.86（上海市亩均均值）所得的结果，其他地区类似，计算结果如表3-6所示。

表3-6　　31个省域亩均及土地利用系数表（按土地质量分级）

土地质量等级	省域	2000—2022年亩均均值（千克/亩）	土地利用系数	土地质量等级	省域	2000—2022年亩均均值（千克/亩）	土地利用系数
前25%	湖北	377.81	0.8075	50%—75%	天津	353.63	0.8355
	广东	357.74	0.7646		云南	264.98	0.6260
	上海	467.86	1.0000		吉林	423.28	1.0000
	江苏	417.23	0.8918		河北	331.07	0.7822
	江西	366.00	0.7823		宁夏	299.75	0.7082
	河南	366.35	0.7830		辽宁	399.86	0.9447
	福建	364.38	0.7788		贵州	249.17	0.5887
	湖南	398.51	0.8518		陕西	244.93	0.5786
25%—50%	浙江	395.66	0.9898	75%—100%	黑龙江	296.52	0.6781
	山东	399.72	1.0000		新疆	437.26	1.0000
	海南	301.72	0.7548		西藏	360.49	0.8244
	安徽	324.69	0.8123		山西	250.91	0.5738
	广西	308.34	0.7714		青海	239.08	0.5468
	北京	366.54	0.9170		甘肃	247.77	0.5666
	四川	342.20	0.8561		内蒙古	286.47	0.6551
	重庆	326.88	0.8178				

根据表3-6，将不同土地质量等级区间的土地利用系数进行统计分析，从土地利用系数最大值、最小值、均值、标准差和变异系数来分析比较不同土地质量等级区间土地利用效率，结果如表3-7所示。

表 3-7　　　　　　　不同土地质量等级土地利用系数比较

土地质量等级	土地利用系数最大值	土地利用系数最小值	土地利用系数均值	土地利用系数标准差	土地利用系数变异系数
前 25%	1	0.7548	0.8325	0.0802	0.0963
25%—50%	1	0.5786	0.8649	0.0945	0.1093
50%—75%	1	0.5786	0.7580	0.1607	0.2120
75%—100%	1	0.5468	0.6921	0.1657	0.2394

由表 3-7 可得,由于土地利用系数的计算按照不同区间分类进行的,不同区间的亩均均值最大的地区的土地利用系数都为 1,因此,4 个区间的土地利用系数的最大值都是 1,而最小值在 4 个区间不一样。土地质量等级前 25% 的土地利用系数最小值为 0.7548,在 4 个区间中排第 1 名,土地利用系数均值为 0.8325,在 4 个区间中排第 2 名,土地利用系数标准差为 0.0802,排第 1 名(标准差越小越好),变异系数为 0.0963,排第 1 名(变异系数越小越好)。土地质量等级位于 75%—100% 的土地利用系数最小值为 0.5468,排第 4 名,这可能跟新疆地区位于土地质量等级 75%—100% 有关,土地利用系数均值最小值排第 4 名,其值为 0.6921,土地利用系数标准差排第 4 名,其值为 0.1657,变异系数排第 4 名,其值为 0.2394。这些数据表明土地利用系数与土地质量等级有关。

为了更加直观地展示 2000—2022 年平均亩均与土地质量等级的关系,应用双轴折线图展示,左轴表示土地质量等级,右轴表示 2000—2022 年平均亩均,横轴为属于不同土地质量等级区间的地区,结果如图 3-4 所示。

由图 3-4 可得,耕地质量加权等级与平均亩均均值之间的相互关系和变化趋势。关于土地质量最高的前 25% 的土地,数据显示高耕地等级与高产量往往相关联,如上海市土地质量等级属于前 25%,其 2000—2022 年的亩均均值排全国 31 个省域第 1 名(467.86 千克/亩)。这一发现支持了一个直观的假设:土地的质量对农作物的产量有直接影响。然而,这种关系并不是绝对的。比如,广东省尽管耕地等级高,但其平均亩产为 357.74 千克,位于全国 31 个省域第 15 名,并不处于领先地位,提示影响亩产的其他因素在作用,比如气候条件、种植技术的应用等。耕地质量在 25%—50% 时,耕地等级与产量之间的关联似乎变得更加模糊。这表

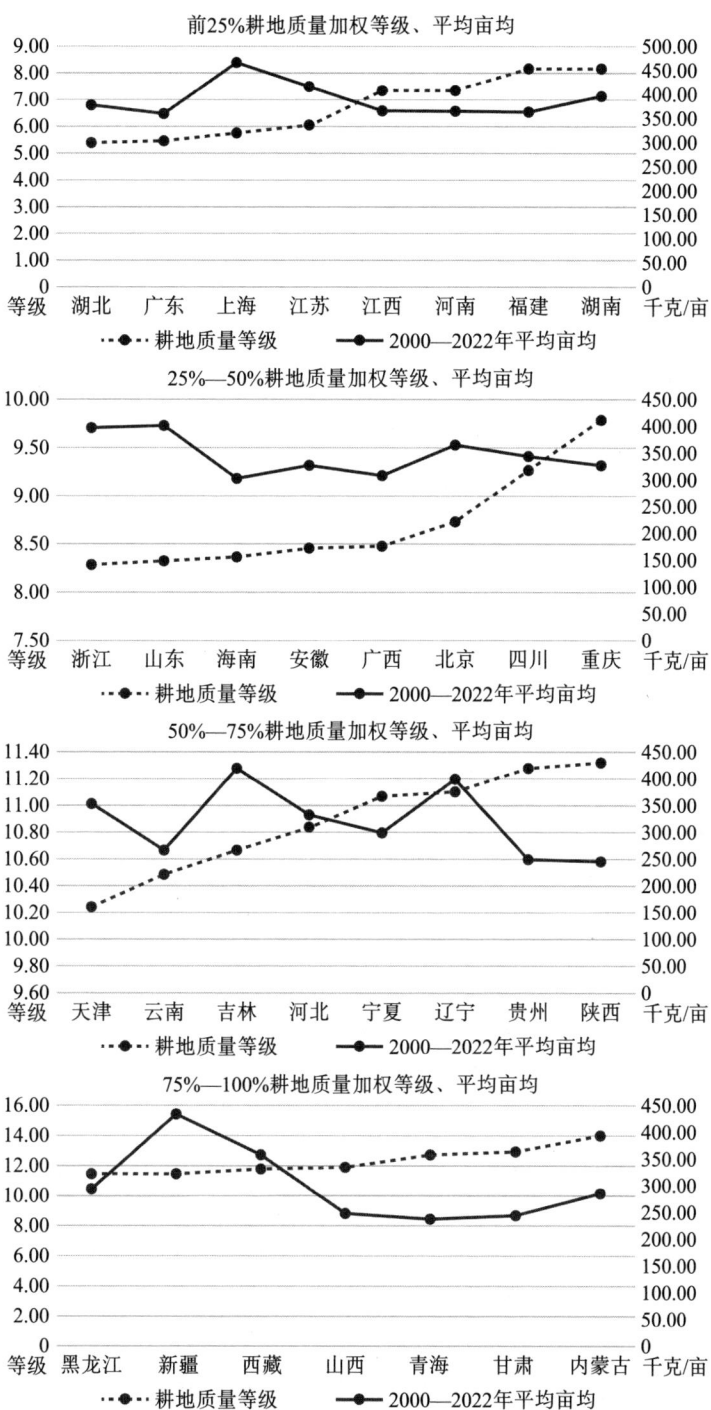

图 3-4 省域耕地质量加权等级、平均亩均双轴折线图

明中等质量土地的产量受到更多变量的影响，可能包括种植策略、地区特有的农业实践等。在分析耕地质量排名在 50%—75% 的省域时，发现耕地等级和产量之间的关系进一步复杂化。例如，江苏省的土地虽然耕地等级不是最高的，但它的平均亩产却相对较高，这可能反映了该省在农业管理和技术方面的先进性。对于耕地质量排名在 75%—100% 的省域，这里的产量波动较大，表明较差的耕地上的农作物产量可能更多地依赖于天气、灌溉和农业技术等外部条件。比如，新疆虽然土地质量等级不高，在 75%—100%，但其 2000—2022 年的亩均均值排全国 31 个省域第 2 名（437.26 千克/亩）。

为展示土地生产率情况，将 2000—2023 年的亩均产值分不同时段进行排名：2000—2022 年全时段亩均均值、2013—2022 年近 10 年亩均均值、2018—2022 年近 5 年亩均均值和 2022 年亩均以及 2000—2022 年亩均年复合增长率（测算方法见第二章公式（2.28）），具体见表 3-8 和图 3-5。

表 3-8　　农用地生产率省域不同时段亩均及其复合增长率排名

省域	2000—2022年全时段亩均均值（千克/亩）（排名）	2013—2022年近10年亩均均值（千克/亩）（排名）	2018—2022年近5年亩均均值（千克/亩）（排名）	2022年亩均（千克/亩）（排名）	2000—2022年亩均年复合增长率（%）（排名）
北京	394.06（13）	402.38（8）	408.95（10）	394.06（13）	1.19（18）
天津	**453.47（6）**	**398.96（11）**	**434.34（6）**	**453.47（6）**	**2.63（2）**
河北	399.88（12）	378.26（15）	391.06（14）	399.88（12）	2.04（9）
山西	309.86（28）	290.08（28）	299.78（28）	309.86（28）	2.28（6）
内蒙古	**374.06（17）**	**343.44（23）**	**361.79（21）**	**374.06（17）**	**2.92（1）**
辽宁	**465.07（4）**	**437.88（5）**	**453.73（5）**	**465.07（4）**	**2.35（5）**
吉林	470.26（3）	471.22（3）	455.53（4）	470.26（3）	2.06（8）
黑龙江	352.47（23）	351.45（22）	352.41（24）	352.47（23）	2.15（7）
上海	518.80（1）	499.85（2）	532.64（1）	518.80（1）	0.75（22）
江苏	461.53（5）	441.95（4）	457.26（3）	461.53（5）	0.69（24）
浙江	**405.68（10）**	**401.58（9）**	**407.31（11）**	**405.68（10）**	**0.63（27）**
安徽	373.71（18）	363.89（19）	370.02（19）	373.71（18）	1.44（13）
福建	404.88（11）	392.24（13）	401.92（12）	404.88（11）	1.11（19）
江西	379.89（16）	388.32（14）	386.91（15）	379.89（16）	0.77（21）
山东	441.44（7）	423.24（6）	434.08（7）	441.44（7）	0.97（20）

续表

省域	2000—2022年全时段亩均均值（千克/亩）（排名）	2013—2022年近10年亩均均值（千克/亩）（排名）	2018—2022年近5年亩均均值（千克/亩）（排名）	2022年亩均（千克/亩）（排名）	2000—2022年亩均年复合增长率（%）（排名）
河南	419.94（9）	399.22（10）	414.18（9）	419.94（9）	1.37（14）
湖北	**389.73（14）**	**392.56（12）**	**391.83（13）**	**389.73（14）**	**0.42（29）**
湖南	422.20（8）	415.86（7）	425.94（8）	422.20（8）	0.65（26）
广东	**386.06（15）**	**373.71（17）**	**381.53（16）**	**386.06（15）**	**0.32（30）**
广西	328.27（25）	325.52（25）	326.18（25）	328.27（25）	0.69（25）
海南	357.92（22）	339.29（24）	354.33（23）	357.92（22）	1.61（11）
重庆	349.45（24）	352.37（20）	357.27（24）	349.45（24）	1.29（15）
四川	**362.09（20）**	**366.01（18）**	**370.68（18）**	**362.09（20）**	**0.53（28）**
贵州	**266.46（30）**	**258.47（30）**	**260.16（30）**	**266.46（30）**	**0.25（31）**
云南	309.98（27）	294.05（26）	303.33（26）	309.98（27）	1.19（17）
西藏	371.57（19）	374.27（16）	376.60（17）	371.57（19）	0.73（23）
陕西	286.75（29）	271.71（29）	279.49（29）	286.75（29）	1.69（10）
甘肃	312.37（26）	290.43（27）	302.67（27）	312.37（26）	2.54（3）
青海	235.65（31）	244.73（31）	243.69（31）	235.65（31）	1.56（12）
宁夏	361.92（21）	351.49（21）	362.83（20）	361.92（21）	2.43（4）
新疆	**496.73（2）**	**477.55（2）**	**474.36（2）**	**496.73（2）**	**1.26（16）**

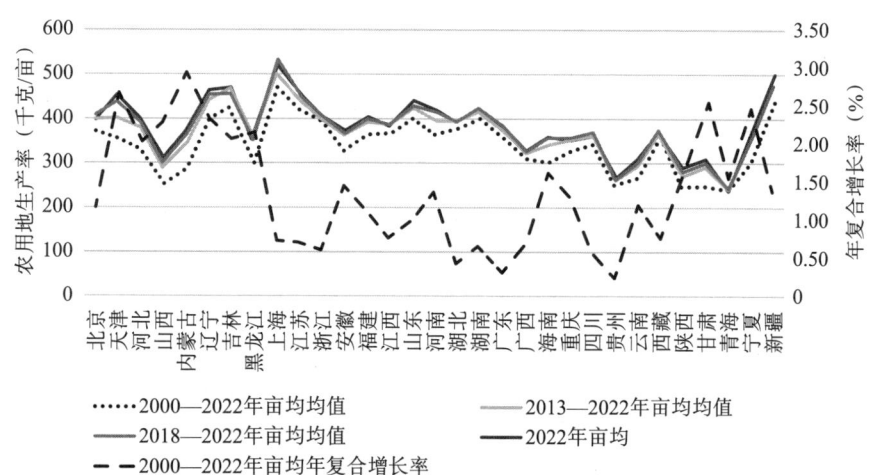

图3-5 农用地生产率省域不同时段表现情况

由表3-8和图3-5可知，2000—2022年亩均年复合增长率的增长幅度在（0.25%，2.92%），2000—2022年亩均年复合增长率排前5名的分别是内蒙古（2.92%）、天津（2.63%）、甘肃（2.54%）、宁夏（2.43%）和辽宁（2.35%），尤其是内蒙古、甘肃和宁夏，虽然2000—2022年亩均均值、2013—2022年近10年均值、2018—2022年近5年亩均均值和2022年亩均排名都比较靠后，但是亩均年复合增长率却排在前5名，说明这三个地区都在努力赶超，力求在农业生产和发展上取得更加显著的进步。新疆的亩均年复合增长率恰好位于中位数（1.26%），这反映出其农业发展的稳健态势。亩均年复合增长率排名后5的分别是贵州（0.25%）、广东（0.32%）、湖北（0.42%）、四川（0.53%）和浙江（0.63%）。尤其是贵州位于倒数第1名，其2000—2022年亩均均值、近10年均值、近5年亩均均值和2022年亩均都比较靠后，均为倒数第2名。

为比较八大区域农用地生产率省域层面排名，参考《中国（大陆）区域社会经济发展特征分析》课题报告中把中国（大陆）分为八大区域①，即东北地区（包括：辽宁、吉林、黑龙江）、北部沿海地区（包括：北京、天津、河北、山东）、东部沿海地区（包括：上海、江苏、浙江）、南部沿海地区（包括：福建、广东、海南）、黄河中游地区（包括：陕西、山西、河南、内蒙古）、长江中游地区（包括：湖北、湖南、江西、安徽）、西南地区（包括：云南、贵州、四川、重庆、广西）和西北地区（包括：甘肃、青海、宁夏、西藏、新疆）。

根据全国31个省、自治区（包括西藏）和直辖市的农用地生产率和八大区域位置划分，得到东北地区、北部沿海地区、东部沿海地区、南部沿海地区、黄河中游地区、长江中游地区、西南地区和西北地区等八大地区的农用地生产率排名情况，结果如表3-9所示。

表3-9和图3-6显示，八大地区的农用地生产率逐步提高。东部沿海地区（包括：上海、江苏、浙江）在历年农用地生产率排名突出，除了2013年排第2名，其他年份都排第1名。黄河中游地区（包括：陕西、山西、河南、内蒙古）和西南地区（包括：云南、贵州、四川、重庆、

---

① 李善同，侯永志. 中国（大陆）区域社会经济发展特征分析［J］. 中国发展评论（中文版），2003，5（02）：27-39.

表3-9 2000—2022年八大区域农用地生产率排名

单位：千克/亩

年份	东北 农用地生产率均值	东北 排名	北部沿海 农用地生产率均值	北部沿海 排名	东部沿海 农用地生产率均值	东部沿海 排名	南部沿海 农用地生产率均值	南部沿海 排名	黄河中游 农用地生产率均值	黄河中游 排名	长江中游 农用地生产率均值	长江中游 排名	西南 农用地生产率均值	西南 排名	西北 农用地生产率均值	西北 排名
2000	255.61	6	286.04	4	397.20	1	303.85	3	214.50	8	328.31	2	269.86	5	244.77	7
2001	270.33	5	303.83	3	416.06	1	302.68	4	211.31	8	335.46	2	256.46	7	267.54	6
2002	318.69	3	296.95	5	412.97	1	300.77	4	232.70	8	334.12	2	264.37	7	268.83	6
2003	315.28	3	301.66	5	389.32	1	306.33	4	230.73	8	319.04	2	275.70	7	277.86	6
2004	339.70	3	317.11	4	411.92	1	310.67	5	254.97	8	342.00	2	277.39	7	285.83	6
2005	340.11	2	328.67	4	389.13	1	301.75	5	253.76	8	337.50	3	281.67	7	293.67	6
2006	353.37	2	337.40	4	420.53	1	321.47	5	267.73	8	349.90	3	266.94	8	290.32	6
2007	328.95	5	346.49	3	408.04	1	331.29	4	264.08	8	352.75	2	289.95	7	295.67	6
2008	368.02	2	359.12	4	418.03	1	328.68	5	274.18	8	363.41	3	296.50	7	310.66	6
2009	322.48	5	358.34	3	412.82	1	334.76	4	267.08	8	363.92	2	298.34	7	303.37	6
2010	356.81	3	353.70	4	418.56	1	329.89	5	278.89	8	358.82	2	294.21	7	315.72	6
2011	401.28	2	373.25	3	423.58	1	342.82	5	291.66	7	369.84	4	291.16	8	323.49	6
2012	411.61	2	373.34	3	422.98	1	350.33	5	302.07	8	378.70	3	305.81	7	333.34	6
2013	431.69	1	381.44	3	421.10	2	346.29	5	311.02	7	377.17	4	305.49	8	343.76	6
2014	393.44	2	364.85	4	426.66	1	357.03	5	310.70	8	385.68	3	311.75	7	350.42	6
2015	412.85	2	378.07	4	428.18	1	360.77	5	314.08	8	394.59	3	314.94	7	354.54	6
2016	428.86	2	392.24	3	429.67	1	361.41	5	314.76	8	385.84	4	320.94	7	332.96	6
2017	432.22	2	405.00	3	443.64	1	362.36	5	316.53	8	389.93	4	322.10	7	335.12	6
2018	401.36	3	401.89	4	462.50	1	370.49	5	330.14	7	393.15	4	321.98	8	343.77	6
2019	423.73	2	416.45	3	469.23	1	379.09	5	334.14	7	396.77	4	322.19	8	351.72	6
2020	412.18	3	421.30	2	466.63	1	380.93	5	341.93	7	391.03	4	323.44	8	354.81	6
2021	436.25	2	423.68	3	468.32	1	382.82	5	340.18	7	396.05	4	326.76	8	354.19	6
2022	429.27	2	422.21	3	462.01	1	382.96	5	347.65	7	391.38	4	323.25	8	355.65	6

广西）的农用地生产率表现较差，除了 2000 年，2001—2022 年都包揽最后两名。

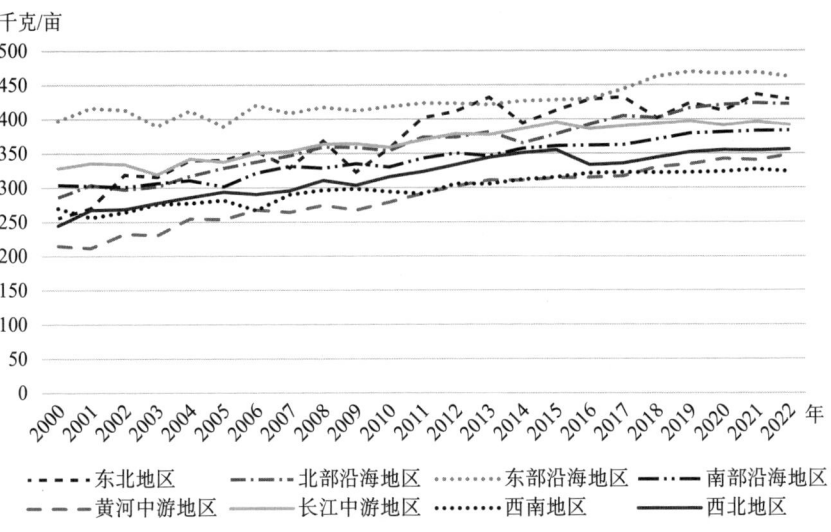

图 3-6　2000—2022 年八大区域农用地生产率省域层面走势图

（二）省域建设用地生产率测算

建设用地地均生产总值侧面反映各地土地利用率和产出效益，提供更为公平合理的比较，因此采用地区生产总值与建设用地的比值（即地均生产总值）作为评估土地利用率和产出效益的指标。地均生产总值结果见表 3-10 的第 2 列至第 9 列，限于篇幅，中间年份省略，将这跨度为 23 年的地均生产总值求平均值得到地均生产总值均值，并进行排名，结果见表 3-10 第 10 列和第 11 列所示。

表 3-10　　　2000—2022 年建设用地生产率省域排行榜　　　单位：万元/公顷

省域	2000 年	2001 年	…	2012 年	2013 年	…	2021 年	2022 年	地均生产总值	排名
北京	104.55	115.94	…	297.71	336.81	…	521.96	525.48	299.10	2
天津	52.49	58.22	…	228.43	253.12	…	379.30	381.24	211.49	3
河北	29.84	32.43	…	98.59	92.57	…	122.33	123.66	81.02	13
山西	22.33	24.58	…	73.14	78.12	…	91.98	93.30	63.19	20
内蒙古	10.92	12.09	…	63.30	66.60	…	89.10	91.08	52.77	26
辽宁	35.78	38.73	…	133.36	126.89	…	161.84	151.36	103.21	10

续表

省域	2000年	2001年	…	2012年	2013年	…	2021年	2022年	地均生产总值	排名
吉林	18.79	20.52	…	76.38	83.31	…	106.84	103.13	65.75	18
黑龙江	21.57	23.57	…	76.14	76.55	…	91.89	93.59	61.72	21
上海	**211.21**	**233.07**	…	**289.29**	**311.13**	…	**564.87**	**572.09**	**363.61**	**1**
江苏	49.13	54.11	…	162.32	178.31	…	262.56	269.53	155.54	7
浙江	70.54	77.91	…	216.04	203.29	…	284.46	284.34	187.23	6
安徽	18.16	19.78	…	69.04	65.12	…	101.92	104.89	58.78	22
福建	**66.83**	**72.61**	…	**220.72**	**209.01**	…	**301.48**	**304.90**	**188.16**	**5**
江西	22.56	24.53	…	83.07	72.48	…	101.24	102.77	65.90	17
山东	35.75	39.31	…	125.74	137.84	…	194.94	189.61	116.85	8
河南	23.79	25.93	…	87.70	84.52	…	120.41	122.49	74.78	16
湖北	26.39	28.73	…	84.93	93.51	…	131.61	134.38	79.61	14
湖南	26.73	29.11	…	98.71	96.72	…	127.98	131.62	82.72	12
广东	**64.98**	**71.84**	…	**221.23**	**238.67**	…	**339.92**	**332.16**	**205.38**	**4**
广西	23.88	25.88	…	61.79	65.68	…	87.43	83.89	57.44	23
海南	18.15	19.80	…	64.87	64.01	…	64.63	98.63	54.50	25
重庆	33.40	36.32	…	122.26	139.93	…	202.26	203.18	116.57	9
四川	25.63	27.93	…	102.47	103.15	…	131.81	130.62	84.50	11
贵州	19.85	21.51	…	63.97	69.55	…	76.50	74.92	55.60	24
云南	26.88	28.70	…	85.67	78.27	…	99.83	83.60	65.75	19
西藏	**20.96**	**23.13**	…	**36.18**	**38.79**	…	**32.09**	**30.75**	**35.22**	**29**
陕西	23.10	25.29	…	76.39	97.24	…	151.07	122.94	78.53	15
甘肃	**10.99**	**12.05**	…	**37.19**	**48.38**	…	**68.85**	**56.44**	**37.27**	**28**
青海	**8.21**	**9.16**	…	**35.47**	**35.80**	…	**35.26**	**34.86**	**27.73**	**31**
宁夏	**14.71**	**15.74**	…	**42.09**	**41.27**	…	**56.35**	**53.78**	**37.35**	**27**
新疆	**11.30**	**12.35**	…	**35.04**	**33.75**	…	**39.36**	**38.04**	**28.73**	**30**

由表3-10可得，2000—2022年建设用地生产率排前5名的省域分别为上海（363.61万元/公顷）、北京（299.10万元/公顷）、天津（211.49万元/公顷）、广东（205.38万元/公顷）和福建（188.16万元/公顷）。而排后5名的省域分别为青海（27.73万元/公顷）、新疆（28.73万元/公顷）、西藏（35.22万元/公顷）、甘肃（37.27万元/公顷）和宁夏（37.35万元/公顷）。排第1名的上海与排最后1名的青海相差335.88万元/公顷，排名中位数的是河南（74.78万元/公顷）。具体排行榜见

图3-7和图3-8。

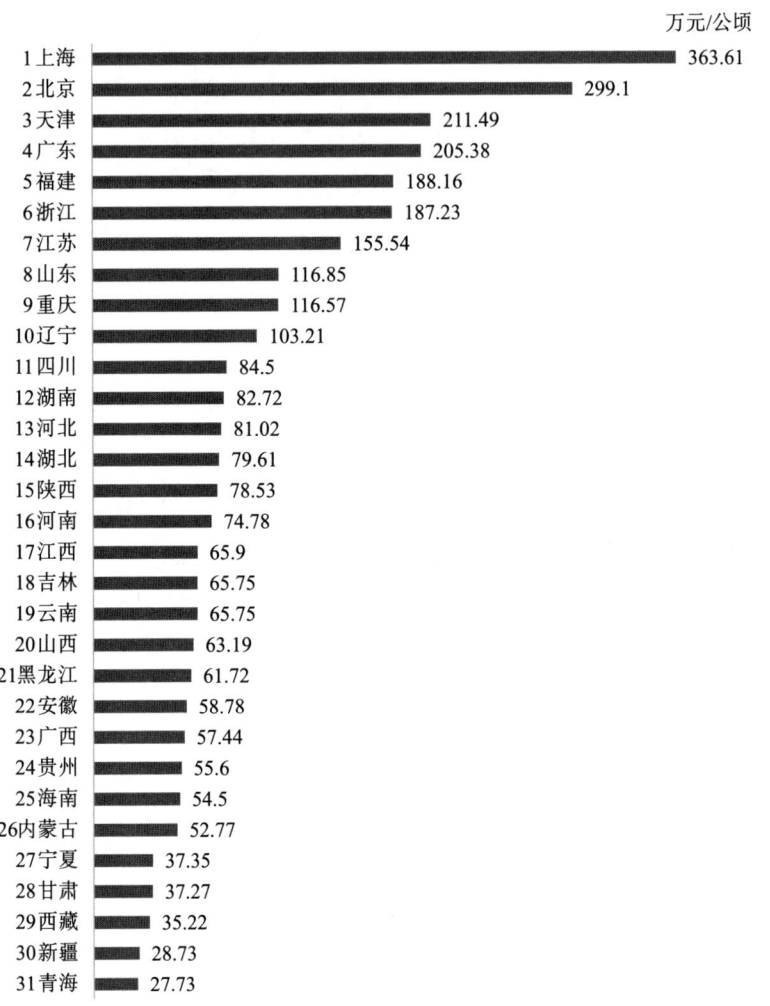

图3-7　2000—2022年建设用地生产率省域排行榜

从31个省、自治区、直辖市的2000—2022年地均生产总值均值的空间分布模式和趋势来看，地均生产总值均值排前5名的5个地区中有2个地区属于北部沿海地区（北京和天津），2个地区属于南部沿海地区（广东和福建），只有上海属于东部沿海地区。地均生产总值均值排后5名的5个地区均属于西北地区（青海、新疆、西藏、甘肃和宁夏）。地均生产总值均值位于中位数的地区是黄河中游地区（河南）。由此可见，地均生产总值均值排名比较靠前基本分布在北部沿海地区、南部沿海地区和东部

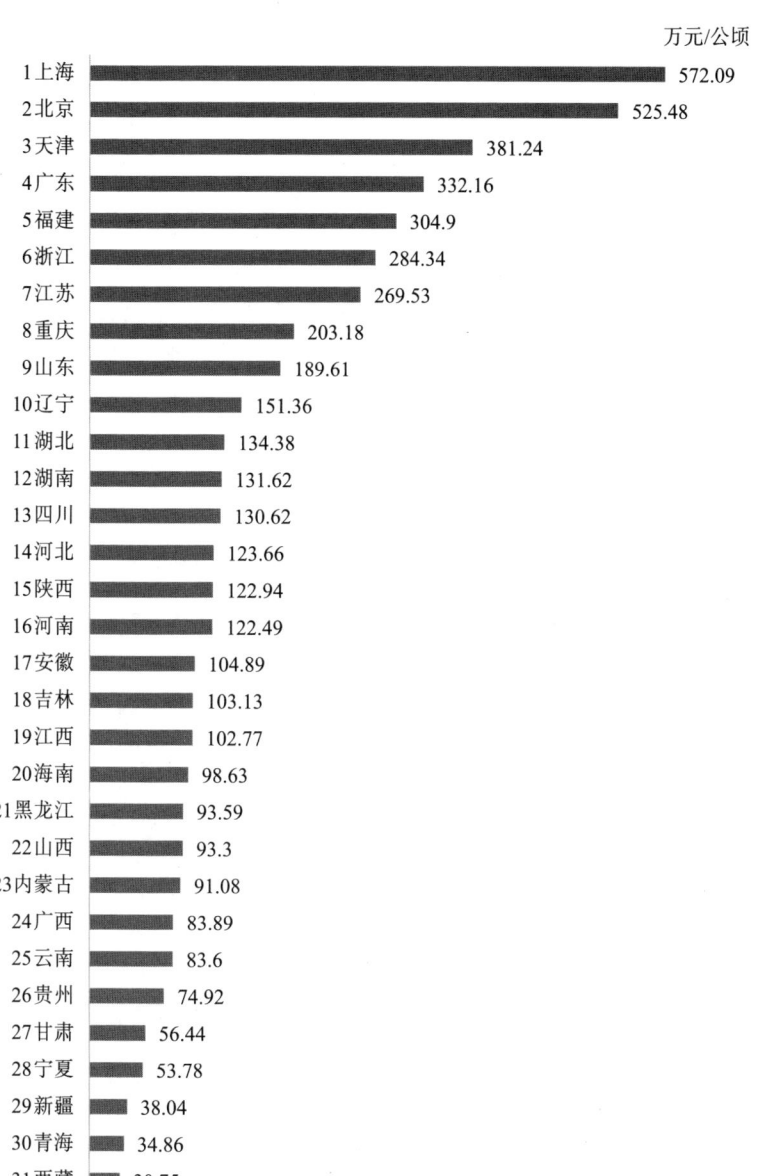

图 3-8 2022 年建设用地生产率省域排行榜

沿海地区，即沿海地区。地均生产总值均值排名比较靠后的地区基本分布在西北地区。

进一步测算得到不同时段建设用地生产率省域层面排名。由表 3-11 和图 3-9 可得，2000—2022 年地均生产总值复合增长率的增长幅度在

1.68%—9.66%，2000—2022年地均生产总值复合增长率排前5名的分别是内蒙古（9.66%）、天津（9.00%）、重庆（8.17%）、安徽（7.92%）、吉林（7.68%），尤其是内蒙古和安徽，虽然2000—2022年全时段地均生产总值、近10年地均生产总值和近5年地均生产总值排名都比较靠后，但是年地均生产总值复合增长率却排在前5名，说明这两个地区都力求在土地产出效益上取得更显著的进步。湖南的年复合增长率恰好排在中位数（7.18%），这显示出土地利用情况在稳步向好发展。年复合增长率排后5名的分别是宁夏（5.80%）、广西（5.62%）、新疆（5.42%）、云南（5.06%）、西藏（1.68%），尤其西藏排倒数第1名，其2000—2022年全时段地均生产总值、近10年地均生产总值和近5年地均生产总值，都比较靠后。

表3-11　省域不同时段地均生产总值及其复合增长率排名　单位：万元/公顷

省域	2000—2022年全时段地均生产总值（排名）	近10年地均生产总值（排名）	近5年地均生产总值（排名）	2022地均生产总值（排名）	2000—2022年地均生产总值复合增长率（%）（排名）
北京	299.10（2）	434.30（2）	485.81（2）	525.48（2）	7.27（15）
天津	211.49（3）	330.00（3）	362.16（3）	381.24（3）	9.00（2）
河北	81.02（13）	110.55（15）	118.47（15）	123.66（14）	6.38（24）
山西	63.19（20）	86.45（21）	89.38（20）	93.30（22）	6.41（23）
内蒙古	52.77（26）	80.58（23）	86.67（23）	91.08（23）	9.66（1）
辽宁	103.21（10）	141.58（10）	150.22（10）	151.36（10）	6.47（21）
吉林	65.75（18）	98.32（17）	103.46（17）	103.13（18）	7.68（5）
黑龙江	61.72（21）	86.08（22）	87.29（22）	93.59（21）	6.59（19）
上海	363.61（1）	532.87（1）	562.43（1）	572.09（1）	6.45（22）
江苏	155.54（7）	228.72（7）	251.36（7）	269.53（7）	7.68（6）
浙江	187.23（6）	250.73（6）	272.08（6）	284.34（6）	6.25（25）
安徽	58.78（22）	86.72（20）	97.30（19）	104.89（17）	7.92（4）
福建	188.16（5）	265.60（5）	290.42（5）	304.90（5）	6.82（17）
江西	65.90（17）	91.00（18）	98.07（18）	102.77（19）	6.82（18）
山东	116.85（8）	171.22（9）	183.80（9）	189.61（9）	7.52（9）
河南	74.78（16）	107.43（16）	117.52（16）	122.49（16）	7.38（10）
湖北	79.61（14）	117.61（14）	127.55（12）	134.38（11）	7.33（14）
湖南	82.72（12）	119.38（12）	126.44（13）	131.62（12）	7.18（16）
广东	205.38（4）	295.96（4）	323.63（4）	332.16（4）	7.35（12）

续表

省域	2000—2022年全时段地均生产总值（排名）	近10年地均生产总值（排名）	近5年地均生产总值（排名）	2022地均生产总值（排名）	2000—2022年地均生产总值复合增长率（%）（排名）
广西	57.44 (23)	79.13 (24)	83.92 (25)	83.89 (24)	5.62 (28)
海南	54.50 (25)	78.88 (26)	84.71 (24)	98.63 (20)	7.64 (7)
重庆	116.57 (9)	181.31 (8)	196.00 (8)	203.18 (8)	8.17 (3)
四川	84.50 (11)	123.07 (11)	129.09 (11)	130.62 (13)	7.34 (13)
贵州	55.60 (24)	78.88 (25)	78.25 (26)	74.92 (26)	5.95 (26)
云南	65.75 (19)	87.58 (19)	88.25 (21)	83.60 (25)	5.06 (30)
西藏	35.22 (29)	40.05 (29)	35.24 (31)	30.75 (31)	1.68 (31)
陕西	78.53 (15)	118.77 (13)	126.36 (14)	122.94 (15)	7.54 (8)
甘肃	37.27 (28)	57.55 (27)	60.61 (27)	56.44 (27)	7.37 (11)
青海	27.73 (31)	39.17 (30)	37.17 (30)	34.86 (30)	6.49 (20)
宁夏	37.35 (27)	49.81 (28)	53.29 (28)	53.78 (28)	5.80 (27)
新疆	28.73 (30)	38.72 (31)	39.10 (29)	38.04 (29)	5.42 (29)

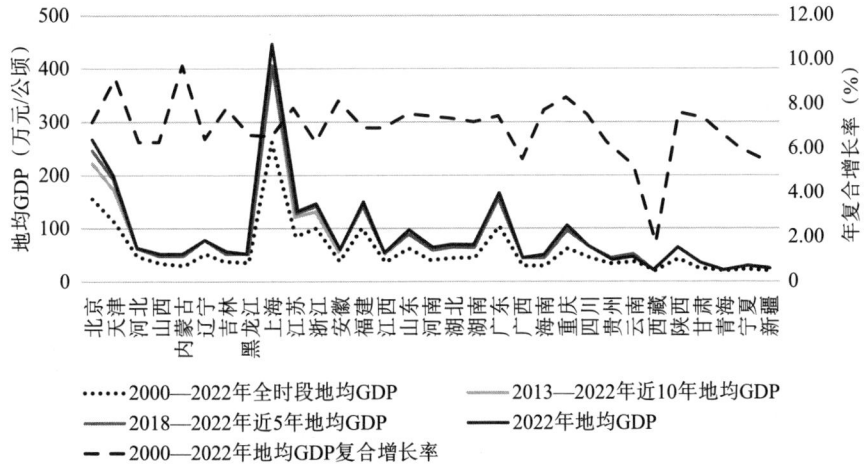

图3-9 建设用地生产率省域不同时段表现情况

根据全国31个省、自治区和直辖市的建设用地生产率和八大区域位置划分，经分析得出东北地区、北部沿海地区、东部沿海地区、南部沿海地区、黄河中游地区、长江中游地区、西南地区和西北地区八大地区的建设用地生产率排名情况，如表3-12和图3-10所示。

表 3-12 2000—2022 年八大区域建设用地生产率排名

单位：万元/公顷

年份	东北 建设用地生产率	东北 排名	北部沿海 建设用地生产率	北部沿海 排名	东部沿海 建设用地生产率	东部沿海 排名	南部沿海 建设用地生产率	南部沿海 排名	黄河中游 建设用地生产率	黄河中游 排名	长江中游 建设用地生产率	长江中游 排名	西南 建设用地生产率	西南 排名	西北 建设用地生产率	西北 排名
2000	25.38	5	55.66	2	76.96	1	49.99	3	20.03	7	23.46	6	25.52	4	13.23	8
2001	27.60	5	61.47	2	88.36	1	54.75	3	21.97	7	25.54	6	27.65	4	14.49	8
2002	30.24	5	69.34	2	98.54	1	60.81	3	24.46	7	28.01	6	30.34	4	15.91	8
2003	33.48	4	77.39	2	105.75	1	68.58	3	27.70	7	30.92	6	33.38	5	18.21	8
2004	37.05	4	84.98	2	111.93	1	76.11	3	31.51	7	34.46	6	36.62	5	19.87	8
2005	41.35	4	95.13	2	119.00	1	84.07	3	35.92	7	38.32	6	40.20	5	21.72	8
2006	46.72	4	106.28	2	131.92	1	93.01	3	40.36	7	42.40	6	44.38	5	24.11	8
2007	53.13	4	119.48	2	147.47	1	104.96	3	46.50	7	47.99	6	50.13	5	26.92	8
2008	60.04	4	131.36	2	161.30	1	115.29	3	52.31	7	53.85	6	55.47	5	29.58	8
2009	68.15	4	141.05	2	177.29	1	128.20	3	57.06	7	60.32	6	62.66	5	28.56	8
2010	77.11	4	156.55	2	193.81	1	141.56	3	63.79	7	67.90	6	69.98	5	30.63	8
2011	86.36	4	172.16	2	208.03	1	153.87	3	68.52	7	76.41	6	78.78	5	33.90	8
2012	95.29	4	187.62	2	222.55	1	168.94	3	75.13	7	83.94	6	86.68	5	37.19	8
2013	95.58	4	205.09	2	230.91	1	170.56	3	81.62	7	81.96	6	89.76	5	39.60	8
2014	100.45	4	220.13	2	246.24	1	181.81	3	86.55	7	88.16	6	95.78	5	42.44	8
2015	104.44	4	235.70	2	263.42	1	193.72	3	91.41	7	94.73	6	102.92	5	45.24	8
2016	106.58	5	251.75	2	280.95	1	205.78	3	96.51	7	101.52	6	110.05	4	47.71	8
2017	111.31	5	264.72	2	307.48	1	218.32	3	102.08	7	108.69	6	117.69	4	50.19	8
2018	110.14	6	274.44	2	330.18	1	235.32	3	104.67	7	117.93	5	127.77	4	53.63	8
2019	108.69	4	271.64	2	333.06	1	222.30	3	96.89	7	104.14	5	103.59	6	39.01	8
2020	113.23	4	282.10	2	341.75	1	226.41	3	102.75	7	105.54	6	107.17	5	43.62	8
2021	120.19	4	304.63	2	370.63	1	235.34	3	113.14	7	115.69	6	118.92	5	46.38	8
2022	116.03	5	305.00	2	375.32	1	245.23	3	107.45	7	118.41	4	115.77	6	42.77	8

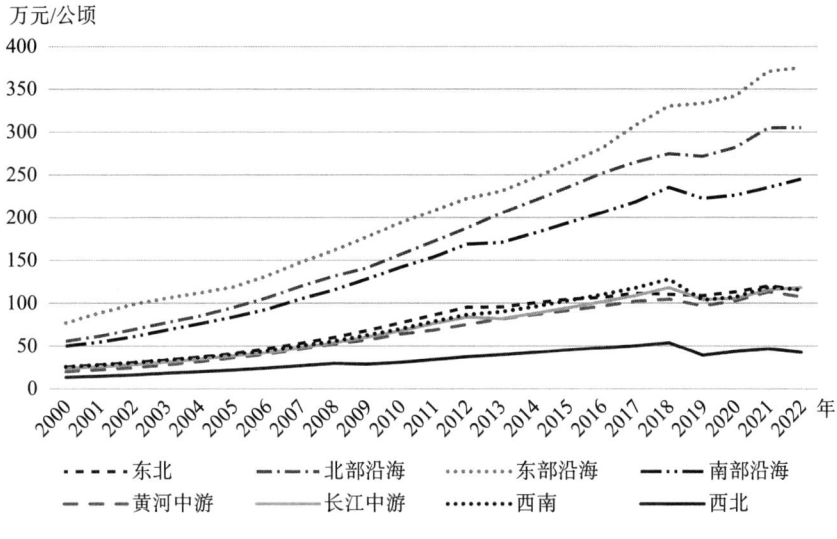

图 3-10　2000—2022 年八大区域建设用地生产率排名

由表 3-12 和图 3-10 可得，八大地区的建设用地生产率逐步提高。与农用地生产率不同，八大地区建设用地生产率排名每年变化不大。东部沿海地区（包括：上海、江苏、浙江）在历年建设用地生产率排序中都是第 1 名。西北地区（包括：青海、新疆、西藏、甘肃和宁夏）地均生产总值每年都排最后。

二、副省级城市土地生产率排行榜

我国共有 15 个副省级城市，即广州、武汉、哈尔滨、沈阳、成都、南京、西安、长春、济南、杭州、大连、青岛、深圳、厦门、宁波。其中，深圳、大连、青岛、宁波、厦门属于计划单列市。尽管副省级城市属于设区市的范畴，鉴于副省级城市的独特地位，此处将副省级城市单列，以更加清晰洞悉副省级城市的自然资源生产率排行。接下来将从副省级城市视角分析农用地资源生产率和建设用地生产率情况。

（一）副省级城市农用地生产率测算

表 3-13 列出了 2022 年副省域城市的农用地生产率及排名。前 3 名分别为长春、沈阳和南京，哈尔滨排在第 4 名，青岛和武汉分别为第 5 名和第 6 名，厦门排在第 7 名，济南和成都分别为第 8 名和第 9 名，深圳为

第 15 名。可以看出，经济特别发达的副省域城市农用地生产率排名并不靠前。

表 3–13　　2022 年副省级城市农用地生产率及排名　　　单位：千克/亩

所属省域	城市	类别	2022 年农用地生产率	排名
吉林	长春	省会城市	537.47	1
辽宁	沈阳	省会城市	514.55	2
江苏	南京	省会城市	477.67	3
黑龙江	哈尔滨	省会城市	469.08	4
山东	青岛	计划单列市	434.35	5
湖北	武汉	省会城市	432.26	6
福建	厦门	计划单列市	413.30	7
山东	济南	省会城市	404.00	8
四川	成都	省会城市	402.47	9
浙江	宁波	计划单列市	400.62	10
浙江	杭州	省会城市	386.64	11
陕西	西安	省会城市	363.69	12
广东	广州	省会城市	343.15	13
辽宁	大连	计划单列市	329.88	14
广东	深圳	计划单列市	328.51	15

（二）副省级城市建设用地生产率测算

表 3–14 列出了 2022 年副省级城市建设用地生产率及排名。

表 3–14　　2022 年副省级城市建设用地生产率及排名　　　单位：万元/公顷

所属省域	城市	类别	2022 年建设用地生产率	排名
广东	深圳	计划单列市	1435.73	1
广东	广州	省会城市	647.04	2
福建	厦门	计划单列市	607.24	3
浙江	杭州	省会城市	288.34	4
陕西	西安	省会城市	285.62	5
浙江	宁波	计划单列市	285.18	6
山东	济南	省会城市	267.55	7

续表

所属省域	城市	类别	2022年建设用地生产率	排名
江苏	南京	省会城市	266.50	8
山东	青岛	计划单列市	263.44	9
四川	成都	省会城市	256.44	10
湖北	武汉	省会城市	199.38	11
辽宁	沈阳	省会城市	191.81	12
辽宁	大连	计划单列市	172.30	13
吉林	长春	省会城市	128.90	14
黑龙江	哈尔滨	省会城市	111.07	15

由表3-14可得，前3名分别为深圳、广州和厦门，杭州排在第4名，宁波排在第6名，济南和南京分别排第7名和第8名，青岛排在第9名，成都为第10名。相比之下，西安、沈阳、大连、长春和哈尔滨等北方城市的排名则相对靠后，哈尔滨排在第15名。

三、设区市土地生产率排行榜

（一）设区市农用地生产率测算

以覆盖全国290个设区市的数据为样本，进行土地生产率分析，将290个设区市按照省域层面的土地质量等级进行划分，分别为耕地质量等级前25%、土地质量等级25%—50%、土地质量等级50%—75%和土地质量等级75%—100%。然后在不同的土地质量等级区间计算2000—2022年亩均平均、排名以及土地利用系数，具体见表3-15至表3-18。

表3-15　　　耕地质量等级前25%的设区市亩均排名和
土地利用系数　　　　　　　　　单位：千克/亩

所属省域	设区市	2000—2022年亩均平均	均值排名	土地利用系数	所属省域	设区市	2000—2022年亩均平均	均值排名	土地利用系数
江苏	常州	481.49	1	1	湖南	株洲	467.39	5	0.9707
河南	焦作	479.39	2	0.9956	江苏	苏州	465.84	6	0.9675
江苏	泰州	475.15	3	0.9868	湖南	湘潭	463.88	7	0.9634
江苏	南京	470.46	4	0.9771	江苏	扬州	463.24	8	0.9621

续表

所属省域	设区市	2000—2022年亩均平均	均值排名	土地利用系数	所属省域	设区市	2000—2022年亩均平均	均值排名	土地利用系数
湖北	荆门	462.8	9	0.9612	湖北	鄂州	408.5	38	0.8484
湖北	荆州	454.86	10	0.9447	江苏	南通	403.85	39	0.8387
江苏	盐城	450.23	11	0.9351	江苏	徐州	403.6	40	0.8382
江西	萍乡	448.99	12	0.9325	河南	安阳	402.65	41	0.8363
江苏	无锡	448.94	13	0.9324	广东	云浮	400.88	42	0.8326
江苏	镇江	448.54	14	0.9316	福建	漳州	400.36	43	0.8315
湖北	随州	447.59	15	0.9296	湖南	岳阳	399.23	44	0.8291
广东	汕头	446.99	16	0.9283	江西	景德镇	397.64	45	0.8258
江苏	连云港	446.55	17	0.9274	湖南	娄底	397.43	46	0.8254
江苏	淮安	443.35	18	0.9208	广东	茂名	394.39	47	0.8191
湖南	长沙	442.67	19	0.9194	湖南	邵阳	394.08	48	0.8185
湖北	孝感	433.78	20	0.9009	湖北	武汉	390.68	49	0.8114
河南	鹤壁	432.66	21	0.8986	湖南	益阳	390.12	50	0.8102
湖北	襄阳	424.55	22	0.8817	广东	肇庆	388.38	51	0.8066
湖北	黄冈	424.25	23	0.8811	广东	韶关	387.82	52	0.8055
江西	抚州	422.84	24	0.8782	广东	梅州	386.77	53	0.8033
河南	信阳	422.36	25	0.8772	湖南	永州	383.39	54	0.7962
河南	濮阳	421.63	26	0.8757	福建	龙岩	381.26	55	0.7918
广东	潮州	420.57	27	0.8735	江西	吉安	380.57	56	0.7904
河南	许昌	419.68	28	0.8716	江西	新余	379.82	57	0.7888
江苏	宿迁	417.55	29	0.8672	湖南	常德	379.72	58	0.7886
广东	揭阳	416.13	30	0.8643	广东	河源	379.67	59	0.7885
河南	周口	413.84	31	0.8595	广东	珠海	379.42	60	0.7880
河南	商丘	412.99	32	0.8577	湖南	郴州	376.83	61	0.7826
江西	南昌	412.51	33	0.8567	湖南	怀化	376.54	62	0.7820
湖南	衡阳	411.28	34	0.8542	福建	南平	375.78	63	0.7805
河南	新乡	411.06	35	0.8537	福建	厦门	374.48	64	0.7777
江西	宜春	411.01	36	0.8536	福建	莆田	374.01	65	0.7768
河南	漯河	410.88	37	0.8533	江西	鹰潭	370.07	66	0.7686

续表

所属省域	设区市	2000—2022年亩均平均	均值排名	土地利用系数	所属省域	设区市	2000—2022年亩均平均	均值排名	土地利用系数
福建	三明	367.7	67	0.7637	广东	湛江	335.95	81	0.6977
广东	深圳	366.48	68	0.7611	河南	南阳	334.14	82	0.6940
河南	驻马店	366.26	69	0.7607	广东	阳江	332.21	83	0.6900
江西	上饶	365.01	70	0.7581	福建	宁德	330.57	84	0.6865
福建	福州	360.56	71	0.7488	广东	江门	329.65	85	0.6846
江西	九江	359.71	72	0.7471	湖北	宜昌	327.39	86	0.6800
湖北	咸宁	356.1	73	0.7396	广东	汕尾	326.16	87	0.6774
河南	开封	355.8	74	0.7390	广东	清远	310.89	88	0.6457
江西	赣州	348.59	75	0.7240	河南	平顶山	308.65	89	0.6410
福建	泉州	342.03	76	0.7103	湖南	张家界	307.55	90	0.6387
广东	惠州	341.08	77	0.7084	河南	郑州	302.56	91	0.6284
广东	广州	340.49	78	0.7072	河南	洛阳	293.81	92	0.6102
广东	佛山	336.86	79	0.6996	湖北	十堰	246.92	93	0.5128
湖北	黄石	336.11	80	0.6981	河南	三门峡	239.97	94	0.4984

由表3-15可得，土地质量等级排名前25%的设区市中，土地利用系数范围在0.4984—1。2000—2022年亩均均值和土地利用系数排前5名的设区市分别为常州（亩均均值：481.49千克/亩，土地利用系数：1）、焦作（亩均均值为479.39千克/亩，土地利用系数：0.9956）、泰州（亩均均值：475.15千克/亩，土地利用系数：0.9868）、南京（亩均均值：470.46，土地利用系数：0.9771）、株洲（亩均均值：467.39，土地利用系数：0.9707）。2000—2022年亩均均值和土地利用系数排后5名的设区市分别为三门峡（亩均均值：239.97千克/亩，土地利用系数：0.4984）、十堰（亩均均值：246.92千克/亩，土地利用系数：0.5128）、洛阳（亩均均值：293.81千克/亩，土地利用系数：0.6102）、郑州（亩均均值：302.56千克/亩，土地利用系数：0.6284）、张家界（亩均均值：307.55千克/亩，土地利用系数：0.6387）。特别是河南三门峡（亩均均值：239.97千克/亩，土地利用系数：0.4984），土地利用系数都达不到0.5。

土地质量等级25%—50%的设区市层面亩均排名和土地利用系数见表3-16。

表 3-16　土地质量等级 25%—50% 的设区市亩均排名和土地利用系数

单位：千克/亩

所属省域	设区市	2000—2022年亩均平均	均值排名	土地利用系数	所属省域	设区市	2000—2022年亩均平均	均值排名	土地利用系数
山东	德州	468.48	1	1	山东	莱芜	380.82	33	0.8129
山东	泰安	451.88	2	0.9646	安徽	铜陵	377.97	34	0.8068
浙江	湖州	445.08	3	0.9500	四川	眉山	377.73	35	0.8063
山东	济宁	442.51	4	0.9446	山东	威海	376.73	36	0.8042
浙江	嘉兴	438.8	5	0.9366	浙江	金华	376.34	37	0.8033
安徽	芜湖	435.91	6	0.9305	四川	宜宾	375.86	38	0.8023
山东	聊城	425.09	7	0.9074	浙江	台州	374.73	39	0.7999
山东	青岛	424.60	8	0.9063	浙江	杭州	374.27	40	0.7989
山东	淄博	424.19	9	0.9055	浙江	温州	373.5	41	0.7972
山东	枣庄	420.18	10	0.8969	安徽	安庆	370.54	42	0.7909
四川	德阳	418.71	11	0.8938	安徽	淮北	369.46	43	0.7886
安徽	马鞍山	417.76	12	0.8917	安徽	池州	369.36	44	0.7884
浙江	绍兴	417.63	13	0.8914	安徽	宣城	368.49	45	0.7866
山东	滨州	417.57	14	0.8913	四川	南充	365.06	46	0.7792
安徽	巢湖市	417.56	15	0.8913	四川	攀枝花	364.32	47	0.7777
山东	日照	408.41	16	0.8718	四川	泸州	359.8	48	0.768
山东	潍坊	406.16	17	0.8670	广西	贵港	355.07	49	0.7579
安徽	合肥	401.44	18	0.8569	广西	梧州	354.93	50	0.7576
安徽	淮南	399.05	19	0.8518	四川	达州	350.66	51	0.7485
山东	临沂	397.29	20	0.8480	安徽	蚌埠	350.61	52	0.7484
浙江	衢州	392.68	21	0.8382	广西	贺州	348.71	53	0.7443
山东	济南	392.07	22	0.8369	四川	巴中	348.67	54	0.7442
安徽	六安	390.59	23	0.8337	广西	桂林	347.34	55	0.7414
广西	玉林	390.2	24	0.8329	安徽	黄山	346.43	56	0.7395
四川	成都	389.55	25	0.8315	四川	遂宁	342.87	57	0.7319
四川	自贡	388.93	26	0.8302	广西	钦州	339.07	58	0.7238
山东	东营	385.08	27	0.8220	浙江	丽水	339.02	59	0.7236
山东	烟台	384.76	28	0.8213	四川	广元	333.8	60	0.7125
山东	菏泽	384.61	29	0.8210	安徽	亳州	332.29	61	0.7093
四川	广安	382.91	30	0.8173	四川	内江	331.5	62	0.7076
浙江	宁波	382.67	31	0.8168	浙江	舟山	326.23	63	0.6963
安徽	滁州	380.95	32	0.8132	安徽	阜阳	321.43	64	0.6861

续表

所属省域	设区市	2000—2022年亩均平均	均值排名	土地利用系数	所属省域	设区市	2000—2022年亩均平均	均值排名	土地利用系数
广西	柳州	318.82	65	0.6805	四川	资阳	298.38	73	0.6369
四川	绵阳	317.39	66	0.6775	广西	来宾	288.88	74	0.6166
四川	乐山	317.17	67	0.6770	海南	海口	272.21	75	0.5810
广西	南宁	315.53	68	0.6735	广西	崇左	267.08	76	0.5701
安徽	宿州	312.6	69	0.6672	广西	防城港	262.18	77	0.5596
广西	北海	312.1	70	0.6662	广西	百色	261.89	78	0.5590
四川	雅安	310.57	71	0.6629	广西	河池	241.61	79	0.5157
海南	三亚	307.07	72	0.6554					

由表 3-16 可得，土地质量等级排名排名 25%—50% 的设区市中，土地利用系数范围在 0.5157—1。2000—2022 年亩均均值和土地利用系数排前 5 名的设区市分别为德州（亩均均值：468.48 千克/亩，土地利用系数：1）、泰安（亩均均值：451.88 千克/亩，土地利用系数：0.9646）、湖州（亩均均值：445.08 千克/亩，土地利用系数：0.95）、济宁（亩均均值：442.51 千克/亩，土地利用系数：0.9446）、嘉兴（亩均均值：438.8 千克/亩，土地利用系数：0.9366）。2000—2022 年亩均均值和土地利用系数排后 5 名的设区市分别为河池（亩均均值：241.61 千克/亩，土地利用系数：0.5157）、百色（亩均均值：261.89 千克/亩，土地利用系数：0.559）、防城港（亩均均值：262.18 千克/亩，土地利用系数：0.5596）、崇左（亩均均值：267.08 千克/亩，土地利用系数：0.5701）、海口（亩均均值：272.21 千克/亩，土地利用系数：0.581）。

土地质量等级 50%—75% 的设区市层面亩均排名和土地利用系数见表 3-17。

表 3-17　土地质量等级 50%—75% 的设区市亩均排名和土地利用系数　　　　　　　　单位：千克/亩

所属省域	设区市	2000—2022年亩均平均	均值排名	土地利用系数	所属省域	设区市	2000—2022年亩均平均	均值排名	土地利用系数
辽宁	盘锦	589.09	1	1	吉林	松原	519.71	4	0.8822
吉林	四平	582.99	2	0.9896	吉林	长春	496.42	5	0.8427
辽宁	铁岭	579.52	3	0.9837	宁夏	银川	491.1	6	0.8337

续表

所属省域	设区市	2000—2022年亩均平均	均值排名	土地利用系数	所属省域	设区市	2000—2022年亩均平均	均值排名	土地利用系数
辽宁	营口	475.4	7	0.8070	贵州	安顺	321.51	35	0.5458
吉林	辽源	472.75	8	0.8025	河北	沧州	318.1	36	0.5400
辽宁	沈阳	466.08	9	0.7912	陕西	咸阳	315.5	37	0.5356
吉林	通化	453.87	10	0.7705	吉林	白山	309.16	38	0.5248
辽宁	辽阳	448.72	11	0.7617	云南	曲靖	304.94	39	0.5176
河北	石家庄	438.31	12	0.7440	宁夏	吴忠	297.04	40	0.5042
宁夏	石嘴山	427.49	13	0.7257	云南	昆明	293.39	41	0.4980
吉林	吉林	423.28	14	0.7185	河北	承德	290.79	42	0.4936
辽宁	鞍山	418.34	15	0.7101	贵州	贵阳	289.34	43	0.4912
河北	邯郸	407.12	16	0.6911	宁夏	中卫	287.18	44	0.4875
辽宁	抚顺	401.47	17	0.6815	陕西	宝鸡	286.1	45	0.4857
辽宁	锦州	397.54	18	0.6748	陕西	渭南	272.96	46	0.4634
辽宁	阜新	395.47	19	0.6713	贵州	六盘水	272.06	47	0.4618
河北	保定	393.89	20	0.6686	陕西	铜川	258.88	48	0.4394
河北	衡水	389.78	21	0.6617	贵州	铜仁	258.37	49	0.4386
河北	唐山	388.47	22	0.6594	陕西	汉中	257.38	50	0.4369
河北	邢台	384.12	23	0.6521	贵州	遵义	255.69	51	0.4340
辽宁	丹东	377.04	24	0.6400	陕西	延安	255.43	52	0.4336
辽宁	本溪	370.54	25	0.6290	贵州	毕节	242.69	53	0.4120
河北	秦皇岛	368.49	26	0.6255	云南	昭通	234.88	54	0.3987
云南	玉溪	356.29	27	0.6048	云南	丽江	233.86	55	0.3970
河北	廊坊	354.87	28	0.6024	陕西	安康	210.76	56	0.3578
吉林	白城	335.31	29	0.5692	云南	普洱	207.79	57	0.3527
辽宁	朝阳	333.68	30	0.5664	云南	临沧	205.84	58	0.3494
陕西	西安	330.09	31	0.5603	陕西	商洛	201.28	59	0.3417
云南	保山	329.49	32	0.5593	陕西	榆林	197.49	60	0.3352
辽宁	葫芦岛	327.5	33	0.5559	河北	张家口	192.69	61	0.3271
辽宁	大连	322.99	34	0.5483	宁夏	固原	187.83	62	0.3188

由表3-17可得，土地质量等级排名50%—75%的设区市中，土地利用系数范围在0.3188—1。2000—2022年亩均均值和土地利用系数排前

5 名的设区市分别为盘锦（亩均均值：589.09 千克/亩，土地利用系数：1）、四平（亩均均值：582.99 千克/亩，土地利用系数：0.9896）、铁岭（亩均均值：579.52 千克/亩，土地利用系数：0.9837）、松原（亩均均值：519.71 千克/亩，土地利用系数：0.8822）、长春（亩均均值：496.42 千克/亩，土地利用系数：0.8427）。2000—2022 年亩均均值和土地利用系数排后 5 名的设区市分别为固原（亩均均值：187.83 千克/亩，土地利用系数：0.3188）、张家口（亩均均值：192.69 千克/亩，土地利用系数：0.3271）、榆林（亩均均值：197.49 千克/亩，土地利用系数：0.3352）、商洛（亩均均值：201.28 千克/亩，土地利用系数：0.3417）、临沧（亩均均值：205.84 千克/亩，土地利用系数：0.3494）。土地质量等级排名 50%—75% 的设区市中，排前 5 名的设区市都在 0.9 左右，排后 5 名的设区市都在 0.3 左右，说明土地质量等级 50%—75% 的设区市中，土地利用系数相差比较大。

土地质量等级 75%—100% 的设区市亩均排名和土地利用系数见表 3-18。

表 3-18　　土地质量等级 75%—100% 的设区市亩均排名和土地利用系数　　　　单位：千克/亩

所属省域	设区市	2000—2022年亩均平均	均值排名	土地利用系数	所属省域	设区市	2000—2022年亩均平均	均值排名	土地利用系数
甘肃	酒泉	541.7	1	1	内蒙古	通辽	401.68	15	0.7415
内蒙古	巴彦淖尔	503.28	2	0.9291	黑龙江	鸡西	383.57	16	0.7081
内蒙古	乌海	497.79	3	0.9189	黑龙江	佳木斯	379.59	17	0.7007
新疆	克拉玛依	485.37	4	0.8960	内蒙古	鄂尔多斯	371.47	18	0.6857
甘肃	金昌	469.33	5	0.8664	山西	长治	369.75	19	0.6826
黑龙江	哈尔滨	463.21	6	0.8551	山西	晋中	364.96	20	0.6737
甘肃	张掖	458.46	7	0.8463	黑龙江	双鸭山	361.83	21	0.6680
甘肃	武威	453.54	8	0.8373	黑龙江	七台河	351.81	22	0.6495
西藏	山南	440.53	9	0.8132	黑龙江	牡丹江	336.88	23	0.6219
黑龙江	绥化	434.7	10	0.8025	新疆	哈密	329.32	24	0.6079
西藏	日喀则	426.5	11	0.7873	新疆	吐鲁番	323.81	25	0.5978
西藏	拉萨	420.5	12	0.7763	内蒙古	包头	312.57	26	0.5770
黑龙江	大庆	419.83	13	0.7750	黑龙江	齐齐哈尔	304.74	27	0.5626
新疆	乌鲁木齐	412.31	14	0.7611	黑龙江	鹤岗	303.59	28	0.5604

续表

所属省域	设区市	2000—2022年亩均平均	均值排名	土地利用系数	所属省域	设区市	2000—2022年亩均平均	均值排名	土地利用系数
内蒙古	赤峰	302.93	29	0.5592	黑龙江	伊春	223.81	43	0.4132
西藏	林芝	301.8	30	0.5571	山西	忻州	222.16	44	0.4101
青海	海东	281.87	31	0.5203	甘肃	兰州	221.14	45	0.4082
山西	晋城	281	32	0.5187	甘肃	陇南	213.33	46	0.3938
山西	阳泉	274.4	33	0.5066	甘肃	平凉	209.93	47	0.3875
内蒙古	呼和浩特	273.35	34	0.5046	甘肃	白银	207.49	48	0.3830
山西	临汾	267.16	35	0.4932	甘肃	定西	206.17	49	0.3806
山西	运城	266.49	36	0.4920	山西	大同	205.7	50	0.3797
西藏	昌都	259.37	37	0.4788	甘肃	庆阳	203.29	51	0.3753
山西	朔州	254.24	38	0.4693	西藏	那曲	181.14	52	0.3344
青海	西宁	254.12	39	0.4691	山西	吕梁	178.19	53	0.3289
山西	太原	250.55	40	0.4625	黑龙江	黑河	171.04	54	0.3157
甘肃	天水	225.89	41	0.4170	内蒙古	乌兰察布	149.74	55	0.2764
内蒙古	呼伦贝尔	224.16	42	0.4138					

由表3-18可得，土地质量等级排名75%—100%的设区市中，土地利用系数范围为0.2764—1。2000—2022年亩均均值和土地利用系数排前5名的设区市分别为酒泉（亩均均值：541.7千克/亩，土地利用系数：1）、巴彦淖尔（亩均均值：503.28千克/亩，土地利用系数：0.9291）、乌海（亩均均值：497.79千克/亩，土地利用系数：0.9189）、克拉玛依（亩均均值：485.37千克/亩，土地利用系数：0.8960）、金昌（亩均均值：469.33千克/亩，土地利用系数：0.8664）。2000—2022年亩均均值和土地利用系数排后5名的设区市分别为乌兰察布（亩均均值：149.74千克/亩，土地利用系数：0.2764）、黑河（亩均均值：171.04千克/亩，土地利用系数：0.3157）、吕梁（亩均均值：178.19千克/亩，土地利用系数：0.3289）、那曲（亩均均值：181.14千克/亩，土地利用系数：0.3344）、庆阳（亩均均值：203.29千克/亩，土地利用系数：0.3753）。

为了进一步展示设区市不同时间段的复合增长率，将各个设区市按土地等级分为4个部分，并分别对2000—2022年复合增长率、最近10年复合增长率、最近5年复合增长率进行计算并排名。见表3-19。

表 3-19　　2000—2022 年亩均平均及复合增长率

土地质量等级	省域	设区市	2000—2022年亩均平均（千克/亩）	年复合增长率（%）	土地质量等级	省域	设区市	2000—2022年亩均平均（千克/亩）	年复合增长率（%）
前25%	河南	驻马店	366.26	2.28	50%—75%	辽宁	朝阳	**333.68**	**7.38**
	河南	漯河	410.88	2.04		河北	承德	290.79	6.90
	河南	三门峡	239.97	1.81		宁夏	固原	187.83	5.53
	河南	平顶山	308.65	1.66		河北	张家口	192.69	5.20
	湖北	黄石	336.11	1.64		陕西	榆林	197.49	4.44
	以上地区2000—2022年复合增长率排前5名					以上地区2000—2022年复合增长率排前5名			
	广东	广州	340.49	-0.49		河北	石家庄	438.31	0.00
	湖北	襄阳	424.55	-0.52		贵州	遵义	255.69	-0.09
	广东	深圳	366.48	-0.64		贵州	毕节	242.69	-0.33
	湖北	**荆门**	**462.8**	**-0.77**		吉林	通化	453.87	-0.50
	广东	汕头	446.99	-0.85		吉林	白山	309.16	-0.51
	以上地区2000—2022年复合增长率排后5名					以上地区2000—2022年复合增长率排后5名			
25%—50%	海南	三亚	307.07	2.10	75%—100%	黑龙江	大庆	419.83	4.50
	海南	海口	272.21	2.07		内蒙古	赤峰	302.93	3.99
	安徽	淮北	369.46	1.87		新疆	克拉玛依	485.37	3.31
	山东	烟台	384.76	1.59		山西	吕梁	178.19	3.24
	安徽	亳州	332.29	1.53		山西	阳泉	274.4	3.08
	以上地区2000—2022年复合增长率排前5名					以上地区2000—2022年复合增长率排前5名			
	四川	广元	333.8	-0.28		黑龙江	伊春	223.81	0.14
	四川	遂宁	342.87	-0.35		甘肃	酒泉	541.7	-0.16
	广西	钦州	339.07	-0.48		西藏	拉萨	420.5	-0.19
	广西	玉林	390.2	-0.62		黑龙江	七台河	351.81	-0.56
	广西	梧州	354.93	-1.14		黑龙江	牡丹江	336.88	-0.64
	以上地区2000—2022年复合增长率排后5名					以上地区2000—2022年复合增长率排后5名			

注：限于篇幅，只列出复合增长率排前5名和排后5名的地区。

由表 3－19 可得，不同土地质量等级的设区市中在 2000—2022 年亩均年复合增长率波动比较大，辽宁朝阳年复合增长率为 7.38%，而湖北荆门年复合增长率为 -0.77%，相差大约 8 个百分点。在土地质量等级前 25% 的设区市中，2000—2022 年亩均年复合增长率排前 5 名的分别为驻马店、漯河、三门峡、平顶山和黄石，后 5 名是广州、襄阳、深圳、荆门、汕头。在土地质量等级 25%—50% 的设区市中，2000—2022 年亩均年复合增长率排前 5 名的为三亚、海口、淮北、烟台、亳州，排后 5 名的是广元、遂宁、钦州、玉林、梧州。在土地质量等级 50%—75% 的设区市中，2000—2022 年亩均年复合增长率排前 5 名的为朝阳、承德、固原、张家口、榆林，排后 5 名的是石家庄、遵义、毕节、通化、白山。在土地质量等级 75%—100% 的设区市中，2000—2022 年亩均年复合增长率排前 5 名的为大庆、赤峰、克拉玛依、吕梁、阳泉，排后 5 名的是伊春、酒泉、拉萨、七台河、牡丹江。

近 10 年亩均平均及复合增长率见表 3－20。

表 3－20　　　　　近 10 年亩均平均及复合增长率

土地质量等级	省域	设区市	近10年亩均平均（千克/亩）	近10年复合增长率（%）	土地质量等级	省域	设区市	近10年亩均平均（千克/亩）	近10年复合增长率（%）
前 25%	湖北	黄石	367.39	3.12	25%—50%	四川	雅安	333.73	1.99
	河南	三门峡	271.22	2.91		海南	三亚	347.68	1.92
	湖北	咸宁	384.83	2.15		海南	海口	309.05	1.49
	广东	汕尾	328.04	2.03		四川	乐山	348.80	1.39
	福建	宁德	351.10	2.03		山东	菏泽	426.10	1.38
	以上地区近10年复合增长率排前5名					以上地区近10年复合增长率排前5名			
	湖北	襄阳	412.64	-0.86		安徽	芜湖	434.59	-0.83
	江西	抚州	435.88	-1.06		安徽	合肥	397.35	-0.98
	江西	景德镇	423.54	-1.24		安徽	马鞍山	431.72	-1.00
	广东	深圳	369.53	-1.46		山东	东营	390.71	-2.23
	湖北	荆门	423.35	-1.69		安徽	淮北	405.07	-4.76
	以上地区近10年复合增长率排后5名					以上地区近10年复合增长率排后5名			

续表

土地质量等级	省域	设区市	近10年亩均平均（千克/亩）	近10年复合增长率（%）	土地质量等级	省域	设区市	近10年亩均平均（千克/亩）	近10年复合增长率（%）
50%—75%	云南	临沧	**227.85**	**2.54**	75%—100%	山西	忻州	269.35	3.21
	贵州	铜仁	254.91	1.21		山西	大同	259.91	3.14
	宁夏	固原	242.97	1.19		内蒙古	呼和浩特	309.91	2.69
	辽宁	本溪	415.32	1.03		内蒙古	包头	348.55	2.62
	陕西	商洛	204.67	1.01		新疆	吐鲁番	344.74	2.23
	以上地区近10年复合增长率排前5名					以上地区近10年复合增长率排前5名			
	吉林	白山	322.33	-0.67		黑龙江	绥化	445.44	-1.65
	吉林	四平	562.43	-0.67		山西	阳泉	307.89	-1.70
	辽宁	朝阳	420.28	-0.70		青海	海东	334.67	-1.88
	辽宁	阜新	426.42	-0.75		黑龙江	大庆	465.72	-2.02
	辽宁	葫芦岛	319.41	-1.31		山西	长治	385.70	-2.76
	以上地区近10年复合增长率排后5名					以上地区近10年复合增长率排后5名			

注：限于篇幅，只列出复合增长率排前5名和排后5名的地区。

由表3-20可得，不同土地质量等级的设区市中关于近10年亩均年复合增长率波动比较大，云南临沧年复合增长率2.54%，而安徽淮北年复合增长率-4.76%，相差大约7个百分点。在土地质量等级前25%的设区市中，近10年亩均年复合增长率排前5名的分别为黄石、三门峡、咸宁、汕尾、宁德，排后5名的是襄阳、抚州、景德镇、深圳、荆门。在土地质量等级25%—50%的设区市中，近10年亩均年复合增长率排前5名的为雅安、三亚、海口、乐山、菏泽，排后5名的是芜湖、合肥、马鞍山、东营、淮北。在土地质量等级50%—75%的设区市中，近10年亩均年复合增长率排前5名的为临沧、铜仁、固原、本溪、商洛，排后5名的是白山、四平、朝阳、阜新、葫芦岛。在土地质量等级75%—100%的设区市中，近10年亩均年复合增长率排前5名的为忻州、大同、呼和浩特、包头、吐鲁番，排后5名的是绥化、阳泉、海东、大庆、长治。

近5年亩均平均及年复合增长率见表3-21。

表 3-21 近 5 年亩均平均及复合增长率

土地质量等级	省域	设区市	近5年亩均平均（千克/亩）	近5年复合增长率（%）	土地质量等级	省域	设区市	近5年亩均平均（千克/亩）	近5年复合增长率（%）
前25%	广东	深圳	295.53	4.88	50%—75%	辽宁	阜新	415.50	5.90
	湖北	黄石	400.42	4.28		吉林	长春	502.20	3.46
	福建	宁德	362.40	3.49		吉林	辽源	454.12	3.24
	广东	汕尾	345.48	1.95		陕西	铜川	309.01	2.21
	福建	厦门	397.51	1.68		陕西	渭南	315.71	2.06
	以上地区近5年复合增长率排前5名					以上地区近5年复合增长率排前5名			
	江西	宜春	438.90	-1.92		贵州	六盘水	265.50	-0.56
	江西	新余	384.66	-2.22		辽宁	鞍山	425.27	-0.59
	江西	南昌	447.90	-2.72		辽宁	大连	313.88	-0.63
	江西	鹰潭	377.38	-2.76		陕西	安康	229.40	-0.76
	江西	吉安	439.65	-3.57		陕西	榆林	223.85	-1.04
	以上地区近5年复合增长率排后5名					以上地区近5年复合增长率排后5名			
25%—50%	山东	威海	365.80	2.82	75%—100%	新疆	吐鲁番	331.88	16.55
	浙江	丽水	349.23	2.68		新疆	克拉玛依	575.38	5.34
	山东	聊城	460.04	2.29		山西	运城	335.39	4.11
	海南	海口	331.10	1.99		内蒙古	通辽	449.55	4.10
	安徽	亳州	377.88	1.82		内蒙古	鄂尔多斯	394.14	3.78
	以上地区近5年复合增长率排前5名					以上地区近5年复合增长率排前5名			
	安徽	芜湖	419.80	-1.14		山西	朔州	315.71	-3.24
	安徽	池州	366.92	-1.24		山西	临汾	269.68	-3.38
	安徽	六安	387.82	-1.27		青海	西宁	270.42	-3.65
	山东	东营	367.88	-2.06		山西	晋城	284.70	-3.88
	安徽	马鞍山	412.81	-2.11		山西	长治	333.77	-5.30
	以上地区近5年复合增长率排后5名					以上地区近5年复合增长率排后5名			

注：限于篇幅，只列出复合增长率排前5名和排后5名的地区。

由表 3-21 可得，不同土地质量等级的设区市中关于近 5 年亩均年复合增长率波动也比较大，新疆吐鲁番年复合增长率为 16.55%，而山西长治复合增长率为 -5.30%，相差高达 22 个百分点。在土地质量等级前 25% 的设区市中，近 5 年亩均年复合增长率排前 5 名的分别为深圳、黄石、宁德、汕尾、厦门，排后 5 名的是宜春、新余、南昌、鹰潭、吉安。在土地质量等级 25%—50% 的设区市中，近 5 年亩均年复合增长率排前 5 名的为威海、丽水、聊城、海口、亳州，排后 5 名的是芜湖、池州、六安、东营、马鞍山。在土地质量等级 50%—75% 的设区市中，近 5 年亩均年复合增长率排前 5 名的为阜新、长春、辽源、铜川、渭南，排后 5 名的是六盘水、鞍山、大连、安康、榆林。在土地质量等级 75%—100% 的设区市中，近 5 年亩均年复合增长率排前 5 名的为吐鲁番、克拉玛依、运城、通辽、鄂尔多斯，排后 5 名的是朔州、临汾、西宁、晋城、长治。

最后对 2022 年农用地生产率进行排名，同上将设区市农用地生产率排行榜按照不同的土地质量等级进行排名，首先将 290 个设区市按照省域层面的土地质量等级进行划分，分别为耕地质量等级前 25%、土地质量等级 25%—50%、土地质量等级 50%—75% 和土地质量等级 75%—100%，然后在不同的土地质量等级区间计算 2022 年亩均平均值并进行排名，各地区前 10 名、后 10 名如图 3-11、图 3-12 所示。

由图 3-11 可得，在土地质量等级前 25% 的设区市中，亩均生产率排前 10 名的是扬州（513.67 千克/亩）、泰州（497.46 千克/亩）、焦作（496.35 千克/亩）、鹤壁（492.75 千克/亩）、常州（484.53 千克/亩）、淮安（481.03 千克/亩）、盐城（480.63 千克/亩）、苏州（480.12 千克/亩）、连云港（478.74 千克/亩）、南京（477.67 千克/亩）。

在 25%—50% 的设区市中，排前 10 名的是聊城（481.45 千克/亩）、德州（479.01 千克/亩）、泰安（461.15 千克/亩）、济宁（450.94 千克/亩）、菏泽（445.51 千克/亩）、淄博（444.13 千克/亩）、日照（444.05 千克/亩）、湖州（437.66 千克/亩）、青岛（434.35 千克/亩）、嘉兴（432.01 千克/亩）。

在 50%—75% 的设区市中，排前 10 名的是盘锦（634.58 千克/亩）、铁岭（634.58 千克/亩）、银川（559.89 千克/亩）、辽阳（541.70 千克/亩）、长春（537.47 千克/亩）、营口（535.39 千克/亩）、四平（532.76 千克/亩）、沈阳（514.55 千克/亩）、松原（495.70 千克/亩）、阜新

(482.14 千克/亩)。

在 75%—100% 的设区市中，排前 10 名的是克拉玛依（614.03 千克/亩）、酒泉（554.47 千克/亩）、金昌（526.40 千克/亩）、巴彦淖尔（522.63 千克/亩）、乌海（522.47 千克/亩）、武威（516.02 千克/亩）、日喀则（504.44 千克/亩）、通辽（482.80 千克/亩）、张掖（474.11 千克/亩）、哈尔滨（469.08 千克/亩）。

由图 3-12 可得，在土地质量等级前 25% 的设区市中，亩均生产率排后 10 名的是广州（343.15 千克/亩）、平顶山（341.02 千克/亩）、张家界（334.64 千克/亩）、郑州（333.66 千克/亩）、洛阳（330.11 千克/亩）、深圳（328.51 千克/亩）、宜昌（326.33 千克/亩）、清远（325.09 千克/亩）、三门峡（301.56 千克/亩）、十堰（259.18 千克/亩）。

在 25%—50% 的设区市中，排后 10 名的是广元（326.73 千克/亩）、宿州（325.17 千克/亩）、北海（320.55 千克/亩）、梧州（319.92 千克/亩）、资阳（319.72 千克/亩）、来宾（318.65 千克/亩）、崇左（292.43 千克/亩）、百色（291.77 千克/亩）、防城港（264.86 千克/亩）、河池（257.80 千克/亩）。

在 50%—75% 的设区市中，排后 10 名的是昭通（274.04 千克/亩）、丽江（269.98 千克/亩）、固原（266.31 千克/亩）、遵义（252.93 千克/亩）、临沧（250.37 千克/亩）、普洱（238.39 千克/亩）、榆林（231.00 千克/亩）、毕节（219.99 千克/亩）、安康（219.83 千克/亩）、商洛（209.32 千克/亩）。

在 75%—100% 的设区市中，排后 10 名的是兰州（255.81 千克/亩）、陇南（251.83 千克/亩）、白银（245.44 千克/亩）、庆阳（243.35 千克/亩）、西宁（239.58 千克/亩）、伊春（219.72 千克/亩）、吕梁（212.55 千克/亩）、那曲（204.64 千克/亩）、黑河（195.15 千克/亩）、乌兰察布（170.59 千克/亩）。

（二）设区市建设用地生产率排行榜

根据数据的可得性，设区市层面选取 2009—2022 年 283 个设区市的数据进行计算排名。同省域层面一样，地均生产总值结果为地区生产总值与建设用地面积的比值。结果列出前 50 名和后 50 名，具体如表 3-22 和表 3-23 所示。

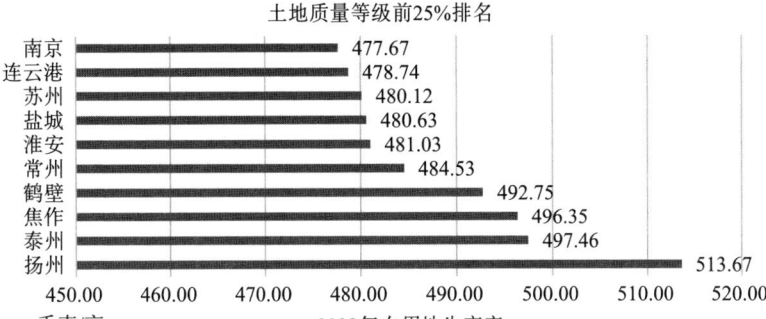
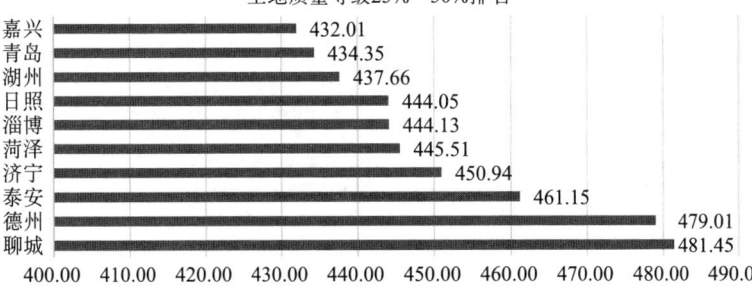
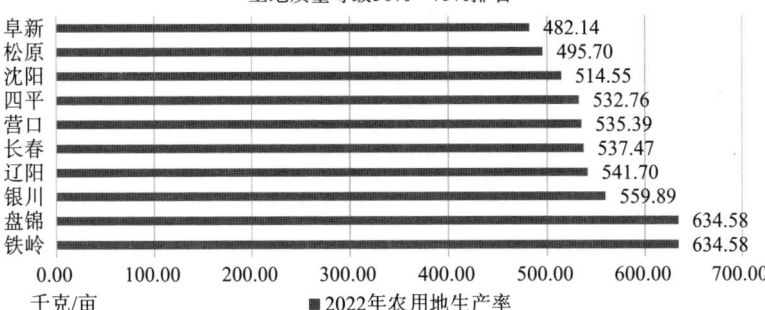
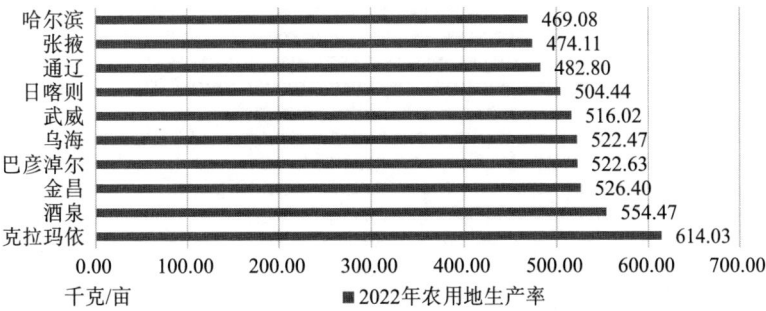

图 3-11 2022 年设区市农用地生产率排行榜（前 10 名）

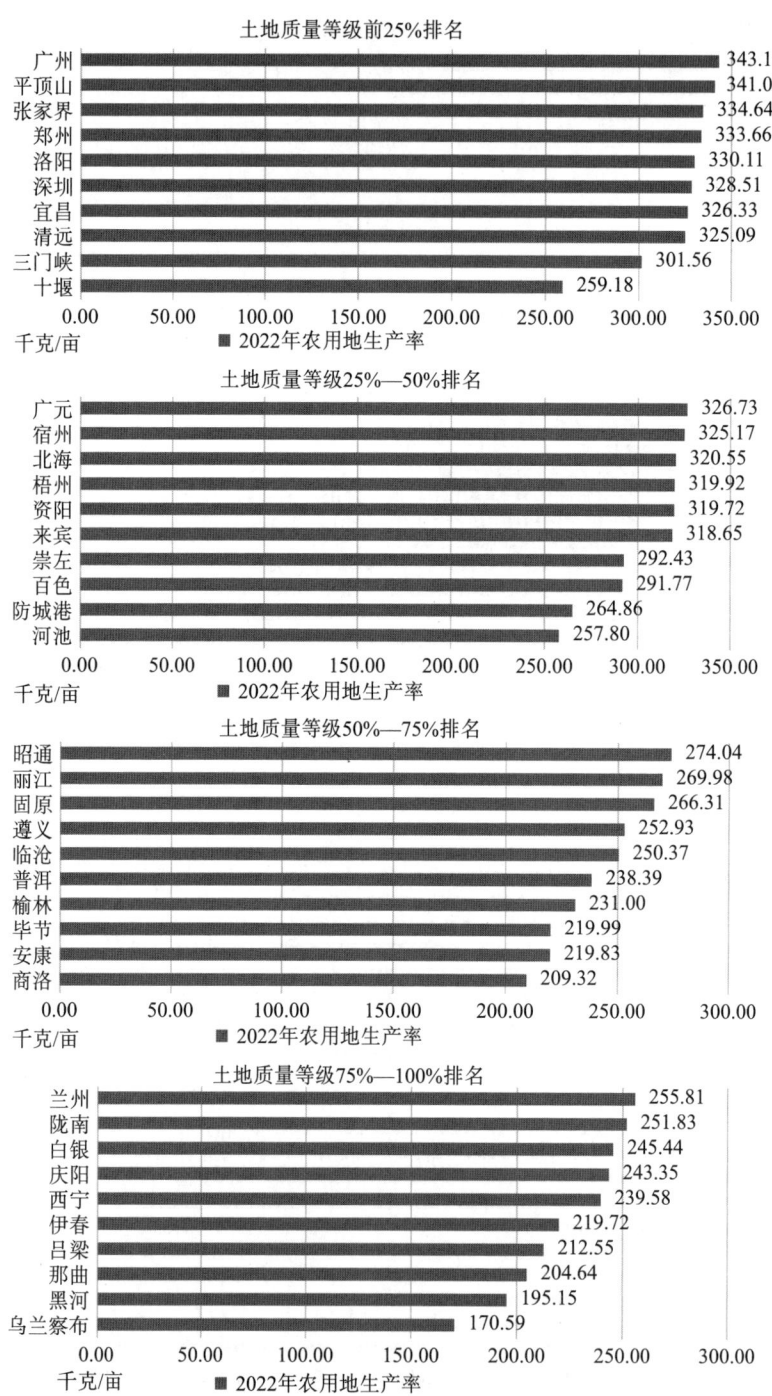

图 3-12 2022 年设区市农用地生产率排行榜（后 10 名）

表 3-22　　2009—2022 年设区市地均生产总值均值排名
（前 50 名）　　　　　　　　单位：万元/公顷

所属省域	设区市	2009—2022 地均生产总值均值	排名	所属省域	设区市	2009—2022 地均生产总值均值	排名
广东	深圳	1066.79	1	河北	石家庄	153.19	26
广东	广州	480.75	2	浙江	台州	150.01	27
福建	厦门	388.52	3	辽宁	沈阳	149.48	28
山东	淄博	240.99	4	贵州	贵阳	148.54	29
江苏	无锡	237.40	5	江苏	常州	148.13	30
福建	泉州	231.48	6	河南	郑州	146.28	31
广东	汕头	230.91	7	甘肃	兰州	143.78	32
广东	佛山	223.71	8	湖北	武汉	141.50	33
山东	济南	217.73	9	浙江	金华	139.66	34
浙江	杭州	216.18	10	辽宁	大连	139.38	35
福建	福州	216.17	11	江苏	镇江	138.59	36
陕西	西安	213.83	12	湖南	长沙	137.68	37
山东	威海	207.52	13	广东	揭阳	136.56	38
浙江	温州	201.93	14	浙江	嘉兴	136.39	39
山西	太原	196.67	15	江苏	苏州	136.38	40
四川	成都	194.47	16	云南	昆明	135.93	41
江苏	南京	192.99	17	福建	漳州	135.17	42
浙江	宁波	192.52	18	广东	潮州	130.68	43
辽宁	鞍山	190.00	19	云南	玉溪	127.44	44
浙江	绍兴	189.14	20	浙江	舟山	127.18	45
山东	青岛	186.42	21	河南	漯河	124.67	46
广东	珠海	183.82	22	福建	莆田	123.23	47
云南	丽江	180.31	23	河南	许昌	122.40	48
山东	烟台	161.57	24	四川	攀枝花	121.50	49
吉林	吉林	158.95	25	山西	阳泉	121.43	50

由表 3-22 可得，2009—2022 年设区市地均生产总值均值排前 5 名的设区市为深圳（1066.79 万元/公顷）、广州（480.75 万元/公顷）、厦门（388.53 万元/公顷）、淄博（240.99 万元/公顷）、无锡（237.40 万元/公顷）。其中广东省设区市表现突出，第 1 名和第 2 名都为广东省，深

圳尤为突出，地均生产总值远超其他市。另外，浙江的设区市也在地均生产总值表现中尤为突出，在前 50 名中，浙江的占了 8 个，分别为杭州、温州、宁波、绍兴、台州、金华、嘉兴、舟山。

表 3-23　　2009—2022 年设区市地均生产总值均值排名
（后 50 名）　　　　　　　　单位：万元/公顷

所属省域	设区市	2009—2022 地均生产总值均值	排名	所属省域	设区市	2009—2022 地均生产总值均值	排名
西藏	那曲	0.26	1	陕西	榆林	24.69	26
西藏	林芝	0.8	2	甘肃	武威	24.78	27
西藏	山南	1.58	3	云南	临沧	25.42	28
西藏	日喀则	1.63	4	安徽	池州	25.76	29
西藏	昌都	3.68	5	山西	忻州	25.97	30
西藏	拉萨	5.63	6	安徽	六安	26.18	31
甘肃	酒泉	9.51	7	江西	上饶	26.5	32
吉林	白城	12.64	8	湖北	荆州	26.97	33
黑龙江	黑河	14.04	9	江西	九江	28.64	34
宁夏	固原	14.6	10	河南	信阳	28.71	35
黑龙江	佳木斯	15.58	11	宁夏	石嘴山	29.26	36
甘肃	定西	15.85	12	安徽	滁州	29.5	37
黑龙江	鸡西	15.99	13	内蒙古	赤峰	30.27	38
云南	普洱	16.48	14	甘肃	平凉	30.64	39
甘肃	张掖	17.01	15	吉林	松原	30.64	40
宁夏	中卫	18.09	16	江苏	宿迁	30.76	41
甘肃	庆阳	18.55	17	内蒙古	通辽	31.55	42
黑龙江	双鸭山	18.66	18	江西	吉安	31.59	43
内蒙古	呼伦贝尔	19.2	19	云南	保山	32.41	44
甘肃	陇南	19.85	20	内蒙古	乌兰察布	32.86	45
黑龙江	鹤岗	20.17	21	广东	河源	33.14	46
辽宁	朝阳	20.67	22	山西	吕梁	33.16	47
黑龙江	齐齐哈尔	22.87	23	安徽	安庆	33.22	48
辽宁	阜新	23.26	24	青海	海东	33.71	49
内蒙古	巴彦淖尔	23.36	25	内蒙古	鄂尔多斯	34.04	50

由表 3-23 可得，2009—2022 年设区市层面地均生产总值均值排后 5 名的设区市为那曲（0.26 万元/公顷）、林芝（0.80 万元/公顷）、山南（1.58 万元/公顷）、日喀则（1.63 万元/公顷）、昌都（3.68 万元/公顷）。这 5 个设区市都属于西藏，从倒数第 1 名到倒数第 6 名都来自西藏。另外，黑龙江、甘肃、宁夏、内蒙古的设区市频繁出现在后 50 名中，说明这 5 个地区的设区市的建设用地在土地的产出效益以及土地对经济总量的承载能力较弱。

第四节 土地生产率排行榜探讨与分析

一、土地生产率省域排行榜分析与探讨

（一）农用地生产率分析

将全国划分为八大区域后，农用地的生产率表现优异的地区为东部沿海地区（包括：上海、江苏、浙江）、东北地区（包括：辽宁、吉林、黑龙江）、北部沿海地区（包括：北京、天津、河北、山东）。耕地质量前 10 名为湖北、广东、上海、江苏、江西、河南、福建、湖南、浙江、山东。东部沿海地区的耕地质量等级都包括在内，但是东北地区耕地质量表现不佳，其农用地生产率却表现突出。

农用地的生产率表现较差的地区为黄河中游地区（包括：陕西、山西、河南、内蒙古）、西南地区（包括：云南、贵州、四川、重庆、广西），这些地区的土地质量等级排名都靠后。由此说明土地质量对农用地生产率存在影响。

农用地生产率排行榜显示：上海市、新疆维吾尔自治区、吉林省、江苏省和辽宁省在 2000—2022 年亩均表现尤为突出，在 23 年的亩均均值排前 5 名，分别为 467.86 千克/亩、437.26 千克/亩、423.28 千克/亩、417.23 千克/亩、399.86 千克/亩。而青海省、陕西省、甘肃省、贵州省和山西省 23 年的亩均均值较低，排后 5 名，分别为 239.08 千克/亩、

244.93 千克/亩、247.77 千克/亩、249.17 千克/亩、250.91 千克/亩。

上海农用地生产率高，主要可能两个原因：一是土地等级高，二是都市农业效益高。上海的耕地质量等级在全国省域层面排第 3 名，这意味着其拥有优质的耕地资源。另外，作为一个经济和技术发达的大都市，上海在农业生产方面受益于先进的技术和高效的管理方式。在这个高度城市化的环境中，土地稀缺，因此农业生产往往采用集约化和技术密集型的方法。通过科学种植技术、智能化农业设备以及精准的管理措施，上海农业实现了每亩土地产出的最大化。

新疆维吾尔自治区尽管其耕地质量等级在全国排名相对靠后，仅列第 26 名，但是新疆仍然表现出不俗的亩均产量。该地区日照充足，灌溉系统发达，为多种作物提供了理想的生长环境。新疆不仅在粮食生产上取得了显著的成绩，而且在农业技术创新方面也表现突出。通过实施科学的种植管理和高效的节水灌溉技术，新疆成功地提高了单位面积产量，尤其在小麦和玉米等作物的生产上取得了突破。此外，新疆生产建设兵团的组织化和规模化生产模式，以及对农业科技的重视，也为提升农业生产效率和保障国家粮食安全做出了重要贡献。兵团通过深化改革，强化了农业机械化和产业化经营，推动了农业的现代化进程，使得新疆成为全国重要的农产品供应基地。

吉林省耕地质量等级在全国排第 19 名，吉林省作为中国传统的粮食生产重镇之一，其高产量主要得益于其肥沃的黑土地和适宜的气候条件，这片土地孕育了丰富的农作物，尤其是以水稻和玉米为主的粮食作物。黑土地富含有机质和养分，为作物的生长提供了良好的土壤基础，从而保障了作物的丰收。同时，吉林省拥有适宜的气候条件，冬季寒冷而干燥，夏季温暖而湿润，这种气候环境有利于农作物的生长和发育。因此，吉林省在中国农业生产中扮演着重要的角色，为国家粮食安全和农业经济的发展做出了重要贡献。

江苏省土地质量等级也具备相当的优势，排第 4 名。江苏省除了拥有水乡特有的自然条件外，江苏省经济发达程度也是其农业生产优势之一。在这个地区，农业生产不仅仅依赖于自然资源，还倚重了科技创新和基础设施的大量投入。通过科技创新，江苏省农业生产逐步实现了现代化和智能化，各种先进技术被广泛应用于农业生产中，包括高效灌溉系统、智能化农机设备等。与此同时，江苏省对农业基础设施的建设也非常注重，建立了完善的水利工程和灌溉系统，保障了农田的水源供应。这些因素共同促进了江苏省水生作物生产效率的提升，尤其是稻米等作物，其产量和质量在全国范围内都名列前茅。

辽宁省的土地质量等级虽然仅排第 22 名，但其凭借其肥沃的土壤和适宜的气候，特别适合种植玉米和大豆等作物。农业机械化和粮食品种的改良在这里也发挥了重要作用。这些优势使得辽宁省成为了玉米和大豆等作物的理想种植区。在辽宁省，农业机械化程度较高，农民经常使用现代化的农业机械设备进行种植和管理，从而提高了生产效率。

青海省土地质量等级在全国排第 29 名，是一个特殊的地区。该省位于青藏高原，面临着极端的气候条件，如低温和干旱，这些因素对农作物的生长构成了巨大的挑战。高原地区的气候条件通常较为恶劣，日照充足但温度较低，降水量不足，土地贫瘠，这些因素限制了农业生产的发展和效率。

陕西省位于黄土高原地区，其土地质量等级在全国排名较靠后，仅排第 24 名。受到土地侵蚀和水资源分布不均的影响，该省的农业面临一定的挑战。大部分省域都由山地和丘陵地形组成，这限制了农业耕地的扩展，使得农业生产面临着土地利用不足的问题。

甘肃省与青海省类似，部分地区位于高原，面临着干旱和水资源短缺的挑战。甘肃省的土地质量等级在全国排第 30 名，农业生产受到一定程度的限制。

贵州省以其多山的地形而闻名，这导致农业耕地受到限制。山地地形限制了耕地的规模和利用率，使得农业生产面临诸多挑战。尽管贵州省在一些地区拥有肥沃的土壤和适宜的气候条件，但其农业生产受到地形的限制，使得提高农业生产效率和质量成为一项艰巨的任务。

山西省的土地质量等级在全国排第 28 名，同样位于黄土高原地区，面临着土地侵蚀和水资源短缺的问题。在这种情况下，注重技术创新和管理优化是至关重要的。无论地区如何，都需要不断推进农业技术的创新和管理方式的优化，以提高农业生产的效率和质量，实现可持续发展。

（二）建设用地生产率分析

与农业地类似将全国划分为八大区域后，建设用地的生产率表现每年基本相同，排前 3 名的地区为东部沿海地区（包括：上海、江苏、浙江）、北部沿海地区（包括：北京、天津、河北、山东）、南部沿海地区（包括：福建、广东、海南）。这些地区都有公同点，地区位于沿海附近，经济、交通发达，有出色的营商环境等。表现较差的地区为黄河中游地区（包括：陕西、山西、河南、内蒙古）、西北地区（包括：甘肃、青海、宁夏、西藏、新疆），排第 7 名、第 8 名。这些地方的经济发展状况较差，因此建设用地生产率表现相对较弱。

建设用地资源生产率排行榜显示：上海、北京、天津、广东、福建在 2000—2022 年地均生产总值表现尤为突出，23 年的地均生产总值均值排前 5 名，分别为 542.73 万元/公顷、299.10 万元/公顷、211.49 万元/公顷、205.38 万元/公顷、188.16 万元/公顷，浙江省排第 6 名，为 187.23 元/公顷，紧跟着第 5 名。而位于后 5 名的是青海、新疆、西藏、甘肃、宁夏，分别为 27.73 万元/公顷、28.73 万元/公顷、35.22 万元/公顷、37.27 万元/公顷、37.35 万元/公顷。

上海位居榜首，其地均生产总值的高度集中反映了其作为国际金融中心的地位。上海拥有发达的金融服务业、高端制造业和现代服务业，这些行业不仅吸引了大量国内外投资，也带来了高额的经济产出。此外，上海在科技创新、自贸区建设以及对外开放方面的积极作为，进一步推动了经济的高密度增长。

北京作为中国的首都，集中了大量的政治、文化和教育资源优势。其信息技术、科研服务和互联网企业的快速发展，为经济增长提供了新动能。北京的高地均生产总值也与其作为国家创新中心的战略定位密切相关，众多高科技企业和研发机构的集聚，为经济增长提供了强有力的支撑。

天津的地均生产总值得益于其作为北方重要的工业基地和港口城市的地位。天津拥有完善的海陆空交通网络，特别是天津港作为北方重要的对外贸易港口，为天津的对外贸易和工业发展提供了有力支撑。此外，天津在航空航天、石油化工、汽车制造等重点产业的发展上取得了显著成效，推动了经济的集约化增长。

广东省作为改革开放的前沿阵地，其地均生产总值的高水平主要得益于其强大的制造业基础、活跃的民营经济和开放的经济结构。广东省尤其是珠三角地区，聚集了大量的电子制造业、信息技术产业和先进制造业，形成了完整的产业链和创新链。同时，深圳、广州等中心城市的金融服务业和高科技产业发展迅速，为经济增长提供了新动能。

福建省的地均生产总值较高，与其独特的地理位置、侨乡背景和民营经济的活跃有关。福建省在纺织服装、鞋帽制造、食品加工等传统产业的基础上，近年来积极发展电子信息、装备制造、新材料等新兴产业，推动了产业结构的优化升级。同时，福建省依托其海外侨胞资源，大力发展外向型经济，吸引了大量外资。

另外，浙江省作为共同富裕示范区，在地均生产总值方面表现卓越，有 8 个设区市跻身全国前 50 名，这一成就得益于多方面因素。首先，浙江省坚持实体经济为核心，推动产业升级，巩固了共同富裕的产业基础。其次，科技创新是推动经济发展的关键，浙江省不断加快科技创新步伐，促进新旧动能转换，增强产业竞争力。浙江省的民营经济活力四射，民营企业在促进经济增长、扩大就业和激发创新方面发挥了不可替代的作用。再次，依托海外侨胞资源，浙江省大力发展外向型经济，吸引外资，推动了外贸出口的增长。区域协调发展也是浙江省的一大特色，通过加强城乡一体化建设，提升基础设施水平，促进了区域经济的均衡发展。最后，在政策支持和引导方面，浙江省人民政府出台了多项政策措施，为企业提供财政、税收和金融等方面的支持，营造了良好的发展环境。

青海省的地均生产总值较低，主要受到其自然条件和经济发展阶段的限制。青海省地处西部高原，自然环境恶劣，交通不便，经济发展水平相对落后。青海省的经济以农牧业为主，工业基础薄弱，缺乏足够的产业支撑和经济增长点。

新疆的地均生产总值同样较低，与其地理位置偏远、自然条件恶劣等因素有关。新疆地域辽阔，人口稀少，经济发展起步较晚，工业基础相对薄弱。尽管新疆在能源、矿产等资源开发方面具有一定优势，但整体经济发展水平仍有待提升。

西藏自治区的地均生产总值较低，主要受制于其高海拔、交通不便等自然条件的限制。西藏的经济以农牧业为主，工业和服务业发展相对滞后。近年来，西藏在旅游业和清洁能源开发方面取得了一定进展，但整体经济规模较小，发展水平有待提高。

甘肃省的地均生产总值较低，与其自然条件恶劣、经济发展起步较晚有关。甘肃省地处西北干旱区，水资源短缺，生态环境脆弱，限制了其经济发展的空间。甘肃省的工业基础相对薄弱，经济发展主要依赖于资源开发和农牧业。

宁夏自治区的地均生产总值较低，主要与其地理位置偏远、经济发展水平不高有关。宁夏虽然在农业现代化和新能源产业方面有所发展，但整体经济规模较小，产业结构单一，缺乏足够的经济增长动力。

二、土地生产率副省级城市排行榜分析与探讨

（一）农用地生产率分析

长春、沈阳、哈尔滨等北方副省级城市的农用地生产率较高，可能有以下几个主要原因：

首先，这些北方地区拥有得天独厚的自然资源，尤其是东北地区广阔的平原和肥沃的黑土地，提供了优越的土壤条件，适合大规模种植各种高产农作物。这种自然资源的优势为农用地的高生产率奠定了基础。

其次，这些城市所在的地区农业基础设施完善。吉林、辽宁和黑龙江等省多年来在灌溉、农机化等基础设施建设上持续投入，显著提高了农业生产效率。再加上合理的农作物种植结构，如玉米、大豆、水稻等高产粮食作物的种植，有效提升了农用地的产出。

再次，北方副省级城市的农业机械化和科技水平较高，大型农业机械的广泛应用以及精准农业技术的推广，减少了劳动力投入，提高了土地的利用效率。这些科技和机械的进步，推动了农用地生产率的进一步提升。

又次，当地政府的政策支持也是一个关键因素。北方地区的政府长期以来对农业发展高度重视，实施了诸如粮食补贴、农业机械购置补贴等多项政策，鼓励农民积极投入农业生产，增强了他们的生产积极性。另外，北方地区农民的农业素质和经验也不可忽视。这些地区的农民在农业生产中积累了丰富的耕作经验和较高的管理水平，对土地的高效利用作出了重要贡献。

最后，集约化的农业经营模式在这些城市得到了推广。通过土地流转和规模化经营，土地的生产力得到了更充分的发挥，进一步提升了农用地的生产率。

相比之下，深圳、广州、杭州、宁波等东部和南部沿海经济发达地区的副省级城市农用地生产率较低，可能有以下几个主要原因：

首先，这些城市土地相对紧张。随着城市化进程的加快，深圳、广州

等沿海城市的土地更多地被用于工业、商业和住宅开发，农业用地的比例逐渐减少，且分布较为零散，难以进行大规模的集约化经营。这种土地的紧张和分散化，导致了农用地生产率的降低。

其次，农业产业的相对弱势地位。深圳、广州等沿海城市的经济以制造业、高新技术产业和服务业为主，农业在这些城市的经济结构中占比相对较小。因此，农业的发展和支持力度相对不足，农业生产基础设施和技术推广力度也相对较弱，从而影响了农用地的生产率。

再次，农业劳动力短缺和老龄化问题严重。由于沿海城市的经济发达，大量农村劳动力转移至城市从事非农业工作，导致农业劳动力的减少和老龄化问题加剧，这直接影响了农业生产效率和农用地的生产率。

最后，这些城市的农业生产主要面向城市消费市场，重点在于高附加值的园艺作物和特色农产品的生产，而非高产粮食作物。由于这些作物的种植面积较小，且生产周期较长，单位面积的产出相对较低，导致整体农用地生产率不高。

综上所述，长春、沈阳、哈尔滨这些北方副省级城市农用地生产率较高的原因，主要归因于自然资源的丰富、完善的农业基础设施、合理的作物种植结构、高水平的农业机械化与科技应用、政府的大力支持、农民的经验和素质，以及集约化的经营模式。而深圳、广州、杭州、宁波等东部和南部沿海副省级城市，由于土地紧张、农业在经济结构中的相对弱势、劳动力短缺和农业产业结构侧重于高附加值作物，这些因素共同导致了其农用地生产率相对较低。

（二）建设用地生产率分析

深圳、广州、厦门等沿海发达副省级城市建设用地生产率较高，背后有着多重因素的支撑。

首先，这些城市的经济结构多样且以高附加值产业为主，特别是深圳，其高度发达的制造业、服务业和高新技术产业，使得每一块土地都得到了充分利用。深圳作为中国的经济特区和科技创新中心，土地尤为紧缺，因此在规划和开发过程中，土地的利用效率得到了极大提升。广州作为南方重要的经济枢纽，其土地利用同样在高效化的引导下实现了生产率的最大化。厦门则凭借优越的地理位置和良好的政策支持，在有限的土地上创造了较高的经济价值。

其次，沿海副省级城市的土地供需矛盾也促使其更加注重土地的集约化和高效化利用。深圳和广州由于人口密集、经济发达，土地稀缺，在城市规划和土地开发过程中，采取了更加严格的管理和调控政策，确保了土地的高效利用。例如，深圳通过实施严格的土地使用规划和智能化管理系统，提高了土地的使用效率，并且通过政策扶持推动高科技产业的集群化发展，进一步优化了土地的配置。

再次，长春、哈尔滨、沈阳等北方副省级城市的建设用地生产率相对较低，主要原因则与经济结构、气候条件、政策支持等多方面因素相关。首先，这些城市的经济结构相对单一，传统的制造业和重工业仍占主导地位，土地未能得到高效利用。其次，北方副省级城市的气候条件较为严苛，尤其是冬季寒冷漫长，这对土地的开发和利用产生了较大的限制，导致一年中有相当一部分时间土地开发效率较低。此外，这些城市的城市扩张速度较慢，城市化进程滞后，使得土地的开发利用未能及时跟上经济发展的需求。

最后，政策支持的相对不足也在一定程度上制约了北方副省级城市的土地利用效率。这些城市在土地开发和利用方面缺乏创新性政策，且政府对土地的管理和规划力度相对较弱，未能有效引导土地的高效使用。与此同时，人才和技术的短缺也限制了这些城市在土地利用上的创新和效率提升。由于土地开发和利用涉及多领域的专业技术支持，而北方副省级城市在这方面相对滞后，导致其在土地利用效率上难以与南方沿海城市竞争。

综上所述，我国副省级城市在建设用地生产率上的差异反映了经济结构、政策支持、气候条件以及城市化进程等多方面的影响。沿海发达副省级城市凭借多元化的经济结构、严谨的土地管理和政策支持，在土地利用效率上表现突出；而北方副省级城市则因经济结构相对单一、气候条件不利以及政策支持力度不足，导致建设用地生产率相对较低。要提高北方副省级城市的土地利用效率，未来需要在政策创新、经济结构调整、技术引进和人才培养等方面加大力度，从而推动这些城市的可持续发展。

三、土地生产率设区市排行榜分析与探讨

（一）农用地生产率分析

在分析中国各设区市的单位面积粮食产量时，发现辽宁省的盘锦市

（589.09 千克/亩）和铁岭市（579.52 千克/亩）、吉林省的四平市（582.99 千克/亩）、甘肃省的酒泉市（541.70 千克/亩），在 2000—2022 年单位亩均产量表现尤为突出。

辽宁省，作为中国东北地区的重要农业基地，其盘锦市和铁岭市的高产量主要得益于肥沃的土壤和适宜的气候条件，这些都是粮食作物生长的重要因素。东北地区广阔的耕地面积和较高的农业机械化水平为高效的农业生产提供了条件。此外，辽宁省的农业政策，如种子改良、灌溉设施建设和病虫害防治，也可能在提升粮食产量方面发挥了重要作用。辽宁省的农业生产水平在全国也具有一定的示范意义，可以为其他地区提供经验借鉴。

同样位于东北的吉林省四平市，其高产量可能与该地区良好的自然条件和充足的水资源密切相关。长日照时间和适宜的气温条件有利于玉米和大豆等主要粮食作物的生长。技术进步和农业管理方法的改进也是提升产量的关键因素。吉林省在农业科技创新和产业结构调整方面取得了一定的成绩，这为农业生产的持续增长提供了有力支撑。

在中国西北的甘肃省，酒泉市虽然位于整体气候较干旱的地区，但可能拥有适合某些作物生长的特定微气候条件，如马铃薯和小麦，可能在这些地区特别适宜，进而提高了整体的粮食产量。有效的灌溉系统和土地管理技术帮助这些城市克服了干旱气候的挑战。近年来，甘肃省在农业技术方面的投入增加，如改良作物品种和提高农业机械化水平，这些都有助于提升粮食产量。甘肃省的成功经验可以为其他西北地区提供借鉴，促进该地区农业生产的发展。

以排名最后的 5 个设区市为例，揭示那些可能影响粮食生产的复杂因素。

乌兰察布，这座坐落于内蒙古的城市，其平均产量仅为 149.74 千克/亩，排第 290 名。乌兰察布的气候干燥，大片土地被草原覆盖，这些自然条件并不利于粮食作物的种植。农作物在这样的气候条件下往往受到水分和温度的限制，导致生长周期较短，产量相对较低。

黑龙江省的黑河市，以 171.04 千克/亩的产量排第 289 名。黑河的气候寒冷，冬季漫长，限制了农作物生长的季节，这可能是产量偏低的关键原因。寒冷的气候会导致种植季节较短，同时可能影响到作物的生长速度和质量，从而影响了产量水平。

山西省的吕梁市，平均产量为 178.19 千克/亩，排第 288 名。吕梁地区多山，山地地形不利于农业机械化，这可能是影响其粮食产量的一个重要因素。山地地形不仅限制了耕地的面积，也增加了农业生产的难度，如机械化作业和水资源利用受到了限制。

西藏的那曲市以其 181.14 千克/亩的产量排第 287 名。那曲地区海拔高，气候极端，对农业生产极为不利。高海拔地区气温低，日照时间短，加之气候多变，导致了种植季节较短，农作物生长周期不足，这都影响了产量水平。

宁夏的固原市，以 187.83 千克/亩的产量排第 286 名。固原地区干旱，水资源短缺，这可能严重影响了农业生产。水资源的短缺使得农作物缺乏足够的灌溉，影响了生长的正常发育，从而限制了粮食产量的提高。

（二）建设用地生产率分析

建设用地生产率排前 5 名的地区依次为深圳（1066.79 万元/公顷）、广州（480.75 万元/公顷）、厦门（388.52 万元/公顷）、淄博（240.99 万元/公顷）、无锡（237.40 万元/公顷），接下来对这 5 个设区市进行分析。

深圳市作为中国首个经济特区，经济发展质量高、结构好，形成了"四大支柱产业，七大战略性新兴产业，五大未来产业"架构的产业格局。深圳是中国重要的高科技产业中心，尤其在信息技术、生物医药、新材料等领域具有领先优势。此外，深圳的金融市场活跃，吸引了大量国内外投资，加之政府对创新的支持和优越的地理位置，使其成为高土地产出效率的典型代表。

广州市作为中国南方的经济枢纽，其地均生产总值的高表现与以下几个因素有关：首先，广州拥有发达的制造业和贸易业，是珠三角地区重要的工业基地和商贸中心。其次，广州的交通网络发达，拥有重要的港口和航空枢纽，为物流和商贸提供了便利。此外，广州还是重要的汽车、电子和石化产业基地，这些产业的集群效应促进了经济的高效增长。

厦门市作为中国最早的经济特区之一，是中国对外开放的重要桥头堡之一。厦门拥有发达的外贸和临港工业，同时也是中国著名的旅游城市，这些因素共同推动了厦门经济的高密度增长。厦门还注重发展高新技术产业，特别是电子信息和生物医药产业，这些产业的集聚效应提升了土地产出效率。

淄博市作为山东省的重要工业城市，其地均生产总值的高表现主要得益于以下几个因素：首先，淄博拥有悠久的工业历史，特别是在化工、机械制造、陶瓷等领域形成了较强的产业优势。这些产业的集聚和发展为淄博的经济增长提供了坚实的基础。其次，淄博近年来积极推动科技创新，加强产学研合作，提升产业的技术水平和附加值。这有助于提升土地的生产效率，使有限的土地资源能够产生更大的经济效益。最后，淄博地理位置优越，交通便利，是连接华北和华东地区的重要交通枢纽。这为其与周边地区的经济合作和物流运输提供了有利条件。

无锡市作为江苏省的经济强市，其地均生产总值的高表现主要归因于：首先，无锡在物联网、智能制造、新能源等领域拥有较强的产业实力。这些高新技术产业具有高效、环保的特点，有助于提升土地的生产效率。其次，无锡注重优化营商环境，提供高效便捷的政务服务，吸引了大量企业和人才的入驻。这有助于推动经济的快速发展，提高土地资源的利用效率。最后，无锡积极参与长三角地区的协同发展，与周边城市形成紧密的产业链和供应链合作关系。这有助于实现资源的优化配置和经济的协同发展。

西藏的那曲、林芝、山南、日喀则和昌都等市的地均生产总值相对较低，这一现象可归因于多重因素的交织影响。首先，西藏地处高原，恶劣的自然条件和复杂的地理环境对农牧业和基础设施建设构成了显著限制。其次，由于人口密度低，西藏面临劳动力市场和消费市场规模有限的双重挑战，这直接影响了经济活动的扩张和经济产出的增加。再次，西藏的经济发展起步较晚，工业化和现代化进程相对滞后，导致其产业结构单一，主要依赖于农牧业和旅游业，缺乏多元化的产业支撑。基础设施建设的不足进一步提高了经济活动的成本，限制了与外界的有效连接。又次，环境保护政策的严格实施在保护脆弱生态的同时，也限制了可能对环境造成破坏的工业发展。人才和技术的缺乏也是制约经济发展的重要因素，影响了经济的创新能力和产业升级。尽管中央政府对西藏实施了财政支持和投资，但受多种因素影响，这些投资在提升经济密度方面的效益并不明显。最后，西藏距离中国主要经济中心较远，市场距离的增加导致了交易成本的上升，限制了产品进入更广阔市场的能力。这些因素共同导致了西藏部分地区地均生产总值相对较低的现状。

四、土地生产率测算结果整体再说明

综合分析农业和建设用地的土地生产率测算结果,可以看到在影响亩均产量和地均生产总值水平上存在多方面的因素。

(一) 农用地生产率分析

当深入分析土地质量等级与单位面积粮食产量之间的相关性时,可以发现土地质量等级确实对亩均产量有一定的影响[1],尤其是在粮食单位面积产量排名靠后的城市中,可以观察到这些城市的土地质量普遍较低,这似乎支持了土地质量与产量之间存在一定的正相关关系。但是土地质量并不是影响亩均产量的决定性因素。在单位面积粮食产量排名靠前的地区,这种相关性并不总是那么明显。这些地区的高产量不一定完全归因于土地质量。例如,新疆这样的地区尽管土地质量并不出色,但其亩均产量却位居全国前列。因此,需要多方面考虑影响粮食亩均产量的因素。

气候因素:气候对农作物的生长具有至关重要的影响。[2] 包括温度、降水、光照、湿度、风力和风向等在内的气候条件,直接影响作物的生长周期、光合作用效率、病虫害发生概率等,从而影响亩均产量。气候灾害如干旱、洪涝、风暴、冰雹等也会对粮食作物造成严重的损失。这些灾害不仅会导致作物减产甚至绝收,还会对农业生态环境造成破坏,影响农业生产的可持续性。

农业技术与管理:先进的农业技术和管理实践对于提高亩均产量至关重要。[3] 包括土壤管理、种子选择、播种时间、施肥方法、灌溉系统、病虫害控制以及收获和储存技术等,都可以对亩均产量产生显著影响。为了应对气候变化带来的挑战,需要加强农业气象服务,提高预测和防范气候灾害的能力;同时,也需要推广适应气候变化的农业技术和种植模式,提

---

[1] 王士春,尹辉,陈传波,等.土地质量对农业劳动生产率的影响——来自六省县级数据的经验证据[J].中国人口·资源与环境,2011 (S1): 4.

[2] 侯麟科,仇焕广,汪阳洁,等.气候变化对我国农业生产的影响——基于多投入多产出生产函数的分析[J].农业技术经济,2015, (03): 4-14.

[3] 袁若兰,廖文梅,邱海兰.农业技术培训、经营规模对农业生产效率的影响——以水稻栽培技术为例[J].中国农业资源与区划,2023, 44 (07): 216-226.

高粮食作物的抗逆性和产量稳定性。

种植模式与作物轮作：合理的种植模式和作物轮作制度可以提高土地的利用率和土壤肥力，进而增加亩均产量。① 通过种植不同种类的作物，可以减少病虫害的传播，提高土壤的有机质含量，改善土壤结构。

劳动力与资本投入：劳动力的数量和技能水平，以及资本投入的规模和质量，都对亩均产量有重要影响。② 足够的劳动力投入和高效的资本使用可以提高农业生产效率，从而提升亩均产量。

市场与政策因素：市场需求、价格波动、政策扶持等因素也会影响农民的生产决策和投入，从而间接影响亩均产量。③ 例如，政府提供的农业补贴、税收优惠和贷款支持等政策，可以激励农民增加投入，提高亩均产量。

综上所述，亩均产量受到多种因素的影响，这些因素相互作用，共同决定了农作物的产量水平。因此，在农业生产中，需要综合考虑各种因素，采取综合性的措施来提高亩均产量。

（二）建设用地生产率分析

地均生产总值是一个重要的衡量经济活动集中度的指标，它反映了单位土地面积上的经济产出效率。在这个指标上，上海、北京、天津、广东和福建等地位居前列，这背后的原因值得深入研究。

经济水平：上海、北京、天津、广东和福建在金融服务、信息技术和研发中心等高附加值行业表现突出。这些行业不仅推动了经济增长，也在有限的空间内创造了巨大的经济价值。④⑤

优质的产业结构：特别是对高科技产业和现代服务业的专注，是推动

---

① 陶斯娜，何招亮，张孟孟，等. 麦玉轮作模式下有机（沼液）替代与减量施肥对作物产量及肥料利用的影响［J］. 四川农业大学学报，2022，40（05）：714－720.

② 李谷成. 资本深化、人地比例与中国农业生产率增长——一个生产函数分析框架［J］. 中国农村经济，2015，(01)：14－30＋72.

③ 毛佳，朱述斌，杨一单. 财政支粮政策与粮食生产时空效应及政策优化——基于2014—2019年江西县域面板数据的分析［J］. 江西社会科学，2022，42（09）：59－69.

④ 董丽丽，胡宝清，刘少坤，等. 建设用地利用效率与经济发展水平耦合协调性分析——以广西北部湾经济区为例［J］. 绿色科技，2022，24（06）：168－171.

⑤ 董泽楷，王海军，彭小桃，等. 珠三角城市群建设用地开发强度时空格局演化及影响因素分析［J］. 时空信息学报，2024，31（02）：248－258.

经济向更高效、更环保、更可持续方向发展的关键。这种产业结构的优化，不仅能够提升土地产出效率，而且相比传统农业和重工业，它在资源利用、环境影响和创新能力上都展现出显著的优势。① 高科技产业能够创造出巨大的经济价值，同时对环境的破坏相对较小。

完善的基础设施：发达的交通网络，包括高速公路、铁路、航空和海运等，为人员和物资的快速流动提供了便利，极大地缩短了运输时间，降低了物流成本。基础设施的完善，共同构成了一个高效、便捷、智能的经济运行环境，为各类企业和产业的发展提供了坚实的物质基础和技术支撑，促进了生产和交易的高效运作，为经济的高质量发展注入了强大的动力。②③

优化的政策环境：如税收减免和土地使用优惠，为企业提供了有力的支持和激励，降低了企业的运营成本，提高了企业的竞争力，从而为企业发展创造了良好的外部条件。良好的政策环境还有助于吸引外资和鼓励创新，促进新技术、新产品的研发和推广，推动产业结构的优化升级。④ 这些因素共同作用，形成了一个良性循环，既促进了企业的健康发展，也推动了整个经济体的繁荣。因此，优化的政策环境是促进经济发展、提高经济产出的重要保障。

建设用地与农业用地不同，其提供一个空间进行的经济生产活动，建设用地属于经济的一个载体。建设用地生产效率的高低还是取决于以上多种因素。同样面积大小的一块地，在经济发达地区和经济不发达地区，必然是经济发达地区建设用地生产效率高。

---

① 钱有飞. 城市转型下产业结构和土地利用结构的耦合关系及用地结构优化方案研究 [J]. 西南大学学报（自然科学版），2024，46（08）：86-94.
② 龙海明，刘子欣，程谟怡. 新基建投资影响产业结构升级的空间效应研究 [J/OL]. 系统工程理论与实践，1-23 [2024-08-06].
③ 潘凯. 新基建对中国经济增长的促进作用 [J]. 江汉论坛，2023，（08）：50-55.
④ 卢圣华，汪晖. 集体经营性建设用地入市改革效应评估——市场主体增长的视角 [J]. 经济学（季刊），2024，24（04）：1358-1372.

第四章

水资源生产率排行榜

　　水资源生产率是衡量水资源可持续性利用的重要指标。中国水资源总量丰富但是人均量少,经济社会发展需求大但保障生态用水基础上的可供水有限,有些地区富水而有些地区缺水的结构性问题突出,因此提升水资源生产率是我国水资源可持续利用的重要途径。本章在分析中国水资源供需状况的基础上,针对水资源生产率进行了详细分析介绍,并采用单要素方法进行核算;在区分地区和产业基础上,针对省域、产业和设区市,采用2002—2022年数据,分别核算省域、副省级城市及设区市的水资源生产率、农业水资源生产率、工业水资源生产率、第三产业水资源生产率,进行水资源生产率排行榜。根据水资源生产率排行榜进行深入探讨我国水资源生产率差异现象及成因,为针对性制定政策提供依据。

第一节 引　言

一、水资源生产率的重要性

水资源是人类赖以生存的资源，无论是生产、生活还是生态都离不开水资源。水资源生产率是指在单位水资源消耗量下所能创造的经济价值或产出效益。随着全球人口增长、工业化进程加速以及气候变化加剧，水资源短缺问题愈加突出，水资源生产率的提高变得尤为重要。

首先，提高水资源生产率是解决水资源短缺的有效手段。全球淡水资源有限，但需求不断增加，尤其在农业、工业和城市生活等领域。传统的用水方式往往存在浪费现象，而通过提高水资源生产率，可以在不增加水资源消耗的情况下，获得更高的经济产出和社会效益。例如，通过节水技术的应用和灌溉方式的优化，农业领域可以减少用水量，同时提高粮食产量。这不仅有助于保障粮食安全，还能减轻水资源的供需矛盾。其次，提高水资源生产率对于保护生态环境具有重要意义。水资源过度使用不仅会造成水资源枯竭，还会导致河流干涸、湿地减少，破坏生态系统的平衡。通过提升水资源生产率，可以在减少水资源消耗的同时维持生产活动，还能减少污染物的排放，提高水体质量，保护水生态系统的健康，有助于缓解生态压力，保护生物多样性。再次，提高水资源生产率能够推动经济可持续发展。水资源是许多产业的重要投入要素，特别是在农业和制造业中，提高水资源生产率可以降低生产成本，提升产品竞争力。在水资源短缺的地区，通过提高水资源利用效率，可以实现资源的最优配置，促进当地经济发展。最后，从全球气候变化的角度来看，提高水资源生产率可以有效应对水资源的不确定性。气候变化导致极端天气事件频发，干旱和洪涝等自然灾害对水资源供给构成威胁。提升水资源生产率可以增强社会对气候变化的适应能力，保障水资源的可持续利用。

二、水资源生产率的严峻性

我国水资源总量丰富，但是人均水资源量少，供需矛盾突出，提升水资源生产率是我国经济发展面临的重要任务。中国水资源量在世界排第 6 名。2023 年，全国平均年降水量为 642.8 毫米；全国水资源总量为 25782.5 亿立方米，其中，地表水资源量为 24633.5 亿立方米，地下水资源量为 7807.1 亿立方米，地下水与地表水资源不重复量为 24633.5 亿立方米。我国人均水资源量相当于世界人均量的 1/4，属于 13 个贫水国家之一。我国水资源分布不均衡，部分地区缺水严重。南方 4 区水资源总量占全国的 78.0%，地表水量达全国总水资源量的 77.5%；北方 6 区水资源总量占 22.0%，地表水仅占全国总水资源量的 18.4%；而北方土地面积远大于南方。全国 10 大水区中长江流域水资源量占全国的 36%，而海河则仅占 0.78%。在区域内水量分布也不均衡，南方 4 区中长江流域几乎要占到区域一半的水量；而在北方 6 区中松花江占区域的 40%，最少的海河仅占区域 4%。西北地区地域广阔，但是水量较少，是干旱气候，水量短缺；海河和淮河流域人口众多，经济发达，需水量远大于供水量，导致水需求短缺；南方地区水资源丰富，但是由于污染严重也导致局部性地区水质性水短缺问题。

与发达国家相比，我国水资源生产率相对较低。2023 年万元国内生产总值（当年价）用水量为 46.9 立方米，2020 年万元国内生产总值用水量为 57.0 立方米，约为美国（34 立方米）的 2 倍、是英国的 11.4 倍；耕地实际灌溉亩均用水量为 347 立方米，农田灌溉水有效利用系数为 0.576，远高于发达国家。

三、提升水资源生产率的紧迫性

中国作为世界上人口最多的国家，同时面临着水资源供需矛盾突出和用水低效率的挑战。一是人口密度与水资源分布的不均衡。中国的人口主要集中在东部和南部地区，而这些地区的水资源并不丰富。相比之下，西部和北部虽然水资源相对较多，但人口稀少。这种人口与水资源分布的不匹配加剧了某些地区的水资源短缺。二是产业用水需求高。中国地域广阔，农业用水总量较大。与此同时，工业用水量也在不断增长。这些用水需求的增加对水资源造成了巨大压力。三是城市化进程加快。随着城市化进程的加快，城市用水需求急剧上升。城市人口的集中使水资源需求在局部地区急剧增加，这对水资源的供应和管理提出了更高的要求。四是气候变化影响。气候变化导致中国部分地区干旱频发，尤其是在北方地区。干旱减少了水资源的可用量，加剧了水资源短缺的问题。

如何提升水资源生产率是当前政府亟待解决的问题。但是用水效率的提升，需要政府、企业和公众三方面的共同努力。因此，通过水资源生产率排行榜研究，既可以让政府之间相互比较，形成良性竞争；又可以让公众了解各地水资源生产率，提高节水意识，积极参与到水资源保护和节约的行动中来。

第二节 水资源生产率指标选取及数据来源

一、水资源生产率指标选取

水资源生产率是指在一定的生产条件下，单位水资源量所获得的产量或产值。[①] 水资源生产率是反映了地区或行业是否高效节约用水及为水资源经济政策制定提供依据。本书中水资源使用区分地区用水和行业用水，产出被认为是单位水资源量获得的产值。为了更全面考察水资源生产率，本书区分了省域、副省级城市、设区市，农业、工业和第三产业。表 4-1 给出了水资源生产率核算的指标，分别是省域水资源生产率、农业水资源生产率、工业水资源生产率、第三产业水资源生产率，副省级城市及设区市水资源生产率。省域水资源生产率是指省域层面单位水资源量所产生的

---

① 杨骞，徐青，陈晓英. 中国全要素水资源绿色生产率的地区差距及收敛检验 [J]. 财贸研究，2022，33（05）：15-30.

经济价值。农业水资源生产率是指在当前的生产条件下，农业生产中单位水资源量产出的产值。工业水资源生产率是指在现有生产条件下，工业生产中单位水资源量产出的产值。第三产业水资源生产率是指在现有的服务水平下，第三产业中单位水资源量产出的产值。而设区市水资源生产率是指在设区市层面单位水资源水资源量所产获得的产值。在计算水资源生产率时，水资源指标分为用水总量和行业用水量，包括农业用水量、工业用水量、第三产业用水量。产出指标则对应GDP总量和三次产业GDP，包括农业GDP、工业GDP、第三产业GDP。

表 4-1　　　　　　　　　　水资源生产率指标

生产率指标	单位	水资源指标	单位	产出指标	单位
省域水资源生产率	立方米/元	用水总量	亿立方米	GDP总量	亿元
农业水资源生产率	立方米/元	农业用水量	亿立方米	农业GDP	亿元
工业水资源生产率	立方米/元	工业用水量	亿立方米	工业GDP	亿元
第三产业水资源生产率	立方米/元	第三产业用水量	亿立方米	第三产业GDP	亿元
设区市水资源生产率	立方米/元	用水总量	亿立方米	GDP总量	亿元

二、数据来源

本章数据来源于2003—2023年《中国统计年鉴》、2002—2022年《中国环境统计年鉴》、2002—2022年《中国水资源公报》以及2002—2022年《城市统计年鉴》。样本量为全国省域、副省级城市及设区市，样本区间为2002—2022年。农业水资源生产率是第一产业GDP与农业用水量的比值。工业水资源生产率是工业GDP与工业用水量的比值。在计算第三产业水资源生产率时，2019—2022年第三产业水资源量是用地区生活用水量减去城乡居民生活用水量，2002—2018年第三产业水资源量则是用生活用水量乘以第三产业用水量占比。[1]

---

[1] 第三产业用水量占比取值为2019—2022年占比平均值。

第三节 水资源生产率排行榜测算

一、省域水资源生产率排行榜

(一) 省域整体水资源生产率排行榜

全国水资源生产率整体呈现东高西低的形态，水资源生产率较高的省域分布在东部和南部的北京市、上海市、山东省、浙江省、福建省和广东省，及中部的山西省、陕西省和重庆市等地。较低的则分别在东北的黑龙江省、南部广西壮族自治区以及西部的新疆维吾尔自治区、甘肃省、西藏自治区和宁夏回族自治区等地。中国水资源生产率整体上是东南和中部高，西南、西北和东北低。

图4-1给出了2022—2022年省域水资源生产率综合排行榜。从图4-1中可看出，排在前10名的分别是北京市、天津市、上海市、浙江省、山东省、重庆市、陕西省、山西省、广东省和河南省；排在后5名的分别是新疆维吾尔自治区、西藏自治区、黑龙江省、宁夏回族自治区和广西壮族自治区。综合排名和2022年分布基本一致。从最后1名到第1名，水资源生产率呈现一条上升性极快的曲线，表明我国水资源生产率各省域之间相差较大。

表4-2给出了2002—2022年全国省域水资源生产率及排行榜，包括20年综合排名、10年排名、5年排名和最新2022年排名及2022年增长率。

从省域层面看，在水资源生产率综合排名中，北京市的水生产率最高，为536.37元/立方米，排第1名。天津市、上海市、浙江省、山东省分别排第2—5名，水资源生产率分别为329.23元/立方米、211.29元/立方米、202.07元/立方米、201.57元/立方米。排在第6—10名的是重庆市、陕西省、山西省、广东省和河南省，分别为170.35元/立方米、160.84元/立方米、157.38元/立方米、145.12元/立方米和133.71元/立方米。接下来是辽宁省、福建省、河北省、四川省、江苏省、贵州省、湖北省、

第四章 水资源生产率排行榜 | 137

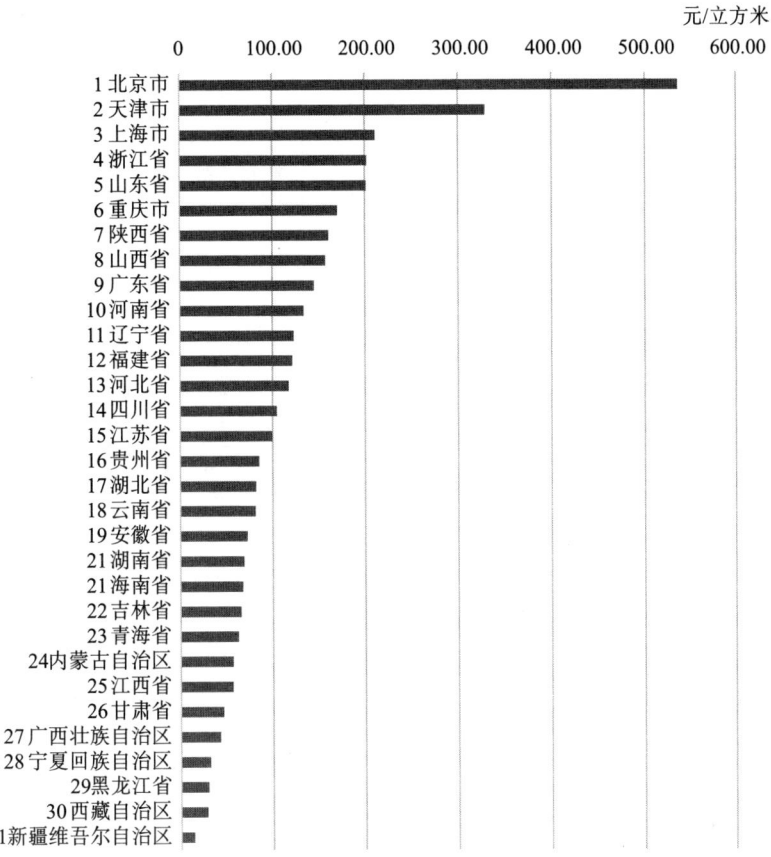

图 4-1 2002—2022 年省域水资源生产率排行榜（综合排名）

表 4-2　　　　　　　　省域水资源生产率及排行榜

省域	2002—2022年均值（元/立方米）	综合排名	2013—2022年均值（元/立方米）	10年排名	2018—2022年均值（元/立方米）	5年排名	2022年值（元/立方米）	排名	2022年比2021年增长（%）	排名
北京市	536.37	1	791.81	1	924.80	1	1040.27	1	3.40	20
天津市	329.23	2	459.78	2	488.08	2	485.46	2	-0.03	28
上海市	211.29	3	324.48	3	402.65	3	422.45	5	2.39	24
浙江省	202.07	4	319.57	4	391.89	4	463.14	3	4.09	19
山东省	201.57	5	304.02	5	350.20	6	402.93	6	2.15	25
重庆市	170.35	6	279.00	6	351.65	5	423.39	4	8.72	8

续表

省域	2002—2022年均值（元/立方米）	综合排名	2013—2022年均值（元/立方米）	10年排名	2018—2022年均值（元/立方米）	5年排名	2022年值（元/立方米）	排名	2022年比2021年增长（%）	排名
陕西省	160.84	7	250.3	7	298.93	7	345.34	8	5.25	13
山西省	157.38	8	219.79	9	270.73	9	355.65	7	12.90	3
广东省	145.12	9	226.57	8	280.32	8	321.43	9	4.89	14
河南省	133.71	10	202.89	10	239.44	11	269.06	11	3.27	23
辽宁省	122.81	11	174.43	13	201.66	13	229.96	13	7.60	9
福建省	121.47	12	196.88	11	254.30	10	316.32	10	16.53	1
河北省	117.43	13	174.47	12	204.28	12	232.29	12	4.60	16
四川省	104.75	14	161.18	14	200.19	14	225.56	14	1.88	27
江苏省	99.88	15	152.00	15	180.85	15	200.84	16	-2.91	30
贵州省	85.45	16	143.35	16	178.69	16	209.39	15	12.02	5
湖北省	81.82	17	127.90	18	149.36	18	152.18	18	2.11	26
云南省	81.35	18	129.44	17	157.62	17	177.20	17	4.58	17
安徽省	72.38	19	112.77	19	140.02	19	149.90	19	-4.32	31
湖南省	68.83	20	108.45	20	130.52	20	149.52	20	3.70	21
海南省	67.16	21	106.42	21	128.87	21	147.04	22	3.45	22
吉林省	65.20	22	93.10	23	108.89	23	125.07	23	4.70	15
青海省	62.28	23	101.41	22	125.38	22	147.35	21	6.65	11
内蒙古自治区	56.52	24	84.47	25	98.86	25	120.93	24	9.53	7
江西省	56.19	25	87.12	24	106.41	24	118.88	25	-0.60	29
甘肃省	45.85	26	70.51	26	85.04	26	99.22	27	6.83	10
广西壮族自治区	42.42	27	67.33	27	84.27	27	99.62	26	6.11	12
宁夏回族自治区	31.47	28	50.22	28	61.37	28	76.46	28	13.49	2
黑龙江省	29.59	29	38.95	30	44.37	30	51.68	30	12.86	4
西藏自治区	28.26	30	46.49	29	58.45	29	67.06	29	4.45	18
新疆维吾尔自治区	13.99	31	21.40	31	26.08	31	31.32	31	10.21	6

云南省、安徽省和湖南省，分别以 122.81 元/立方米、121.47 元/立方米、117.43 元/立方米、104.75 元/立方米、99.88 元/立方米、85.45 元/立方米、81.82 元/立方米、81.35 元/立方米、72.38 元/立方米和 68.83 元/立方米的水资源生产率排在第 11—20 名。海南省、吉林省、青海省、内蒙古自治区、江西省和甘肃省的水生产率为分别为 67.16 元/立方米、65.20 元/立方米、62.28 元/立方米、56.52 元/立方米、56.19 元/立方米和 45.85 元/立方米，排在第 21—26 名。而排倒数第 1—5 名的分别是新疆维吾尔自治区、西藏自治区、黑龙江省、宁夏回族自治区和广西壮族自治区；其水资源生产率分别仅为 13.99 元/立方米、28.26 元/立方米、29.59 元/立方米、31.47 元/立方米和 42.42 元/立方米。

从全国水资源生产率差异来看，2002—2022 年中国平均水生产率为 119.45 元/立方米，表明全国各地平均每立方米水资源能够创造 119.45 元的产值。而最高水生产率是北京市的 536.37 元/立方米；最低水生产率是新疆维吾尔自治区的 13.99 元/立方米。北京市的水生产率远高于其他省份，这可能归因于其高度发达的经济结构、先进的技术应用和有效的水资源管理策略。相反，新疆维吾尔自治区的水生产率最低，这可能与该地区水资源的稀缺性、较为落后的水资源管理和利用技术以及经济结构的差异有关。全国水资源生产率的标准差大约为 101.50 元/立方米，表明各省份之间在水生产率方面存在相当大的差异。中国各省域在水资源利用效率上的巨大差异与水资源禀赋、各地经济发展水平、工业结构、技术应用和政策导向等多种因素相关。[①] 水资源相对短缺的发达地区如天津、北京、上海三市，会有较高的水资源生产率，以工业为主的产业结构也会有较高的水资源生产率，如山东、浙江、广东等省。工业和服务业发达的地区通常能够更有效地利用有限的水资源创造更高的经济价值。技术和管理也是关键因素。先进的水资源管理技术、节水技术的应用以及有效的政策和管理措施，能够显著提高水资源的经济利用效率，如重庆市、河南省等。因此，改善低水生产率地区的状况，需要采取多管齐下的措施，包括优化经济结构、引进和推广先进的水资源管理技术、加强水资源保护和节水意识的培养等。通过这些措施，可以有效提高水资源的经济价值，促进可持续

---

① 王克强，李国军，刘红梅．中国农业水资源政策一般均衡模拟分析［J］．管理世界，2011，（09）：81－92＋188．

发展，实现水资源的高效合理利用。

从增长率上看，2022 年全国省域水资源生产率增长率相差很大（见表 4-2）。排在第 1 名的是福建省，为 16.53%，山西省、贵州省、宁夏回族自治区、黑龙江省、新疆维吾尔自治区 5 省域都在 10% 以上，排在前 6 位，而安徽、天津、江西、江苏 4 省域则为负增长。而增长率排在前面的省域往往是生产率绝对值较小的省域。说明国家和地方对水资源效率更加重视，同时这些省域的水平不断提高，产业结构不断绿色化转型，针对节水和提高水效率方面实施更加有效的措施。

图 4-2 和图 4-3 分别给出了 2002—2022 年各省域的水资源生产率情况和变化趋势。我国水资源生产率整体呈现以下趋势。

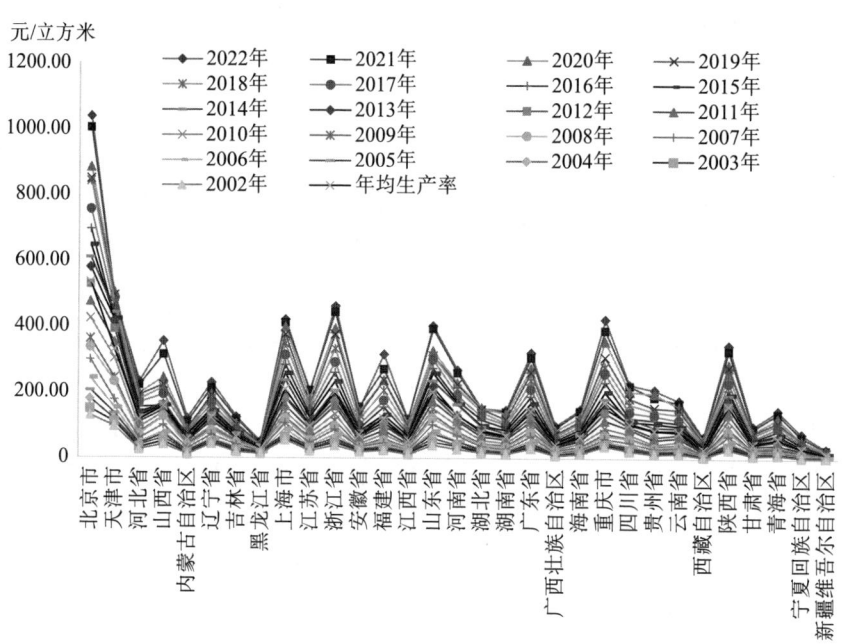

图 4-2　2002—2022 年省域水资源生产率情况

第一，我国水资源生产率整体上每年都在提升。从图 4-3 可以明显看到中国各省域的水资源生产率在 2002—2022 年的逐年提升。这一趋势反映了中国在水资源效率和管理方面取得的显著进步。从地区来看，经济发达地区呈现显著增长趋势，如上海市、江苏省和浙江省，上海市从 2002 年的 55.58 元/立方米提高到 2022 年的 422.45 元/立方米。中西部地区也呈现稳定的增长趋势，如重庆市、四川省、贵州省和云南省等地；重

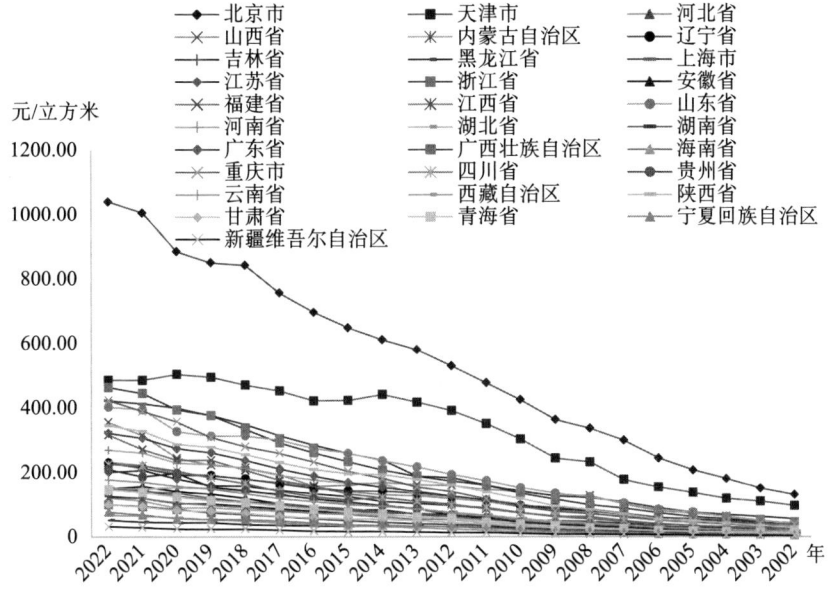

图 4-3 2002—2022 年省域水资源生产率趋势

庆市从 2002 年的 37.81 元/立方米增长到 2022 年的 423.39 元/立方米。而水资源生产率较低的地区，比如西藏自治区、甘肃省和青海省，仍然呈现稳步增长的趋势；西藏自治区从 2002 年的 5.39 元/立方米增长到 2022 年的 67.06 元/立方米。新疆维吾尔自治区和宁夏回族自治区虽然水资源生产率增长幅度相对较小，但仍然保持了稳定的上升趋势。

从增加比例来看，较高的省域有北京市、天津市、河北省、内蒙古自治区、山西省和黑龙江省。北京市作为水资源生产率最高的地区，从 2002 年的 130.73 元/立方米稳步增长到 2022 年的 1040.27 元/立方米。这表明北京在持续优化水资源利用效率，尤其是在高附加值产业领域。天津市虽然在某些年份有轻微波动，但长期趋势显示从 2002 年的 96.54 元/立方米增长到 2022 年的 485.46 元/立方米，体现了稳定的增长趋势。河北省从 2002 年的 26.11 元/立方米增长到 2022 年的 232.29 元/立方米，显示显著的增长。山西省、内蒙古自治区和辽宁省：这些地区的水资源生产率同样呈现稳定的增长趋势。山西省从 2002 年的 40.43 元/立方米增长到 2022 年的 355.65 元/立方米。黑龙江省从 2002 年的 12.85 元/立方米稳步增长到 2022 年的 51.68 元/立方米。

从整体上看，中国各省域的水资源生产率在过去 20 年间呈现明显的上升趋势。这一趋势反映了中国在提高水资源利用效率、推动工业升级、实施节水政策和技术创新等方面取得的成效。[1] 随着对水资源可持续利用的持续关注和投资,预期中国的水资源生产率将继续保持增长态势。

第二,我国水资源生产率省域之间差距较大,这种差距从图4-2和图4-3可以观察到。这一差异不仅体现在不同省域之间,而且在长时间序列中也保持一定的稳定性。一是水资源生产率最高和最低省域的差距巨大。北京市作为水资源生产率最高的省份,其2022年的水资源生产率高达1040.27元/立方米,是水资源生产率最低的新疆维吾尔自治区(31.32元/立方米)的33.28倍。这种极端的差异说明了在水资源的经济利用效率上,不同省域之间存在巨大的悬殊。二是经济发达省域与其他省域的对比明显。经济较为发达的省域,如上海市、浙江省等,其水资源生产率也相对较高,分别为422.45元/立方米和463.14元/立方米。这与内蒙古自治区(120.93元/立方米)、广西壮族自治区(99.62元/立方米)等地区相比,水资源生产率存在显著的差距。三是西部地区的水资源生产率相对较低。西部地区如青海省(147.35元/立方米)、甘肃省(99.22元/立方米)和西藏自治区(67.06元/立方米)的水资源生产率相对较低,这可能与该地区的自然条件、经济发展水平和水资源管理策略有关。四是地区间差异有明显持续性。北京市、上海市和浙江省持续保持在较高的水平,而内蒙古自治区、广西壮族自治区和新疆维吾尔自治区等地的水资源生产率则相对较低。这种省份间的巨大差异可能由多种因素造成,包括但不限于地区的经济发展水平、工业结构、技术创新能力、水资源的自然条件以及有效的水资源管理政策等。[2] 为了缩小这些差距,需要针对性地采取措施,提高水资源利用效率,特别是在那些水资源生产率相对较低的省域。这可能包括推广节水技术、优化产业结构、加强水资源管理和提高公众的节水意识等策略。

第三,与发达国家地区相比,我国水资源生产率整体不高。2020年美国万元GDP用水量为34立方米,生产率为294.12元/立方米;高收入国家(不含美国)万元GDP用水量为21.30立方米,生产率为469.48元/

---

[1] 李静,池金,吴华清. 基于水资源的工业绿色偏向型技术进步测度与分析[J]. 中国人口·资源与环境,2018,28(10):131-142.

[2] 孙才志,马奇飞,赵良仕. 基于SBM-Malmquist生产率指数模型的中国水资源绿色效率变动研究[J]. 资源科学,2018,40(05):993-1005.

立方米；对比中国与发达国家的水资源生产率，可以发现中国的水资源生产率整体上不高。这种差距主要反映在以下几个方面。一是技术和管理效率。发达国家通常拥有更先进的技术和更高效的水资源管理系统。例如，欧美国家在水资源的回收利用、节水技术和精细化管理方面通常领先于中国。二是产业结构。许多发达国家的产业结构更加先进，服务业占比较高。相比之下，中国仍有较大比例的传统制造业和农业，这些行业通常水资源利用效率较低。三是公众意识和政策支持。在发达国家，公众对于水资源的节约和保护有较高的意识，政府也通常在水资源保护、节水政策和可持续发展方面投入更多的资源。四是投资与研发创新。发达国家在水资源管理和节水技术的研发上投入更多，这促进了水资源利用效率的提升。

（二）省域农业水资源生产率测算

从2022年农业水资源生产率排行榜看，农业水资源生产率排在前3名的省域有重庆市、山东省和北京市，分别是26.74元/立方米、24.42元/立方米、24.23元/立方米。重庆市作为排第1名的省域，其高水资源生产率可能源于该市的地理位置、丰富的水资源以及对农业的现代化管理。重庆市的农业产业结构调整和农业技术的进步对提高水资源的生产率起到了关键作用。山东省紧随其后，其在农业生产中应用的现代灌溉技术和水资源管理策略可能是其高水资源生产率的主要原因。山东省作为一个农业大省，其在提高水资源效率方面的努力尤为显著。作为首都，北京市在农业科技和资源管理方面处于领先地位。这不仅体现在传统农业领域，也体现在农业科技创新和节水技术的应用上。河南省（22.28元/立方米）排第4名，说明该省在水资源利用方面也取得了显著成就。河南省作为中国的一个重要的农业省份，长期以来一直致力于提高农业水利效率和推广节水技术。

排在后3名的是新疆维吾尔自治区、上海市和宁夏回族自治区，分别为1.91元/立方米、2.31元/立方米和2.50元/立方米。宁夏的低排名可能与该地区的自然条件、水资源稀缺以及农业技术水平有关。作为西北地区的一个自治区，宁夏面临着严峻的水资源挑战。上海市的低水资源生产率可能与其高度工业化的经济结构有关。作为一个国际大都市，上海的农业相对较小，农业用水占比不高。新疆的低排名可能与其干旱的气候条件和较为落后的农业水利设施有关。新疆的农业依赖于天然降水和地下水，这限制了农业水资源生产率的提高。详见图4-4。

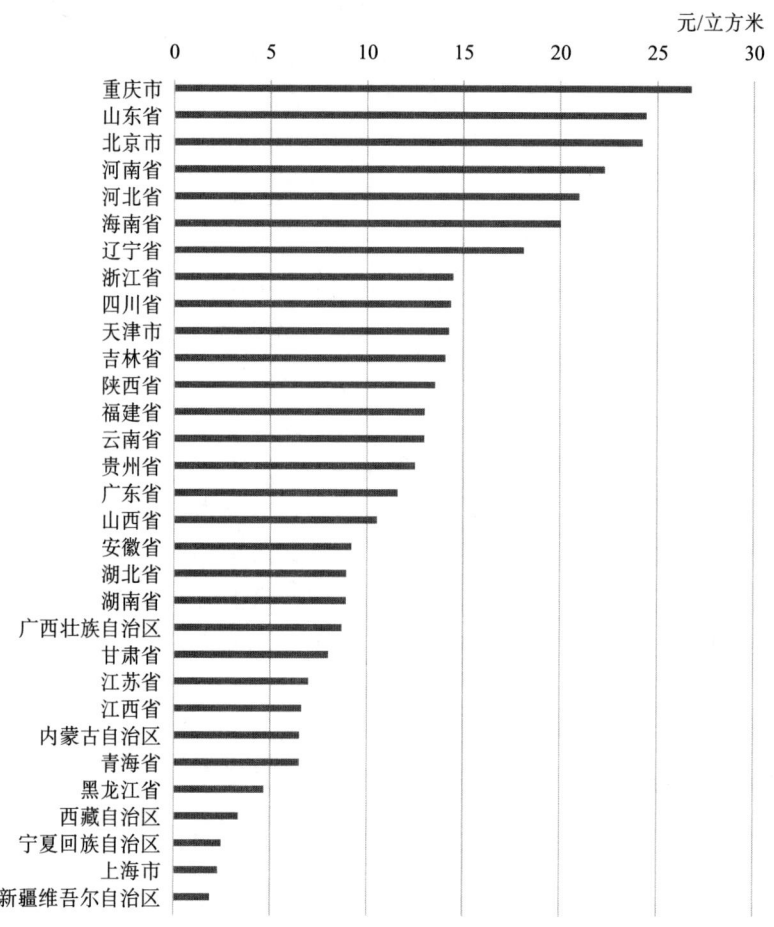

图4-4　2022年省域农业水资源生产率排行榜

图4-5给出了2003—2022年全国省域平均农业水资源生产率排行榜。从排名来看，水资源生产率综合排前3名的是重庆市、河南省和山东省，分别为20.31元/立方米、16.34元/立方米和14.66元/立方米。而排最后3名的是西藏自治区、宁夏回族自治区和新疆维吾尔自治区，分别为2.13元/立方米、1.45元/立方米和1.17元/立方米。

排名靠前的省域多位于经济较发达或者农业生产较为集中的地区。重庆市、河南省和山东省都拥有较为发达的农业基础，加之有效的水资源管理和高效的农业技术，使这些地区的平均农业水资源生产率较高。从经济

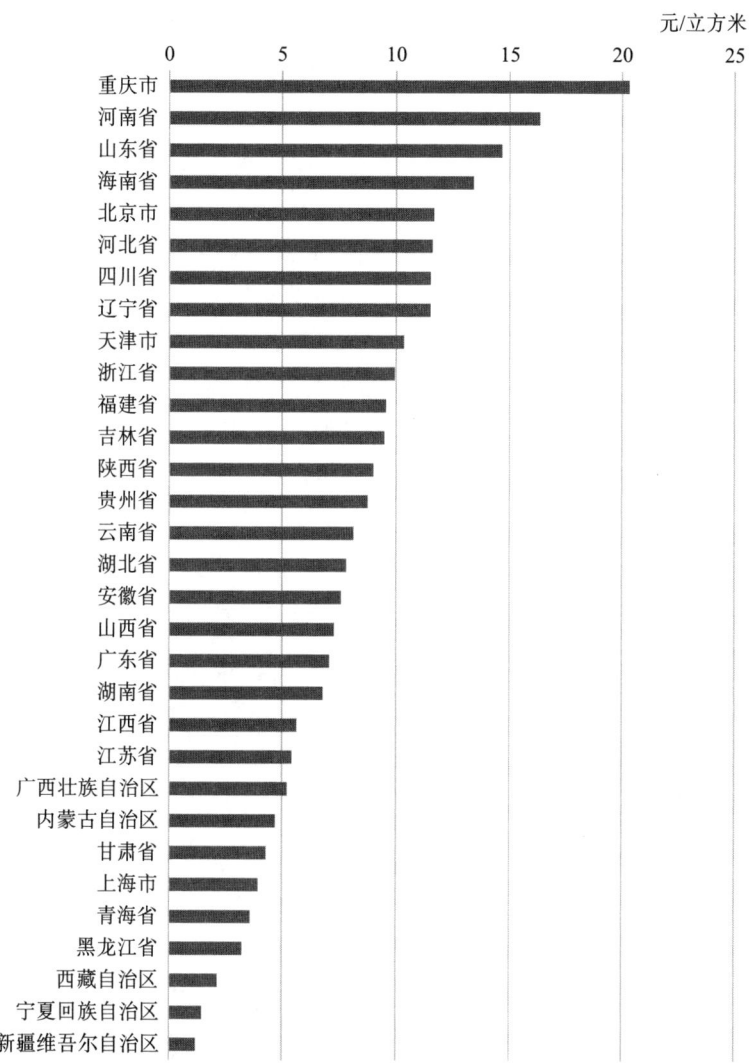

图4-5 2002—2022年省域农业水资源生产率排行榜

发展水平看，排名靠前的经济发达省域有北京市、天津市、浙江省等，尽管工业和服务业较为发达，但在农业水资源利用效率方面也表现不俗，这可能与这些地区较高的技术水平和较好的水资源管理有关。农业与气候条件紧密相关，地理气候条件对水资源生产率有显著影响。排第4名的海南省位于热带，年降水量丰富，利于农业用水。而西藏自治区地势高，气候条件和水资源分布对农业生产不太有利。有效的水资源管理和利用策略对提高水资源生产率至关重要。排名靠前的省域往往拥有较为先进的灌溉系统和水资源管理措施。

从排名变化看,在2022年排行榜、2002—2022年排名榜中完全没有变化的四个省域有重庆市、青海省、黑龙江省和新疆维吾尔自治区;而前三个排名一样的省域有河南省、山东省、海南省、北京市、河北省、贵州省、云南省和宁夏回族自治区;与综合排名相比,最新排行出现上升的省域有16个占51.61%,提升3位的有广东省和甘肃省;提升2位的北京市、浙江省和广西壮族自治区;提升1位的有山东省、河北省、辽宁省、吉林省、陕西省、云南省、山西省、青海省、黑龙江省、西藏自治区和宁夏回族自治区。而2022年同比增长趋势的有21个省域,占67.74%。

从变化趋势来看,我国农业水资源生产率整体上呈现提高趋势。2002—2022年中国各省域的农业水资源生产率普遍呈现提高的趋势(见图4-6)。这一变化反映了中国在农业水资源管理和利用效率方面所取得的显著进步。这种进步的背后,是一系列复杂因素的相互作用,包括技术创新、政策支持、经济结构的调整以及对可持续发展目标的追求。[①]

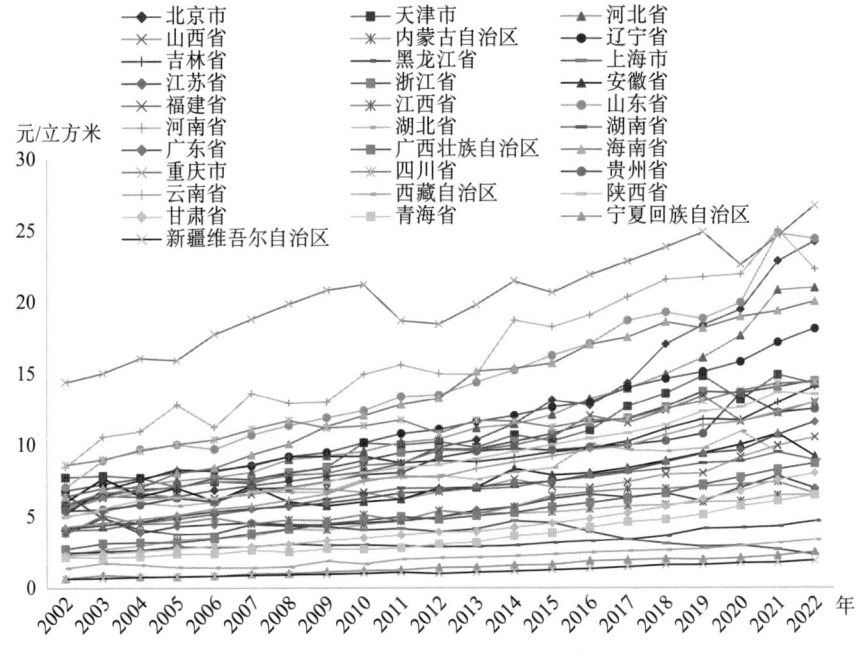

图4-6 2002—2022年省域农业水资源生产率趋势

---

① 潘丹,应瑞瑶.资源环境约束下的中国农业全要素生产率增长研究[J].资源科学,2013,35(07):1329-1338.

(三) 省域工业水资源生产率测算

从2022年工业水资源生产率排行榜看（见图4-7），北京市、天津市、河南省、四川省和山东省排前5名，工业水资源生产率都在800元/立方米以上；工业水资源生产率在800元/立方米和600元/立方米之间的有辽宁省、福建省、重庆市、浙江省、陕西省、河北省和内蒙古自治区，分别排在第6—12名；在600元/立方米和400元/立方米之间的有广东省、海南省、黑龙江省、云南省、甘肃省、山西省和西藏自治区，分别排在第13—19名；在400元/立方米和200元/立方米之间的有吉林省、贵州省、新疆维吾尔自治区、青海省、湖南省、江西省和宁夏回族自治区，分别排在第20—26名；排后5名的分别是上海市、安徽省、江苏省、广西壮族自治，工业水资源生产率都低于200元/立方米。

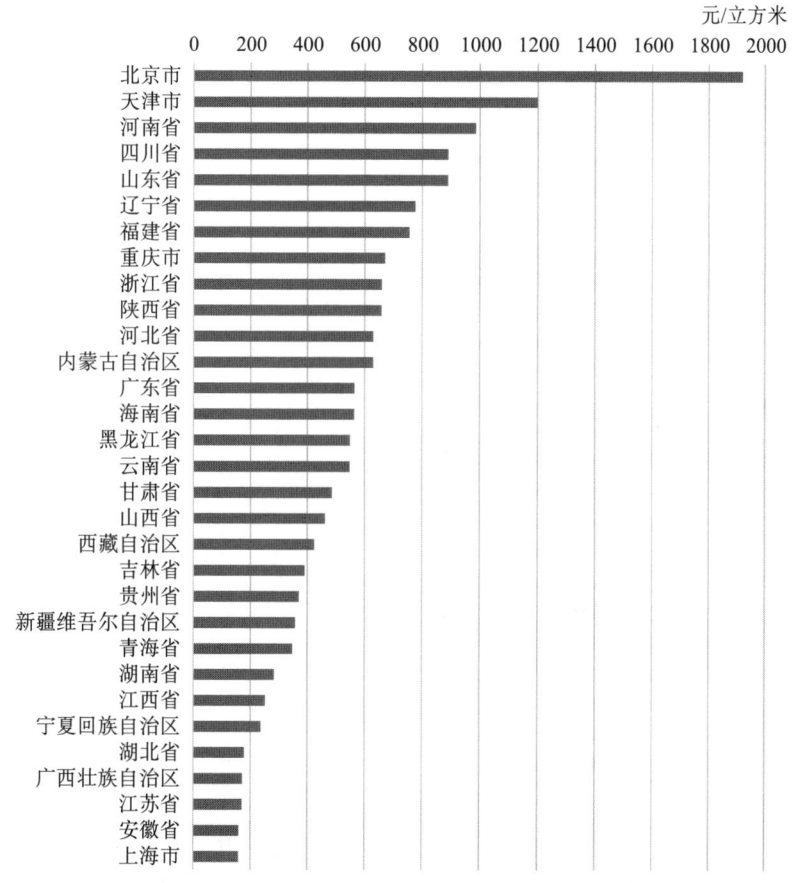

图4-7 2022年省域工业水资源生产率排行榜

图 4-8 给出了 2002—2022 年工业水资源生产率综合排行榜。最高值为 749.87 元/立方米，最低值为 68.11 元/立方米，相差 681.77 元/立方米，相差 10 倍。从排名顺序看，北京市、天津市、山东省排前 3 名，其水资源生产率数值都高于 500 元/立方米；排在第 4—14 名的分别是辽宁省、河北省、陕西省、浙江省、河南省、内蒙古自治区、四川省、山西省、广东省、重庆市和黑龙江省，其水资源生产率数值处于 400—200 元/立方米；排在第 15—23 名的分别是云南省、海南省、新疆维吾尔自治区、福建省、甘肃省、西藏自治区、青海省、吉林省和宁夏回族自治区，其水

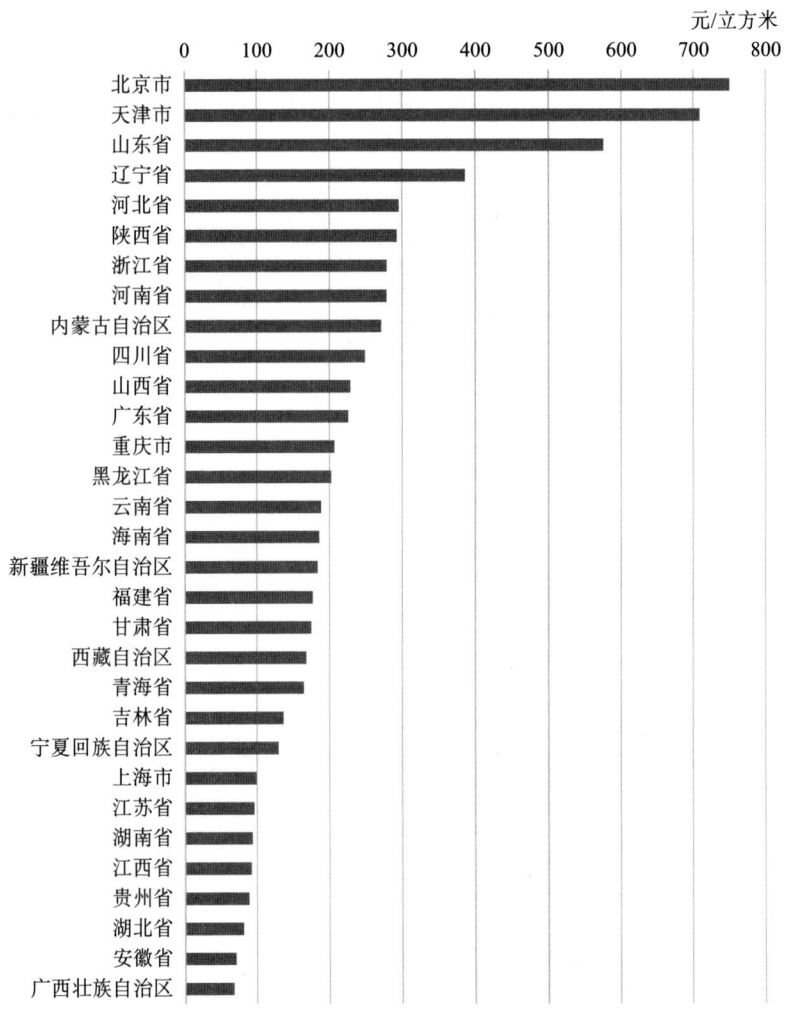

图 4-8　2002—2022 年省域工业水资源生产率综合排行榜

资源生产率数值处于200—100元/立方米；排在第24—31名的是，其生产率值都低于100元/立方米。从排名分布看，除前3名高于500元/立方米之外，有29个省域都低于300元/立方米，占93.55%，低于100元/立方米的有8个省域，占25.81%。

工业水资源生产率表现出了显著的地域差异，北京市高于全国水平890.01元/立方米排在第1名，紧随其后的是河南省、天津市、四川省、辽宁省和内蒙古自治区，这些地区的工业水资源生产率与全地区的差值也都超过了500元/立方米。这表明，尽管这些地区的水资源绝对量可能不如某些沿海省份丰富，但通过科技进步和有效管理，它们能够在每单位水资源的经济产出上实现高效率。值得注意的是，高于100元/立方米以上的省份占了83.87%，说明大部分地区都在努力提升水资源的经济利用价值。这种趋势不仅体现了中国对于水资源节约和高效利用的重视，也反映了随着技术的进步和产业的升级，中国经济发展模式正逐渐从高耗水向高效利用水资源转变。[①] 上海市和江苏省的工业水资源生产率相对较低，这可能与这些地区工业结构的特点、高新技术产业的比重，以及总体经济发展水平有关。尤其是上海市，其工业水资源生产率相较于全地区水资源生产率甚至呈现负增长，这一点可能需要政府和企业进一步分析原因，并采取相应的措施来改善。从这些数据中可以看出，中国在提高水资源生产率方面已经取得了显著的进步，但仍然存在地区间的不平衡。要进一步提升全国水资源的经济产出效率，就需要针对不同地区的实际情况，制定更为精准的政策和措施，同时加大科技创新和管理优化的力度，确保水资源的高效和可持续利用。[②]

图4-9给出了31个省域2002—2022年工业水资源生产率变化趋势情况。从图中可以看出，整体上呈现上升趋势，北京市、天津市等是上升最明显的地区。从图4-9可以观察到中国31个省域2002—2022年工业水资源生产率的几个关键变化趋势。几乎所有省域在这20年间的工业水资源生产率都实现了显著的增长。以北京市为例，2002年的水资源生产率为159.53元/立方米，到了2022年增长至1919.28元/立方米，差值达

[①] 王兵，祝萼，杜敏哲.治理模式差异视角下的城市水资源系统全要素生产率[J].资源科学，2021，43（04）：813-822.

[②] 李力行，黄佩媛，马光荣.土地资源错配与中国工业企业生产率差异[J].管理世界，2016，(08)：86-96.

到 1759.75 元/立方米，相差的倍数高达 11.03 倍。

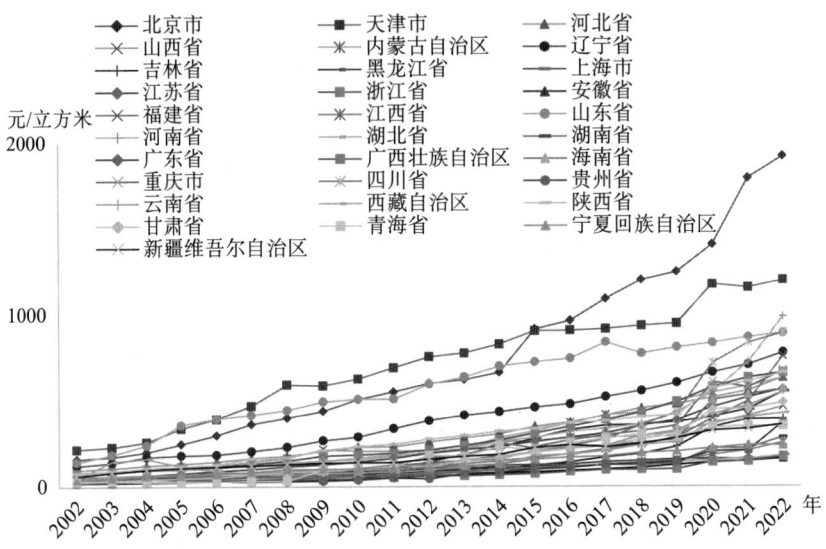

图 4-9　2002—2022 年省域工业水资源生产率趋势

（四）省域第三产业水资源生产率测算

图 4-10 和图 4-11 分别给出了全国 31 个省域第三产业水资源生产率 2022 年排行榜和 2002—2022 年排行榜（均值）。从 2022 年排行榜可看出，北京市以显著的同比增长率（95.13%）排第 1 名，第 3 名、第 4 名分别是山东省和天津市，这反映出在短期内部分省域第三产业的水资源生产率有了显著的提升。特别是天津市，它的第三产业水资源生产率同比增长达到了惊人的 158.49%，这显示了天津在第三产业领域的快速发展和水资源利用效率的显著提高。上海市虽然在 2022 年排第 4 名，但同比增长率相对较低（7.89%）。从 2002—2022 年排行榜可以看出，上海市、天津市、山东省和北京市在 2002—2022 年的第三产业水资源生产率均值中排前 4 名，这反映了这些地区第三产业在过去 20 年的稳定发展和水资源利用效率的持续提升。然而，值得注意的是，北京市长期排第 4 名，而在 2022 年的短期排名中跃升至第 1 名，这可能反映了北京市近年来在提升第三产业水资源生产率方面所取得的成就。

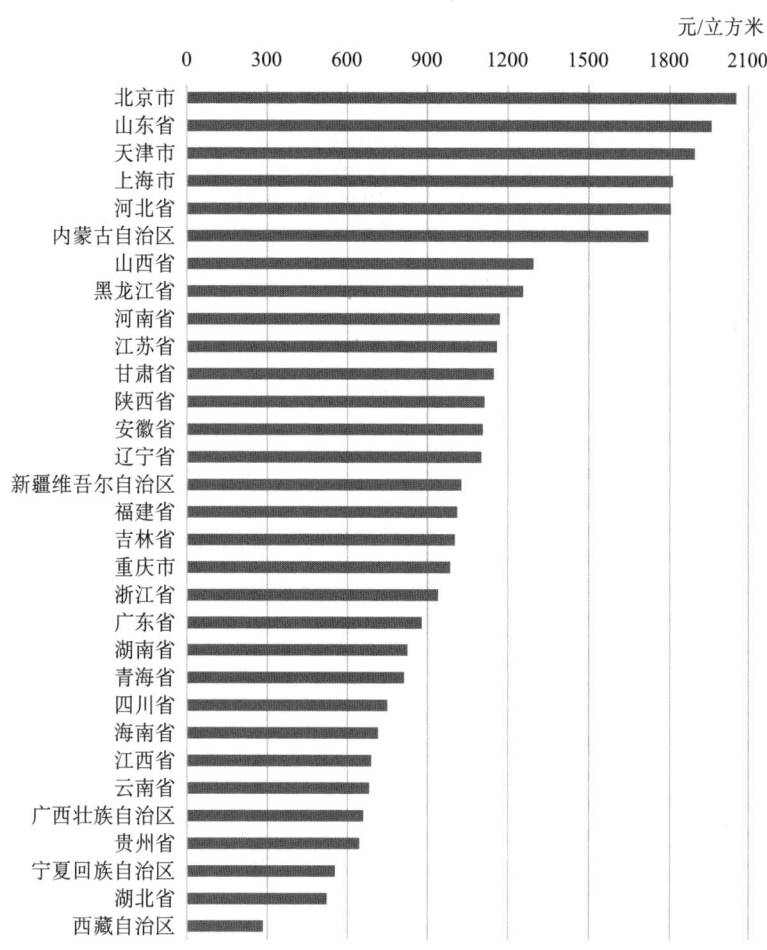

图 4-10　2022 年省域第三产业水资源生产率排行榜

比较这两个排行榜，可以发现北方省份如北京市、天津市和内蒙古自治区在 2022 年的排名中表现突出，这些地区虽然面临水资源的自然约束[1]，但在第三产业的发展和水资源高效利用方面取得了显著成果。同时，一些经济发达的沿海省域如上海虽然在长期排名中位居前列，但在 2022 年的同比增长率并不突出，可能反映出这些地区第三产业的水资源生产率增长开始放缓。此外，一些资源丰富的西部省域如青海省、宁夏回族自治区在 2022 年显示出了较高的增长率，这表明这些地区开始重视并

---

[1] 卢曦，许长新. 长江经济带水资源利用的动态效率及绝对 β 收敛研究——基于三阶段 DEA-Malmquist 指数法［J］. 长江流域资源与环境，2017，26（09）：1351-1358.

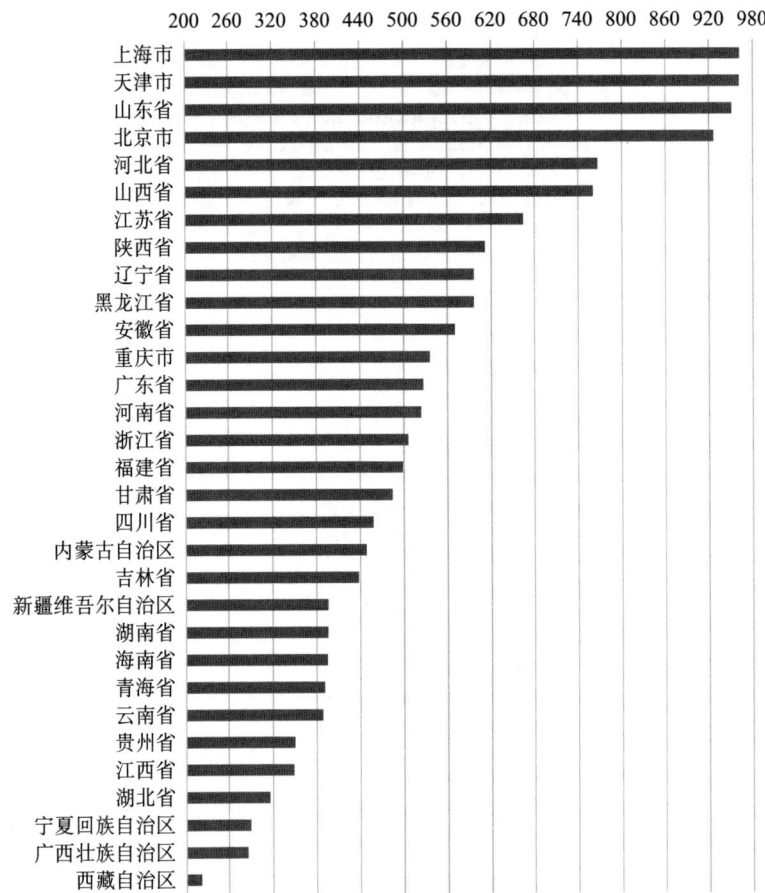

图 4-11　2002—2022 年省域第三产业水资源生产率排行榜（均值）

提升第三产业的水资源利用效率。从总体上看，2022 年的排行榜与 2002—2022 年的综合排行榜比较揭示了中国第三产业水资源生产率发展的复杂性和地域差异。一方面，部分北方省份和资源约束地区在短期内实现了显著的水资源生产率提升；另一方面，经济发达地区的长期稳定发展及部分西部地区近年来的快速进步，共同展现了中国第三产业在水资源高效利用和可持续发展方面的努力和成就。

图 4-12 给出了全国省域 2002—2022 年第三产业水资源生产率变化趋势。一是总体呈显著增长趋势。在这 20 年间，几乎所有省份的第三产业水资源生产率都实现了显著的增长。以北京市为例，其 2002 年的第三产业水资源生产率为 597.88 元/立方米，到 2022 年增长至 2054.00 元/立

方米，提高了3倍。这种显著增长的趋势在全国范围内普遍存在，表明了中国第三产业在提高水资源利用效率方面取得了巨大的进步。[1] 二是地区间的差异性明显。尽管全国范围内第三产业水资源生产率普遍增长，但不同省份之间的增长率和生产率水平存在显著差异。例如，北京市、天津市、上海市和山东省在这段期间的平均第三产业水资源生产率较高，这可能与这些地区经济发展水平高、服务业发达和水资源管理效率高有关。[2] 相比之下，西藏自治区、宁夏回族自治区和青海省等地的第三产业水资源生产率增长相对较低，这可能与地区经济结构、产业发展水平及水资源丰富度有关。三是快速增长与放缓趋势并存。部分地区如北京市、天津市和上海市等经济发达地区的第三产业水资源生产率增长较快，这可能反映了这些地区服务业的高速发展和水资源利用效率的持续提升。而一些经济较为落后或资源较为丰富的地区，如青海省和宁夏回族自治区。

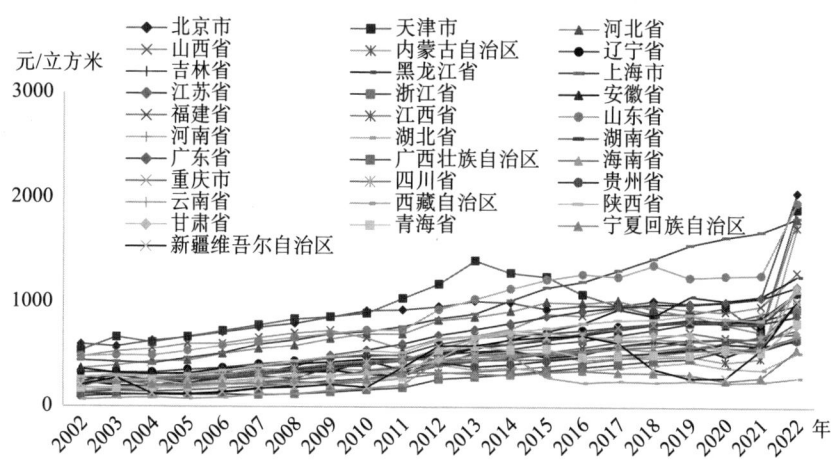

图 4-12　2002—2022 年省域第三产业水资源生产率趋势

二、副省级城市水资源生产率排行榜

如前面所说，尽管副省级城市属于设区市的范畴，鉴于副省级城市的

---

[1] 郭晓丹, 张军, 吴利学. 城市规模、生产率优势与资源配置 [J]. 管理世界, 2019, 35 (04): 77-89.

[2] 赵良仕, 孙才志. 基于 Global-Malmquist-Luenberger 指数的中国水资源全要素生产率增长评价 [J]. 资源科学, 2013, 35 (06): 1229-1237.

独特地位,此处特将副省级城市单列,以更加清晰洞悉副省级城市的自然资源生产率排行。表4-3给出了全国副省级城市2022年及2002—2022年水资源生产率及排名。2022年副省级城市水资源生产率排名中,前5名的城市分别是青岛、济南、大连、哈尔滨和长春,均来自中国北方省域。这可能反映了北方城市在节水型产业结构上的优势,或由于水资源相对匮乏,因而对水资源利用更加重视。其中,山东省的两个主要城市青岛和济南表现尤为突出,分别以172.537元/立方米和150.644元/立方米的水资源生产率排第1名和第2名。辽宁省的大连以140.822元/立方米排第3名,哈尔滨和长春则紧随其后排第4名、第5名,分别为140.330元/立方米和134.166元/立方米。这些城市的水资源生产率较高,反映出它们在经济发展过程中通过技术进步、优化水资源管理等措施提高了水资源的利用效率。

表4-3　　　　　　　副省级城市水资源生产率及排名

所属省域	城市	类别	2022年水资源生产率(元/立方米)	排名	2002—2022年水资源生产率(元/立方米)	排名
山东	青岛	计划单列市	172.537	1	118.333	1
山东	济南	省会城市	150.644	2	107.399	2
辽宁	大连	计划单列市	140.822	3	90.856	4
黑龙江	哈尔滨	省会城市	140.330	4	88.174	5
吉林	长春	省会城市	134.166	5	90.948	3
浙江	宁波	计划单列市	108.187	6	85.937	6
四川	成都	省会城市	98.842	7	60.217	8
广东	深圳	计划单列市	86.824	8	56.526	10
辽宁	沈阳	省会城市	85.827	9	59.352	9
福建	厦门	计划单列市	80.940	10	54.588	11
广东	广州	省会城市	76.851	11	47.501	13
浙江	杭州	省会城市	76.308	12	72.275	7
陕西	西安	省会城市	67.900	13	53.472	12
江苏	南京	省会城市	62.263	14	36.530	15
湖北	武汉	省会城市	47.848	15	37.749	14

从2002—2022年水资源生产率排名看,青岛依然居首位,显示了其在过去20年间持续的高效水资源管理。济南以107.399元/立方米排第1

名，大连、长春、哈尔滨分别排第3名、第4名、第5名。这表明，这些城市在过去20年中，尽管发展迅速，仍保持了较高的水资源生产率。值得注意的是，在这段时间内，杭州市的表现较为特殊，其水资源生产率达到了72.275元/立方米，排第7名，远高于2022年的排名（第12名）。这可能表明，杭州在过去20年中的水资源利用效率有所下降，但仍然保持了一定的优势。

对比2002—2022年的水资源生产率和2022年的数据，可以发现一些城市的水资源生产率在过去20年中有所提高。如济南、大连、长春等城市，其2022年水资源生产率明显高于过去20年的平均值。这表明它们在经济发展中逐渐注重水资源的高效利用。与此同时，深圳和广州等城市的水资源生产率虽然在2022年有所提升，但与其他城市相比提升幅度相对有限。这可能反映了在高度城市化和工业化的背景下，这些城市面临着更大的用水压力。

总体上看，中国不同城市在水资源利用效率上有显著差异。青岛作为经济发展较快的计划单列市，在水资源管理上表现优异。而济南、大连等省会城市也显示出较强的水资源利用能力。南方城市在经济发达的同时，水资源利用效率方面仍有提升空间。这一数据有助于为不同地区的水资源管理和经济政策提供参考，尤其是对于那些水资源相对短缺的地区，提高水资源生产率将是未来发展的重要方向。

三、设区市水资源生产率排行榜

表4-4和图4-13分别给出了2022年全国前100名和前50名设区市水资源生产率及排名情况。从表4-4和图4-13可以看出，在前10名的设区市是云南省的丽江、云南省的玉溪、湖北省的荆州、黑龙江省的绥化、内蒙古自治区的巴彦淖尔、河北省的沧州、湖北省的黄冈、黑龙江省的黑河、山东省的威海和山东省的泰安，水资源生产率分别为901.19元/立方米、730.30元/立方米、653.43元/立方米、639.58元/立方米、590.50元/立方米、589.95元/立方米、560.47元/立方米、537.45元/立方米、530.56元/立方米和509.06元/立方米。排在第11—20名的设区市包括广东省的揭阳、云南省的昭通、福建省的南平、广东省的茂名、福建省的三明、福建省的泉州、内蒙古自治区的鄂尔多斯、河北省的

保定、河南省的许昌、河南省的南阳，水资源生产率分别为 495.00 元/立方米、473.17 元/立方米、446.88 元/立方米、422.94 元/立方米、419.87 元/立方米、407.91 元/立方米、407.82 元/立方米、406.94 元/立方米、403.66 元/立方米和 401.15 元/立方米。

表 4-4　2022 年前 100 名的设区市水资源生产率及排名

所属省域	设区市	生产率（元/立方米）	排名	同比增长率（%）	所属省域	设区市	生产率（元/立方米）	排名	同比增长率（%）
云南	丽江	901.19	1	0.40	四川	资阳	379.45	24	105.74
云南	玉溪	730.30	2	13.05	吉林	通化	378.16	25	43.40
湖北	荆州	653.43	3	174.11	山西	临汾	371.26	26	4.16
黑龙江	绥化	639.58	4	2.59	内蒙古	乌兰察布	369.48	27	8.30
内蒙古	巴彦淖尔	590.50	5	11.60	河北	邢台	358.14	28	6.75
河北	沧州	589.95	6	1.26	河南	周口	355.57	29	1.88
湖北	黄冈	560.47	7	1.71	山西	吕梁	352.91	30	-5.72
黑龙江	黑河	537.45	8	2.19	河北	衡水	351.34	31	5.30
山东	威海	530.56	9	1.89	山东	烟台	349.50	32	4.22
山东	泰安	509.06	10	-1.59	四川	广安	347.72	33	39.87
广东	揭阳	495.00	11	5.26	广西	贺州	345.25	34	57.10
云南	昭通	473.17	12	0.19	河南	商丘	343.12	35	9.94
福建	南平	446.88	13	-3.32	福建	宁德	339.80	36	7.09
广东	茂名	422.94	14	4.35	陕西	延安	334.28	37	7.50
福建	三明	419.87	15	-39.16	陕西	商洛	321.90	38	-1.36
福建	泉州	407.91	16	-7.32	江西	吉安	320.56	39	-6.58
内蒙古	鄂尔多斯	407.82	17	8.53	云南	曲靖	314.61	40	-1.43
河北	保定	406.94	18	4.07	甘肃	定西	313.07	41	6.05
河南	许昌	403.66	19	1.61	河南	驻马店	312.43	42	12.98
河南	南阳	401.15	20	-1.25	甘肃	平凉	308.58	43	5.95
河北	廊坊	397.98	21	17.87	河南	信阳	303.22	44	-1.39
甘肃	陇南	391.67	22	72.92	吉林	松原	302.54	45	32.25
内蒙古	呼伦贝尔	383.31	23	-23.05	广西	崇左	301.20	46	35.96

续表

所属省域	设区市	生产率（元/立方米）	排名	同比增长率（%）	所属省域	设区市	生产率（元/立方米）	排名	同比增长率（%）
山东	临沂	300.64	47	32.05	湖南	常德	247.62	74	6.46
四川	德阳	300.45	48	4.44	浙江	台州	247.59	75	14.52
山东	济宁	300.00	49	4.51	江西	鹰潭	246.90	76	2.44
河北	唐山	299.21	50	24.13	河南	安阳	245.89	77	1.86
福建	漳州	296.50	51	0	广东	汕尾	244.56	78	-5.06
江苏	盐城	294.38	52	-5.46	云南	保山	243.82	79	6.86
河南	三门峡	293.89	53	2.68	陕西	汉中	241.52	80	-0.35
广西	河池	290.84	54	18.66	四川	眉山	240.39	81	95.79
云南	临沧	288.28	55	3.23	陕西	榆林	239.81	82	1.44
四川	雅安	287.60	56	49.10	甘肃	庆阳	239.27	83	-1.93
吉林	四平	287.42	57	59.93	陕西	渭南	238.95	84	6.55
广西	百色	286.22	58	67.71	河北	张家口	238.16	85	2.64
山东	潍坊	285.02	59	2.10	吉林	白城	237.52	86	69.63
黑龙江	齐齐哈尔	274.69	60	45.84	福建	龙岩	236.97	87	-3.74
山东	聊城	271.12	61	-5.13	河北	邯郸	235.84	88	11.13
贵州	毕节	270.45	62	-3.40	山西	晋城	235.74	89	9.47
江西	宜春	269.70	63	-1.23	广东	云浮	234.49	90	6.39
江苏	泰州	268.48	64	3.07	湖南	邵阳	234.22	91	2.53
广东	梅州	268.33	65	3.52	湖南	怀化	232.08	92	8.28
浙江	嘉兴	265.35	66	5.12	湖南	郴州	231.81	93	-5.35
山西	运城	263.88	67	-14.53	四川	自贡	231.35	94	31.76
内蒙古	通辽	261.17	68	0.40	浙江	金华	230.71	95	-6.91
湖北	咸宁	257.60	69	8.45	黑龙江	佳木斯	229.74	96	8.13
四川	达州	257.51	70	22.55	江苏	镇江	228.14	97	2.95
四川	内江	256.13	71	28.80	湖北	孝德	224.34	98	5.22
四川	宜宾	253.52	72	63.94	广东	湛江	222.47	99	-1.44
江西	萍乡	247.89	73	5.80	黑龙江	伊春	221.87	100	40.39

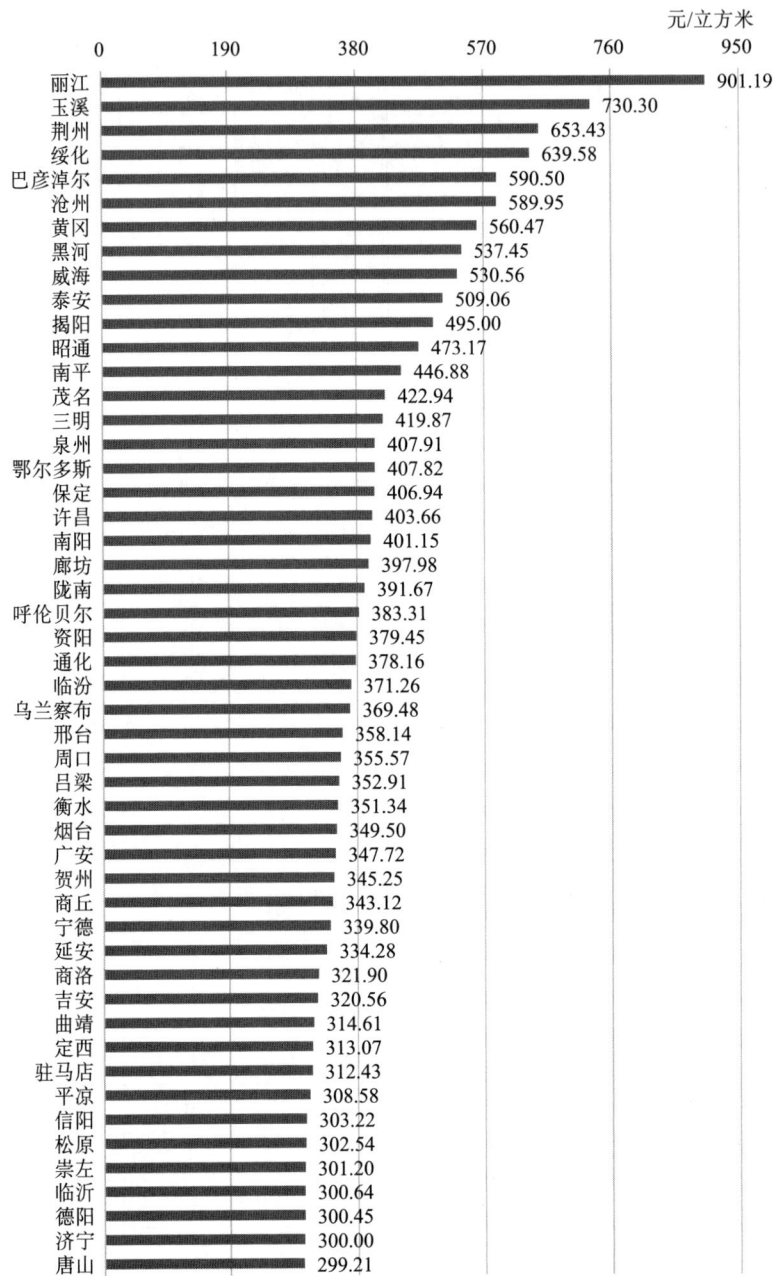

图 4-13 2022 年设区市水资源生产率排行榜（前 50 名）

在前 20 名中包括：云南省 3 个设区市（丽江、玉溪、昭通），湖北省 2 个设区市（荆州、黄冈），黑龙江省 2 个设区市（绥化、黑河），内蒙古自治区 2 个设区市（巴彦淖尔、鄂尔多斯），河北省 3 个设区市（沧州、保定、唐山），山东省 2 个设区市（威海、泰安），广东省 2 个设区市（揭阳、茂名），福建省 3 个设区市（南平、三明、泉州），河南省 2 个设区市（许昌、南阳）。在这些省域中，云南省、河北省和福建省均有 3 个设区市入选前 20 名，是入选设区市最多的省域。这些数据不仅展示了各个设区市在水资源生产率方面的表现，也反映了不同地区在水资源管理和利用效率上的地域差异。

在前 50 名中包括：河北省 6 个设区市（沧州、保定、廊坊、邢台、衡水、唐山），河南省 6 个设区市（许昌、南阳、周口、商丘、驻马店、信阳），山东省 5 个设区市（威海、泰安、烟台、临沂、济宁），云南省 4 个设区市（丽江、玉溪、昭通、曲靖），内蒙古自治区 4 个设区市（鄂尔多斯、呼伦贝尔、乌兰察布、巴彦淖尔），福建省 4 个设区市（南平、三明、泉州、宁德），甘肃省 3 个设区市（陇南、定西、平凉），四川省 3 个设区市（广安、德阳、资阳），陕西省 2 个设区市（延安、商洛），湖北省 2 个设区市（荆州、黄冈），黑龙江省 2 个设区市（绥化、黑河），广东省 2 个设区市（揭阳、茂名），广西壮族自治区 2 个设区市（贺州、崇左），山西省 2 个设区市（临汾、吕梁），吉林省 2 个设区市（通化、松原）。在这些省域中，河北省和河南省均有 6 个设区市入选前 50 名，是水资源生产率排前 50 名的设区市中数量最多的省域。这些数据不仅展示了各个设区市在水资源生产率方面的表现，也反映了不同地区在水资源管理和利用效率上的地域差异。

从表 4-5 可以看出，在前 100 名设区市中，覆盖了 20 个省域，其中，四川省以 9 个设区市的数量居首位，是前 100 名中设区市数量最多的省份；紧随其后的是河南省和河北省，分别有 8 个设区市入选并列第 2 名；山东省有 7 个入选。这一分布情况反映了不同省份在水资源生产率方面的地域差异以及经济发展水平的不同。具体情况如下：四川省有 9 个设区市入选（雅安、达州、内江、宜宾、资阳、广安、德阳、眉山、自贡），河北省有 8 个设区市入选（沧州、保定、廊坊、邢台、衡水、张家口、邯郸），河南省有 8 个设区市入选（许昌、南阳、三门峡、安阳、周口、商丘、驻马店、信阳），山东省有 7 个设区市入选（威海、泰安、潍坊、聊城、济宁、烟台、临沂），福建省有 6 个设区市入选（南平、三明、泉州、宁德、漳州、龙岩），云南省有 6 个设区市入选（丽江、玉溪、昭通、临沧、曲靖、保山），广东省有6个设区市入选（揭阳、茂名、梅州、汕尾、湛江、云浮），黑龙江省有5个设区市入选（绥化、黑河、齐齐哈尔、佳木斯、伊春），内蒙古自治区有5个设区市入选（巴彦淖尔、鄂尔多斯、呼伦贝尔、乌兰察布、通辽），陕西省有5个设区市入选（延安、商洛、汉中、榆林、渭南），湖南省有4个设区市入选（常德、邵阳、怀化、郴州），湖北省有4个设区市入选（荆州、黄冈、咸宁、孝感），吉林省有4个设区市入选（松原、四平、通化、白城），甘肃省有4个设区市入选（陇南、定西、平凉、庆阳），江西省有4个设区市入选（宜春、萍乡、鹰潭、吉安），广西壮族自治区有4个设区市入选（贺州、河池、百色、崇左），山西省有4个设区市入选（运城、临汾、晋城、吕梁），浙江省有3个设区市入选（嘉兴、台州、金华），江苏省有3个设区市入选（盐城、泰州、镇江），贵州省入选了1个设区市（毕节）。

表4-5　　　　　　　2022年水资源生产率百强市分布

省域	所属地区	设区市数量（个）	省域	所属地区	设区市数量（个）
四川	西部	9	湖南	中部	4
河北	东部	8	吉林	东北	4
河南	中部	8	甘肃	西部	4
山东	东部	7	广西	西部	4
福建	东部	6	江西	中部	4
广东	东部	6	湖北	中部	4
云南	西部	6	山西	中部	4
黑龙江	东北	5	江苏	东部	3
内蒙古	西部	5	浙江	东部	3
陕西	西部	5	贵州	中部	1

图4-14给出了2002—2022年设区市水资源生产率排行榜（综合排名前50名）。排在前10位的是绥化、宁德、呼伦贝尔、沧州、玉溪、周口、黑河、黄冈、漳州、衡水。入选设区市最多的省域是河南省，有7个；其次是福建省、河北省和山东省各有5个；内蒙古自治区、陕西省和云南省各有3个；甘肃省、广东省、黑龙江省、湖北省、江苏省、山西省、四川省、浙江省各有2个；安徽省、广西壮族自治区和江西省各有1

个。陕西榆林、江苏宿迁、四川眉山三个设区市是负增长趋势,其他都是正增长趋势。增长率最大的是福建三明,为667.29%。

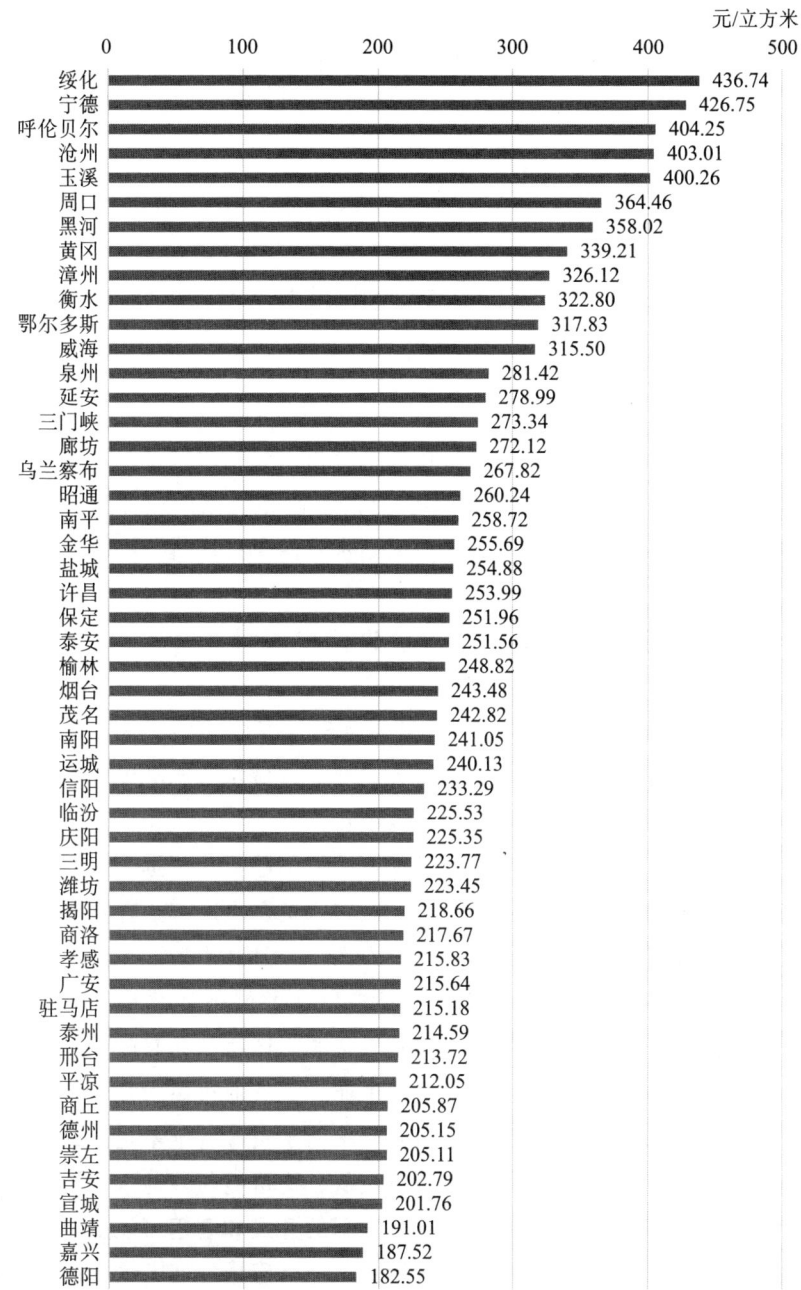

图4-14 2002—2022年设区市水资源生产率排行榜(综合排名前50名)

从排名靠前的设区市来看，服务业发达的设区市如丽江、玉溪和威海等，其水资源生产率普遍较高。这进一步证实了服务业特别是高附加值服务业的发展与水资源生产率的正相关性。服务业尤其是金融、信息技术、旅游和咨询等行业对水资源的直接需求相对较低，但能够创造较高的经济价值，这类行业的快速发展有助于提升整体水资源生产率，实现经济发展与资源可持续利用的双赢。

第四节　水资源生产率排行榜分析与探讨

本节对上一节六个方面的排行榜进行分析，包括水资源生产率省域层面整体结果分析，全国 31 个省域的农业、工业和第三产业方面的水资源生产率排行榜，副省级城市及设区市层面水资源生产率排行榜。

一、水资源生产率省域排行榜分析与探讨

（一）水资源生产率省域排行榜整体分析与探讨

我国各省域水资源生产率差距较大。根据省域水资源禀赋和经济发展水平，我国水资源生产率省域分布有以下特征。

第一，缺水地区水资源生产率呈现不一样的趋势。根据水资源生产率和水资源量的排名，可以观察到缺水地区在水资源生产率上存在明显的差异现象。这种分化主要体现在以下三个方面：一是高水资源生产率与经济发展水平。在一些缺水地区，特别是经济发达的城市如北京、天津和上海，尽管面临水资源的严重短缺，但其水资源生产率却相对较高。这些地区往往具有高度发达的服务业和先进的工业，能够通过高附加值产业实现对水资源的高效利用。二是低水资源生产率与水资源管理不足。缺水地区如新疆维吾尔自治区的水生产率则相对较低，这可能与该地区水资源管理和利用效率不高有关。在这些地区，水资源的开发和利用可能更多依赖于传统的、效率较低的农业和工业用水模式。三是区域发展不均衡。缺水地区的水资源生产率分化也反映了区域内部的发展不均衡。经济发达地区能

够投资于水资源管理和节水技术,而经济相对落后的地区则在这些方面存在明显短板。[①] 产生这种分化现象的原因可能与以下因素相关:其一,经济结构的差异。经济发达地区通常拥有更多的资本和技术来投资于高效的水资源利用技术,而资源密集型和传统农业主导的经济结构则往往导致水资源利用效率较低。其二,水资源管理政策。在一些缺水地区,尤其是经济较为落后的地区,水资源管理政策可能没有得到充分实施,或者存在执行力度不足的问题,导致水资源利用效率不高。其三,公众意识与教育。高水生产率地区的居民和企业往往对水资源的珍惜和保护有更高的认识,而在一些低水生产率地区,可能缺乏足够的水资源保护和节约意识。

第二,水资源丰富的地区往往水资源生产率相对较低。水资源生产率综合排名在前10位的省市80%的省份水资源量都在后30%。比如北京市、天津市、上海市、山西省和河南省等,它们在水资源生产率上排名靠前,但在水资源量的排名上却处于后30%的范围内。这一现象揭示了水资源丰富度与水资源生产率之间并不呈现直接的正相关关系。这可能与以下因素有关。一是水资源利用效率。在水资源相对匮乏的地区,由于水资源的稀缺性,人们往往更注重水资源的高效利用和管理,从而提高了水资源的经济产出,即水资源生产率。二是经济结构和技术应用。经济发达地区如北京、天津和上海,虽然自然水资源不丰富,但由于经济结构的优化和高新技术的广泛应用,这些地区能够通过提高水资源使用效率,增加单位水资源的经济产出。三是政策和管理。在水资源量排名较低的省市,往往伴随着更严格的水资源管理政策和措施,如节水技术的推广、水资源循环利用和水污染防治等,这些措施有助于提高水资源生产率。

与此相反,一些水资源量排名靠前的省份,如四川省、云南省和广西壮族自治区等,它们虽然拥有较为丰富的水资源,但在水资源生产率上的排名并不靠前。这可能是由于水资源的丰富导致了对水资源管理的相对忽视,或是因为这些地区的产业结构和技术水平尚未达到充分利用水资源的程度。这一现象提示我们,水资源的有效管理和利用比单纯的水资源量更为重要。对于水资源较少的省份来说,通过科技创新、政策引导和管理优化等措施提高水资源生产率是十分必要的。而对于水资源较为丰富的地

---

① 潘丹,应瑞瑶. 资源环境约束下的中国农业全要素生产率增长研究[J]. 资源科学,2013,35(07):1329-1338.

区,则需要加强水资源的保护和合理利用,避免资源的浪费,实现水资源的可持续利用。①

第三,无论水资源禀赋如何,经济水平低的地区水资源生产率都相对较低。从省域排名在后面 10 位的地区,2022 年 GDP 排名都比较低。比如疆维吾尔自治区、宁夏回族自治区、黑龙江省、西藏自治区、内蒙古自治区、青海省、甘肃省等。这一现象表明,经济发展水平与水资源生产率紧密相关。主要有以下几点原因:一是技术与管理能力影响水资源生产率。经济水平较低的地区可能缺乏有效管理和利用水资源的技术和设备。技术落后可能导致水资源利用效率不高,从而影响了水资源生产率。二是投资不足会限制水资源生产率。这些地区可能在水利基础设施和相关技术的投资上不足,限制了水资源生产率的提升。三是产业结构影响水资源生产率。经济发展水平较低的地区往往产业结构较为单一,主要依赖传统农业和低附加值的工业,这些产业的水资源生产效率通常不高。四是政策与资源配置影响水资源生产率。经济较为落后的地区可能在政策支持和资源配置方面存在不足,如缺乏有效的水资源管理政策和节水技术的推广。

针对以上特征,提升我国水资源生产率的对策为:一是推广节水技术和管理实践:政府应推广高效的水资源管理技术和实践,尤其是在低水生产率地区,通过技术更新和管理改进提高水资源利用效率。二是加强区域协调与合作:加强区域间的协调和合作,促进经验和资源的共享,尤其是在水资源管理和节水技术方面,帮助低水生产率地区提升水资源利用效率。三是提高公众意识和教育:加大对公众的水资源保护教育和宣传力度,提高全社会对水资源节约和保护的意识,特别是在低水生产率地区。通过这些综合措施,可以有效缓解缺水地区水资源生产率的两极分化现象,促进水资源的可持续利用,实现经济社会的全面协调发展。

(二) 农业水资源生产率省域排行榜分析与探讨

农业水资源生产率排行榜具有以下特征:

第一,整体上我国农业水资源生产率呈现提升趋势,其原因如下:首先,技术创新在提高农业水资源生产率方面发挥了关键作用。自 2002 年

---

① 刘剑文. 中国土地和水资源利用:资源禀赋与制度安排 [J]. 管理世界,1999 (05):152 – 159 + 178.

以来，中国农业领域广泛应用了滴灌、喷灌等现代灌溉技术，这些技术显著提高了灌溉效率，减少了水分蒸发和渗漏，确保了水资源的高效利用。同时，作物品种改良、精准农业和数字化管理技术的应用，也极大提升了单位水资源的产出能力。其次，政府政策和规划在促进农业水资源生产率提升中起到了至关重要的作用。中国政府实施了一系列水资源管理和农业可持续发展政策，如《水污染防治行动计划》和《农业可持续发展规划》，旨在优化水资源配置、鼓励节水技术的应用和提高农业生产效率。这些政策为农业水资源生产率的提升提供了强有力的政策保障和资金支持。再次，经济结构的调整也促进了水资源生产率的提升。随着中国经济的快速发展，农业在国民经济中的比重逐渐下降，而农业内部结构也在优化。粮食作物向经济作物转变、高水耗农业向节水型农业转型等，都提高了水资源的利用效率和产出价值。最后，对可持续发展目标的追求也是推动农业水资源生产率提升的重要因素。面对全球气候变化和水资源短缺的挑战[1]，中国加大了对农业可持续发展的投入和研究，强调保护生态环境、实现农业绿色发展。这种发展理念促使各省份采取有效措施提高水资源的利用效率，以确保农业生产的长期可持续性。可见，通过技术创新、政策支持、经济结构调整和可持续发展目标的共同努力，2002—2022年，中国各省份的农业水资源生产率实现了显著增长。这不仅体现了中国在农业水资源管理方面取得的成就，也为全球农业水资源高效利用和可持续发展提供了宝贵经验。

第二，与国际对比整体水平低。中国水资源生产率最高为20.31元/立方米。1990年美国的农业水资源生产率达到10.8美元/立方米，约合当时的50元人民币/立方米。同样，1989年，日本的水资源生产率高达34.2美元/立方米。由此可见，与发达国家相比，中国在农业水资源利用效率上仍有较大的提升空间。这种状况主要与以下因素有关：一是技术与管理，发达国家通常采用更先进的农业技术和更有效的水资源管理策略，这是提高水资源生产率的关键因素。二是经济与投资，经济发展水平较高的国家通常在农业领域有更多的投资，包括水资源的合理分配和利用。三是管理政策，政府的政策支持在提高水资源生产率方面起着重要作用，包

---

[1] 江艇，孙鲲鹏，聂辉华. 城市级别、全要素生产率和资源错配[J]. 管理世界，2018，34（03）：38-50+77+183.

括对农业水利基础设施的投入和对节水技术的推广。中国在农业水资源生产率方面与发达国家相比还有明显差距,这提示需要加强农业水资源的管理和技术创新,以提高农业水资源的利用效率,促进农业可持续发展。同时,这也反映出中国农业发展的不均衡性,需要根据不同地区的具体情况制定相应的发展策略。

第三,与整体综合排名有比较大的差距。对于中国各省域农业水资源生产率与其综合排名榜时,发现两者之间存在显著的差异。例如,上海市,尽管在经济发展方面处于领先地位,其水资源生产率却较低(2022年排第30名),这主要归因于其经济结构的特点。上海市以服务业和高科技产业为主,农业占比非常小,自然导致在农业水资源利用效率方面并不突出。相对地,像重庆市和河南省这样的省份虽然在经济总量上不及某些沿海发达省份,但在农业水资源生产率方面却表现出色。这一现象的背后是这些地区丰富的农业资源和农业在经济结构中的重要地位,再加上有效的水资源管理和先进的农业技术,使得这些地区能够更高效地利用水资源。除此之外,政府的政策倾向和资金投入在不同地区间的差异,也显著影响了各省市的农业水资源管理和利用效率。① 在一些农业重点省域,由于政府对农业水资源的合理利用和技术创新给予了更多的重视和支持,从而使这些地区的水资源生产率得以提高。最后,地理和气候条件也是影响水资源生产率的关键因素,沿海和平原等地区由于自然条件优越,其农业生产条件通常优于高原和干旱地区,这直接影响到水资源的利用效率。综合来看,中国各省份在水资源生产率上的差异反映了经济结构、资源分布、政策导向和地理气候等多方面因素的综合作用,这提示我们在提升水资源生产率时,需要考虑到这些因素的影响,采取更为综合和具有针对性的措施。

第四,经济发达并且农业占比较高的省域农业水资源生产率较高。经济发达且农业占比较高的省份水资源生产率较高。数据显示,一些经济发达且农业比重较大的省域,如重庆市、河南省和山东省,其农业水资源生产率较高。这些地区通常拥有较为先进的农业技术、良好的农业生产条件和有效的水资源管理政策。例如,重庆市的农业水资源生产率在多年间一直保持在全国前列,这与其强化农业水利设施建设和提高农业水利效率的

---

① 李静,池金,吴华清. 基于水资源的工业绿色偏向型技术进步测度与分析 [J]. 中国人口·资源与环境,2018,28(10):131-142.

措施密切相关。在2018—2022年这5年中,农业水资源生产率均值最高的是重庆市(见图4-15),这同时与2003—2022年农业水资源生产率均值的情况相吻合。近5年农业水资源生产率最低的是新疆维吾尔自治区。从长期和短期趋势来看,一些省域的农业水资源生产率呈现显著的增长趋势,如重庆市、河南省和山东省在近5年的增长率都超过了5%。这表明,随着技术进步和政策支持的加强,我国在提高农业水资源利用效率方面取得了一定成效。然而,也有一些省域的农业水资源生产率呈现下降趋势,如河南省在2022年同比下降了11.06%,这可能与当年的气候条件、水资源短缺、水土匹配或农业结构调整等因素有关。[①] 这些数据反映了我国农业水资源利用效率的复杂性和不均衡性,需要根据各地实际情况采取针对性的措施进行改进。

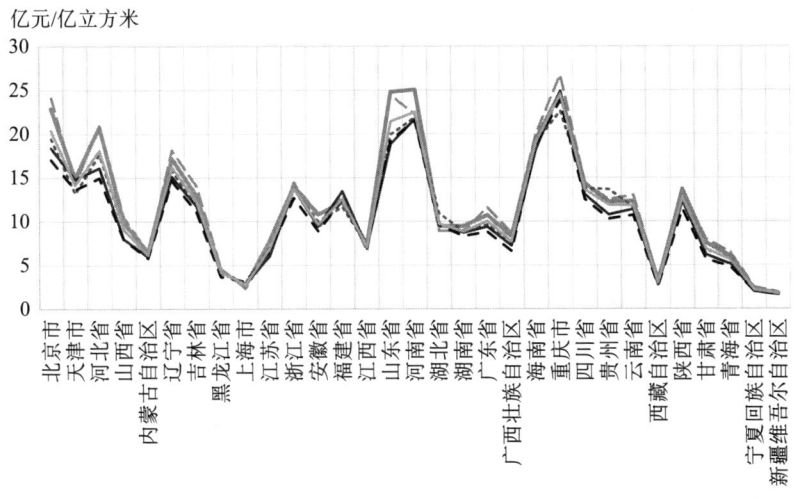

图4-15　2018—2022年省域农业水资源生产率变化趋势

为了进一步提升农业水资源生产率,可以采取以下措施:一是大力开展科技创新。推广现代农业技术,如滴灌和喷灌等节水灌溉技术,提高水资源利用效率。二是调整产业结构。在水资源稀缺的地区,适当减少对水资源密集型作物的种植,转而发展节水型作物和高附加值的农业产品。三是政府应制定相应的支持政策如财政补贴政策。鼓励农民采用节水技术和

---

① 刘剑文. 中国土地和水资源利用:资源禀赋与制度安排[J]. 管理世界, 1999, (05): 152-159+178.

改进农业管理方法。四是提升公众意识。提高农民对水资源保护和节水的意识,通过教育和培训推广节水知识和技术。五是搞好区域协作。促进水资源丰富地区与缺水地区之间的合作,通过水资源调配和技术交流等方式共同应对水资源挑战。① 通过这些综合措施,可以有效提高中国各地区的农业水资源生产率,实现水资源的可持续利用,促进农业和整个社会的可持续发展。

(三) 工业水资源生产率省域排行榜分析与探讨

从排行榜来看,工业水资源生产率具有以下特征。

一是工业水资源生产率显著增长。所有省域在这 20 年间的工业水资源生产率都实现了显著的增长。以北京市为例,2002 年的工业水资源生产率为 159.53 元/立方米,到了 2022 年增长至 1919.28 元/立方米,差值达到 1759.75 元/立方米,相差 11.03 倍。从图 4-16 可以看出,从 2018—2022 年这 5 年中,工业水资源生产率均值最高的是北京市,这与 2003—2022 年工业水资源生产率均值的情况相吻合。

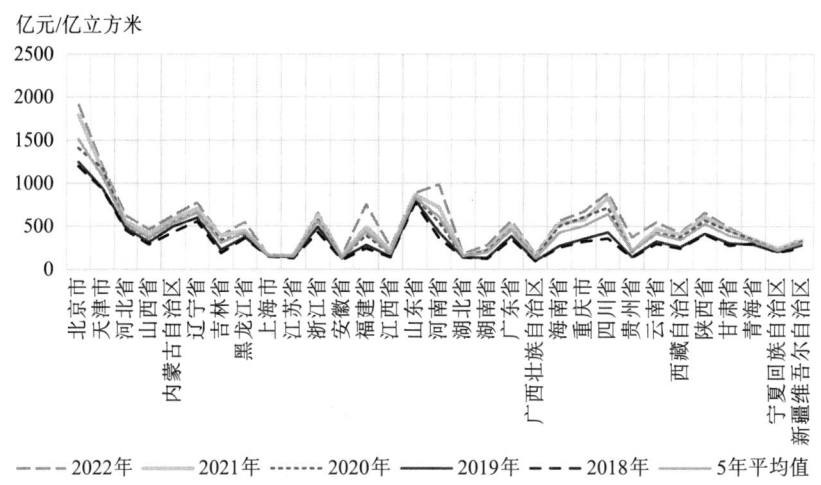

图 4-16　2018—2022 年省域工业水资源生产率变化

二是地区间差异显著。尽管全国范围内工业水资源生产率普遍增长,但不同省域之间的增长率和生产率水平存在显著差异。例如,黑龙江省的

---

① 孙才志,马奇飞,赵良仕. 基于 SBM-Malmquist 生产率指数模型的中国水资源绿色效率变动研究 [J]. 资源科学, 2018, 40 (05): 993-1005.

工业水资源生产率从 2002 年的 32.07 元/立方米增长到 2022 年的 549.40 元/立方米，相差的倍数高达 16.13 倍，这一增长速度在全国范围内是最高的。相比之下，宁夏回族自治区的增长倍数为 4.85 倍，从 40.39 元/立方米增长到 236.37 元/立方米。这些差异反映了不同地区在产业结构、技术进步、政策支持和资源禀赋等方面的不同。

三是资源效率提升。工业水资源生产率的增长不仅仅是数字上的提高，更重要的是反映了中国在资源效率提升方面的成就。高倍数的增长意味着在每消耗一单位水资源的情况下，产出的经济价值大幅增加。这种效率的提升是多方面因素共同作用的结果，包括技术创新、产业升级、政策引导和环境保护意识的增强。特别是在一些水资源紧张的地区，提高水资源生产率成为了促进经济可持续发展的重要手段。

2002—2022 年，中国工业水资源生产率的增长反映了国家在提升产业效率、促进绿色发展和实现经济高质量发展方面取得的重大进步。未来，继续提高水资源的利用效率，尤其是在水资源较为紧张的地区，将是推动中国经济可持续发展的关键。

（四）第三产业水资源生产率省域排行榜分析与探讨

第三产业水资源生产率排行榜具有以下特征：

第一，第三产业水资源生产率呈现显著的增长趋势。这一趋势体现了中国第三产业在技术进步、服务效率提升以及水资源管理优化等方面取得的成果。例如，北京市的第三产业水资源生产率从 2002 年的约 598 元/立方米增长至 2022 年的超过 2054 元/立方米，这种增长不仅显示了首都在服务业及相关领域的强劲发展，也反映了水资源利用效率的大幅提升。技术进步与服务效率的升级促进第三产业水资源生产率的增长。随着信息技术、互联网和人工智能等现代科技的快速发展，第三产业，尤其是金融服务、信息服务、教育和医疗等领域，实现了业务流程的数字化和智能化。这些技术的应用极大地提高了服务的效率，同时也直接或间接减少了水资源的消耗。[1] 例如，远程办公和在线服务的兴起减少了传统办公和服务交付中的物理空间需求，从而降低了水资源的直接消耗。技术进步还促进了节水技

---

① 郭晓丹，张军，吴利学．城市规模、生产率优势与资源配置［J］．管理世界，2019，35（04）：77-89．

术和水资源回收利用系统的发展，这些系统在酒店、餐饮和其他服务行业得到了广泛应用，有效提升了水资源的利用效率。第三产业水资源生产率的增长也与中国经济结构的优化和产业升级密切相关。随着中国经济从高速增长向高质量发展转变，第三产业成为经济增长的主要驱动力。服务业的比重不断增加，特别是高附加值的服务业快速发展，这些行业往往对水资源的直接需求较低，但能创造更高的经济价值。因此，第三产业整体上实现了在较低的水资源消耗下创造更高经济产出的目标，这一转变显著提升了水资源的生产率。与此同时，政府对于绿色发展的重视和对节水减排政策的推动，进一步促进了第三产业在节约资源和保护环境方面的积极行动。

第二，不同地区间的第三产业水资源生产率增长存在显著差异。这种差异主要受到地区经济发展水平、产业结构、水资源丰富度及管理政策等因素的影响。经济发展水平高的地区，如北京、上海和天津，这些设区市作为中国的经济、金融和技术创新中心，第三产业尤其是金融服务、信息技术、文化创意和科技服务等高附加值行业发展迅速。这些行业往往对水资源的直接需求较少，但对于水资源管理和节水技术的需求却相对较高，从而推动了这些地区水资源生产率的快速增长。这些经济发达地区往往拥有更完善的基础设施和更高效的水资源管理系统，加之政府在环境保护和资源节约方面的政策倾向，为水资源的高效利用和管理提供了有力支撑。[①] 例如，通过实施严格的水资源管理政策、推广节水技术、鼓励企业和公众参与水资源保护等措施，有效提升了这些地区的水资源利用效率。相反，资源丰富或经济发展水平相对较低的地区，如西藏自治区和宁夏回族自治区，虽然水资源丰富，但由于第三产业尤其是高附加值服务业的比重相对较小，加之水资源管理和利用效率提升的空间仍然较大，这些因素共同导致了这些地区水资源生产率增长的相对缓慢。这不仅与这些地区的经济结构有关，也与当地水资源管理政策的执行力度、节水技术的推广应用程度以及公众节水意识的普及等因素密切相关。

第三，服务业发展与水资源利用效率的正相关性。第三产业水资源生产率的提升与服务业的发展密切相关。在经济更加发达的地区，服务业尤其是高附加值服务业如金融、信息技术和咨询等行业的快速发展，对水资

---

① 王兵，祝聿，杜敏哲. 治理模式差异视角下的城市水资源系统全要素生产率 [J]. 资源科学，2021，43（04）：813-822.

源的直接需求相对较低，同时这些行业往往更加注重效率和成本控制，包括对水资源的利用。在现代经济体系中，服务业已成为推动经济增长的关键力量，特别是金融、信息技术、咨询、教育及医疗等高附加值服务业，它们在创造经济价值的同时，对环境和资源的负担相对较小。因此，这些地区的水资源生产率相对较高，增长速度也更快。

二、水资源生产率副省级城市排行榜分析与探讨

从地理分布来看，副省级城市水资源生产率存在南北差异。北方城市整体水资源生产率较高，尤其是在2022年排前五名的城市几乎全部位于北方。南方城市如宁波、深圳、厦门和广州的水资源生产率相对较低。这可能与南北方的水资源禀赋差异有关，南方水资源相对丰富，可能导致其对节约用水的重视程度不如北方。深圳、广州等经济发达城市尽管在经济总量上占有优势，但由于用水需求巨大，其水资源生产率未能位居前列。

副省级水资源生产率排行榜来显示，东南沿海经济发达地区的副省级城市的水资源生产率并不靠前。主要原因如下：

首先，各市的产业结构存在差异。经济发达地区往往拥有多元化的产业结构，其中以工业和服务业为主导。工业生产过程中需要大量水资源，且部分工业环节水资源消耗强度大、循环利用率低；服务业的间接用水需求（如餐饮、洗浴等）也在不断增加。此外，一些高耗水服务业（如高尔夫球场、水上游乐场等）也加剧了水资源的紧张状况。因此，产业结构中工业和服务业比重较高，导致整体水资源生产率不高。

其次，各市的人口密集度与用水需求不同。经济发达地区往往也是人口高度集中的地区。大量人口的涌入带来了巨大的生活和公共用水需求，如城市绿化用水等情况。这加剧了水资源的紧张状况，进而影响了水资源生产率。

再次，水资源管理与利用存在问题。部分经济发达地区可能存在水资源过度开发、不合理利用的问题，缺乏有效的水资源管理和保护机制，导致水资源浪费和污染，降低了水资源生产率。

最后，技术水平与节水意识亟须提升。尽管经济发达地区技术水平较高，但在水资源利用领域，节水技术和设备的普及程度可能不足。同时，可能存在一些企业和个人缺乏节水意识的情况，导致浪费水资源现象严

重,造成了水资源生产率不高的局面。

三、水资源生产率设区市排行榜分析与探讨

设区市水资源生产率排行榜具有以下特征:

第一,地域差异与经济发展关联。首先,云南省的丽江和玉溪设区市以 901.19 元/立方米和 730.30 元/立方米的水资源生产率分别列全国第 1 名和第 2 名,这显示出旅游产业对于提升水资源生产率的重要作用。云南作为一个旅游大省,其优美的自然景观和丰富的文化资源吸引了大量国内外游客,旅游业的高度发展促进了服务业的繁荣,从而在相对较低的水资源消耗下实现了较高的经济产出。[1] 相对地,其他一些经济以农业或重工业为主的设区市,如福建的漳州和江苏的盐城,其水资源生产率相对较低,这可能与这些地区水资源利用效率较低、产业结构较为单一有关。

第二,同比增长率存在显著差异。2022 年最新排行榜,2018—2022 年 5 年排行榜、2013—2022 年 10 年排行榜及 2002—2022 年综合排行榜中的同比增长率显示了设区市水资源生产率变化的动态性。湖北的荆州市以 174.11% 的惊人同比增长率位居前列,这可能反映了在过去一年中通过实施有效的水资源管理措施和产业升级,成功提升了水资源利用效率。而福建的三明市水资源生产率同比下降 39.16%,这一显著下降可能是由于产业结构调整、自然条件变化或水资源管理策略未能有效实施所导致。[2]

第三,服务业越发达的地区水资源生产率越高。从排名靠前的设区市来看,服务业发达的设区市如丽江、玉溪和威海等,其水资源生产率普遍较高。这进一步证实了服务业特别是高附加值服务业的发展与水资源生产率的正相关性。服务业尤其是金融、信息技术、旅游和咨询等行业对水资源的直接需求相对较低,但能够创造较高的经济价值,这类行业的快速发展有助于提升整体水资源生产率,实现经济发展与资源可持续利用的双赢。[3]

---

[1] 王兵,祝犇,杜敏哲. 治理模式差异视角下的城市水资源系统全要素生产率 [J]. 资源科学,2021,43 (04):813-822.

[2] 蒋为,张龙鹏. 补贴差异化的资源误置效应——基于生产率分布视角 [J]. 中国工业经济,2015 (02):31-43.

[3] 明亮,冯健康,孙威. 环境规制影响资源型城市绿色全要素生产率的途径与政策建议 [J]. 自然资源学报,2023,38 (01):186-204.

2022年全国前100名设区市水资源生产率及其排名的数据不仅展示了中国设区市间在水资源利用效率方面的差异，也凸显了提升水资源生产率的潜在途径，包括促进服务业特别是高附加值服务业的发展、加强水资源管理以及优化产业结构等。这为各地政府在推动经济转型升级和实现绿色可持续发展提供了宝贵的经验和启示。

四、水资源生产率测度结果再说明

（一）水资源生产率影响因素复杂

水资源生产率的影响因素复杂，既有生产方式本身，比如灌溉、工业使用和服务业用水，又有政策、科技、产业结构等多方面因素的影响。

一是生产方式的差异对水资源生产率的影响。水资源生产率反映了单位水资源的经济产出能力，具体的生产方式会对其产生直接影响。农业、工业和服务业等不同部门在用水方式和效率上存在显著差异。农业用水方面，农业特别是灌溉用水量大，且水资源生产率普遍偏低。由于农业产出和水资源的利用率受到自然条件、灌溉技术等因素制约，导致农业用水的效率相对较低。此外，农业受季节和天气影响较大，在旱季或水资源匮乏的地区，水资源生产率进一步降低。工业用水方面，工业用水涉及制造业、能源生产等领域。工业生产效率相对较高，特别是一些高附加值产业，例如电子制造和医药生产，其水资源生产率远高于传统重工业。然而，不同行业间的差异明显，例如高耗水的钢铁、化工等重工业，由于水资源利用率低，容易拉低整体生产率水平。服务业用水方面，服务业，尤其是金融、信息技术等高附加值、低耗水行业的水资源生产率往往较高。这类行业依赖技术和信息流转，减少了对物质资源的依赖，但一些第三产业（如餐饮、旅游等）也可能存在水资源浪费问题。因此，服务业的生产率表现较好，但不同行业之间的差异也不容忽视。

二是政策和管理措施对水资源生产率的影响。政策和管理措施在提升水资源生产率方面发挥着重要作用。不同地区的水资源管理水平直接影响水资源生产率的高低。节水政策方面，实施节水政策可以有效减少用水量，提高单位水资源的产出。例如，一些地区通过推行节水技术、制定用水配额，优化水资源配置，显著提升了水资源生产率。价格机制方面，水价调控是影响水资源利用效率的重要手段。在水资源稀缺的地区，水价较高会促使企业和个人减少用水，反之亦然。在一些水资源生产率较高的地区，往往通过价格杠杆使用户重视水资源节约，间接提升了生产率。法律法规方面，法律法规对水资源的管理和使用加以限制，有助于规范各行业的用水行为。例如，出台严格的排污和节水标准，限制高耗水行业的无序扩张，能减少浪费和污染，从而提升水资源的利用效率。

三是产业结构的调整对水资源生产率的影响。水资源生产率在很大程度上受到产业结构的影响。产业结构决定了各行业的用水需求和经济产出能力。通常，发达地区以第三产业和高附加值产业为主，这些行业水资源生产率较高，而落后地区往往依赖农业和传统重工业，用水效率较低。主要表现在以下几个方面：产业转型升级方面，随着经济转型升级，一些地区逐步从农业和重工业向服务业、高新技术产业转型，使水资源生产率得到显著提升。例如，内蒙古自治区第三产业水资源生产率较高，反映出其产业结构优化和经济转型带来的积极效果。区域经济结构差异方面，各地的经济结构不同，对水资源的依赖程度也不同。东部沿海地区由于经济发达、科技创新能力强、产业结构优化，水资源生产率普遍较高。而西部地区由于产业发展相对滞后，水资源生产率较低，这反映了区域经济发展水平对水资源生产率的影响。

四是科技创新对水资源生产率的影响。科技创新可以显著提升水资源利用效率。例如，现代农业中的高效灌溉技术（如滴灌、喷灌等）、工业中的循环用水系统以及服务业的智能化管理系统等，都可以减少用水量，提高水资源生产率。

以下是科技创新的几个重要方面。

节水灌溉技术方面。在农业中推广节水灌溉技术可以有效降低用水量，提高农业生产率，尤其是在水资源匮乏的地区。例如，以色列等国家通过先进灌溉技术实现了高产低耗水的农业生产，值得国内借鉴。

工业节水技术方面。工业领域的节水措施包括水循环利用系统、冷却水再利用等技术，可以显著降低工业用水成本，提高水资源的产出效率。

信息技术应用方面。服务业中的信息化和智能化管理，可以减少用水量。例如，通过物联网和大数据技术监测和分析用水情况，优化资源配置，提高水资源的使用效率。

五是自然环境对水资源生产率的影响。水资源的自然分布和可获得性也对生产率产生重要影响。在水资源匮乏的地区，由于水资源稀缺性，生产和生活用水受到限制，用水效率较高，单位水资源的产出率通常较高；而在水资源丰沛的地区，由于用水条件宽松，往往存在水资源浪费现象，用水效率较低。此外，自然灾害（如干旱、洪涝）对水资源生产率也会产生不利影响，尤其在农业领域，极端气候会降低水资源的有效利用率。

六是社会观念和意识对水资源生产率的影响。社会用水观念和环保意识在提升水资源生产率中也起到重要作用。随着环保意识的增强，一些地区逐步推行节水型生活和生产方式，减少了水资源浪费，提高了生产率。例如，居民和企业逐渐意识到水资源的稀缺性，主动减少浪费，采用节水设施和方法，这在一些生产率较高的省份表现明显。

（二）高附加值服务业的发展会提升地区水资源生产率

第三产业对水资源生产率贡献最大，第三产业水资源生产率会提升整体排行位次，比如上海。第三产业发达的城市水资源生产率较高。比如排在前列的城市多为第三产业为主的旅游城市或金融城市等。高附加值服务业推动了地区基础设施的现代化和绿色转型，包括节水型建筑和绿色办公空间的建设，这些都有助于提升整个社会的水资源利用效率。政府和企业在水资源管理上的创新举措，如实施雨水收集和再利用系统、优化地区供水网络、推广节水器具和设备等，也是提高水资源生产率的重要手段。经济发达地区的服务业发展还伴随着公众环保意识的提高和对可持续生活方式的追求。这种社会趋势促进了节水意识的普及和节水产品的广泛应用，为提升水资源利用效率创造了良好的社会环境。同时，政府在政策制定和执行上也更加重视资源的可持续管理，通过制定相关法律法规、提供税收优惠和补贴、开展公众教育和宣传等措施，鼓励和引导服务业及整个社会向更加节水和环保的方向发展。服务业的发展与水资源利用效率之间的正相关性不仅体现在直接的资源需求减少上，还体现在通过技术创新、基础设施现代化、公众环保意识提升以及政府政策支持等多方面的综合作用上。这种正相关性在经济发达地区尤为明显，为其他地区提供了宝贵的经验和启示，指明了通过发展高附加值服务业来实现经济增长与资源可持续利用双赢的路径。

第五章

环境生产率排行榜

  为满足经济发展与资源环境约束、实现可持续发展、推动绿色转型以及中国经济发展的实际情况等多方面需求，环境生产率的提升刻不容缓。对此，借鉴亩均概念和环境技术分框架，根据区域实际国内生产总值与狭义视角下绿色生产率中环境污染生产过程中的非期望产出的比值，测算环境生产率。本章研究的主要内容是从省域、副省级城市和设区市三个层面对综合环境生产率和分项环境生产率的排行榜和测算结果进行分析，发现我国的综合环境生产率因区域经济资源禀赋的差异有较大不同，明显北部沿海地区、东部沿海地区、南部沿海地区的综合环境生产率比东北地区、西南地区、长江中游地区、黄河中游地区和西北地区的高，而且我国各地区的经济结构与环境污染密切相关，即使经济生产总值大但污染排放较大其环境生产率仍会较低，所以在抓经济的同时必须抓环境污染控制及排放监测。

第一节 引　言

一、环境生产率的重要性

生产总值与环境污染之间的关系一直是国内外研究的热点。环境生产率的测度为体现经济增长与环境保护之间的平衡和可持续性提供了客观依据。在经济发展的早期阶段，一些国家和地区为了追求 GDP 的快速增长，往往以牺牲环境质量为代价，导致空气、水和土壤污染等严重环境问题。这种以环境为代价的发展模式在工业化快速发展阶段尤为明显，但随着时间的推移，人们逐渐认识到环境保护的重要性，并开始寻求经济增长与环境保护之间的平衡。

在国际上，环境和经济的可持续性正逐渐成为各国政策的核心。许多国家和国际组织正在采取行动，以确保经济增长不会以牺牲环境为代价。具体地，公布多个国际上的环境协议，如巴黎协定、多边条约和部长级宣言等，旨在解决气候变化、荒漠化、森林保护等全球性环境问题；采取措施使经济增长与环境目标更加兼容，强调可再生能源的使用，并调整生态政策以减少温室气体排放[1]；通过整合经济活动的环境影响，研究探讨了生产效率和消费模式的变化如何影响环境足迹指数，并进一步影响不同收入群体国家在可持续发展目标上的表现[2]。

在我国，党中央和国务院及有关部门近年来采取了一系列措施来减少污染，推动绿色、循环、低碳的经济发展模式。如《从中共中央 国务院

---

[1] Ahmed Imran Hunjra, Elie Bouri, Muhammad Azam, Rauf I Azam, Jiapeng Dai. Economic growth and environmental sustainability in developing economies [J]. Research in International Business and Finance. 2024，70（Part A）：102341.

[2] Siqi Han, Chunding Li, Mengyu Li., et al. Prospects for global sustainable development through integrating the environmental impacts of economic activities [J]. Nature Communications, 2024, 15：8424.

关于全面推进美丽中国建设的意见》，体现其中的措施包括优化产业结构、推进传统产业绿色低碳转型、实施全面节约战略、加快构建废弃物循环利用体系，持续深入打好蓝天、碧水、净土保卫战、实施全国自然生态资源监测评价预警工程、实施更严格的环保法规和标准，以及坚定落实《联合国气候变化框架公约》并积极参与全球气候治理。这都是我国在经济发展中实现环境的可持续性所作的重要努力。

综上，环境生产率是现代经济学和环境科学中一个至关重要的指标，不仅量化了经济活动对环境的影响，而且为实现经济发展与环境保护的和谐共生提供了可行的路径。通过评估单位环境负担所带来的经济产出，环境生产率揭示了资源使用的效率和污染控制的效果，从而为政策制定者、企业和社会各界提供了一个明确的参考，以指导他们在追求经济效益的同时，不牺牲环境质量。因此，环境生产率是确保社会的长期福祉、维护生态系统的稳定性以及实现可持续发展目标的关键，更是对未来负责任的承诺，是创新和进步的催化剂。

二、环境生产率的严峻性

新中国成立 75 年来，我国生态环境质量确实持续改善。据 2024 年 6 月生态环境部正式发布的《2023 中国生态环境状况公报》显示，全国环境空气质量保持长期向好态势，地表水环境质量持续向好，土壤环境风险得到基本管控，土壤污染加重趋势得到初步遏制，生态环境质量实现稳中改善。数据显示，20 世纪 80 年代初，全国环境污染治理投资总额每年为 25 亿—30 亿元，到 80 年代末期年度投资总额已超 100 亿元；2022 年，投资总额达 9014 亿元，与 2001 年相比增长 6.7 倍，年均增长 10.2%。持续增长的污染治理投资为生态文明建设提供了坚强保障，美丽中国的建设积厚成势、全面推进，党的十八大以来，以习近平同志为核心的党中央把生态文明建设作为关系中华民族永续发展的根本大计，生态环境保护发生历史性、转折性、全局性变化。因此，党的二十大报告指出：推动经济社会发展绿色化、低碳化是实现高质量发展的关键环节。

虽然我国经济社会发展已进入加快绿色化、低碳化的高质量发展阶段，生态文明建设进入以降碳为重点战略方向、推动减污降碳协同增效、促进经济社会发展全面绿色转型、实现生态环境质量改善由量变到质变的重要阶段。但同时，生态文明建设仍处于压力叠加、负重前行的关键期，生态环境保护结构性、根源性、趋势性压力尚未根本缓解，经济社会发展绿色转型内生动力不足，生态环境质量稳中向好的基础还不牢固，美丽中国建设任务依然艰巨，如何更好统筹生态环境保护和经济发展使两者相互促进仍然面临一系列的挑战与问题。

具体地，一是产业结构调整压力。我国经济的快速增长在很大程度上依赖于重工业，如钢铁、煤炭和化工等高耗能、高排放行业。随着环境法规体系的健全和国际减排压力的增大，我国需要对这些传统产业进行绿色低碳改造升级，同时发展绿色低碳产业，如新能源和节能环保产业。二是区域发展不平衡。我国不同地区在经济发展和环境保护方面存在不平衡。一些地区为了追求经济增长牺牲了环境质量，而其他地区则在环境保护方面取得了较好的进展。因此，需要统筹区域发展，推动形成绿色低碳的区域经济布局。三是技术创新和应用。环境与经济的平衡需要技术创新的支撑。我国需要加大对绿色、低碳、节能技术的投入和研发，推动这些技术的广泛应用。四是公众环保意识提升。提升公众的环保意识和参与度是实现环境与经济平衡的关键。我国正通过教育、媒体宣传等方式提高公众的环保意识，鼓励绿色消费和低碳生活。五是政策和法规的完善与执行。我国正不断完善环境保护相关的政策和法规，并加强执行力度，确保环境保护措施得到有效实施。

三、提升环境生产率的紧迫性

在当前经济与环境平衡发展的挑战下，提升环境生产率显得尤为迫切。环境生产率的测算与排行对比不仅对各省域和设区市具有重要的实际意义，而且对满足经济发展与资源环境约束、实现可持续发展、推动绿色转型以及中国经济发展的实际情况等多方面需求具有深远的影响。

首先，中国政府高度重视绿色发展，发布了《新时代的中国绿色发展》白皮书，强调了绿色发展的重要性，并提出了一系列推动经济社会发展全面绿色转型的意见。这些政策文件体现了中国对环境生产率提升的重视以及在新时代背景下对经济发展模式转变的决心。

其次，学术界对环境生产率的研究也在不断深化。本研究根据环境生产率的时间纵线动态比较，有助于减少对自然资源的消耗和污染，减轻对环境的压力，改善环境质量，从而对国家的可持续发展战略提供客观支持依据，确保资源的长期可用性，降低生产成本，提高产品和服务的竞争力，进而带来更好的经济效益。根据环境生产率的区域横向比较，有助于更有效地利用现有资源，应对资源短缺的挑战，提高资源循环利用率，加强资源管理，促进技术创新，为区域经济产业结构调整与优化空间格局提供系统性的解决方案。

最后，借助媒体公布各省域和设区市环境生产率排行榜，引发公共关注，增加公众的广泛参与度，可以提高公众对环境资源利用效率的认识，促进人们更加关注绿色消费和环保行动，促使企业采取更加绿色、高效的生产方式，从而推动社会形成节约资源和保护环境的良好风尚；同时提供了量化的参考依据，可以引导政府在制定相关政策时更加注重资源的高效利用和环境的保护，促进资源的合理配置和利用。

综上所述，提升环境生产率是中国实现可持续发展和绿色转型的关键。通过政策引导、学术研究和实践探索，中国正在不断推进环境生产率的提升，以满足经济发展与资源环境约束的需求，实现经济与环境的和谐共生。

第二节 环境生产率指标选取与数据来源

一、环境生产率指标选取

环境生产率，借鉴 Ehrlich 和 Holdren 教授于 1971 年提出的 IPAT 模型与 Fare 等教授于 2007 年提出的环境技术分框架（即构造全局基准技术下包含期望产出和非期望产出的环境生产可行性集[①]），将环境生产率特别设定成地区实际国内生产总值与狭义视角下绿色生产率中环境污染生产过

[①] Färe, Rolf; Grosskopf, Shawna, Pasurka Jr. Carl A. Environmental production functions and environmental directional distance functions [J]. Energy, 2007, 32 (7): 1055–1066.

程中的非期望产出的比值。

环境污染生产过程中一般存在废水、废气和固体废物等污染废弃物的排放产生情况。据《中国环境统计年鉴》环境污染废弃物排放量主要有废水排放量、废水中化学需氧量（COD）排放量、废水中氨氮排放量、废气排放量、废气中二氧化硫（SO_2）排放量、废气中氮氧化物（NO_x）排放量、废气中总悬浮颗粒物排放量[①]、一般工业固体废物产生量、垃圾清运量等指标数据。统计调查对象为全国排放污染物的工业源、农业源、生活源、集中式污染治理设施、移动源等五个部分。[②]

关于环境生产率的指标选取，查阅相关文献可知，董敏杰等（2012）测算中国工业环境全要素生产率时将 SO_2 和 COD 作为非合意产出指标[③]；尹向飞和刘长石（2017）利用 ISP 生产率指数法，将环境和矿产资源纳入全要素生产率测算体系，并从要素效率的角度进行分解出好产出变量和坏产出变量，坏产出变量则主要选择空气污染，具体分为两类：第一类为二氧化硫；第二类为其他类型的大气污染，包括 CO_2、CH_4、N_2O、NO_x、CO、NMVOC 和 NH_3。由于坏产出太多，因此利用动态因子分析法将第二类污染进行降维。[④] 袁晓玲和贺斌（2018）从生产与生活两个维度出发，分别选取工业废水排放量、工业烟（尘）排放量、工业 SO_2 排放量、生活垃圾清运量及生活污水排放量共五个指标，运用纵横向拉开档次法将各类污染物合成环境污染指数[⑤]；邱士雷等（2019）对 2005—2016 年资源环境约束下全要素生产率进行测度时将 CO_2、SO_2、COD、烟（粉）尘和固体废弃物等五类污染物合成环境污染综合排放指数作为非期望产出计算

[①] 根据《中国环境统计年鉴》，从"十二五"起，环境统计数据不再对烟尘、粉尘细分，统计数据为烟（粉）尘排放总量；即 2011 年前分别统计烟尘排放量和粉尘排放量，2011 年起将烟尘排放量和粉尘排放量合计为烟（粉）尘排放量，2016 年起烟（粉）尘排放量改为颗粒物排放量。

[②] 根据《中国环境统计年鉴2022》，以第二次全国污染源普查成果为基准，生态环境部依法组织对 2016—2019 年污染统计初步数据进行了更新，2016 年之后数据与以前年份不可比。

[③] 董敏杰，李钢，梁泳梅. 中国工业环境全要素生产率的来源分解——基于要素投入与污染治理的分析 [J]. 数量经济技术经济研究，2012，29（02）：3-20.

[④] 尹向飞，刘长石. 环境与矿产资源双重约束下的中国制造业全要素生产率研究 [J]. 软科学，2017，31（02）：9-13.

[⑤] 袁晓玲，贺斌. 中国城市全要素土地生产率测度及影响因素分析——基于全要素框架下分项要素绩效分解 [J]. 城市发展研究，2018，25（12）：54-61+81.

环境全要素生产率[1];杨骞等(2022)测算全要素水资源绿色生产率时将 CO_2、SO_2、废固和废水排放量代表非期望产出。[2]

综上所述,考虑第二次全国污染源普查成果的统计更新和环境污染废弃物排放量指标数据的可获取性与可比较性,环境生产率指标从"三废"(污水、废气、固废)的分类角度出发选择废水排放量、废水中化学需氧量(COD)排放量、废水中氨氮排放量、废气中二氧化硫(SO_2)排放量、废气中氮氧化物(NO_x)排放量、颗粒物排放量、一般工业固体废物产生量等七类污染物产出数据与实际国内生产总值(GDP),具体测算指标见第二章。

二、数据来源

环境生产率可用一定时期内该地区的实际国内生产总值与由环境污染废弃物排放量得到的环境非期望产出相比进行刻画,即指,一定时期内每排放一个单位的废弃物所创造产生最终的经济价值。

全国各省域、副省级城市及设区市的环境污染废弃物排放量数据主要取自由国家统计局和生态环境部、城市社会经济调查司定期向社会公布的《中国环境统计年鉴》《中国统计年鉴》和《中国城市年鉴》以及各地区的统计年鉴或者统计年报,主要包括废水、废气和固体废物等"三废"相关的总体排放产生量或者涉及的污染源化学成分排放量等指标,一般通过综合性调查和专项调查取得。关于环境污染废弃物排放量的统计工作由国家统计局和生态环境部及其他有关部委组织实施。

工业企业环境统计工作中对废气、废水和固体废物及所含污染物产生量、排放量的计算通常采用三种方法,即实测法[3]、物料衡算法[4]和产排

---

[1] 邱士雷,王子龙,吴朋,等.资源环境约束下中国ETFP演变的空间计量分析[J].软科学,2019,33(07):86–93.

[2] 杨骞,徐青,陈晓英.中国全要素水资源绿色生产率的地区差距及收敛检验[J].财贸研究,2022,33(05):15–30.

[3] 刘悦婷.环境影响评价中污染物源强计算方法的对比[J].节能与环保,2018,(11):40–41.

[4] 王利和.环境影响评价工程分析中污染物源强的核算[J].价值工程,2011,30(07):64–65.

污系数法。[①] 实测法是通过监测手段或国家有关部门认定的连续计量设施，测量废气、废水的流速、流量和废气、废水中污染物的浓度，用环保部门认可的测量数据来计算各种污染物的产生量和排放量的统计计算方法，其基础数据主要来自于环境监测站通过科学、合理地采集样品、分析样品而获得的；物料衡算法是指根据物质质量守恒原理，对生产过程中使用的物料变化情况进行定量分析的一种方法，即：投入物料量总和 = 产出物料量总和 = 主副产品和回收及综合利用的物质量总和 + 排出系统外的废物质量；产排污系数是指在正常技术经济和管理条件下，生产单位产品所产生（或排放）的污染物数量的统计平均值，产排污系数实质是长期与反复实践的经验积累，产排污系数包含产污系数和排污系数。

第三节　环境生产率排行榜测算

一、省域环境生产率排行榜

本章的数据来源于《中国环境统计年鉴》《中国统计年鉴》和各省域统计年鉴的 2000—2022 年环境污染物排放量统计数据，以 31 个省、自治区和直辖市的数据为样本，计算各省域的单位环境非期望产出实际国内生产总值，单位为万元/吨，分析得出各省域的分项环境生产率及其平均值和总体排名情况、综合环境生产率情况。结果如表 5 - 1 至 5 - 7 所示。

[①] 乔琦，白璐，刘丹丹，等. 我国工业污染源产排污核算系数法发展历程及研究进展[J]. 环境科学研究，2020，33（08）：1783 - 1794.

表 5–1　2000—2022 年省域化学需氧量生产率情况　　　　单位：万元/吨

省域	全时段均值	2013—2022 年的 10 年均值	2018—2022 年的 5 年均值	2022 年	2022 年定基增长（倍）
北京	1511.59	2789.67	3884.01	4371.48	23.75
天津	952.08	1813.56	2118.47	1088.03	10.89
河北	318.66	546.44	619.11	217.73	2.05
山西	256.10	449.54	487.38	185.56	2.19
内蒙古	459.65	885.93	1070.80	210.87	2.51
辽宁	409.64	751.38	863.33	223.79	2.36
吉林	350.39	680.53	725.22	148.00	2.61
黑龙江	260.20	457.80	527.76	215.95	2.58
上海	1460.32	2878.13	3975.35	3706.32	23.78
江苏	436.77	722.32	829.85	571.72	3.37
浙江	559.11	989.33	1231.77	964.21	8.83
安徽	208.34	321.36	343.14	188.49	1.88
福建	373.02	605.97	713.33	569.16	3.87
江西	156.66	245.90	271.13	162.27	2.16
山东	514.93	898.72	1047.75	447.21	4.36
河南	320.31	558.79	636.14	202.38	2.28
湖北	234.52	400.48	441.76	178.76	2.54
湖南	207.87	372.73	414.70	187.19	2.55
广东	397.78	626.87	712.87	489.47	3.33
广西	115.38	208.31	220.95	144.91	6.15
海南	205.50	339.00	386.07	200.36	2.23
重庆	605.45	1208.88	1410.76	531.07	6.83
四川	241.66	432.26	482.11	265.96	5.61
贵州	176.14	292.15	286.43	75.31	0.67
云南	283.02	497.95	577.00	226.32	2.34
西藏	203.91	261.34	237.95	82.82	1.81
陕西	333.73	623.90	724.85	348.43	5.32
甘肃	236.28	398.62	442.97	99.80	0.31
青海	232.93	416.51	487.94	204.34	1.56
宁夏	77.47	120.30	134.07	85.30	4.06
新疆	140.91	213.44	251.67	129.69	0.87

表 5-2 　　　　　2004—2022 年省域氨氮生产率情况　　　　单位：万元/吨

省域	全时段均值	2013—2022 年的 10 年均值	2018—2022 年的 5 年均值	2022 年	2022 年定基增长（倍）
北京	33170.45	58151.74	73353.56	97265.48	32.35
天津	29815.97	53901.66	74514.73	78752.61	41.47
河北	5267.90	8399.90	11366.55	10049.60	7.34
山西	3715.72	6102.72	8472.21	8601.22	10.90
内蒙古	9321.39	16413.11	22312.64	10629.54	10.68
辽宁	7529.88	12845.25	18274.44	17648.99	15.21
吉林	6774.40	11588.85	15427.84	11318.20	11.38
黑龙江	4772.95	7878.55	11331.63	14227.58	13.74
上海	23205.08	41063.89	72147.17	106385.15	42.82
江苏	7346.93	11437.29	16040.79	17680.68	8.40
浙江	8572.57	13773.61	18567.13	15706.21	8.84
安徽	3567.02	5676.09	7113.85	5675.57	5.42
福建	5508.77	8449.02	10853.61	8682.03	5.87
江西	2322.78	3324.47	4252.55	3996.28	3.26
山东	8167.70	13174.92	17375.73	14626.27	7.83
河南	4871.30	8031.89	10763.00	8025.63	8.63
湖北	3331.43	5346.84	6816.15	5007.75	6.28
湖南	2775.60	4490.88	5828.35	5130.64	8.29
广东	5700.21	8756.63	11441.08	10548.62	4.20
广西	1843.98	2832.34	3259.27	2832.70	5.98
海南	2781.49	4105.33	5607.35	5508.33	3.57
重庆	7562.97	12991.67	16679.79	9883.96	9.17
四川	3233.10	4928.38	6129.41	5700.47	5.48
贵州	2306.91	3318.65	3996.75	3747.89	3.47
云南	3822.09	5626.09	7268.65	6777.30	3.33
西藏	2287.46	2781.01	3193.83	2950.15	1.19
陕西	4532.54	7340.33	9220.49	6637.73	5.02
甘肃	4510.98	7797.22	11414.11	12809.45	20.24
青海	2384.78	3708.09	4620.44	4046.67	4.17
宁夏	2642.04	4413.37	7074.46	10507.78	16.33
新疆	1994.00	2789.01	3709.88	4031.38	3.10

表 5-3　　2000—2022 年省域二氧化硫生产率情况　　单位：万元/吨

省域	全时段均值	2013—2022 年的 10 年均值	2018—2022 年的 5 年均值	2022 年	2022 年定基增长（倍）
北京	26666.16	60678.12	113679.91	176846.32	1251.94
天津	3935.60	8813.10	15171.55	25443.15	492.35
河北	450.24	936.46	1562.60	2275.25	58.59
山西	190.64	398.74	665.22	983.95	63.08
内蒙古	183.78	375.71	581.18	823.30	34.52
辽宁	418.14	832.92	1324.14	2082.72	40.60
吉林	563.66	1139.23	1788.24	2382.78	33.92
黑龙江	488.31	929.81	1394.16	1802.72	11.70
上海	9790.93	22162.28	39698.41	42871.63	416.83
江苏	1430.96	3059.85	5387.45	9478.55	97.68
浙江	1895.36	4108.00	7335.31	11102.66	106.18
安徽	628.17	1293.29	2116.13	3368.62	65.28
福建	1091.17	2218.81	3565.19	5238.16	30.31
江西	399.28	808.92	1379.69	2297.86	36.05
山东	845.38	1801.69	3068.38	4631.48	98.99
河南	1207.06	2667.50	4659.44	6349.65	109.20
湖北	739.45	1551.79	2503.54	3240.31	50.18
湖南	678.08	1435.75	2428.28	4128.10	88.85
广东	1916.24	4096.12	6662.60	8981.88	74.68
广西	464.03	994.55	1540.83	2198.10	86.71
海南	1974.66	3989.98	6561.45	10251.62	37.92
重庆	707.64	1554.00	2588.05	3768.39	175.53
四川	583.28	1238.56	1956.79	2700.96	83.09
贵州	134.11	286.16	469.81	725.10	101.09
云南	221.86	413.42	651.23	807.70	14.50
西藏	1961.25	2456.08	3186.49	4042.80	1.75
陕西	422.80	907.79	1519.84	2350.86	80.19
甘肃	218.89	450.03	701.03	935.24	31.78
青海	171.94	314.89	457.95	503.37	5.11
宁夏	81.18	162.36	264.59	402.67	27.12
新疆	171.15	327.95	541.74	885.32	19.19

表 5-4 2011—2022 年省域氮氧化物生产率情况　　　　　单位：万元/吨

省域	全时段均值	2013—2022 年的 10 年均值	2018—2022 年的 5 年均值	2022 年	2022 年定基增长（倍）
北京	1369.64	1526.95	2079.83	2621.71	3.82
天津	930.99	1067.49	1450.69	1870.82	7.36
河北	229.59	255.98	348.23	440.88	3.79
山西	146.91	165.45	231.37	326.54	5.44
内蒙古	204.59	232.65	324.11	422.17	5.95
辽宁	314.81	343.74	426.89	518.79	2.24
吉林	373.41	421.55	574.41	654.17	4.36
黑龙江	357.95	401.85	558.61	694.29	4.28
上海	1206.13	1371.36	1873.37	2288.76	5.52
江苏	676.46	765.86	1102.62	1575.55	6.36
浙江	722.68	813.27	1080.32	1262.30	4.02
安徽	301.94	339.23	465.98	666.41	5.25
福建	736.16	824.78	1086.00	1420.84	4.28
江西	311.73	348.28	474.99	631.60	4.33
山东	466.58	522.22	729.11	878.03	3.97
河南	390.04	445.38	640.73	815.51	6.66
湖北	480.23	536.02	686.38	905.11	3.87
湖南	557.47	627.35	893.99	1259.05	5.72
广东	763.48	855.27	1130.76	1303.61	3.61
广西	285.79	315.83	406.63	562.54	3.34
海南	517.17	583.32	821.26	1057.47	4.69
重庆	585.21	664.10	901.90	931.95	4.36
四川	517.60	574.68	768.92	1062.30	3.92
贵州	213.90	243.51	345.51	429.31	5.89
云南	285.90	319.13	423.42	540.61	3.83
西藏	176.46	190.46	224.05	241.49	1.30
陕西	322.91	369.18	528.87	693.49	7.19
甘肃	214.37	242.31	327.77	399.85	4.74
青海	183.66	203.95	274.50	333.41	3.27
宁夏	87.08	99.81	146.10	163.09	6.39
新疆	165.23	187.31	275.05	357.78	5.63

表 5-5　　2011—2022 年省域颗粒物生产率情况　　单位：万元/吨

省域	全时段均值	2013—2022 年的 10 年均值	2018—2022 年的 5 年均值	2022 年	2022 年定基增长（倍）
北京	11441.15	13408.53	23931.96	47446.57	29.48
天津	5121.49	5931.40	10064.61	18375.61	16.38
河北	470.93	537.87	847.75	1406.52	10.22
山西	177.65	200.70	320.71	474.80	7.23
内蒙古	141.52	146.59	171.15	168.06	0.44
辽宁	452.20	492.38	736.57	1248.48	4.08
吉林	412.02	446.15	629.77	790.43	3.63
黑龙江	279.15	303.04	417.04	532.10	2.38
上海	12066.52	14121.21	23980.70	34607.22	19.34
江苏	2069.29	2339.06	3966.65	7799.73	11.51
浙江	2202.11	2483.97	4112.09	6819.49	9.21
安徽	714.64	810.15	1368.99	2461.55	9.89
福建	1187.24	1307.00	2085.47	3938.47	5.67
江西	531.00	596.36	977.73	1635.18	7.93
山东	1336.74	1513.70	2398.39	3536.02	7.75
河南	1755.20	2047.13	3545.43	5373.49	19.24
湖北	808.62	894.72	1376.27	2168.71	5.03
湖南	724.95	796.68	1233.88	2228.98	5.86
广东	2241.56	2439.25	3711.03	5911.95	3.88
广西	569.65	637.84	1023.45	1904.40	7.57
海南	2001.81	2173.68	3100.56	4920.78	3.39
重庆	1148.41	1295.81	2009.06	3473.28	7.98
四川	867.71	948.11	1351.82	2172.86	4.76
贵州	316.24	354.84	559.08	959.23	7.45
云南	298.42	324.26	423.06	610.32	2.80
西藏	584.26	586.14	803.38	1495.28	2.51
陕西	339.78	375.31	557.99	749.42	3.93
甘肃	231.35	245.27	354.81	590.88	3.17
青海	162.69	181.26	274.81	413.59	4.90
宁夏	124.68	139.24	217.29	378.50	7.07
新疆	117.33	126.58	157.72	170.70	1.23

表 5-6　2000—2022 年省域一般工业固体废物生产率情况　　单位：万元/吨

省域	全时段均值	2013—2022 年的 10 年均值	2018—2022 年的 5 年均值	2022 年	2022 年定基增长（倍）
北京	29.77	58.72	94.86	135.79	35.02
天津	5.55	8.04	8.31	8.54	1.29
河北	1.25	1.40	1.57	1.63	-0.07
山西	0.61	0.55	0.63	0.67	-0.37
内蒙古	1.31	1.18	1.24	1.00	-0.64
辽宁	1.93	2.13	2.20	2.23	0.23
吉林	3.13	4.05	4.81	5.03	1.01
黑龙江	2.81	3.79	4.33	4.50	1.64
上海	8.55	13.25	15.18	14.65	3.65
江苏	3.86	4.84	5.44	5.73	0.74
浙江	5.95	7.21	7.91	8.21	0.47
安徽	1.35	1.48	1.63	1.69	0.17
福建	3.46	4.63	5.24	5.54	0.34
江西	1.95	2.20	2.59	2.78	-0.03
山东	2.15	2.56	2.86	3.37	0.68
河南	2.20	2.50	2.76	2.57	0.02
湖北	2.54	3.05	3.26	3.51	0.50
湖南	3.71	5.29	6.52	7.70	1.40
广东	8.90	10.16	10.85	11.10	0.18
广西	1.80	2.23	2.58	2.59	0.32
海南	9.27	9.09	8.32	7.14	-0.27
重庆	4.31	6.64	8.21	8.78	2.07
四川	2.98	4.19	4.59	4.86	1.09
贵州	1.09	1.16	1.13	1.17	-0.21
云南	1.41	1.33	1.44	1.60	-0.08
西藏	35.04	34.37	6.22	2.41	-0.82
陕西	2.43	2.16	2.42	2.19	-0.54
甘肃	2.13	2.01	2.39	2.33	-0.12
青海	1.30	0.21	0.24	0.22	-0.62
宁夏	0.92	0.65	0.65	0.48	-0.68
新疆	2.26	1.52	1.81	1.91	-0.58

表 5-7　2011—2022 年省域综合环境生产率情况　　　　单位：万元/吨

省域	全时段均值	2013—2022年的10年均值	2018—2022年的5年均值	2022年	2022年定基增长（倍）	2022年增长（％）	2021年增长（％）
北京	1877.44	2144.68	3246.07	4454.77	7.38	1.21	35.11
天津	501.38	555.44	641.02	662.38	2.07	3.01	0.10
河北	96.70	104.32	123.58	127.46	1.36	12.73	-8.91
山西	41.89	45.02	53.91	58.27	1.16	3.85	4.75
内蒙古	76.61	83.33	94.74	79.64	1.10	-10.15	-3.44
辽宁	137.21	146.59	162.48	164.73	0.87	9.02	-2.47
吉林	207.31	228.21	278.96	251.02	1.65	-4.62	-5.79
黑龙江	182.07	199.61	242.95	258.77	1.83	-3.88	22.15
上海	820.26	913.15	1154.48	1162.83	2.53	0.17	-0.05
江苏	306.00	330.38	400.53	433.63	1.55	3.90	-1.05
浙江	420.09	457.41	559.58	595.03	1.70	2.98	-1.04
安徽	103.42	110.46	128.04	133.24	1.02	1.03	-0.90
福建	286.74	310.73	373.37	411.49	1.12	4.94	-10.60
江西	128.24	139.89	170.51	183.39	1.83	-0.86	5.31
山东	176.87	190.55	228.29	262.92	1.62	4.87	4.66
河南	162.83	178.37	211.05	189.43	1.33	-7.64	-3.20
湖北	181.23	194.83	217.70	226.66	1.16	-2.49	10.01
湖南	243.85	269.93	335.93	368.30	2.57	6.24	2.39
广东	486.14	527.86	625.07	636.61	1.42	-2.01	-0.20
广西	127.57	138.30	163.09	168.67	1.26	12.48	5.70
海南	351.27	384.74	429.34	366.46	1.02	-8.61	18.27
重庆	351.36	395.82	510.86	526.16	3.41	-0.88	10.97
四川	230.26	251.85	293.28	310.71	1.73	0.75	4.69
贵州	70.28	76.10	82.29	81.85	1.04	4.74	-1.21
云南	90.28	97.99	111.84	124.22	1.65	5.02	7.11
西藏	232.15	231.62	175.72	127.63	-0.43	-30.91	159.28
陕西	136.52	148.60	182.41	172.96	1.43	-1.64	7.33
甘肃	105.05	115.79	141.35	135.92	1.80	1.29	1.41
青海	18.03	19.00	22.18	20.86	0.67	-8.37	-11.47
宁夏	38.76	41.98	48.18	39.12	0.84	-15.97	-3.30
新疆	80.78	87.42	111.98	118.22	1.40	0.16	3.39

（一）省域化学需氧量生产率测算

由表 5-1 的省域化学需氧量生产率 2022 年定基增长可知，2000—2022 年我国省域化学需氧量生产率总体呈上升趋势。其中，北京和上海这 2 个直辖市的 2022 年定基增长超 23 倍，次之的是天津，其定基增长是 10.89 倍，可见北京和上海的化学需氧量生产率远超于其他省域，该项环境生产率势头较好。

从 2022 年的省域化学需氧量生产率排行看，排名在前三的依次是北京、上海、天津，其值分别是 4371.48 万元/吨、3706.32 万元/吨、1088.03 万元/吨，仅这 3 个直辖市的化学需氧量生产率闯入千万大关，其他省域都在 600 万元/吨之下；最低的是贵州[①]（75.31 万元/吨），次低的是西藏（82.82 万元/吨）、宁夏（85.30 万元/吨）、甘肃（99.80 万元/吨），均未破百。

从省域化学需氧量生产率的全时段均值、2013—2022 年的 10 年均值和 2018—2022 年的 5 年均值的纵向对比来看，各省域 2000—2012 年的化学需氧量生产率整体呈现较大增长，而 2013—2022 年的 10 年增长速度明显放缓，其中贵州、西藏这两个省域的化学需氧量生产率 2018—2022 年的 5 年均值低于 2013—2022 年的 10 年均值。从 2018—2022 年的 5 年均值的横向对比来看，内蒙古、山东、浙江、重庆的化学需氧量生产率均突破了千万元/吨，其值分别是 1070.80 万元/吨、1047.75 万元/吨、1231.77 万元/吨、1410.76 万元/吨，而且重庆的化学需氧量生产率在 2013—2022 的 10 年均值中同样列入千元/吨以上的队伍中，但其他 3 个省域并未在其中。此外，不论是取全时段均值，还是取 2013—2022 的 10 年均值和 2018—2022 的 5 年均值，北京、上海、天津的化学需氧量生产率都在千万元/吨以上，其中上海的全时段均值虽是低于北京，但 2013—2022 的 10 年和 2018—2022 的 5 年均值均超过了北京。

（二）省域氨氮生产率测算

由表 5-2 的省域氨氮生产率 2022 年定基增长可知，2004—2022 年我国省域氨氮生产率总体呈上升趋势。其中，天津和上海这 2 个直辖市的

---

① 避免赘述，本书后续对于中国省市的称呼简化"省、市"后缀。

2022年定基增长超40倍；次之的是北京，其定基增长是32.35；再次之的是甘肃，其定基增长是20.24，紧接着的是宁夏（16.33）、辽宁（15.21）、黑龙江（13.74）、吉林（11.38）、山西（10.90）、内蒙古（10.68），其他21个省域的定基增长数值均在10以下。

从2022年的省域氨氮生产率排行看，排名在前3的依次是上海、北京、天津，其值分别是106385.15万元/吨、97265.48万元/吨、78752.61万元/吨；氨氮生产率介于15000万—18000万元/吨的依次减小的省域是江苏、辽宁、浙江，介于10000万—15000万元/吨的依次减小的是黑龙江、山东、甘肃、吉林、内蒙古、广东、宁夏、河北这8个省域；其余17个省域的氨氮生产率均在10000万元/吨之下。

从省域氨氮生产率的全时段均值、2013—2022年的10年均值和2018—2022年的5年均值的纵向对比来看，各省域2000—2022年各时段的氨氮生产率整体呈现较均匀增长。横向对比2013—2022年的10年均值和2018—2022年的5年均值，内蒙古、辽宁、吉林、江苏、浙江、重庆这6个省域的氨氮生产率虽然全时段均值未在亿元/吨以上的行列中，但2013—2022年的10年均值开始突破了亿元/吨，其5年均值同样超过了亿元/吨；河北、黑龙江、福建、河南、广东、甘肃等6个省域的氨氮生产率虽2013—2022年的10年均值未达到亿元/吨，但2018—2022年的5年均值突破了亿元/吨。此外，不论是取全时段均值，还是取2013—2022年的10年均值和2018—2022年的5年均值，北京、天津、上海的氨氮生产率都在亿元/吨以上，其中天津的全时段和2013—2022年的10年均值虽低于北京，但2018—2022年的5年均值超过了北京。

（三）省域二氧化硫生产率

由表5-3的省域二氧化硫生产率2022年定基增长可知，2000—2022年我国省域二氧化硫生产率总体呈上升趋势，但各省域的增长速度差异较大。其中，北京的2022年定基增长超1250倍；次之的是天津和上海，其定基增长分别是492.35倍和416.83倍；再次之的是重庆，其定基增长是175.53倍；紧接着定基增长值降落至100—110倍的省域是河南（109.20倍）、浙江（106.18倍）和贵州（101.09倍），其他省域的定基增长数值均在100倍以下；其中最低的是西藏，定基增长仅1.75倍，次低的是青海（5.11倍）、黑龙江（11.70倍），其他的省域2022年定基增长在12

倍以上。

从 2022 年的省域二氧化硫生产率排行看，排名在首位的是北京，其值是 176846.32 万元/吨；排在第 2 名的是上海，其值是 42871.63 万元/吨；排在第 3 名的是天津，其值是 25443.15 万元/吨。紧接着的是浙江和海南，其值分别是 11102.66 万元/吨和 10251.62 万元/吨；其余省域的二氧化硫生产率均在 10000 万元/吨以下，其中山西、甘肃、新疆、内蒙古、云南、贵州、青海、宁夏等 8 个省域的二氧化硫生产率均在 1000 万元/吨以下。可见北京的二氧化硫生产率和其余省域不在一个量级上，远远超之。

从省域二氧化硫生产率的全时段均值、2013—2022 年的 10 年均值和 2018—2022 年的 5 年均值的纵向对比来看，各省域 2018—2022 年的二氧化硫生产率增长速度较大。横向对比全时段、2013—2022 年的 10 年和 2018—2022 年的 5 年均值，仅北京的二氧化硫生产率均保持在亿元/吨以上，2013—2022 年的 10 年均值在亿元/吨以上的省域出现了上海，2018—2022 年的 5 年均值在亿元/吨以上的又多了天津；江苏、浙江、福建、河南、广东、海南、西藏等 7 个省域的二氧化硫生产率在每个时段的均值都达到了千万元/吨；辽宁、安徽、山东、湖北、湖南、重庆、四川等 7 个省域的二氧化硫生产率虽全时段未达到，但 2013—2022 年的 10 年和 2018—2022 年的 5 年均值都在千万元/吨之上；河北、辽宁、黑龙江、江西、陕西、广西等 6 个省域的二氧化硫生产率虽然全时段和 2013—2022 年的 10 年均值未在千万元/吨以上的行列中，但其 2018—2022 年的 5 年均值超过了千万元/吨；其余 8 个省域的二氧化硫生产率在全时段、2013—2022 年的 10 年和 2018—2022 年的 5 年均值方面一直未达到千万元/吨。

（四）省域氮氧化物生产率测算

由表 5-4 的省域氮氧化物生产率 2022 年定基增长可知，2011—2022 年我国省域氮氧化物生产率总体呈上升趋势，且各省域的定基增长差异较小，均在 7.5 倍以内。其中，定基增长最大的天津（7.36 倍），次之的是陕西（7.19 倍），再次之的是河南（6.66 倍）、宁夏（6.39 倍）、江苏（6.36 倍），在 5—6 倍的依次减小的是内蒙古、贵州、湖南、新疆、上海、山西和安徽等 7 个省域。值得注意的是，依据氮氧化物生产率的

2022年定基增长排行,北京和上海不像化学需氧量、氨氮和二氧化硫等三类环境生产率排行靠前,前者居倒数第7名,后者居倒数第10名。

从2022年的省域氮氧化物生产率排行看,居首位的是北京,其值是2621.71万元/吨;排在第2名的是上海,其值是2288.76万元/吨;排在第3名的是天津,其值是1870.82万元/吨。紧接着的是江苏、福建、广东、浙江、湖南、四川和海南等7个省域,其值依次减小,均在1000—1600万元/吨;其余省域的氮氧化物生产率均在1000万元/吨以下,其中最低的宁夏仅163.09万元/吨,剩下20个省域的氮氧化物生产率在200万—1000万元/吨。

从省域氮氧化物生产率的全时段均值、2013—2022年的10年均值和2018—2022年的5年均值的纵向对比来看,各省域2018—2022年的氮氧化物生产率增长速度略大点。横向对比全时段、2013—2022年的10年和2018—2022年的5年均值,北京和上海的氮氧化物生产率均保持在千万元/吨以上,2013—2022年的10年均值在千万元/吨以上的省域出现了天津,2018—2022年的5年均值在千万元/吨以上的又多了江苏、浙江、福建、广东等4个省域;三个时段的均值都落在末尾的宁夏,其全时段和2013—2022年的10年均值未在百万元/吨以上的行列中,仅2018—2022年的5年均值超过了百万元/吨;其余23个省域的氮氧化物生产率在全时段、2013—2022年的10年和2018—2022年的5年均值上一直在百万元/吨至千万元/吨之间。

(五) 省域颗粒物生产率测算

由表5-5可知,2011—2022年我国省域颗粒物生产率总体呈上升趋势,且各省域的定基增长差异较大。其中,定基增长最大的是北京(29.48),次之的是上海(19.34)和河南(19.24),再次之的是天津(16.38)、江苏(11.51)、河北(10.22);剩余25个省域的定基增长小于10,其中排行后10个省域的定基增长小于4。

从2022年的省域颗粒物生产率排行看,排名在首位的是北京,其值是47446.57万元/吨;排在第2名的是上海,其值是34607.22万元/吨;排在第3名的是天津,其值是18375.61万元/吨。紧接着的是江苏、浙江、广东、河南等4个省域,其值依次减小,均在5000万—10000万元/吨;13个省域的颗粒物生产率均在1000万—5000万元/吨,其中排行末尾的内蒙古仅 168.06 万元/吨，排倒数第 2 名的新疆仅 170.70 万元/吨，剩余 8 个省域的颗粒物生产率在 350 万—1000 万元/吨。

从省域颗粒物生产率的全时段均值、2013—2022 年的 10 年均值和 2018—2022 年的 5 年均值的纵向对比来看，各省域 2018—2022 年的颗粒物生产率增长速度略大点。横向对比全时段、2013—2022 年的 10 年和 2018—2022 年的 5 年均值，北京和上海的颗粒物生产率均保持在亿元/吨以上；天津仅在 2018—2022 年的 5 年均值达到亿元/吨，其全时段和 2013—2022 年的 10 年均值只达到 5000 万元/吨以上；江苏、浙江、福建、山东、河南、广东、海南和重庆等 8 个省域的 3 个时段均值都在 1000 万—4200 万元/吨；安徽、湖北、湖南、四川和广西 5 个省域虽然全时段和 2013—2022 年的 10 年均值未达到千万元/吨以上，但 2018—2022 年的 5 年均值刚破千万元/吨；其余 15 个省域的颗粒物生产率在全时段、2013—2022 年的 10 年和 2018—2022 年的 5 年均值一直在千万元/吨之下。

（六）省域固体废物生产率测算

由表 5-6 可知，近一半省域的固体废物生产率出现负增长，2000—2022 年我国省域固体废物生产率总体增长趋势不明显。其中，定基增长最大的是北京（35.02 倍），其次是上海（3.65 倍）、重庆（2.07 倍）、黑龙江（1.64 倍）；定基增长在 1—1.5 倍的依次减小的是湖南、天津、四川、吉林 4 个省域，10 个省域的定基增长在 0—1 倍，剩余 13 个省域的定基增长小于 0。

从 2022 年的省域固体废物生产率排行看，排在前 3 名的依次是北京、上海、广东，其值分别是 135.79 万元/吨、14.65 万元/吨、11.10 万元/吨；固体废物生产率在 5 万—9 万元/吨的依次减小的省域是重庆、天津、浙江、湖南、海南、江苏、福建、吉林等 8 个省域；其余 20 个省域的固体废物生产率均在 5 万元/吨之下，其中固体废物生产率值最低的是青海（0.22 万元/吨），次低的是宁夏（0.48 万元/吨）、山西（0.67 万元/吨）、内蒙古（1 万元/吨）。

从省域固体废物生产率的全时段均值、2013—2022 年的 10 年均值和 2018—2022 年的 5 年均值的纵向对比来看，各省域 2000—2022 年的固体废物生产率整体呈现倒 U 形。横向对比 2013—2022 年的 10 年均值和 2018—2022 年的 5 年均值，北京的固体废物生产率均保持在 29 万元/吨以上；上海和广东虽未在全时段达到 10 万元/吨以上，但 2013—2022 年的 10 年和 2018—2022 年的 5 年均值已达到 10 万元/吨以上；西藏虽全时段和 2013—2022 年的 10 年均值高达 34 万元/吨，但达到 2018—2022 年的 5 年均值跌破 10 万元/吨；宁夏和山西的颗粒物生产率在全时段、2013—2022 年的 10 年和 2018—2022 年的 5 年均值上一直在 1 万元/吨之下；剩余 25 个省域的 3 个时段均值都在 1 万—10 万元/吨。

（七）省域环境生产率测算

由表 5-7 和图 5-1 可知，除西藏出现负定基增长之外，2011—2022 年我国省域环境生产率总体呈上升趋势，波动范围较集中。其中，定基增长速度最大的是北京（7.38 倍），次之的是重庆（3.41 倍），再次之的是湖南（2.57 倍）、上海（2.53 倍）、天津（2.07 倍）；剩余 26 个省域的定基增长小于 2 倍，其中排行后 4 个省域的定基增长小于 1 倍。

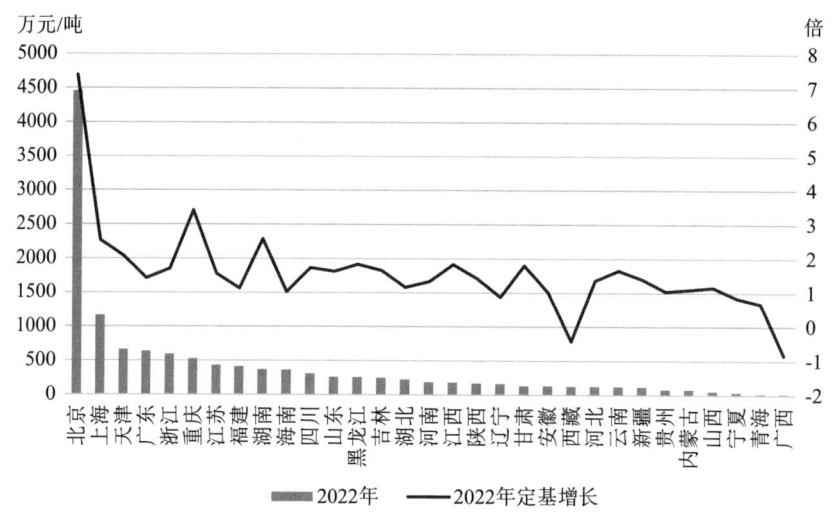

图 5-1　2022 年省域环境生产率情况

由表 5-7 的省域环境生产率 2021 年和 2022 年的增长速度可知，有北京、天津、山西、山东、湖南、四川、云南、甘肃、新疆 9 个省域的近两年增长速度是大于 0，有内蒙古、吉林、河南、广东、青海、宁夏 6 个省域的近两年增长速度是小于 0，河北、辽宁、上海、江苏、浙江、安徽、福建、贵州 8 个省域的 2022 年增长速度是大于 0，黑龙江、江西、湖北、广西、海南、重庆、西藏、陕西 8 个省域的 2021 年增长速度是大于 0。

关于省域环境生产率近两年负增长速度数值的结果，除了内蒙古、西藏、宁夏和福建的负增长速度数值稍大，其余的负增长速度数值都在可理解和正常波动范围内，这有可能是因为疫情或是季节性气候变化抑或是经济发展模式的改革对过度依赖旅游业、重工业和资源开采的沿海、中西部地区以及偏远地区的省域造成了较大影响。

从 2022 年的省域环境生产率排行看，排名第 1 的是北京，其值是 4454.77 万元/吨；排在第 2 名的是上海，其值是 1162.83 万元/吨；排在第 3 名的是天津，其值是 662.38 万元/吨。紧接着的是广东、浙江、重庆，其值依次减小，均在 500 万—650 万元/吨；20 个省域的环境生产率均在 100 万—500 万元/吨；5 个省域的环境生产率均在 100 万元/吨以下，其中排末尾的青海仅 20.86 万元/吨，排倒数第 2 名的宁夏仅 39.12 万元/吨，排倒数第 3 名的山西仅 58.27 万元/吨。

从省域环境生产率的全时段均值、2013—2022 年的 10 年均值和 2018—2022 年的 5 年均值的纵向对比来看，各省域 2018—2022 年的环境生产率增长速度略大点。横向对比全时段、2013—2022 年的 10 年和 2018—2022 年的 5 年均值，北京的环境生产率均保持在千万元/吨以上；上海仅在 2018—2022 年的 5 年均值上达到千万元/吨，其全时段和 2013—2022 年的 10 年均值只达到 800 万元/吨以上；天津的环境生产率均保持在 500 万—650 万元/吨；广东仅在全时段均值上未到 500 万元/吨，其 2013—2022 年的 10 年和 2018—2022 年的 5 年均值都达到 500 万元/吨以上；浙江和重庆仅在 2018—2022 年的 5 年均值上超过 500 万元/吨；剩余 25 个省域的 3 个时段均值都在 500 万元/吨以下，其中同时段均值依次增大的青海、宁夏、山西、贵州、内蒙古 5 个省域的环境生产率都在 100 万元/吨以下。

（八）八大区域环境生产率测算

传统的四大经济地带区域划分在一定程度不利于更加详细地对中国各方面进行深入与细化研究，在《中国（大陆）区域社会经济发展特征分析》课题报告中[1]，国务院发展研究中心发展战略和区域经济研究部提出

---

[1] 李善同，侯永志. 中国（大陆）区域社会经济发展特征分析 [J]. 中国发展评论（中文版），2003，05（02）：27-39.

一种较为综合的划分中国（大陆）区域的新思路，综合考量了空间邻接关系、自然条件和资源禀赋、经济发展状况、社会结构与区域发展规模等因素。这种方法把中国大陆分为八大区域，即东北地区（包括：辽宁、吉林、黑龙江）、北部沿海地区（包括：北京、天津、河北、山东）、东部沿海地区（包括：上海、江苏、浙江）、南部沿海地区（包括：福建、广东、海南）、黄河中游地区（包括：陕西、山西、河南、内蒙古）、长江中游地区（包括：湖北、湖南、江西、安徽）、西南地区（包括：云南、贵州、四川、重庆、广西）和西北地区（包括：甘肃、青海、宁夏、西藏、新疆）。

根据31个省、自治区（包括西藏）和直辖市的年度环境生产率和八大区域位置划分，合计平均分析得出东北地区、北部沿海地区、东部沿海地区、南部沿海地区、黄河中游地区、长江中游地区、西南地区和西北地区等八大地区的综合环境生产率、排名及趋势情况，如表5-8和图5-2所示。

表5-8　2011—2022年八大区域综合环境生产率及排名　　单位：万元/吨

时间	东北		北部沿海		东部沿海		南部沿海		黄河中游		长江中游		西南		西北	
	环境生产率	排名	环境生产率	排名	环境生产率	排名	环境生产率	排名	环境生产率	排名	环境生产率	排名	环境生产率	排名	环境生产率	排名
2011	91.45	4	225.37	2	239.65	1	212.61	3	54.38	8	84.73	5	78.97	6	71.41	7
2012	100.24	4	244.33	2	275.91	1	206.27	3	60.90	8	97.69	5	88.31	6	76.43	7
2013	109.57	4	276.19	2	306.53	1	227.00	3	66.68	8	107.11	5	99.91	6	84.76	7
2014	118.74	5	302.29	2	339.86	1	272.26	3	69.12	8	120.33	4	111.24	6	86.36	7
2015	132.76	5	383.56	2	390.55	1	311.02	3	77.88	8	134.89	4	131.58	6	92.00	7
2016	191.26	5	577.55	1	518.79	2	416.56	3	109.21	7	171.43	6	195.49	4	97.45	8
2017	221.75	4	649.18	1	589.79	2	471.29	3	137.79	7	188.80	6	220.55	5	131.63	8
2018	228.54	4	712.26	1	655.25	2	480.53	3	145.90	7	199.60	6	222.35	5	120.52	8
2019	241.20	4	791.65	1	697.53	2	470.42	3	144.98	7	199.08	6	229.50	5	110.98	8
2020	218.23	5	1065.92	1	722.37	2	476.22	3	130.26	7	214.66	6	224.28	4	78.31	8
2021	227.83	5	1352.05	1	718.67	2	480.93	3	131.42	7	223.99	6	242.90	4	101.25	8
2022	224.84	6	1376.89	1	730.50	2	471.52	3	125.07	7	227.89	5	242.32	4	88.35	8

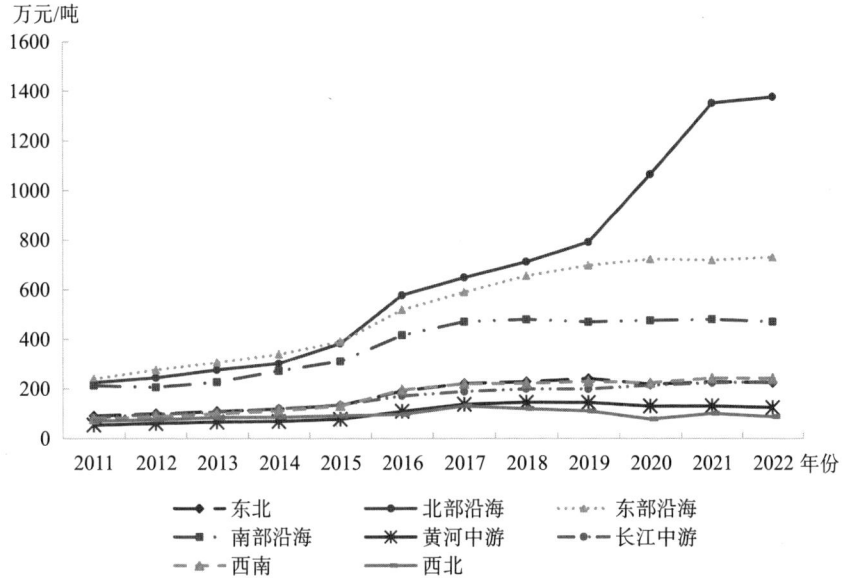

图 5-2　2001—2020 年八大区域环境生产率平均值趋势图

由表 5-8 的八大区域环境生产率及排名情况和图 5-2 的八大区域环境生产率指数时间趋势情况，从时间轴上的数值变化来看 2011—2022 年北部沿海地区的环境生产率增长态势迅猛，2015 年及之前排第 2 名，2016 年起排第 1 名，2019 年起相对于其他 7 个地区稍为领先；东部沿海地区的环境生产率增长平缓，2015 年及前一直排在第 1 名，2016 年起被北部沿海地区超越，之后一直排第 2 名；南部沿海地区的环境生产率增长态势比较平缓，一直排第 3 名；东北地区、长江中游和西南地区的环境生产率排在第 4、5、6 名之间相互调换，其中 2019 年起东北和西南地区的环境生产率由缓增转缓降但仍存在涨幅，而长江中游的环境生产率几乎一直处于缓慢增长状态；黄河中游地区和西北地区的环境生产率排名一直处于最后（第 7 名和第 8 名），2016 年起黄河中游地区的环境生产率排名进入第 7 名，黄河中游地区和西北地区两地区的环境生产率前期呈现增长趋势，但分别在 2018 年和 2017 年达到最高点后开始有所回落，其中西北地区的在回落期间也有涨幅。

从八个区域环境生产率的增长幅度来看，除西北地区，其余 7 个地区的环境生产率由 2015—2016 年都有一次明显的涨幅，这可能由于 2016 年第二次全国污染源普查之后的统计规模和性质发生了变化；北部沿海地区的环境生产率在 2019 和 2020 年还有明显两次增速,2015 年后排名一直处于遥遥领先的位置;东部沿海地区的环境生产率在 2015—2018 年的增速明显,之后则明显变缓;南部沿海地区的环境生产率增长在 2015—2017 年比较明显,之后的态势有回落也有涨幅;在位于中段的东北地区、长江中游和西南地区中,东北地区和西南地区在 2015—2019 年的环境生产率增幅较明显,长江中游地区的环境生产率增幅一直持续且较均匀;黄河中游地区的环境生产率涨幅在 2016 年还有较明显增长,2019 年开始下降;西北地区的环境生产率增长幅度明显的时间点是在 2016 年,相对其余地区较滞后,在 2020 年则有明显下降幅度,回落的环境生产率仍在 2012 年的水平之上。

二、副省级城市环境生产率排行榜

尽管副省级城市属于设区市的范畴,鉴于副省级城市的独特地位,此处特别将副省级城市单列,以更加清晰洞悉副省级城市的自然资源生产率排行。由此单独列表分析 2010—2020 年 15 个副省级城市(其中包含了 5 个计划单列市)的环境生产率及增长速度,如表 5-9 所示。本章的数据来源于《中国环境统计年鉴》中国家统计局 2003—2020 年环境污染物排放量统计数据,以此计算各副省级城市的单位环境非期望产出实际国内生产总值,单位为千元/吨。

表 5-9   2010—2020 年副省级城市环境生产率

所属省域	副省级城市	类别	环境生产率均值（千元/吨）	均值排名	2020年环境生产率（千元/吨）	2020年增长（%）	2019年增长（%）	2020定基增长（倍）
吉林	长春	省会城市	3.01	1	4.67	3.71	-2.96	3.06
黑龙江	哈尔滨	省会城市	2.78	2	3.96	1.83	3.86	0.81
广东	深圳	计划单列市	2.71	3	3.78	7.28	-20.61	0.83
山东	青岛	计划单列市	2.17	4	3.76	5.15	1.05	2.99
山东	济南	省会城市	2.09	5	2.90	-9.84	-1.71	1.00
陕西	西安	省会城市	1.90	6	4.27	33.41	12.74	9.62
辽宁	沈阳	省会城市	1.84	7	2.62	-2.45	24.84	0.88

续表

所属省域	副省级城市	类别	环境生产率均值（千元/吨）	均值排名	2020年环境生产率（千元/吨）	2020年增长（%）	2019年增长（%）	2020定基增长（倍）
广东	广州	省会城市	1.83	8	3.60	22.25	6.29	3.47
四川	成都	省会城市	1.74	9	2.60	6.65	-8.45	2.25
湖北	武汉	省会城市	0.98	10	1.39	-7.02	24.59	2.50
浙江	宁波	计划单列市	0.86	11	1.40	20.34	3.13	1.87
江苏	南京	省会城市	0.81	12	1.48	-0.57	26.58	4.33
辽宁	大连	计划单列市	0.71	13	1.67	-19.40	97.32	4.28
浙江	杭州	省会城市	0.64	14	1.62	48.21	23.96	10.51
福建	厦门	计划单列市	0.35	15	0.37	-1.93	5.39	-0.59

具体地，根据2010—2020年环境生产率平均数，副省级城市排名如下：长春第1名，哈尔滨第2名，深圳第3名，青岛第4名，济南第5名，西安第6名，沈阳第7名，广州第8名，成都第9名，武汉第10名，宁波第11名，南京第12名，大连第13名，杭州第14名，厦门第15名。

比较2020年环境生产率和其2010—2020年均值，可以发现这15个副省级城市2020年环境生产率都比其平均值高些；比较2020年定基增长速度，发现除了厦门，其余城市的增长速度都大于0，其中数值最高的杭州达到10.5倍以上，紧次之的是西安（数值9.6倍以上），其他数值在4.5倍以下；比较2019年和2020年环境生产率增长速度，可以发现济南的增长速度都小于0，哈尔滨、青岛、西安、广州、宁波、杭州的增长速度都大于0，长春、深圳、成都的2019年增长速度小于0，沈阳、武汉、南京、大连、厦门的2020年增长速度小于0。

三、设区市环境生产率排行榜

本章的数据来源于《中国环境统计年鉴》中国家统计局2003—2020年环境污染物排放量统计数据，覆盖全国277个设区市，计算各设区市的单位环境非期望产出实际国内生产总值，单位为千元/吨，分析得出各设区市的综合环境生产率平均值和分项环境生产率平均值，结果如图5-3、图5-4、图5-5、图5-6、图5-7所示。

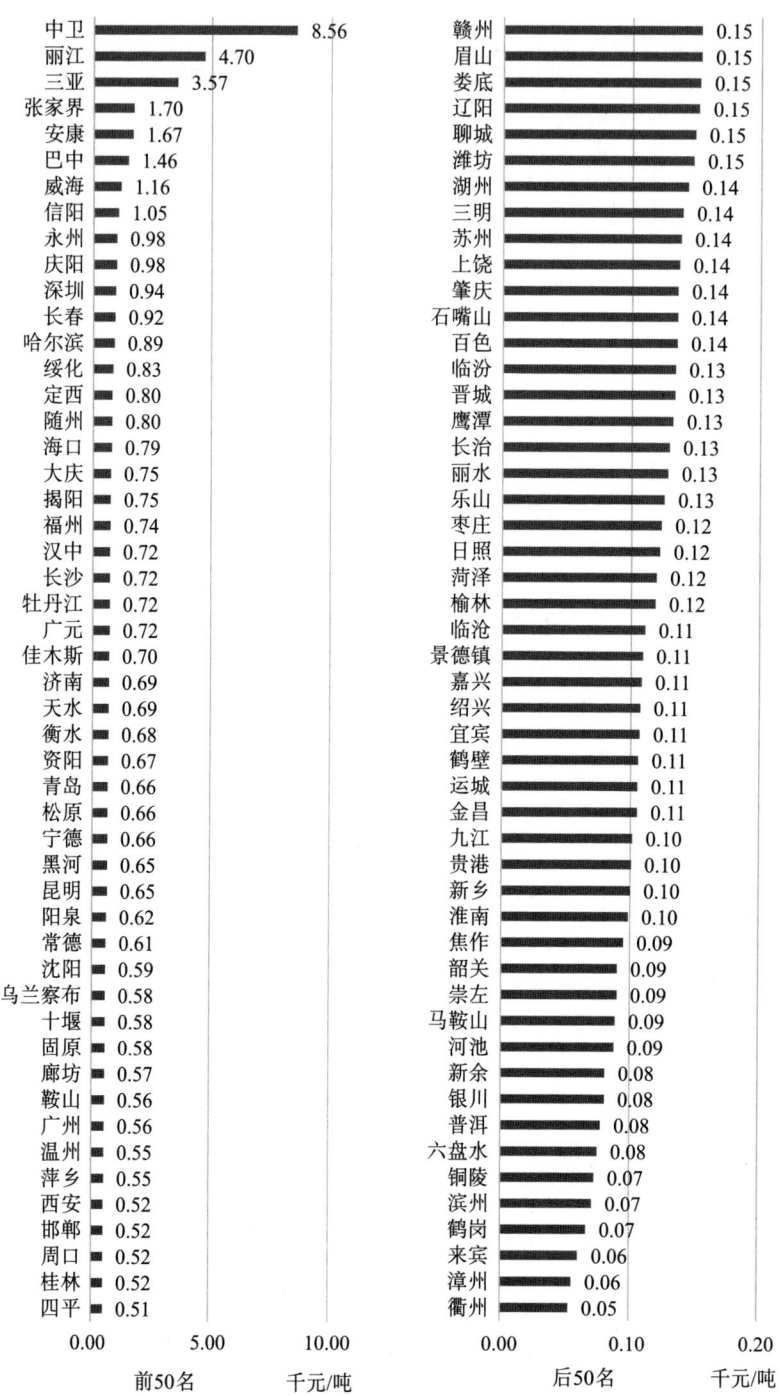

图 5-3 2004—2020 年设区市工业废水生产率平均值

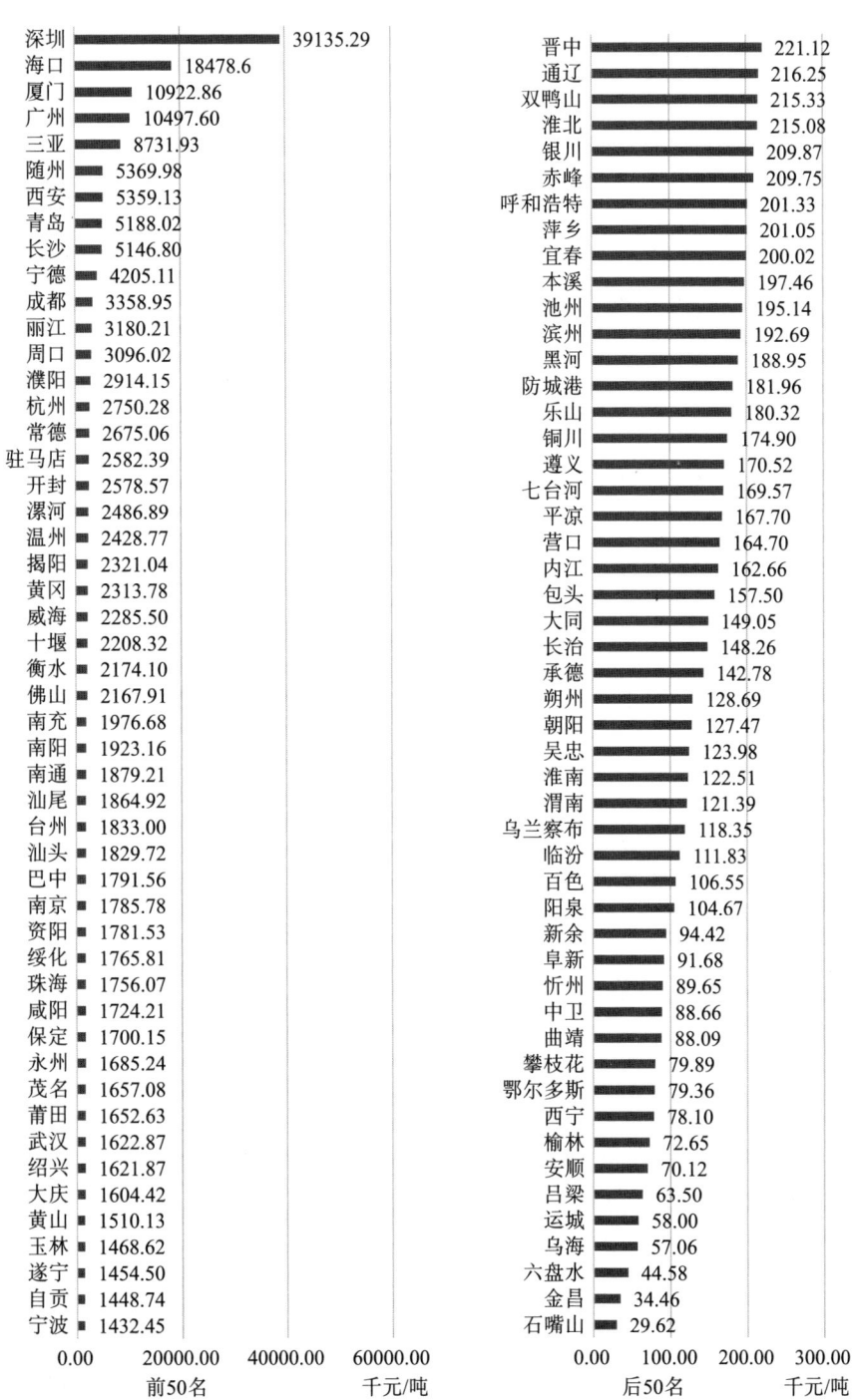

图 5-4 2003—2020 年设区市工业二氧化硫生产率平均值

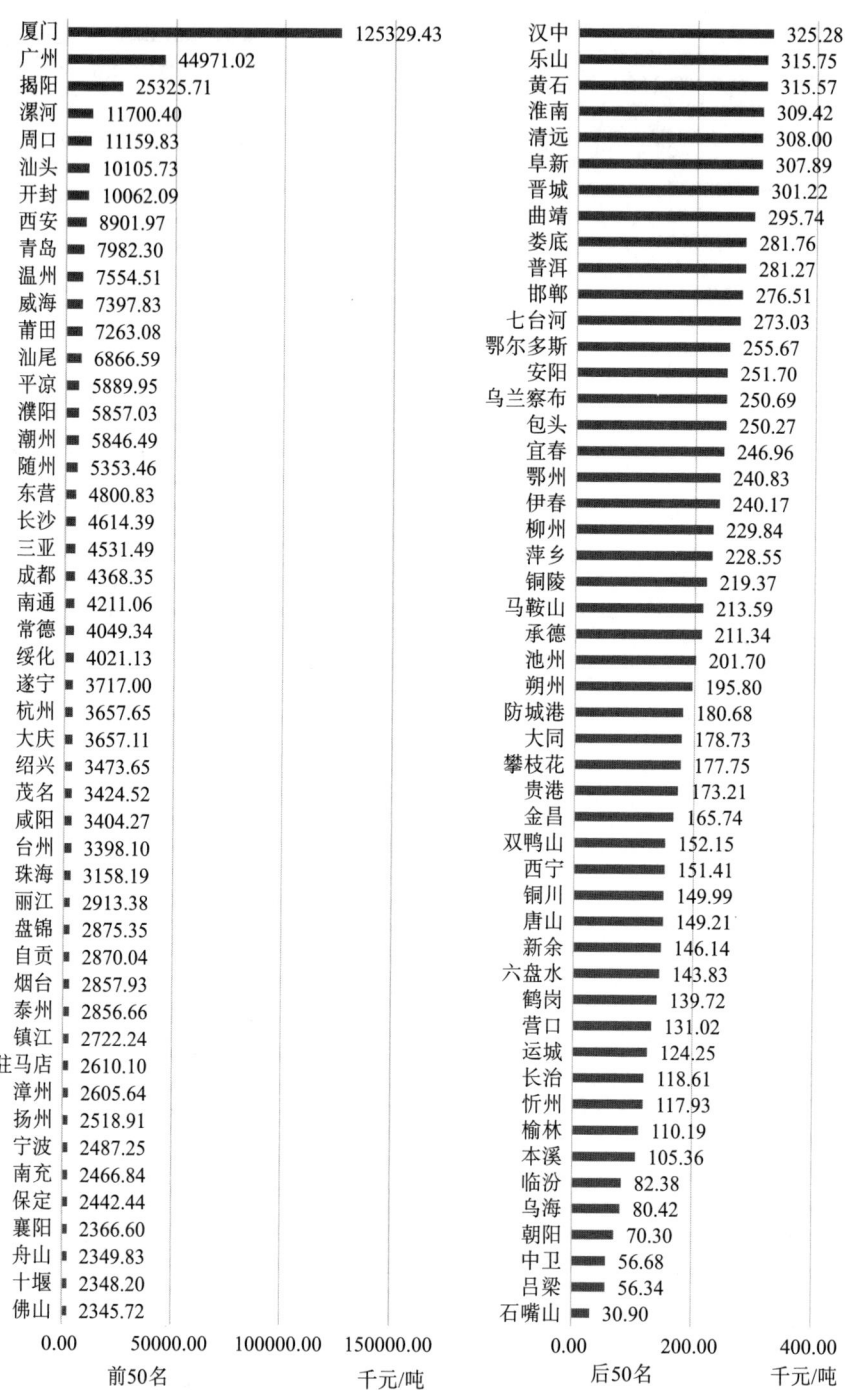

图 5-5 2010—2020 年设区市工业烟（粉）尘生产率平均值

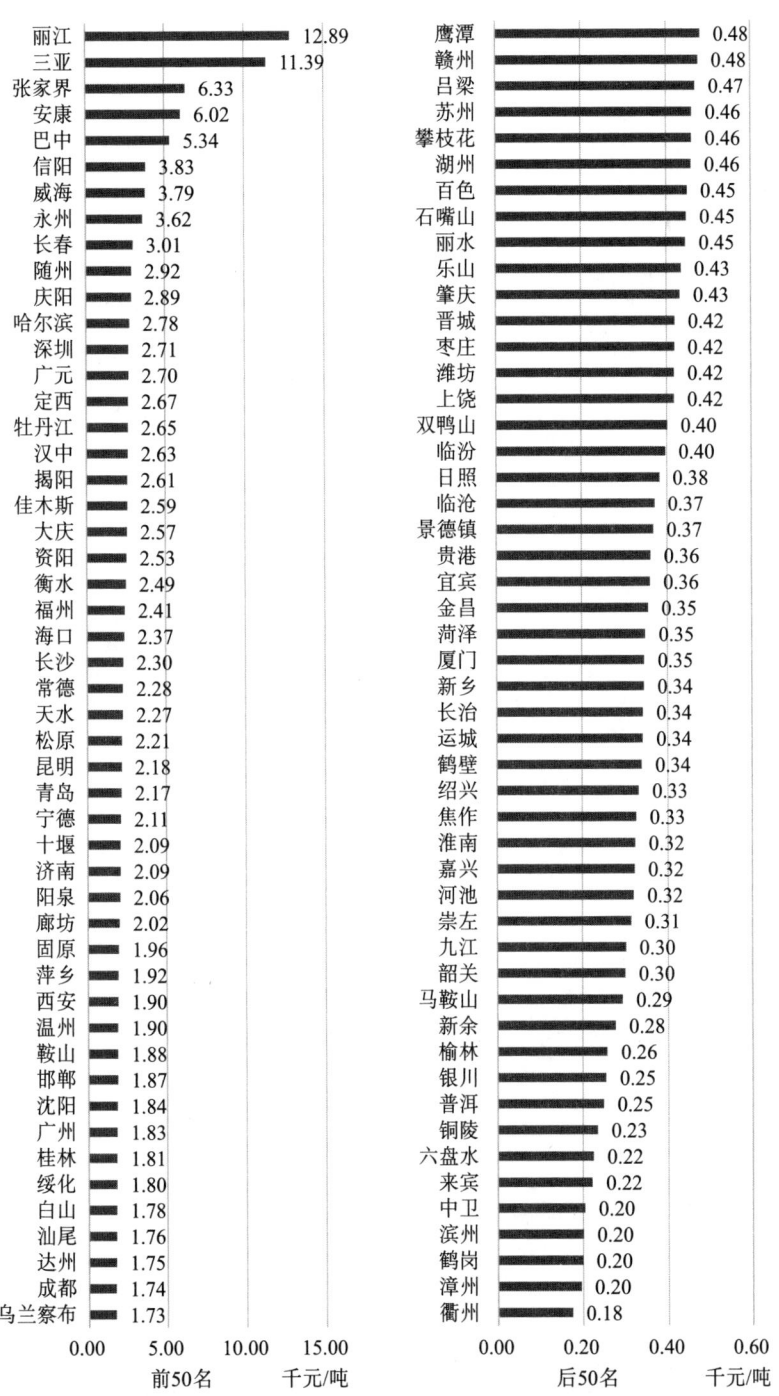

图 5-6 2010—2020 年设区市环境生产率平均值

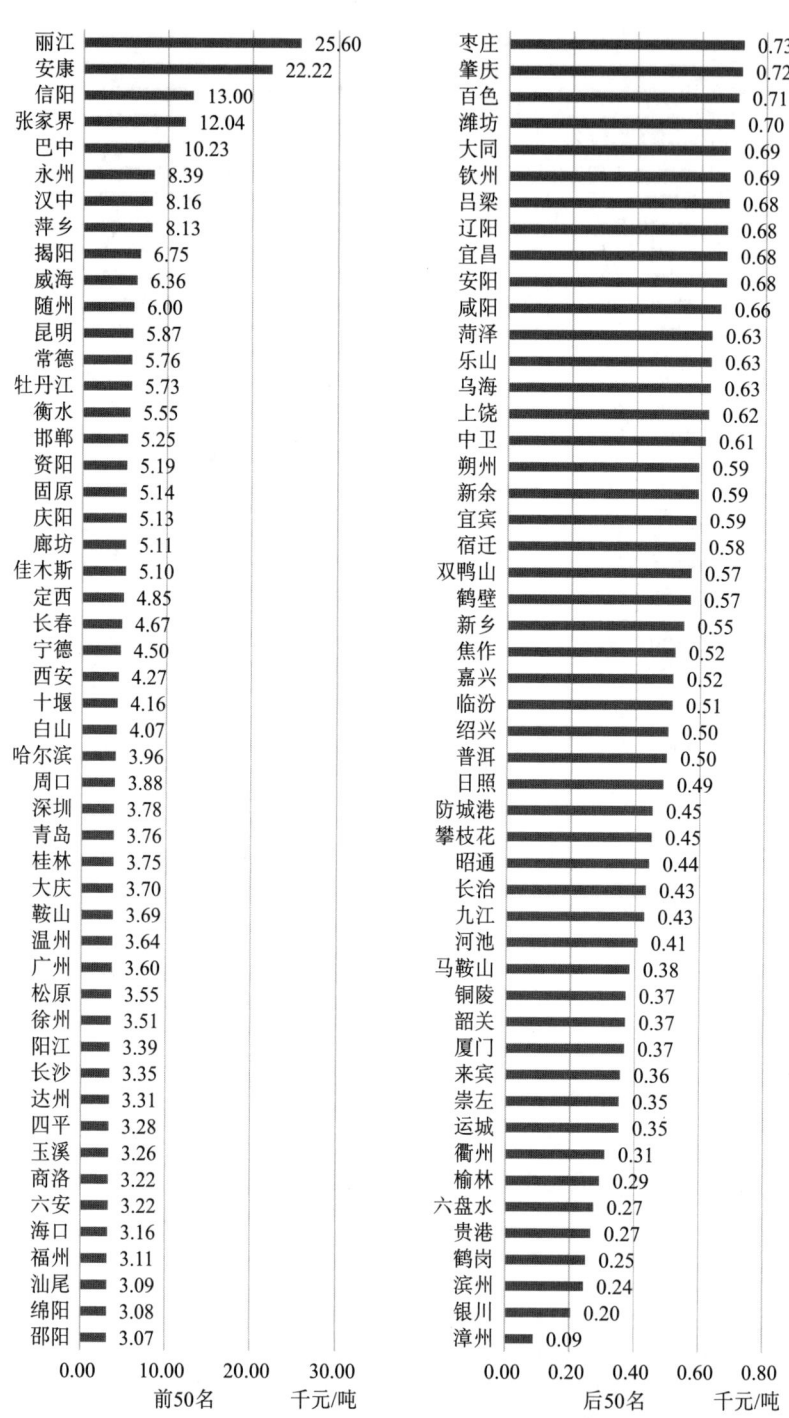

图 5-7 2020 年设区市环境生产率

(一) 设区市工业废水生产率测算

由图5-3可知，2004—2020年宁夏中卫的工业废水生产率平均值是8.56千元/吨，排第1名；次之的是云南丽江，其工业废水生产率平均值是4.70千元/吨，已经低于5千元/吨；排第3名的海南三亚工业废水生产率平均值是3.57千元/吨；湖南工业废水生产率平均值最大的设区市是张家界，其值是1.70千元/吨，排第4名；浙江工业废水生产率平均值最大的设区市是温州，其值是0.55千元/吨，排第44名；工业废水生产率平均值排后5名的设区市是山东滨州、黑龙江鹤岗、广西来宾、福建漳州、浙江衢州。

(二) 设区市工业二氧化硫生产率测算

由图5-4可知，2003—2020年广东深圳的工业二氧化硫生产率平均值是39135.29千元/吨，排第1名；次之的是海南海口，其工业二氧化硫生产率平均值是18478.66千元/吨；福建工业二氧化硫生产率平均值最大的设区市是厦门，其值是10922.89千元/吨，排第3名；排第4名的是广东广州，其工业二氧化硫生产率平均值是10497.60千元/吨；排第5名的是海南三亚，其工业二氧化硫生产率小于10000千元/吨；浙江工业二氧化硫生产率平均值最大的设区市是杭州，其值是2750.28千元/吨，排第15名；工业二氧化硫生产率平均值排后5名的设区市是山西运城、内蒙古乌海、贵州六盘水、甘肃金昌、宁夏石嘴山。

(三) 设区市工业烟（粉）尘生产率核算

由图5-5可知，2010—2020年广东深圳的工业烟（粉）尘生产率平均值是125329.43千元/吨，排第1名；次之的是海南海口，其工业烟（粉）尘生产率平均值是44971.02千元/吨，已经低于1亿元/吨，较深圳少了一个量级；排第3名的福建厦门工业烟（粉）尘生产率平均值是25325.71千元/吨；广东广州的工业烟（粉）尘生产率平均值是11700.40千元/吨，排第4名；排第5名的广东揭阳工业烟（粉）尘生产率平均值是11159.83千元/吨；浙江中工业烟（粉）尘生产率平均值最大的设区市是温州，其值是7263.08千元/吨，排第12名；工业烟（粉）尘生产率平均值排后5名的设区市是内蒙古乌海、海辽宁朝阳、宁夏中卫、山西吕梁、宁夏石嘴山。

(四) 设区市综合环境生产率核算

由图 5-6 可知，2010—2020 年云南丽江的环境生产率平均值是 12.89 千元/吨，排第 1 名；次之的是海南三亚，其环境生产率平均值是 11.39 千元/吨；排第 3 名的湖南张家界环境生产率平均值是 6.33 千元/吨，已经低于 10 千元/吨；陕西中环境生产率平均值最大的设区市是安康，其值是 6.02 千元/吨，排第 4 名；四川巴中的环境生产率平均值是 5.34 千元/吨，排第 5 名；浙江中环境生产率平均值最大的设区市是温州，其值是 1.9 千元/吨，排第 39 名；环境生产率平均值排后 5 名的设区市是宁夏中卫、山东滨州、黑龙江鹤岗、福建漳州、浙江衢州。

由图 5-7 可知，2020 年环境生产率排行榜前 50 名的设区市中，云南丽江排第 1 名，高达 25.60 千元/吨；第 2 名是陕西安康，其值是 22.22 千元/吨；排第 3 名的河南信阳其值降至 13.00 千元/吨，已低于 15 千元/吨；湖南张家界，排第 4 名；浙江温州其值是 3.64 千元/吨，排第 35 名。

在处于后 50 位的设区市中，福建漳州居末尾，仅 0.09 万元/吨，其次是宁夏银川排倒数第 2 名，排倒数第 3—8 名的依次是山东滨州、黑龙江鹤岗、广西贵港、贵州六盘水、陕西榆林、浙江衢州，均不超过 0.35 千元/吨。其余 42 个设区市的碳生产率均在 0.35 千—0.73 千元/吨。

根据设区市的环境生产率平均值排行榜，选择前 100 名设区市计算 2020 年和 2019 的增长速度以及 2020 年定基增长速度，得到如表 5-10 所示的情况。比较设区市的 2020 年环境生产率和其 2010—2020 年均值，可以发现，除了云南丽江、四川广元、黑龙江绥化、河南南阳和陕西铜川这 5 个城市，其余城市 2020 年环境生产率比其平均值高些；比较设区市的 2020 年定基增长速度，发现除了海南三亚、黑龙江绥化、黑龙江黑河这 3 个城市，其余城市的增长速度都大于 0；比较设区市的 2019 年和 2020 年环境生产率增长速度，可以发现仅有 29 个城市的近两年的增长速度大于 0。

表 5–10　　2010—2020 年设区市环境生产率前 100 名　　单位：千元/吨

设区市	均值	2020年	2020年增长（%）	2019年增长（%）	2020定基增长（倍）	设区市	均值	2020年	2020年增长（%）	2019年增长（%）	2020定基增长（倍）
丽江	12.89	25.60	59.11	-31.02	0.63	黄冈	1.71	2.10	-0.55	-12.78	2.13
三亚	11.39	1.31	27.46	-93.20	-0.86	周口	1.67	3.88	-0.60	1.24	3.11
张家界	6.33	12.04	10.24	-28.19	9.94	六安	1.63	3.22	15.48	226.87	6.94
安康	6.02	22.22	93.62	52.86	9.09	绵阳	1.62	3.08	2.00	-20.09	10.37
巴中	5.34	10.23	3.35	-21.49	11.45	自贡	1.62	2.83	6.94	-11.32	5.39
信阳	3.83	13.00	65.36	40.66	27.36	徐州	1.61	3.51	2.99	-0.02	4.98
威海	3.79	6.36	-9.32	11.28	2.79	黑河	1.61	2.73	-1.42	12.71	-0.21
永州	3.62	8.39	7.67	-33.20	14.75	朝阳	1.56	2.70	-3.85	31.10	14.40
长春	3.01	4.67	3.71	-2.96	3.06	邵阳	1.55	3.07	8.27	-18.00	9.81
随州	2.92	6.00	-5.30	5.52	11.99	阳江	1.54	3.39	-4.10	27.09	6.91
庆阳	2.89	5.13	0.18	14.62	1.28	白银	1.54	1.93	11.71	-28.74	4.18
哈尔滨	2.78	3.96	1.83	3.86	0.81	酒泉	1.53	3.04	3.64	4.27	3.30
深圳	2.71	3.78	7.28	-20.61	0.83	武威	1.51	1.78	18.03	-57.91	1.93
广元	2.70	2.61	10.81	-17.98	9.39	白城	1.50	1.77	12.44	-40.26	4.94
定西	2.67	4.85	1.96	14.86	1.96	遵义	1.49	2.59	-5.08	80.57	2.93
牡丹江	2.65	5.73	-17.12	39.66	9.54	南充	1.49	2.37	11.75	-56.97	0.87
汉中	2.63	8.16	17.10	52.13	16.85	茂名	1.48	2.73	-1.92	2.42	3.32
揭阳	2.61	6.75	-46.11	364.26	7.75	四平	1.46	3.28	-17.99	133.48	2.48
佳木斯	2.59	5.10	-1.30	4.20	14.18	烟台	1.46	2.52	24.81	4.12	1.80
大庆	2.57	3.70	1.40	1.53	3.32	赤峰	1.46	1.78	9.94	-42.34	1.44
资阳	2.53	5.19	4.67	-15.15	17.59	安顺	1.43	2.94	3.89	-24.56	4.03
衡水	2.49	5.55	4.14	-2.15	15.28	承德	1.42	2.56	1.11	13.33	12.29
福州	2.41	3.11	23.85	-18.97	1.21	黄山	1.42	2.04	6.50	5.05	5.88
海口	2.37	3.16	38.93	-29.94	0.61	玉溪	1.41	3.26	40.92	5.26	1.48
长沙	2.30	3.35	5.65	-5.43	1.58	广安	1.38	2.48	6.35	-14.78	5.17
常德	2.28	5.76	-54.20	708.45	25.44	台州	1.37	2.41	25.95	6.99	1.77
天水	2.27	3.06	9.34	-18.56	1.52	梅州	1.36	3.04	2.34	6.21	5.92
松原	2.21	3.55	3.25	1.55	1.06	丹东	1.33	3.05	-1.57	0.29	7.79

续表

设区市	均值	2020年	2020年增长（%）	2019年增长（%）	2020定基增长（倍）	设区市	均值	2020年	2020年增长（%）	2019年增长（%）	2020定基增长（倍）
昆明	2.18	5.87	84.93	1.27	5.07	呼和浩特	1.33	1.68	2.12	-3.93	0.81
青岛	2.17	3.76	5.15	1.05	2.99	南阳	1.30	1.09	17.49	-66.64	1.95
宁德	2.11	4.50	59.86	-7.14	2.91	太原	1.30	1.53	3.75	6.51	0.25
十堰	2.09	4.16	-6.24	7.22	7.04	亳州	1.28	2.84	-7.82	61.12	2.61
济南	2.09	2.90	-9.84	-1.71	1.00	内江	1.25	2.75	-1.14	27.68	5.23
阳泉	2.06	3.05	-10.66	107.71	3.69	荆门	1.23	2.10	10.67	-7.64	6.82
廊坊	2.02	5.11	-2.15	8.74	11.44	铜川	1.23	1.12	-19.23	-5.74	0.24
固原	1.96	5.14	55.43	6.48	3.42	株洲	1.23	2.54	3.64	2.72	7.78
萍乡	1.92	8.13	78.51	78.21	17.31	汕头	1.20	2.80	22.70	117.09	3.59
西安	1.90	4.27	33.41	12.74	9.62	云浮	1.19	1.44	7.41	-18.11	3.40
温州	1.90	3.64	28.15	-6.91	8.28	遂宁	1.19	1.82	5.92	-9.14	5.78
鞍山	1.88	3.69	-17.11	130.66	3.31	抚顺	1.18	1.36	4.73	-15.01	1.18
邯郸	1.87	5.25	28.13	45.26	9.04	合肥	1.18	1.35	-8.99	0.12	0.17
沈阳	1.84	2.62	-2.45	24.84	0.88	雅安	1.17	1.84	7.14	-22.56	4.97
广州	1.83	3.60	22.25	6.29	3.47	河源	1.16	2.35	-1.72	14.87	9.46
桂林	1.81	3.75	1.24	9.68	4.44	盘锦	1.14	1.48	3.91	-9.75	0.48
绥化	1.80	0.90	3.79	6.04	-0.87	怀化	1.13	2.60	1.78	7.45	9.20
白山	1.78	4.07	-7.45	50.89	10.39	伊春	1.12	1.98	-31.29	281.68	1.83
汕尾	1.76	3.09	9.72	-39.82	9.58	通辽	1.12	1.49	4.86	-16.92	1.34
达州	1.75	3.31	6.10	-13.40	6.04	晋中	1.10	2.20	3.84	-1.93	3.45
成都	1.74	2.60	6.65	-8.45	2.25	漯河	1.10	2.05	-4.29	38.09	11.40
乌兰察布	1.73	2.17	9.04	-40.03	1.80	曲靖	1.09	1.36	-34.44	-5.61	1.93

综合以上三个比较发现的结果，这有可能是因为疫情或是季节性气候变化对以旅游业为主要经济来源的设区市造成了较大影响，也可能是因为经济发展模式的改革或是环境保护的政策调整对过度依赖重工业和资源开采的设区市造成了较大影响。由此也可以说明环境生产率的提高是一个长期的过程，需要政企的共同努力，同时也需要合理的政策支持和资金投入，以及科技创新的提高。

第四节 环境生产率排行榜分析与探讨

一、环境生产率省域排行榜分析与探讨

根据前面环境生产率省域排行榜中各省域的综合环境生产率及其平均值（表5-7）和八大区域综合环境生产率平均值（表5-8），进一步比较发现，2011—2022年北部沿海地区的环境生产率2015年及以前排第2名，2016年起排第1名，2019年起遥遥领先；东部沿海地区的环境生产率2015年及前一直排第1名，2016年起一直排第2名；南部沿海地区的环境生产率一直排第3名；东北地区、长江中游和西南地区的环境生产率排在第4、5、6名之间相互调换，处于中段位置；黄河中游地区和西北地区的环境生产率排名一直处于最后面（第7名和第8名），2016年起黄河中游地区的环境生产率排第7名。

（一）环境生产率较高的省域经济发达且环境规制响应速度较快

位于前段位置的北部沿海地区、东部沿海地区和南部沿海地区，相对其他地区这三个区域的经济水平较高、环境规制响应速度较快。北部沿海地区主要有北京和天津两大直辖市坐镇，在2015年之后与其他区域的环境生产率逐渐拉开差距。以著有"包邮地区"之称的江浙沪划分出的东部沿海地区，其主要产业是轻工业和金融、贸易、航运等行业，显然其排放每吨环境污染废弃物产生的GDP还是较高的。南部沿海地区的福建、广东和海南以金融业、对外贸易和旅游业等第三产业见长，虽没有北部和东部沿海的经济发达，但相较于其余5个地区其经济发展模式或产业结构较为轻盈精巧，环境生产率指数可以一直排第3名。

位于中段位置的东北、西南和长江中游地区，各自凭借其地理或人文环境发展其特色经济模式，将环境生产率指数排名保持在中间名次，比如以"黑吉辽"划分的东北地区凭借其独有的辽阔地域和气候环境进行重

工业转型的生产方式并获取政策倾斜,西南地区的"云贵川"、重庆和广西以其旅游业和贸易产业及山川森林资源优先发展轻小型经济产业,长江中游地区的湖北、湖南、安徽和江西以其新兴产业经济、夜市及文旅经济等第三产业支撑。

位于末段的黄河中游地区和西北地区,以陕西、山西、河南、内蒙古等4个省域划为黄河中游地区,其生产方式较为传统粗放,经济发展缓慢,虽环境污染废弃物排放量相对较少,但其环境生产率相对较低;而以甘肃、青海、宁夏、西藏、新疆等5个省域划为西北地区,其地理位置偏远,山路崎岖,虽有优质的环境资源,但其经济实力还是相对较弱,其环境生产率相对低也无可厚非。

(二)2022年环境生产率省域排行榜上北京遥遥领先,其定基增长亦是,但排第6名的重庆市其定基增长排第2名,高于排第2名的上海近1倍

对于2022年4个直辖市的环境生产率排行(表5-7和图5-1),明显北京遥遥领先,上海、天津紧随之,重庆排第6名,但比较省域区域环境生产率2022年定基增长,重庆仅在北京后面,排第2名。分析其原因,北京,作为我国政治中心、国际交往中心、科技创新中心,其经济产出和环境污染治理走在前列,环境生产率指数毋庸置疑排在最高的第一梯队。沿太平洋的上海是国际经济、金融、贸易、航运中心,其排放每吨环境污染废弃物产生的GDP必然较高。紧挨着北京的天津,受政治中心的辐射作用,其环境污染治理紧随其后,作为金融创新运营示范区和改革开放先行区,经济水平稳步向好,其环境生产率也是向北京看齐。重庆是超大城市、长江上游地区经济中心、国际消费中心城市、全国先进制造业基地,2016年起在西部大开发中发挥支撑作用,在"一带一路"中发挥带动作用,在长江经济带中发挥示范作用,其经济发展建设基本形成大农业、大工业、大交通、大流通并存的格局,其环境生产率也必然是逐年增长。

二、环境生产率副省级城市排行榜分析与探讨

15个副省级城市的环境生产率相对较低,其绿色、低碳和循环经济的发展模式渗透不够,这与其产业结构有很大关联。

由 2010—2020 年 15 个副省级城市的环境生产率平均值排行（表 5-9）可知，这 15 个副省级城市的环境生产率均值不高于 3.5 千元/吨。虽然其经济产值较大，但其工业污染物排放较多，环境生产率相对还是较低，说明这 15 个副省级城市经济发展模式比较粗放。如长春市以汽车产业和装备制造业等传统产业为经济主力，哈尔滨以装备制造业和农产品加工业等传统产业为经济主力，深圳的经济以工业为重且工贸并举，青岛和宁波市以制造业和港口外贸业等传统产业为经济主力，工业污染相对较大，即使 GDP 排前 15 名，但其环境生产率排行不高，其他副省级设区市亦如是。

此外，环境生产率基础较好的副省级城市其后续动力稍显欠缺，反之则不然。根据表 5-9 所示的 15 个副省级城市的环境生产率 2010—2020 年均值、2020 年数值以及 2019、2020 年增长率和 2020 年定基增长速度，杭州和西安的环境生产率平均值排行中下端，但其增长速度分别排第 1 名和第 2 名；长春和哈尔滨的环境生产率平均值分别排第 1 名和第 2 名，但其增长速度排行中下。由此可见，随时间推移，各副省级城市在产业转型与经济发展模式上采取不同的应对方案，例如杭州在"绿水青山就是金山银山"理念推行下注重生态经济的可持续发展并一路高航，长春和哈尔滨由于东北老工业基地振兴发展需求面临体制机制、经济结构、开放合作、思想观念四大短板使其生态经济放缓。

三、环境生产率设区市排行榜分析与探讨

由设区市环境生产率平均值（图 5-8）可知，2010—2020 年环境生产率平均值在 0.5 千—1.0 千元/吨的设区市数量最多，有 110 个；在 0 千—0.5 千元/吨和 1.0 千—1.5 千元/吨的设区市数量次之，有 52 个；环境生产率平均值 1.5 千元/吨以下的设区市数量分布较密集，呈现右偏分布。这表明中国大多数设区市的环境生产率集中在较小的值附近，也表明大多数设区市还是以较大的环境污染为代价换取经济增长。

（一）设区市的环境生产率平均值集中较小值，沿海发达及黄河、长江中游、西南和西北等的设区市仍存在经济增长和环境污染并行问题

由设区市环境生产率平均值（图 5-8）可知，环境生产率平均值在

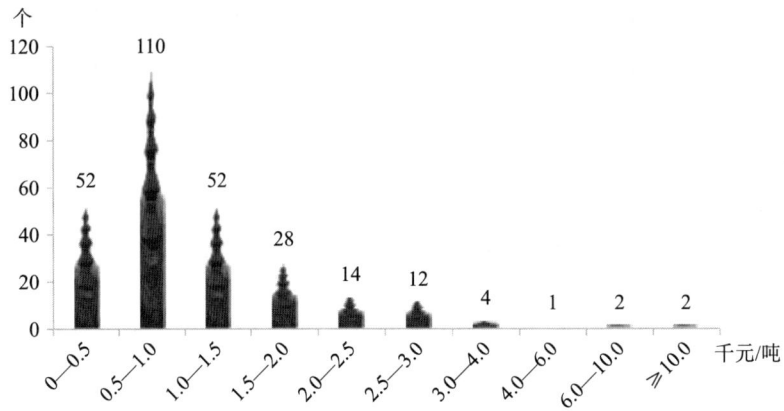

图 5-8 2010—2020 年设区市环境生产率平均值

1.5 千元/吨以下的设区市数量异常多,共包括 25 个省域的 214 个设区市,占总数的 77.26%。具体各省域的设区市数量情况是:广东 16 个设区市、安徽 15 个设区市、河南 15 个设区市、山东 13 个设区市,广西 11 个设区市、江苏 12 个设区市、四川 11 个设区市、辽宁 11 个设区市、山西 10 个设区市、浙江 10 个设区市、江西 10 个设区市、湖北 9 个设区市、湖南 8 个设区市、河北 8 个设区市、内蒙古 8 个设区市、福建 7 个设区市、陕西 7 个设区市、云南 6 个设区市、甘肃 5 个设区市、黑龙江 6 个设区市、吉林 5 个设区市、贵州 4 个设区市、宁夏 4 个设区市、新疆 2 个设区市、青海 1 个设区市。

其中,沿海地区包括山东、河北、江苏、浙江、广东、福建 6 个省域的 64 个设区市,东北部地区包括黑龙江、吉林、辽宁 3 个省域的 22 个设区市,黄河中游、长江中游地区包括河南、山西、安徽、江西、湖北、湖南 6 个省域的 67 个设区市,西南、黄河中游和西北部地区包括云南、贵州、四川、广西、内蒙古、陕西、甘肃、宁夏、新疆、青海 10 个省域的 61 个设区市。由此可见,沿海、黄河中游、长江中游、西南和西北等地区的设区市在大力发展经济的同时仍需要加强环境污染治理。

由环境生产率平均值在 1.5 千元/吨以上的设区市数量分布情况可知,我国各个设区市的环境污染排放管制情况正逐步推进。结合设区市环境生产率平均值,各省的设区市数量情况是四川 7 个设区市,甘肃和黑龙江各 6 个设区市,广东和湖南各 5 个设区市,山东、湖北、陕西、河北、辽宁和吉林各 3 个设区市,云南、福建、河南和海南各 2 个设区市,天津、江苏、内蒙古、广西、浙江、江西、安徽、山西和宁夏各1个设区市,说明我国各地区的环境污染排放量有在缩减,主力出现在以四川、甘肃和黑龙江为首的西南、西北和东北等经济欠发达或略低迷地区,同时说明经济发达的沿海地区在抓工业经济生产的同时还需控制或净化环境污染废弃物。

(二)设区市的环境生产率年度值仍集中较小值,但可喜其最低值仅1个,预示设区市在抓经济的同时开始关注环保但依然存在较大的提升空间

由2020年设区市环境生产率平均值(图5-9)可知,2020年环境生产率在1.0千—2.0千元/吨的设区市数量最多,有101个;在2.0千—4.0千元/吨的设区市数量次之,有69个;环境生产率平均值4.0千元/吨以下的设区市数量分布较密集,呈现右偏分布,共包括27个省的250个设区市,占总数的90.25%。这表明我国大多数设区市的环境生产率集中在较小的值附近,也说明大多数设区市的环境生产率仍有较大的提升空间。

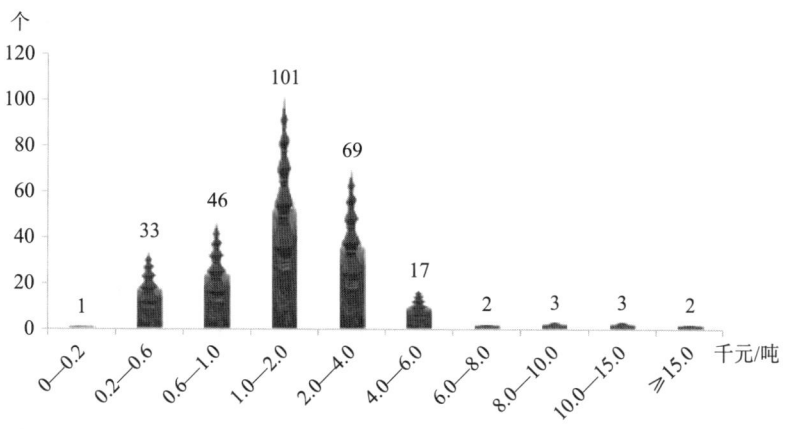

图5-9 2020年设区市环境生产率

关于环境生产率平均值在4.0千元/吨以上的设区市数量分布情况,说明我国各地区的环境污染排放量有在缩减,各个设区市的环境污染排放管制情况正逐步推进,主力出现在以云南、陕西、河南和湖南为首的西南、黄河中游、长江中游地区,经济发达的北部、东部和南部沿海地区在抓经济生产的同时还需控制或净化环境污染废弃物。

四、环境生产率测算结果整体再说明

综合环境生产率省域和地域层面的结果分析,发现两者的结果是相辅相成的,环境生产率省域层面的结果易受环境生产率地域层面结果的极端现象影响,环境生产率地域层面的结果又会因被环境生产率省域层面结果的反馈进行调整。

(一)区域经济资源禀赋的差异与环境污染之间确实存在复杂的关系,其中既有关联性也存在漏洞或挑战

截至 2022 年的综合和分项环境生产率数据显示,我国的综合环境生产率因区域经济资源禀赋的差异有较大不同,北部沿海地区、东部沿海地区、南部沿海地区的综合环境生产率比东北地区、西南地区、长江中游地区、黄河中游地区和西北地区明显的高,而且我国各地区的经济结构与环境污染密切相关,即使经济生产总值大但污染排放较大其环境生产率仍会较低,所以在抓经济的同时势必与环境污染控制及排放监测齐头并进。由此,进行相关的环境生产率测算与监测对于设区市和省域乃至国家的经济可持续发展都是相当重要。

(二)以"三废"强化治理为基石,提升区域产业结构、促进政企联力共推绿色转型模式,实现经济社会绿色、高效、可持续发展

从"三废"视角及其涉及的主要污染源和污染物成分设计环境生产率,侧面了解我国经济的产业结构优化升级,应设定合理的经济增长目标,避免出现因盲目追求经济增长速度而导致的环境资源生产效率损失;地方性政府积极面对环保绩效考核,激励和引导企业将发展重点聚焦于绿色经济和中国式现代化发展;不管是政府还是企业,始终将绿色技术创新作为驱动地方经济高质量发展和产业结构优化的核心动力,注重区域绿色经济的协调发展。而且,对于外围城市与生态环保意识、科教水平相对较低的城市来说[1],引导绿色经济和创新经济发展,加快经济发展模式转

---

[1] 杨思莹,王汉磊,王文志. 经济增长目标与城市绿色全要素生产率[J]. 经济纵横,2024,(03):70-79.

变;政府和企业联合众力,通过鼓励倡导包括科技竞争、环保竞争在内的多维竞争关系,杜绝纯以经济规模为核心的 GDP 竞争模式,加强生态环保意识的培养,这样才能将强化绿色经济发展水平较高的城市对周边城市的绿色技术溢出效应,实现"先富带后富"模式的绿色转型。

(三) 以环保社会支付意愿为视角,激发企业和民众多元参与的热情,完善环保法规提升治理成效,实现中国式现代化发展梦,促进人与自然和谐共生

从综合环境生产率构成权重的社会支付意愿来看,我国现有的社会资本或是单指居民对环境保护的支付意愿,并不是如往常对待寻常一件事物的喜爱支付一样,会被外部条件影响才能得到较为正向的反馈。仅仅凭借我国的环境规制强权性和执严性,往往改善企业和居民支付意愿的效果并不明显。当前我国正处于环境治理体系和治理能力现代化建设时期,推动多元参与、提升公众参与程度是其中的核心内容。[①] 因此政府应积极完善法律法规、畅通参与渠道、提高环境治理成效,进而增强企业居民政府满意度和环境治理参与热情,以实现"人与自然和谐相处"的中国式现代化发展梦。

---

① 段存儒,丁蔓,王华,武照亮.社会资本、政府满意度与居民大气环境支付意愿——基于石家庄市的调查数据 [J].干旱区资源与环境,2022,36 (04):15-23.

第六章

碳生产率排行榜

在全国绿色低碳发展的大棋局下,厘清地区之间碳生产率水平的差异及变动趋势,有助于高效配置减碳资源,以更低的经济成本实现"双碳"目标。碳生产率测度单位碳排放所能创造的经济效益,可以准确评价地区经济发展模式是否兼顾增长与低碳要求,是衡量经济社会低碳转型的重要指标。本章从区域、省域、副省级城市及设区市四个层面对碳生产率的排行榜和测算结果进行分析,发现我国的碳生产率呈逐年上升趋势,但超半数地区增势趋缓;区域异质性明显,北部沿海、东部沿海地区最高,南部沿海、长江中游和西南地区较高,东北地区居中,黄河中游、西北地区的碳生产率一直较低,且增长缓慢;2011年以后碳生产率最高、较高、居中和较低区域的分化现象更为严重,碳生产率差距进一步拉大。进而指出,在区域经济发展和技术水平、资源禀赋和产业结构等存在较大差异的情况下,要在既定且较短的时间内实现"双碳"目标,要发挥低碳发展先进地区低碳发展的优势,辐射带动周边地区的低碳发展。

第一节　引　　言

一、碳生产率的重要性

自 2001 年政府间气候变化专门委员会（IPCC）发布第三次气候评估报告以来，气候变暖已成为重要的国际政治议题。发展低碳经济、应对气候变化已成为世界各国面临的重要任务。中国持续的经济增长、快速的工业化和持续的城市化推动了能源消费的长期攀升，这使得世界关注的焦点集中在中国的碳排放对温室效应的贡献上。据荷兰政府建议者—尼德兰环境评估机构（EEA）2007 年的报告显示，2006 年中国二氧化碳排放量达到 62 亿吨，超过美国成为全球碳排放最多的国家。目前，中国仍是世界上最大的二氧化碳排放国，也是过去 20 年全球碳排放增长的主要来源，在全球气候转型中发挥着至关重要的作用。

2015 年《巴黎协定》的签署，开启了全球气候变化治理的新阶段。作为世界上最大的二氧化碳排放国家，中国承诺到 2030 年单位 GDP 碳排放量在 2005 年的基础上减少 60%—65%，并在 2030 年实现碳达峰，在 2060 年实现碳中和（以下简称"双碳"目标）。随着"双碳"目标的引入，中国需要兼顾碳减排和经济增长的双重目标，走绿色低碳发展之路。因此，提升碳生产率是有序推动经济绿色低碳转型和积极落实"双碳"目标的关键所在。[①] 碳生产率表征的是单位二氧化碳排放水平下的经济产出，是刻画绿色生产率的重要指标，是连接经济增长与环境保护的"桥

---

① Beinhocker E, Oppenheim J, Irons B, et al. The carbon productivity challenge: curbing climate change and sustaining economic growth [R]. McKinsey Global Institute, 2008. 杨翔，李小平，周大川. 中国制造业碳生产率的差异与收敛性研究 [J]. 数量经济技术经济研究，2015（12）：3 – 20. Sun H P, Geng Y, Hu L X, et al. Measuring China's new energy vehicle patents: a social network analysis approach [J]. Energy, 2018, 153: 685 – 693. Sun H P, Bless K E, Sun C W, et al. Institutional quality, green innovation and energy efficiency [J]. Energy policy, 2019, 135: 111002.

梁",提升碳生产率不仅有助于实现"双碳"目标和经济增长的共赢,而且能提升生态环境的支撑能力,助力实现高质量发展目标。随着气候问题的日益突出以及"双碳""双控"目标的提出,将能源消费、碳排放与经济增长间的协同关系一道纳入碳生产率分析框架之中,衡量要素投入转化为产出的总体效率,更具现实意义。

二、碳生产率的严峻性

在"十二五"之前的10年里,中国二氧化碳排放量和GDP一样保持着高速增长。从"十二五"规划开始,低碳发展成为中国绿色发展的内容,碳排放强度纳入经济发展的约束性指标。在2011—2020年,中国单位二氧化碳的经济产出(GDP)即碳生产率虽然实现了大幅提升,但出现趋缓迹象。紧接着,"十四五"规划纲要确定单位国内生产总值能耗、二氧化碳排放的约束性指标。虽然在"十四五"前3年,中国节能降碳成效显著,但受新冠疫情等影响,全国能耗强度降低仍滞后于时序进度,部分地区节能降碳形势较为严峻。"十四五"规划纲要确定的节能降碳约束性指标完成情况不及预期。

具体而言,在"十四五"规划纲要中,中国提出的目标是:到"十四五"时期(2021—2025年)结束时,中国单位国内生产总值能源消耗、二氧化碳排放分别降低13.5%、18%。2023年12月27日,国家发展和改革委员会发布的《〈中华人民共和国国民经济和社会发展第十四个五年规划和2035年远景目标纲要〉实施中期评估报告》显示,中国"十四五"规划的单位GDP能源消耗、单位GDP二氧化碳排放两项指标虽然有所降低,但进展滞后于预期;在"十四五"前半程,中国能源消费和二氧化碳排放增速明显快于"十三五"时期,中国污染物和碳排放总量仍居高位;预计未来一段时期内,中国能源消费总量仍将保持刚性增长,煤炭在能源保供中还需发挥兜底作用,污染物和二氧化碳减排任重道远。

三、提升碳生产率的紧迫性

为推进完成"十四五"规划纲要明确的节能降碳目标,国家发展改革委会同有关部门报请国务院印发了《2024—2025年节能降碳行动方案》,部署当前节能降碳重点工作。同时,为深入挖掘重点领域、重点行业的节能降碳潜力,国家发展改革委会同有关部门制定了分领域、分行业专项行动计划,针对钢铁、炼油、合成氨、水泥等4个重点行业推进节能降碳。可见,持续提升碳生产率已经成为中国当下一个时期最为紧迫的任务,也是实现"双碳"目标和绿色经济高质量发展的必由之路。

基于此,本章从节能减排和GDP提升的双重视角,计算各省域、副省级城市和设区市的碳生产率并对其进行排名分析,以刻画其时空分布格局。在全国绿色低碳发展的"大棋局"下,以期为协调经济增长与碳减排的关系,寻求碳生产率的提升策略,以及制定有差别的地区绿色低碳发展战略和减排降碳政策提供参考。

第二节 碳生产率指标选取及其数据来源

一、碳生产率指标选取

传统测度生产率的方法往往并未考虑碳排放对气候的负面影响,导致真实的生产率无法得到反映。为解决这一问题,碳生产率的概念于1993年被正式提出。① 由于其融合了控制碳排放水平与促进经济增长两大发展目标,因而得到广泛认可,被作为绿色低碳发展背景下测度生产率的有效手段。

碳生产率是从经济学的角度将碳作为一种隐含在能源和物质产品中的要素投入,衡量一个经济体消耗单位碳资源所带来的相应产出。"碳排放空间"作为21世纪重要、稀缺的战略资源,可以像劳动、资本等投入要

---

① 吴晓华,李磊. 中国碳生产率与能源效率省际差异及提升潜力[J]. 经济地理,2014,34(05):105-108.

素一样进行交换。① 因此，碳生产率可以与传统的劳动或资本生产率相比较。② 碳生产率遵循在一定的技术水平条件下，以最少的碳资源投入获得最大的产出，反映了每单位碳排放产生的经济效益，以单位碳排放的增加值表示。

二、数据来源

基于数据的可得性，本章选择2000—2021年作为省域层面的考察期间，2006—2019年作为设区市层面的考察期间，其中，省域数据只涵盖我国30个省、直辖市和自治区，西藏自治区、台湾地区、香港和澳门特别行政区除外；设区市数据涵盖我国25个省域的203个城市。

实际GDP数据是以2000年为基期，对名义GDP数据采用各地区GDP指数剔除价格影响而得。其中，城市层面的GDP指数采用城市所在省域GDP平减指数对城市GDP按2000年不变价进行平减处理。各地区名义GDP数据和GDP平减指数数据来自历年《中国统计年鉴》和相应地区统计年鉴。

CO_2排放量使用CEADs中国碳核算数据库网站上提供的2000—2021年省域层面的表观碳排放数据和2006—2019年城市层面的表观碳排放数据。③ 由于省域和设区市层面的CO_2数据部分缺失，本章采用插值法进行处理。

---

① Chen Z J, Liu Y M, Zhang Y J, et al. Inter-Regional Economic Spillover and Carbon Productivity Embodied in Trade: Empirical Study from the Pan-Yangtze River Delta Region [J]. Environmental Science and Pollution Research, 2020, 28 (06): 7390-7403.

② Pan J H, Zhuang G, Zheng Y. Clarification of the concept of low-carbon economy and analysis of its core elements [J]. International Economic Review, 2010, 4: 88-101.

③ 此处CO_2排放量包含化石燃料燃烧和水泥生产过程产生的二氧化碳排放。不包含其他温室气体转换成的碳当量，原因有二：一是全球来看，根据联合国环境规划署《The Emissions Gap Report 2020》，二氧化碳排放占全部温室气体的75%左右，且呈稳步升高态势；根据《中华人民共和国气候变化第二次两年更新报告》和2020年清华气候院"中国低碳发展战略与转型路径研究项目"成果测算，我国二氧化碳排放占全部温室气体排放的比例达80%以上，且近年来呈升高趋势。二是，甲烷作为第二大温室气体，排放源主要与煤炭开采、农业活动和废弃物处理有关，当前检测标准不完善、检测成本高，缺乏统一测算标准的监测数据；氧化亚氮是全球第三大温室气体，主要来源于农业部门和污水处理等工业过程，截至目前，长期全面的排放数据不易获得。综合这两方面来看，目前国内外有关碳生产率的相关研究，均以二氧化碳排放数据来测算。

第三节 碳生产率排行榜测算

一、省域碳生产率排行榜

本章首先按照公式（2.1）计算全国各省域（不包括西藏自治区、台湾省及香港、澳门两个特别行政区）2000—2021年每年的碳生产率，然后计算碳生产率的全时段均值、近10年均值、近5年均值和2021年同比增长，并对2021年30个省域碳生产率排名进行分析。如图6-1和图6-2所示。

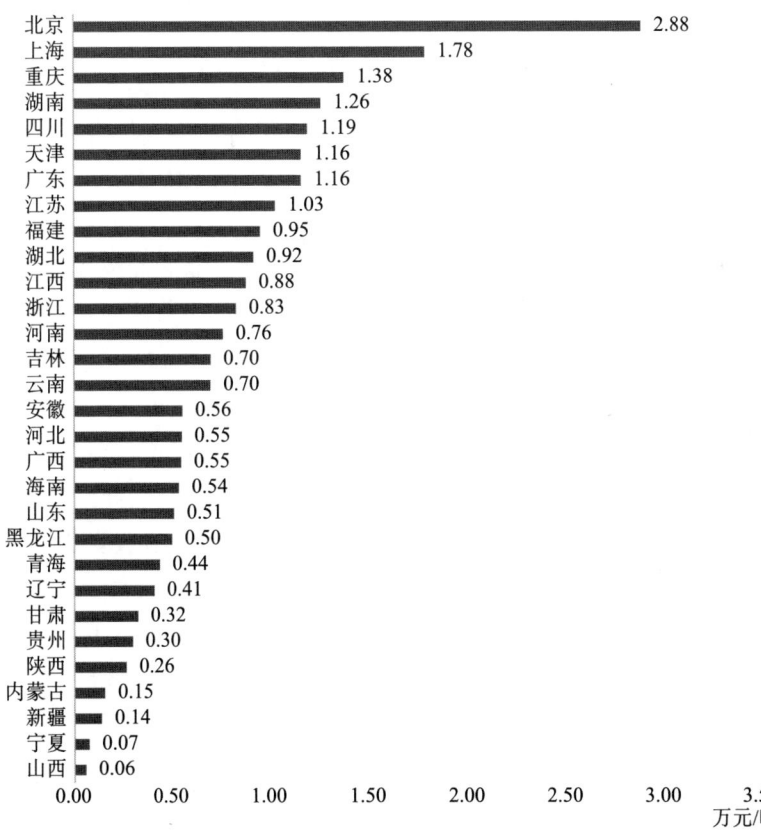

图6-1 2021年30个省域碳生产率排名

从图 6-1 可知，排在前 10 名的省域依次为北京、上海、重庆、湖南、四川、天津、广东、江苏、福建和湖北。其中，北京的碳生产率最高，达 2.88 万元/吨，遥遥领先于其他省域；上海其次，碳生产率为 1.78 万元/吨，重庆紧随其后，碳生产率为 1.38 万元/吨；排在第 4—8 名的湖南、四川、天津、广东和江苏，其碳生产率依次为 1.26 万元/吨、1.19 万元/吨、1.16 万元/吨、1.16 万元/吨和 1.03 万元/吨，均位于 1 万元/吨以上；排在第 9—10 名的福建和湖北，其碳生产率依次为 0.95 万元/吨和 0.92 万元/吨，均低于 1 万元/吨。

排在第 11—20 名的依次是江西、浙江、河南、吉林、云南、安徽、河北、广西、海南和山东。其中，江西和浙江的碳生产率依次为 0.88 万元/吨和 0.83 万元/吨；紧接着是河南、吉林和云南，其碳生产率依次为 0.76 万元/吨、0.70 万元/吨和 0.70 万元/吨；而安徽、河北、广西、海南和山东 5 个省域的碳生产率则较为接近，依次为 0.56 万元/吨、0.55 万元/吨、0.55 万元/吨、0.54 万元/吨和 0.51 万元/吨，均处于 0.50 万—0.60 万元/吨。

排在第 21—30 名的依次是黑龙江、青海、辽宁、甘肃、贵州、陕西、内蒙古、新疆、宁夏和山西，其碳生产率均不高于 0.50 万元/吨。其中，黑龙江的碳生产率为 0.50 万元/吨；青海和辽宁紧随其后，其碳生产率依次为 0.44 万元/吨和 0.40 万元/吨；紧接着是甘肃、贵州和陕西，其碳生产率依次为 0.32 万元/吨、0.30 万元/吨和 0.26 万元/吨；排在最后 4 名的是内蒙古、新疆、宁夏和山西，其碳生产率依次为 0.15 万元/吨、0.14 万元/吨、0.07 万元/吨和 0.06 万元/吨。

从图 6-2 可知，30 个省域 2021 年的碳生产率增长率在 -22.25%—15.50%。其中，在所有 19 个实现正增长的省域中，陕西、湖南的增长率最高，分别达 15.50% 和 12.45%，主要得益于碳排放的显著降低；山东、河北、云南的增长率次高，分别为 8.83%、8.38% 和 8.21%；紧接着是内蒙古、四川和北京，其增长率分别为 7.59%、7.32% 和 7.01%；江西和辽宁则实现了 5% 以上的正增长，增长率分别为 5.31% 和 5.22%；海南、河南、上海和安徽也实现了较明显的正增长，其增长率分别为 4.45%、4.02%、3.63% 和 3.63%。

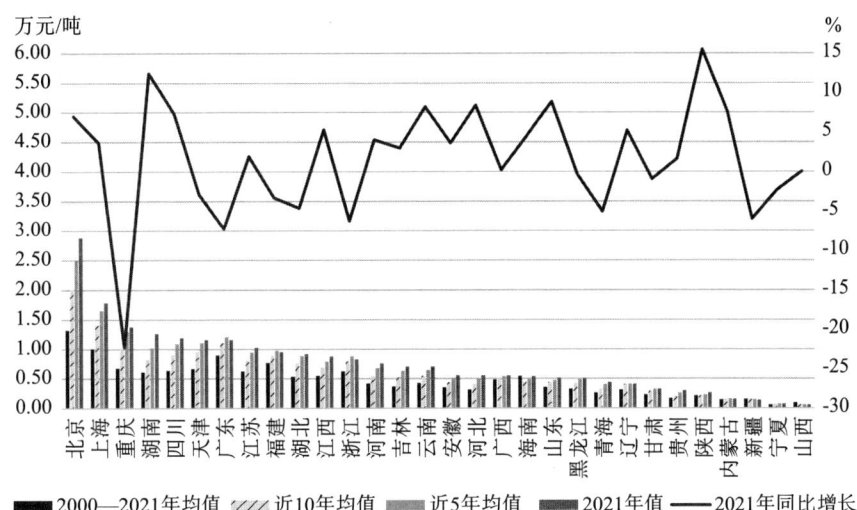

图 6-2　2000—2021 年全国 30 个省域碳生产率及同比增长情况

在所有 11 个出现负增长的省域中，重庆的增长率最低，为 -22.25%，主要原因是 2020 年其原煤碳排放显著下降，导致 2020 年碳生产率大幅增加（28.58%），但 2021 年其原煤碳排放反弹，碳生产率增长趋势未能持续；广东、浙江的增长率次低，分别为 -7.24% 和 -6.24%，主要原因是两省的碳生产率在分别经历了 9 年和 15 年的持续增长以后，2020 年和 2021 年两年的碳排放出现持续升高，其碳生产率自 2020 年起连续两年出现下降，两省 2020 年的增长率分别为 -1.77% 和 -4.47%；紧接着是新疆、青海、湖北，其增长率分别为 -5.96%、-5.03% 和 -4.61%，其中，新疆因碳排放持续升高，其碳生产率自 2016 年起呈持续下降趋势，青海和湖北两地的情况则类似于重庆，其碳生产率在 2021 年出现下降的原因主要是 2020 年两地的碳排放均出现显著下降，但 2021 年又出现大幅反弹；此外，福建、天津和宁夏三个省域也出现了明显的负增长，增长率分别为 -3.29%、-2.86% 和 -2.33%。

值得注意的是，在碳生产率排前 5 名的省域中，除了重庆出现了显著的负增长，其余 4 个省域均实现了明显的正增长；而在碳生产率排第 6—10 名的省域中，除了江苏实现了一定程度的正增长（1.92%）以外，其余 4 个省域均出现了明显的负增长。在碳生产率排第 11—20 名的省域中，只有浙江出现了明显的负增长（-6.24%），其余 9 个省域均实现了不同程度的正增长。在碳生产率排第 21—30 名的省域中，只有辽宁

(5.22%)、贵州（1.65%）、内蒙古（7.59%）和山西（0.02%）实现了正增长，其余6个省域均出现了不同程度的负增长。这至少能反映出，当前我国碳生产率较高地区和较低地区的碳生产率增长仍面临较大的不确定性。

从图6-2的省域碳生产率的全时段均值、近10年均值和近5年均值的纵向对比来看，除了海南、陕西、新疆和山西，其余省域的碳生产率均维持了持续增长态势，但这一增长态势呈现趋缓迹象。且碳生产率较高的地区其增长态势也较为可观，一直都维持着较高的碳生产率水平；而碳生产率较低的地区增长幅度也较小，其碳生产率虽然取得了一定增长，但仍处于较低水平，碳生产率有待提升。这说明，碳生产率较高的地区其增长率一般也较高，而碳生产率较低的地区其增长率一般也较低。如果不采取措施的话，随着时间的推移，较高地区和较低地区的碳生产率差距将越来越大。

其中，海南的近10年、近5年均值之所以低于其全时段均值，主要是因为其碳排放水平在2007年出现了显著上涨，导致其碳生产率在2007年出现了显著下降，这一趋势一直维持到了2015年。陕西的近10年均值略低于其全时段均值，主要是因为其碳排放水平在2005年出现了翻倍式上涨，导致其碳生产率在2005年及其后的几年出现了明显的下降。新疆的碳生产率呈现缓中有降的趋势，主要是因为其实际GDP的增速赶不上碳排放水平的增速。山西的近10年、近5年均值之所以低于其全时段均值，主要是因为在整个样本期间内其实际GDP的增速不及碳排放水平的增速，尤其是2013年开始，其碳排放水平较之前年份实现了翻番式增长。

由于自然区位和资源禀赋、经济发展状况等是影响碳生产率的重要因素，本章根据国务院发展研究中心发展战略和区域经济研究部提出的一种较为综合的划分中国（大陆）区域的方法[①]，在综合考量了空间邻接关系、自然条件和资源禀赋、经济发展状况、社会结构与区域发展规模等因素的情况下，将中国大陆分为八大区域，即东北地区（包括辽宁、吉林、黑龙江）、北部沿海地区（包括北京、天津、河北、山东）、东部沿海地区（包括上海、江苏、浙江）、南部沿海地区（包括福建、广东、海南）、

---

① 李善同，侯永志. 中国（大陆）区域社会经济发展特征分析[J]. 中国发展评论（中文版），2003，5（02）：27-39.

黄河中游地区（包括陕西、山西、河南、内蒙古）、长江中游地区（包括湖北、湖南、江西、安徽）、西南地区（包括云南、贵州、四川、重庆、广西）和西北地区（包括甘肃、青海、宁夏、西藏、新疆）。

结合上述对图6-1和图6-2的分析可知，在碳生产率排前10名的省域中，北京、天津属于我国北部沿海地区，上海和江苏属于东部沿海地区，重庆、四川属于我国西南地区，湖南、湖北属于长江中游地区，广东和福建属于南部沿海地区。

在碳生产率排第11—20名的省域中，江西和安徽位于长江中游地区，浙江位于东部沿海地区，河南位于黄河中游地区，吉林位于东北地区，云南和广西位于西南地区，河北和山东位于北部沿海地区，海南位于南部沿海地区。

在碳生产率排第21—30名的省域中，黑龙江、辽宁属于东北地区，青海、甘肃、新疆、宁夏属于西北地区，贵州属于西南地区，陕西、内蒙古、山西属于黄河中游地区。

表6-1和图6-3展示了2000—2021年我国八大区域碳生产率与排名情况。总体来看，位于经济发展水平较高的北部、东部、南部沿海地区和自然资源禀赋较好的长江中游、西南地区的多数省域其碳生产率较高，而位于东北地区、黄河中游地区和西北地区的多数省域其碳生产率较低，这一现象在2003年及以后更为明显。因此，省域碳生产率呈现明显且持续的地区差异。值得注意的是，自样本期间伊始排第1名的南部沿海地区自2009年起被东部沿海地区超越，自2014年起被北部沿海地区超越，又在2021年被长江中游地区超越；且北部沿海地区于2020年和2021年连续两年超越东部沿海地区，成为碳生产率排第1名的地区。

表6-1　　2000—2021年我国区域碳生产率均值及排名　　单位：万元/吨

时间	北部沿海		东北地区		东部沿海		南部沿海		黄河中游		长江中游		西南地区		西北地区	
	碳生产率均值	排名	碳生产率均值	排名	碳生产率均值	排名	碳生产率均值	排名	碳生产率均值	排名	碳生产率均值	排名	碳生产率均值	排名	碳生产率均值	排名
2000	0.32	5	0.18	7	0.49	2	0.80	1	0.24	6	0.34	3	0.33	4	0.17	8
2001	0.34	5	0.20	7	0.46	2	0.86	1	0.25	6	0.36	3	0.36	3	0.17	8
2002	0.36	4	0.21	7	0.49	2	0.70	1	0.22	6	0.36	5	0.39	3	0.18	8
2003	0.36	3	0.22	6	0.48	2	0.73	1	0.20	7	0.35	5	0.35	4	0.16	8
2004	0.37	3	0.22	6	0.48	2	0.74	1	0.20	7	0.35	5	0.36	4	0.15	8

续表

时间	北部沿海		东北地区		东部沿海		南部沿海		黄河中游		长江中游		西南地区		西北地区	
	碳生产率均值	排名	碳生产率均值	排名	碳生产率均值	排名	碳生产率均值	排名	碳生产率均值	排名	碳生产率均值	排名	碳生产率均值	排名	碳生产率均值	排名
2005	0.35	3	0.22	6	0.47	2	0.83	1	0.16	7	0.34	4	0.33	5	0.16	8
2006	0.41	3	0.23	6	0.51	2	0.67	1	0.18	7	0.34	4	0.33	5	0.16	8
2007	0.47	3	0.27	6	0.58	2	0.59	1	0.20	7	0.36	4	0.35	5	0.17	8
2008	0.48	3	0.28	6	0.60	2	0.61	1	0.19	7	0.39	4	0.33	5	0.16	8
2009	0.51	3	0.29	6	0.65	1	0.60	2	0.18	7	0.41	4	0.33	5	0.16	8
2010	0.52	3	0.29	6	0.65	1	0.60	2	0.17	7	0.42	4	0.35	5	0.16	8
2011	0.55	3	0.29	6	0.66	1	0.58	2	0.17	7	0.42	4	0.36	5	0.15	8
2012	0.60	3	0.31	6	0.72	1	0.65	2	0.19	7	0.46	4	0.39	5	0.15	8
2013	0.69	3	0.37	6	0.75	1	0.72	2	0.18	7	0.51	4	0.45	5	0.15	8
2014	0.74	2	0.40	6	0.87	1	0.72	3	0.20	7	0.56	4	0.49	5	0.17	8
2015	0.83	2	0.43	6	0.92	1	0.77	3	0.22	7	0.61	4	0.56	5	0.21	8
2016	0.95	2	0.44	6	0.99	1	0.85	3	0.24	7	0.65	4	0.60	5	0.21	8
2017	1.05	2	0.47	6	1.05	1	0.88	3	0.24	7	0.68	4	0.68	5	0.22	8
2018	1.06	2	0.50	6	1.14	1	0.88	3	0.27	7	0.77	4	0.71	5	0.23	8
2019	1.13	2	0.50	6	1.18	1	0.91	3	0.29	7	0.80	4	0.75	5	0.24	8
2020	1.22	1	0.52	6	1.21	2	0.92	3	0.29	7	0.87	5	0.87	4	0.25	8
2021	1.28	1	0.54	6	1.22	2	0.88	4	0.31	7	0.91	3	0.82	5	0.24	8

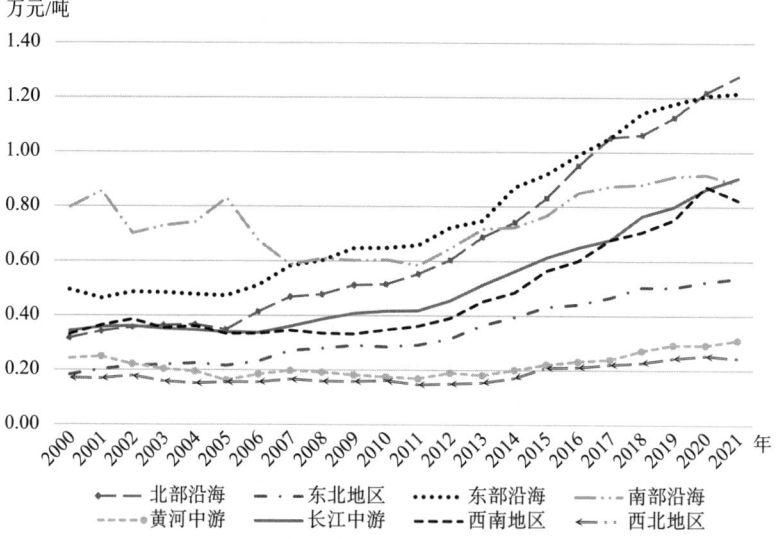

图 6-3 2000—2021 年我国区域碳生产率均值趋势图

从时间趋势来看（见图 6-3），2000—2021 年我国八大区域碳生产率均呈现不同幅度的上升趋势。其中，南部沿海地区、黄河中游地区和西北地区呈现先下降再平稳后又上升的趋势，分时间段来看，2005 年以后下降趋势逐步转为平稳趋势，并于 2011 年起逐步转为上升趋势；东部沿海地区、北部沿海地区、长江中游地区、西南地区和东北地区则呈现先平稳后上升的趋势，分时间段来看，上升趋势集中出现在 2005 年以后，且 2009 年以后出现加速上升趋势。

不难发现，八大区域的碳生产率变动趋势转折点存在时间上的一致性。究其原因，2000—2005 年的下降或平稳趋势主要是由于 2000—2005 年是我国工业化加速、出现重化工特征的时期，各地的重工业尤其是高耗能行业发展迅猛，导致能源消费增加，碳排放增加，出现了碳排放增长快于 GDP 增长的现象，再加上各地缺乏能源环境政策的约束，使得这一时期碳生产率呈下降或平稳趋势；"十一五"规划中我国提出了到 2010 年比 2005 年单位 GDP 能耗降低 20% 的目标，并开始推广节能减排政策，由于政策机制的约束，2005 年开始八大区域碳生产率呈现逐步平稳或增加的趋势；而 2009 年以后八大地区碳生产率加速上升或逐步转为上升的原因主要是，从 2009 年开始我国密集出台能源结构调整、节能和减排政策，2010—2019 年我国实施了绿色金融改革创新发展试点、低碳城市建设和碳排放交易试点政策等，且"十二五""十三五"和"十四五"规划均制定了节能减排综合工作方案，提出了更有约束性的节能减排目标。另外，受全球新冠疫情的影响，在复杂的国际国内形势下，能源保供和产业链去风险等非常规措施导致 2020—2021 年碳生产率有所波动。

从空间格局来看，2000—2021 年八大区域碳生产率的分化现象日益显现，区域异质性愈加明显。表现为期初南部沿海地区的碳生产率最高，东部沿海地区较高，长江中游、西南和北部沿海地区居中，黄河中游、东北和西北地区最低；期末北部沿海、东部沿海地区最高，南部沿海、长江中游和西南地区较高，东北地区居中，黄河中游、西北地区最低。值得注意的是，2000—2021 年先后出现了东部沿海、北部沿海和长江中游地区追赶南部沿海地区的现象，以及东部沿海和北部沿海地区、西南地区和长江中游地区你追我赶的现象，而东北、黄河中游和西北地区的碳生产率一直较低，且增长缓慢。并且，2011 年以后碳生产率最高、较高、居中和较低区域的分化现象更为严重，碳生产率差距越拉越大。

二、副省级城市碳生产率排行榜

我国共有 15 个副省级城市，其中包括广州、武汉、哈尔滨、沈阳、成都、南京、西安、长春、济南和杭州 10 个省会城市，深圳、大连、青岛、宁波和厦门 5 个计划单列市。尽管副省级城市属于设区市的范畴，鉴于副省级城市的独特地位，此处特别将副省级城市单列，以更加清晰洞悉副省级城市的自然资源生产率排名。表 6-2 单独列出了我国副省级城市 2006—2019 年的碳生产率均值及排名。

表 6-2　　2006—2019 年副省级城市碳生产率均值及排名　　单位：万元/吨

所属省域	城市	2006—2019 年均值	2010—2019 年均值	2015—2019 年均值	2006—2019 年均增长	2006—2019 年均值排名（全国排名）
广东	深圳	2.56	2.99	3.17	11.37%	1（1）
福建	厦门	1.35	1.53	1.79	5.79%	2（5）
四川	成都	1.33	1.47	1.71	4.10%	3（6）
浙江	杭州	1.18	1.38	1.75	8.71%	4（7）
广东	广州	1.00	1.10	1.23	6.75%	5（19）
陕西	西安	0.96	1.13	1.39	10.64%	6（24）
山东	青岛	0.91	1.07	1.34	10.95%	7（28）
山东	济南	0.70	0.82	1.00	5.19%	8（57）
辽宁	沈阳	0.69	0.76	0.83	3.51%	9（59）
辽宁	大连	0.65	0.74	0.82	4.30%	10（66）
吉林	长春	0.61	0.68	0.84	6.07%	11（70）
黑龙江	哈尔滨	0.60	0.63	0.69	3.89%	12（73）
湖北	武汉	0.50	0.58	0.68	6.92%	13（87）
浙江	宁波	0.43	0.46	0.53	2.72%	14（103）
江苏	南京	0.34	0.36	0.40	4.06%	15（130）

对表 6-2 中 2006—2019 年碳生产率均值进行排序，深圳以 2.56 万元/吨的碳生产率位居榜首，也是全国排第 1 名的城市。南京则以 0.34 万元/吨的碳生产率排在最后 1 名，全国排第 130 名。其他城市按照碳生产率的高低依次排列：厦门（福建省）1.35 万元/吨、成都（四川省）

1.33万元/吨、杭州（浙江省）1.18万元/吨、广州（广东省）1.00万元/吨、西安（陕西省）0.96万元/吨、青岛（山东省）0.91万元/吨、济南（山东省）0.70万元/吨、沈阳（辽宁省）0.69万元/吨、大连（辽宁省）0.65万元/吨、长春（吉林省）0.61万元/吨、哈尔滨（黑龙江省）0.60万元/吨、武汉（湖北省）0.50万元/吨和宁波（浙江省）0.43万元/吨。

可见，深圳、厦门、成都和杭州排前4名，广州、西安和青岛紧随其后，排第5—7名，且其碳生产率的近10年均值和近5年均值均高于1万元/吨大关。济南、沈阳、大连、长春和哈尔滨依次排第8—12名，其中，通过对比这五城的各时段均值不难发现，沈阳、大连的增速逐年走低，并逐渐被长春赶超，且其碳生产率均值与济南的差距越来越大；而哈尔滨的增速则一直较低，和长春的差距也越来越大。而排第13名的武汉近5年的增速有所提升，其近5年的碳生产率均值已经逼近哈尔滨，并有望赶超哈尔滨。宁波和南京排第14名和第15名，其全时段和近10年的碳生产率均值均低于0.5万元/吨，而宁波近5年的均值则刚刚突破0.5万元/吨的关口。

三、设区市碳生产率排行榜

本章首先根据前文测算方法测算出全国203个设区市2006—2019年每年的碳生产率，单位为万元/吨，然后计算各设区市碳生产率的全时段均值、近10年均值、近5年均值和全时段平均增长率，并对碳生产率全时段均值排前50名（见图6-4和图6-5）和后50名（见图6-6和图6-7）的设区市分别进行分析。

由图6-4可以看出，碳生产率排前50名的设区市中除了陕西西安、黑龙江大庆，其余碳生产率排名比较靠前（前20名）的设区市与其所属省域有这样一种关系，即设区市的碳生产率排名和省域碳生产率排名具有较高的一致性。其中，2006—2019年碳生产率均值排前10名的设区市中，广东深圳的碳生产率均值在203个设区市中排第1名，高达2.56万元/吨，也是唯一突破2万元/吨大关的设区市。其次是安徽黄山和河南周口，碳生产率均值分别为1.99万元/吨和1.70万元/吨，均高于1.5万元/吨。排第4名至第10名的依次是福建南平、福建厦门、四川成都、浙江

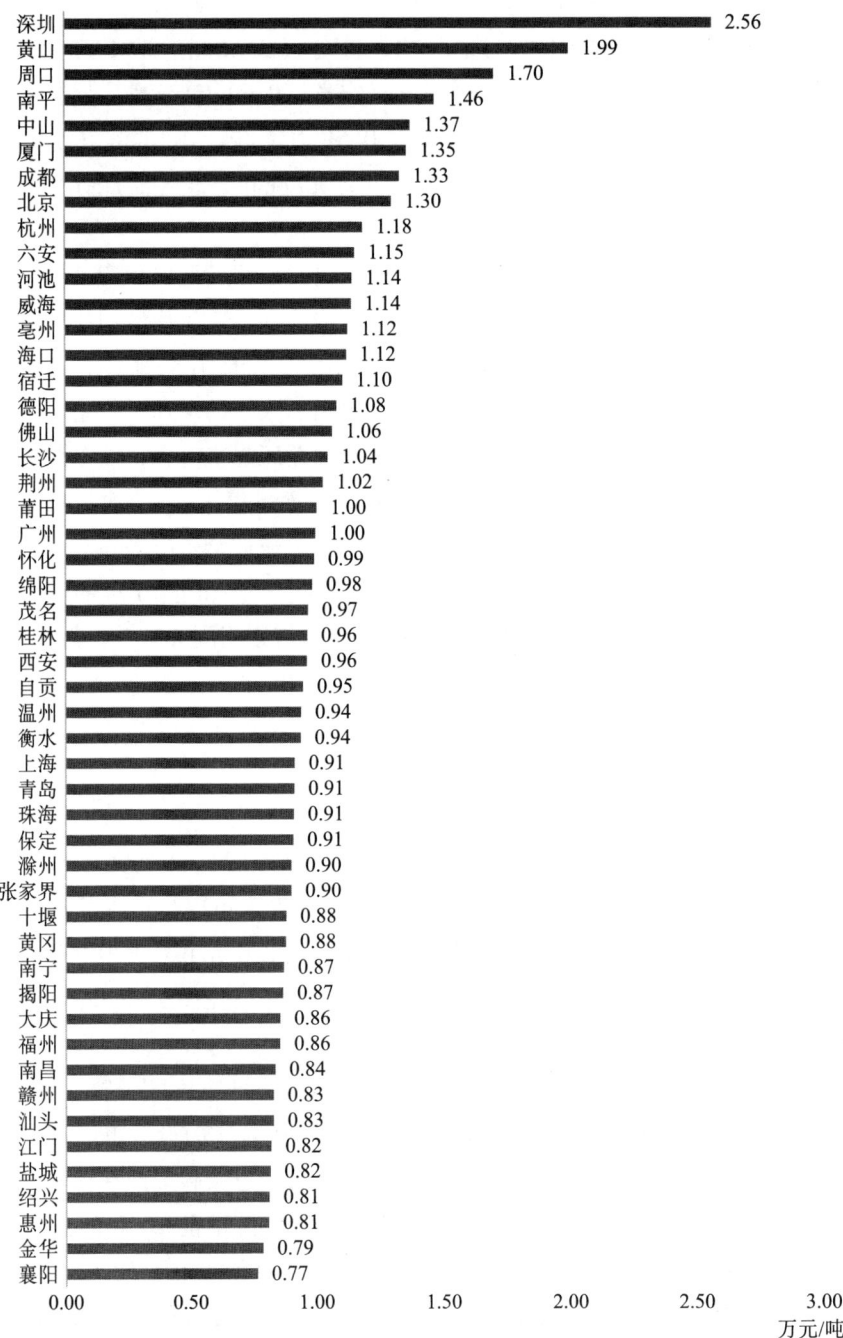

图 6−4 2006—2019 年全国设区市碳生产率平均值前 50 名

杭州、安徽六安、广西河池和山东威海,其碳生产率均值分别为1.46万元/吨、1.35万元/吨、1.33万元/吨、1.18万元/吨、1.15万元/吨、1.14万元/吨和1.14万元/吨,均处于1万元/吨以上。

值得注意的是,排前50名的设区市中碳生产率均值为2万—3万元/吨的设区市仅有1个,为1.5万—2.0万元/吨的设区市有2个,为1.0万—1.5万元/吨的设区市有15个,为0.5万—1.0万元/吨的设区市有32个,呈右偏分布。不难看出,即便是排前50名的设区市,其碳生产率均值仍然更多地集中在较小的值附近,这说明大多数设区市还有较大的减排潜力。

由图6-5的2006—2019年年均碳生产率增长数据可知,排前50名的设区市中除了安徽六安(-0.56%)、广西河池(-8.71%)、安徽亳州(-3.76%)和广东惠州(-2.72%)4个设区市出现了负增长,其余设区市均实现了正增长,其中,广东深圳、福建南平、山东威海、广东佛山、四川绵阳、广西桂林、陕西西安、四川自贡、山东青岛、河北保定和广东江门等11个设区市的年均增长率高达10.10%—17.41%,年均增长率为5%—10%的设区市有25个,年均增长率为1%—5%的设区市有10个。不难发现,排前50名的设区市其年均增长率呈左偏分布,这说明,碳生产率均值较高的地区其年均增长率也较高。

从图6-5的2006—2019年均值、2010—2019年均值和2015—2019年均值的纵向对比来看,2006—2019年碳生产率均值前50名的设区市中

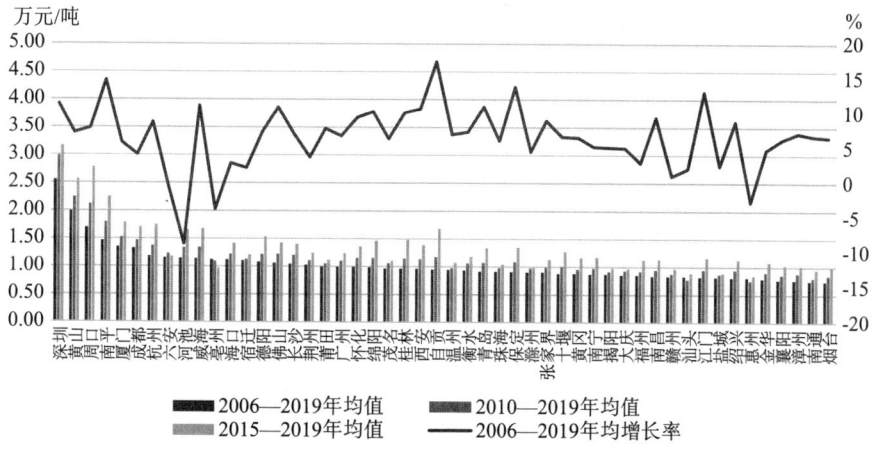

图6-5　2006—2019年全国设区市碳生产率均值及年均增长率前50名

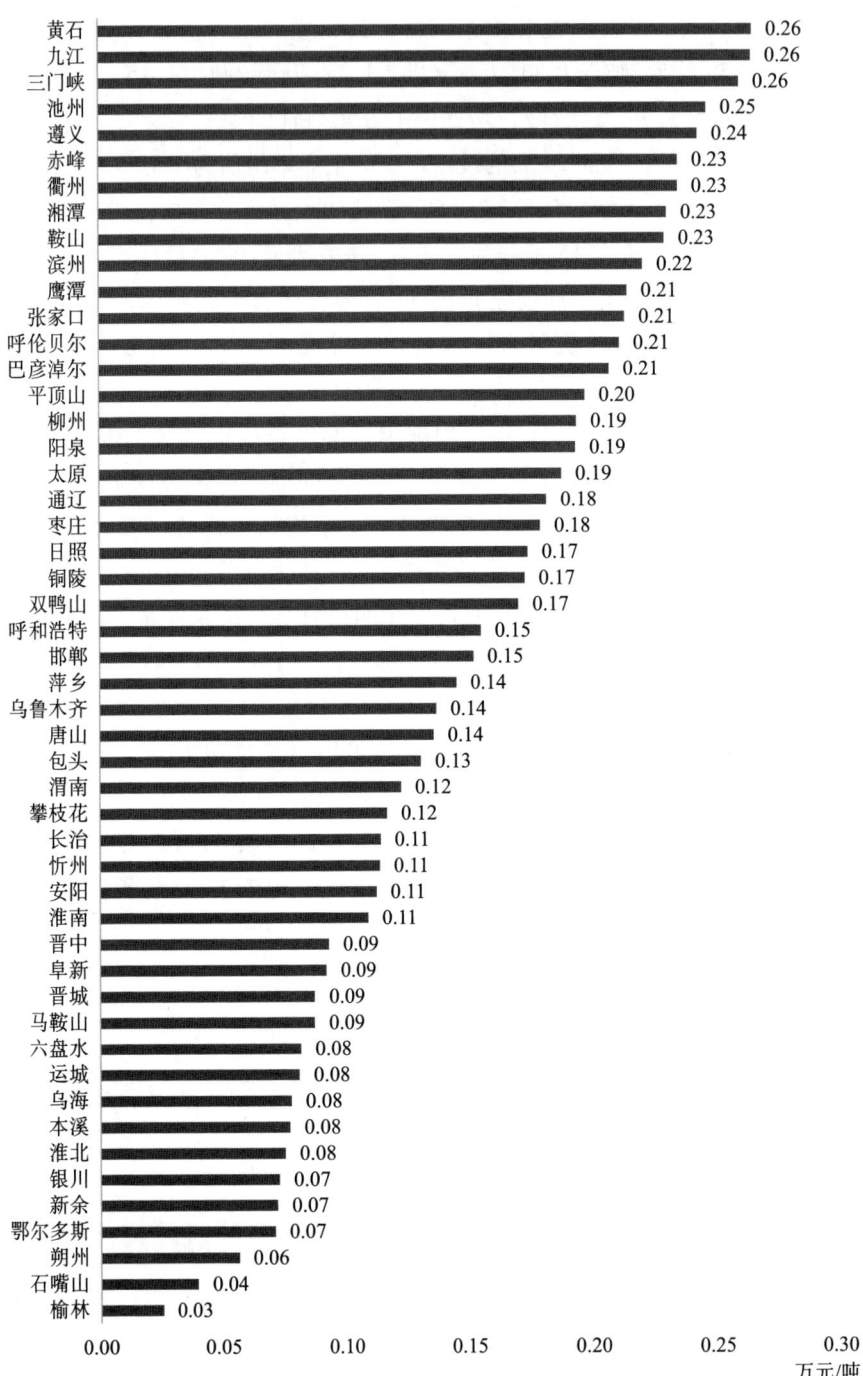

图 6-6　2006—2019 年全国设区市碳生产率均值后 50 名

除了安徽六安先增长后下降、安徽亳州持续下降、广东汕头和广东惠州先下降后增长以外，其余设区市均维持了持续增长态势，但值得注意的是，多数设区市的持续增长态势呈现趋缓迹象。

由图6-6可以看出，碳生产率均值处于后50名的设区市中，黄石排第154名，所属省域为碳生产率排第10名的湖北省；攀枝花排第184名，所属省域为碳生产率排第5名的四川省。其余设区市均属于碳生产率排名比较靠后（后20）的省域，也就是说，大多数设区市的碳生产率排名和省域碳生产率排名具有较高的一致性。其中，陕西榆林碳生产率在全国203个设区市中居于末位，仅0.03万元/吨，其次是宁夏石嘴山居倒数第2名，碳生产率仅0.04万元/吨，居倒数第3名至第10名的依次是山西朔州、内蒙古鄂尔多斯、江西新余、宁夏银川、安徽淮北、辽宁本溪、内蒙古乌海和山西运城，其值均不超过0.08万元/吨。值得注意的是，居后50名的设区市中除了黄石、九江和三门峡3个设区市的碳生产率稍高于0.25万元/吨，其余47个设区市的碳生产率均低于0.25万元/吨，这说明在后50名的设区市中，更多的设区市在发展经济的过程中仍面临较大的减排压力，应注重提升碳排放效率，积极探索碳生产率提升路径，如低碳技术的开发与应用、能源利用效率的提高等。

由图6-7可知，排后50名的设区市中除了山东滨州（-4.49%）、江西鹰潭（-7.78%）、山东日照（-3.46%）、山西忻州（-3.97%）、山西晋城（-1.44%）、宁夏银川（-7.91%）、内蒙古鄂尔多斯（-6.69%）和陕西榆林（-5.42%）8个设区市出现了负增长，其余设区市均实现了正增长。其中，河南平顶山、山东枣庄、江西萍乡、辽宁阜新和贵州六盘水5个设区市的年均增长率达10.06%—15.02%，年均增长率为7.5%—10%的设区市有7个，年均增长率为5%—7.5%的设区市有13个，年均增长率为0.03%—5%的设区市有17个。不难发现，排前50名的设区市其年均增长率呈右偏分布。这说明，碳生产率较低的设区市其碳生产率年均增长率更多地集中在较小的值附近。

从图6-7的2006—2019年均值、2010—2019年均值和2015—2019年均值的纵向对比来看，2006—2019年碳生产率均值排后50名的设区市中除了山东滨州、山东日照、山西忻州、内蒙古鄂尔多斯和陕西榆林持续下降，江西鹰潭、内蒙古通辽和山西晋城先增长后下降，内蒙古巴彦淖尔、宁夏银川先下降后增长以外，其余40个设区市均维持了持续增长态势,但值得注意的是,半数设区市的持续增长态势呈现出了趋缓迹象。

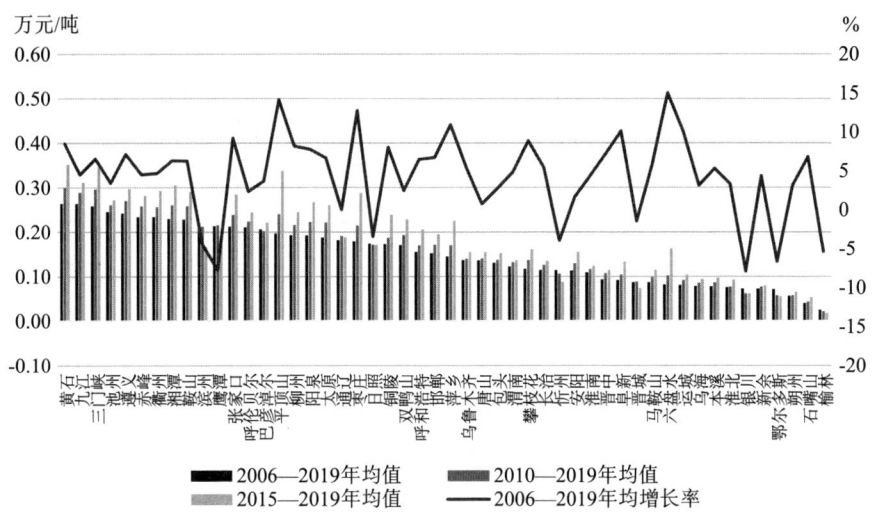

图 6-7 全国排名后 50 位设区市 2006—2019 年碳生产率情况

第四节 碳生产率排行榜分析与探讨

一、碳生产率省域排行榜分析与探讨

对图 6-1 和图 6-2 的省域碳生产率数据及排行榜作进一步比较后发现:

排在前 10 名的北京、上海、天津、广东、江苏、福建均位于我国北部、东北和南部沿海地区,这 6 个省域作为沿海经济大省,其实际 GDP 和碳排放量在全国占比均很高,但沿海地区具有更加良好的经济环境和制度环境,侧重于基础研发与技术创新,致力于发展高科技制造业和多功能制造中心,生产部门多已转移到中西部地区;同时借助较好的经济基础和区位优势,服务贸易和金融业等第三产业较为发达,在三次产业中占比较

高,产业结构较轻。在绿色低碳发展的背景下,得益于较高的技术水平及产业结构的不断转型升级,沿海地区具有较高的绿色低碳技术水平和能源利用效率,低碳发展水平较高,碳生产率也较高。

同样排在前10名的重庆、四川、湖南、湖北均位于我国西南和长江中游等中西部地区,拥有丰富的自然资源禀赋,主要凭借水电带来的较清洁的能源结构跻身前10名行列。另外,直辖市通常会获得更多资源,导致在行政体制、地方政府权力、产业政策、经济文化发展水平等方面与其他城市差异较大,或因此更具有低碳发展优势。

排名居中的10个省域中,浙江位于东部沿海地区,沿海地区拥有人力资源、经济基础、公共基础设施、区位等方面的优势,可利用国家给予的投资、财税、外资外贸、金融等方面的优惠政策,推进市场经济体制建设,率先接触、采用、开发新技术,使得其经济发展乃至技术水平较内陆地区更高、产业结构较内陆地区更优,碳生产率达到中间水平。江西、安徽位于长江中游,其中,江西主要凭借其丰富的自然资源禀赋排在第11名。例如,江西背靠丰富的锂矿和太阳能资源等来发展锂电、光伏等新能源细分产业链,助力实现产业转型升级和绿色发展。2021年,江西清洁能源发电装机就已经逼近传统能源发电装机,其中,光伏发电装机已经成为第二大电源,排在水电、风电、生物质发电等装机之前,推动能源绿色低碳发展和形成较清洁的能源结构。安徽既是长三角成员又是长江经济带承东启西的重要节点,还是中部地区与长三角联动发展的桥头堡,通过发挥区位优势,集聚配置各类要素资源获得发展优势。

河南位于黄河中游地区,凭借良好的交通区位优势,充分发挥枢纽经济优势,带动物流和贸易产业发展,并且相较西部地区具有技术、人才等比较优势,还可以吸引承接东部相关产业向中部布局。云南、广西位于西南地区,海南位于南部沿海地区,河北、山东位于北部沿海地区,这5个省域凭借较好的资源禀赋和区位优势,碳生产率处于中间水平。吉林省区位优势明显,资源禀赋优良,制造业基础雄厚、较为发达,新材料等新兴产业发展迅速,是支撑东北全面振兴的重要区域,其碳生产率处于中间水平。

排后10名的地区主要是东北老工业基地和传统能源大省。其中,黑龙江、辽宁作为我国以重化工业为特色的老工业基地,曾高度依赖钢铁、煤炭、水泥、化工等重工业。随着矿产资源逐渐枯竭和东北全面振兴战略的实施,高污染、高耗能的生产方式不可持续,但高污染、高能耗带来的历史"欠账"问题非一朝一夕就能改变,因此其碳生产率仍较低。青海、甘肃、贵州、陕西、内蒙古、新疆、宁夏和山西作为我国重要的化工、原材料和基础工业基地,能源综合效率不高,工业污染突出、碳排放治理难度大,尤其是能源开发与碳排放矛盾突出。这些地区作为重要的煤炭或火电输出大省,能源结构长期以煤炭为主,并且承担着全国的能源保供重任,受制于高煤炭占比的能源结构和偏重的产业结构,其碳生产率一直处于较低水平。

二、碳生产率副省级城市排行榜分析与探讨

由表6-2可以看出,作为副省级城市中经济最发达的地区,深圳、厦门、成都、杭州和广州具有经济、技术、人才和自然资源等方面的优势,其碳生产率也排前5名。其中,深圳作为一线城市,其制造业占比虽然较高,但其创新能力也较强,创新链与产业链结合得较好,比如深圳建立的全过程创新生态链把其最有竞争力的研发成果就地产业化,并在此基础上向前延伸做基础研究和攻关,向后延伸做金融支撑服务和人才引进,因此其在具有技术和产业链支撑的新兴制造业方面具有独特的优势。厦门作为"海上丝路"的门户枢纽,其新兴产业和现代服务业优势明显,第三产业占比较高。成都坐拥丰富的自然资源,其高新产业发展迅速。杭州的三次产业则呈现"三二一"格局,第三产业优势突出。而广州作为一线城市,其第三产业比重较高。

排后7名的副省级城市中,沈阳、大连、长春和哈尔滨作为东北地区的传统重工业城市,其碳生产率较低。武汉作为中部地区的中心城市,其第二产业占比较高。宁波作为华东地区重要的能源原材料基地,既是能源储运、加工和转换大市,也是能源消费大市,相比于东部沿海地区的其他城市,其二次产业占比较高,且仍以劳动密集型产业、基础能源原材料等重化工产业为主,传统产业比重过高,技术密集、知识密集产业比例偏低,因此,其碳生产率也较低。南京作为我国工业的摇篮,也被称为"化工之城",其经济发展在相当长的时期内倚重于重工业,尤其是石油化工产业,因此其碳生产率较低。

三、碳生产率设区市排行榜分析与探讨

由 203 个设区市 2006—2019 年碳生产率均值直方图（见图 6-8）可知，碳生产率为 0—0.5 万元/吨的设区市数量最多，有 117 个；为 0.5 万—1.0 万元/吨的设区市数量次之，有 68 个；为 1.0 万—1.5 万元/吨的设区市数量有 15 个；为 1.5 万—2.0 万元/吨的设区市数量有 2 个；为 2.0 万—3.0 万元/吨的设区市数量有 1 个。碳生产率为 1.0 万元/吨以下的设区市数量分布较密集，呈现右偏分布。这表明我国大多数设区市的碳生产率集中在较小的值附近，说明大多数设区市的碳生产率仍有较大的提升空间。

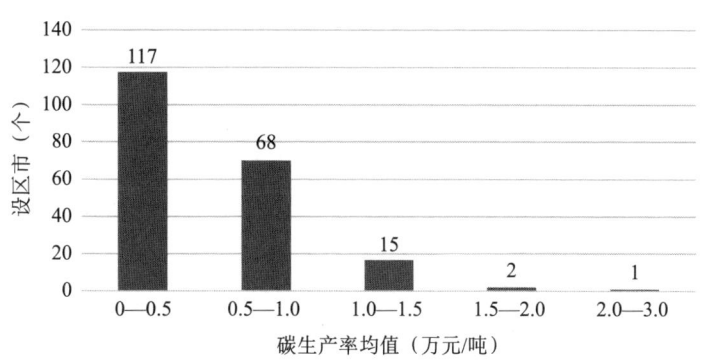

图 6-8　2006—2019 年我国 209 个设区市碳生产率均值

根据 203 个设区市 2006—2019 年碳生产率均值直方图（图 6-8），碳生产率为 1.0 万元/吨以下的设区市数量异常多，共包括 24 个省域的 185 个设区市，占总数的 91%。具体各省域的设区市数量情况是广东 17 个设区市，河南 14 个设区市，安徽和山东各 13 个设区市，江苏 12 个设区市，浙江和河北各 10 个设区市，湖北、湖南和江西各 9 个设区市，黑龙江、内蒙古和山西各 8 个设区市，四川和辽宁各 7 个设区市，福建、吉林和陕西各 6 个设区市，广西 4 个设区市，贵州 3 个设区市，甘肃和宁夏各 2 个设区市，云南和新疆各 1 个设区市。

其中，长江中游地区包括湖北、湖南、江西、安徽 4 个省域的 40 个设区市，黄河中游地区包括陕西、山西、河南、内蒙古 4 个省域的 36 个设区市，北部沿海地区包括河北、山东 2 个省域的 23 个设区市，南部沿

海地区包括福建、广东2个省域的23个设区市,东部沿海地区包括江苏、浙江2个省域的22个设区市,东北地区包括辽宁、吉林、黑龙江3个省域的21个设区市,西南地区包括云南、贵州、四川、广西4个省域的15个设区市,西北地区包括甘肃、宁夏、新疆3个省域的5个设区市。由此可见,长江中游、黄河中游、北部沿海、南部沿海、东部沿海、东北、西南和西北八个地区均有大量的设区市,其碳生产率还处于较低水平,仍有较大的提升空间,仍需结合自身资源禀赋和经济发展状况等积极探索碳减排路径。

结合排前50名的设区市2006—2019年碳生产率均值情况(图6-4),碳生产率均值为1.0万元/吨以上的18个设区市的省域分布情况如下:安徽和福建各3个设区市,广东和四川各2个设区市,河南、浙江、广西、山东、海南、江苏、湖南和湖北各1个设区市。它们均分布在碳生产率前20名的省域,集中分布在具有区位和经济环境优势、基础研发和技术创新优势、贸易和金融等政策优势的北部、东部和南部沿海地区以及拥有丰富自然资源禀赋的西南、长江中游和黄河中游等中西部地区。这表明,当前我国碳生产率有突出优势的地区主要是凭借良好的经济发展和资源禀赋状况等,碳生产率提升的内生动力尚不足,在"双碳"目标下,我国大多数设区市在发展经济的同时仍面临较大的控碳和减碳压力,需从诸如能源效率提升、低碳技术研发和利用等方面寻求提升碳生产率的内生动力。

四、碳生产率排行榜整体再说明

综合碳生产率省域和设区市的排行榜,发现两者互为补充,碳生产率设区市层面的结果与碳生产率省域层面结果相辅相成,两者表现出较强的一致性。分析结果表明,我国碳生产率较为突出的地区主要是凭借良好的经济发展状况和资源禀赋等,在"双碳"目标下,我国大多数地区在发展经济的同时仍面临较大的控碳和减碳压力,需从诸如能源效率提升、低碳技术研发和利用等方面寻求提升碳生产率的内生动力。

为了实现我国"双碳"政策目标,东中西部地区应根据能源和产业结构、技术水平和资金能力,在保持经济增长的同时,尽量少增加、不增加甚至减少碳排放,但东中西部又各有侧重。东部地区在保持经济稳定增长的同时,重点在控制碳排放;中西部地区重点在经济增长,同时注意碳排放的减少，但经济增长不能再走东部发展的老路，否则我国未来二氧化碳减排形势将会异常严峻。

（一）能源资源和绿色技术呈现区域分布不均衡

中国的能源资源呈现出明显的区域分布不均衡。从能源分布来看，煤炭资源作为中国主要的传统能源，主要分布在西部和华北地区；水力资源作为中国主要的可再生能源，主要分布在西南地区。除煤炭和水电资源外，中国的新能源资源也主要分布在西部地区，其中西部地区拥有全国78%的风能资源技术开发量，88.4%的光伏资源技术开发量。[1] 然而，中国的能源消费地区则以经济发达的东部沿海地区为主。上述能源区域分布不均衡特征，导致中国呈现"大规模、长距离的北煤南运、北油南运、西气东输、西电东送，是中国能源流向的显著特征和能源运输的基本格局"。[2]

此外，中国的绿色技术也呈现出明显的区域分布不均衡。从中国国家知识产权局专利数据库中的绿色技术专利数据来看，虽然中国东中西部地区的绿色技术水平都在不断上升，但呈现明显的逐次递减特征；同时经济发达且行政级别较高的大城市其绿色技术水平也较高。[3] 从有色金属、电力、钢铁、水泥等高耗能行业的能源技术水平来看，其总体上也呈现东中西部地区依次递减特征，且能源技术的地区差异没有出现收敛趋势，这说明能源技术区域扩散效应并不明显。[4] 然而最迫切需要通过先进绿色技术提升碳排放效率的地区，却是绿色技术水平相对较低的中西部地区和中小城市，而这些地区的绿色技术则难以满足其低碳发展需求。

因此，对能源资源和绿色技术的区域分布不均衡情况需要加强区域间协同。东部沿海经济发达地区需要中西部地区持续提供大量能源，而中西部地区则需要东部地区提供绿色技术支持以改善其能源效率与发展清洁

---

[1] 黄其励，倪维斗，王伟胜等．西部清洁能源发展战略研究［M］．北京：科学出版社，2019：5-11．

[2] 中华人民共和国国务院新闻办公室．中国的能源状况与政策（白皮书）［EB/OL］．http://www.nea.gov.cn/2011-08/22/c_131065968.htm．

[3] 孙博文，张友国．中国绿色创新指数的分布动态演进与区域差异［J］．数量经济技术经济研究，2022（01）：51-72．

[4] 吴滨．我国高耗能行业能源技术区域差异变化趋势分析［J］．经济管理，2009，31（05）：36-42．

能源。

（二）低碳发展水平存在明显的区域不平衡

自改革开放以来，中国实施的不平衡发展战略使得更具经济优势的东部沿海地区率先发展起来，导致东部地区与中西部地区的发展差距逐步扩大。在率先发展过程中，东部沿海地区通过发挥其人力资源、经济基础、公共基础设施、区位等方面的优势，利用国家给予的投资、财税、外资外贸、金融等方面的优惠政策，实现了经济发展和技术水平的同步提高，也使得东中西部地区间经济和技术水平的不平衡。根据国家统计局的数据，虽然中国于20世纪90年代末开始实施西部大开发战略，随后又相继实施了东北振兴、中部崛起等旨在促进区域平衡发展的战略，但受交通基础设施、人力资源等各方面因素的制约，中西部地区和东北地区的人均GDP仍与东部沿海地区有较大差距。

同时，得益于较高的经济发展和技术水平及不断优化的产业结构，东部沿海地区的低碳发展水平也高于中西部和东北地区。一是自党的十八大以来，随着绿色低碳发展战略的实施、"双碳"目标的提出，中国各地区的绿色低碳技术水平都在不断提高，但基于经济发展和技术创新先发优势，总体上东部地区的技术水平仍要明显高于其他地区。二是虽然中国整体的产业结构逐步向低碳化转型，但由于东部地区与中西部地区在经济、产业和能源结构方面的差异较大，区域间低碳化水平仍存在较大差异，不同省域间产业结构低碳化效应不尽相同。有的省域产业结构调整持续有利于碳减排（如北京、浙江），但调整速度有快有慢，而有的省域产业结构调整的碳减排效应还不明朗。①

在区域经济发展、技术水平、产业结构和能源资源禀赋等存在较大差异的情况下，要在既定且较短的时间内实现"双碳"目标，尤其对于经济发展和产业布局不具低碳优势的地区，存在较大的难度。因此，为了实现全国低碳发展的"一盘棋"，需要低碳发展先进地区发挥带动作用，将其低碳发展的优势和条件辐射到周围地区，带动周边地区的低碳发展。

---

① 张友国，白羽洁. 区域差异化"双碳"目标的实现路径［J］. 改革，2021（11）：1-18.

第七章

能源生产率排行榜

能源作为现代化生产的重要动力来源,在经济发展过程中发挥着不可替代的作用。中国是一个能源消耗大国,节约能源、提高能源利用率成为了保障国家能源安全、促进经济稳定健康发展的必然要求。能源生产率是指在一定时间内单位能源投入所带来的产出,通常用于衡量能源利用的效率和经济性。在国家层面,能源生产率可以用国内生产总值与能源投入之比来表示。能源生产率的高低直接关系到国家、企业和个人的能源利用效率,对于可持续发展和资源节约具有重要意义。本章主要从省域(包括副省级城市)和设区市两个层面研究能源生产率问题,分别给出能源生产率排行榜。通过分析发现,我国的能源生产率总体上呈现逐年上升趋势,但东部、中部与西部的能源生产率仍存在较大差异。通过调整产业结构,可以进一步促进能源生产率的提升。

第一节 引 言

一、能源生产率的重要性

能源是现代社会发展的基石，对经济增长、社会进步与民生改善起着至关重要的作用。能源生产率是指在一定时间内单位能源投入所带来的产出，是衡量能源利用效率的关键指标，在现代能源管理中起着重要作用。能源生产率的重要性体现在多个方面。

决定能源利用的有效性。能源生产率反映了能源系统对能源输入利用的效率，是衡量能源利用效率的关键指标。高效的能源利用能够显著降低生产成本，提高企业的竞争力。在能源价格持续波动的背景下，企业若能通过技术创新和管理优化实现能源的高效利用，将会在市场中占据更有利的位置。此外，能源生产率的提高可缩短能源供给链，减少能源损失，改善生态平衡，延缓能源衰竭并促进经济和可持续发展。

助力实现节能减排目标。能源生产率的提升可以减少碳排放，从而有助于实现国家《清洁能源计划》提出的节能减排目标。传统能源的开采和使用往往伴随着显著的环境污染和温室气体排放。通过提升能源生产率，可以减少单位产品的能源消耗，从源头上降低污染物的排放，助力应对全球气候变化。

推动经济高质量发展。提高能源生产率是经济发展质量变革、效率变革、动力变革的重要标志。可持续发展要求在满足当前需求的同时，不损害未来世代满足其需求的能力。通过提升能源生产率，可以在保持一定经济增长速度的同时，降低能源消费和碳排放，推动经济高质量发展，实现可持续发展。

二、能源生产率的严峻性

尽管能源生产率的重要性不言而喻，但在实际中，能源生产率面临着诸多严峻的挑战：

能源需求压力巨大。随着经济社会的快速发展，能源需求呈刚性增长态势，给能源生产率带来了巨大压力。根据统计数据显示，近年来我国的能源消费年均增长率高于全球平均水平，而工业、交通和建筑等领域的能源需求更是呈现井喷式增长。进入 21 世纪后，我国能源消费总量急剧飙升，从 2000 年的 140993 万吨标准煤上升到 2021 年的 479161 万吨标准煤，见表 7-1 和图 7-1。在 22 年时间内，能源消费总量的增长率达到 239.85%，年均增速为 10.90%。此外，随着城镇化进程的加快，居民生活用能源需求显著上升，给能源供应带来了更大的压力。

表 7-1　　　　　　2000—2021 年能源消费总量及构成

年份	能源消费总量（万吨标准煤）	煤炭占比（%）	石油占比（%）	天然气占比（%）	一次电力及其他能源占比（%）
2000	140993	71.5	22.9	2.3	3.3
2001	148264	71.5	22.2	2.5	3.8
2002	161935	71.8	22	2.4	3.8
2003	189269	73.2	20.9	2.4	3.5
2004	220738	73.2	20.8	2.4	3.6
2005	250835	75.0	18.6	2.5	3.5
2006	275134	75.5	18.2	2.8	3.5
2007	299271	75.6	17.6	3.1	3.7
2008	306455	75	17.4	3.5	4.1
2009	321336	74.9	17.2	3.7	4.2
2010	343601	72.7	18.3	4.2	4.8
2011	370163	73.4	17.6	4.8	4.2
2012	381515	72.2	17.9	5.1	4.8
2013	394794	71.3	18	5.6	5.1
2014	402649	70	18.4	6	5.6
2015	406312	68.1	19.7	6.2	6
2016	410984	66.8	20.1	6.6	6.5
2017	423108	65.3	20.4	7.4	6.9
2018	435649	63.9	20.4	8.3	7.4
2019	447597	62.8	20.7	8.7	7.8
2020	455737	62.2	20.6	9.2	8
2021	479161	61.3	20.5	9.7	8.5

数据来源：《中国能源统计年鉴 2022》。

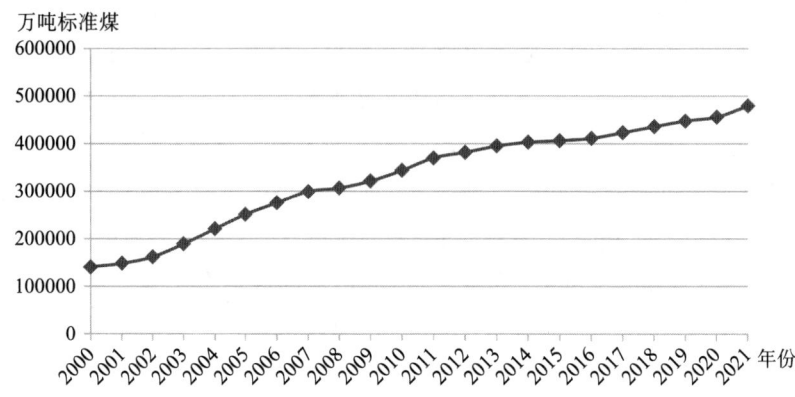

图 7-1 2000—2021 年能源消费总量的变化趋势图

能源供给制约较多。能源供给受到资源禀赋、技术水平、政策环境等多种因素的制约,导致能源生产率难以大幅提升。在2000—2021年,煤炭的消费比重从71.5%下降到61.3%,降幅为14.27%;石油的消费比重从22.9%下降到20.5%,降幅为10.48%;天然气的消费比重从2.3%上升到9.7%,增幅达到了321.74%;一次电力及其他能源的消费比重从3.3%上升到8.5%,增幅达到了157.58%,如图7-2所示。目前,我国仍以煤炭和石油为主要能源,占比超过80%,其中煤炭消费的占比超过60%。尽管近年来可再生能源的开发利用得到了重视,但从整体来看,煤炭在能源结构中的占比依然较高,新能源利用比例较低。

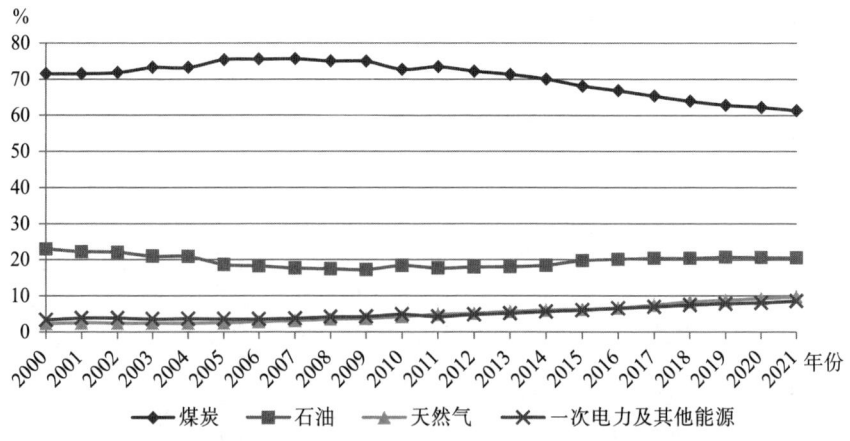

图 7-2 2000—2021 年能源消费构成的变化趋势图

生态环境损害严重。能源生产和消费过程中产生的污染物和碳排放对生态环境造成了严重损害，这也对能源生产率提出了更高要求。根据2023年发布的《中国环境状况公报》，全国338个地级及以上城市中，优良天数比例仅为70%左右，PM2.5平均浓度仍高于国家标准。根据生态环境部的统计数据，国内约有60%的地表水体达不到国家一类水质标准，尤其是在一些工业集聚区，水源受到的污染尤为严重。提高能源生产率是缓解能源短缺、降低环境负担的重要手段，有助于实现经济社会发展全面绿色转型。

技术水平总体落后。与发达国家相比，我国在能源技术水平方面还存在一定差距，这制约了能源生产率的提升。根据国际能源署（IEA）的最新数据显示，中国的能源生产率约为每万美元GDP消耗0.24吨标准煤，而美国的这一指标约为0.17吨标准煤。这样的数据显示，中国在能源生产效率方面仍有进一步提升的空间。

总之，能源生产率问题不仅关乎我国经济发展，更直接关系到生态环境与可持续发展。亟须从结构调整、技术创新和政策落实等多方面入手，推动能源生产效率的全面提升，进而实现经济与环境的协调发展。

三、提升能源生产率的紧迫性

鉴于能源生产率的重要性及其面临的严峻挑战，提升能源生产率具有紧迫性。这主要体现在以下几个方面：

应对能源危机。在全球能源危机频发的背景下，提升能源生产率有助于缓解能源供需矛盾，确保能源安全。通过推广节能设备和技术，可以显著降低对化石能源的依赖。同时，政府可以通过财政补贴和税收减免等方式，鼓励企业和家庭节约用能，进一步实现能源的有效利用。

实现"双碳"目标。随着全球"双碳"目标的逐渐明确，提升能源生产率成为实现碳中和和碳达峰目标的关键途径。面对全球气候变化的挑战，我国提出了2030年前达到碳达峰、2060年前实现碳中和的目标。通过提高能源利用效率，优化能源结构，能够有效减少温室气体排放，助力于实现环境保护与经济发展的双重收益。

推动经济高质量发展。提升能源生产率可以推动经济从高耗能、高排放的粗放发展模式向高效、节能的绿色发展模式转变，促进经济高质量发展。

应对国际竞争。在全球能源科技竞争日益激烈的背景下,提升能源生产率有助于增强国家能源产业的国际竞争力。

综上所述,提升我国能源生产率是当务之急,这不仅关乎资源的高效利用和经济的可持续发展,更是应对国际挑战、环境问题的重要举措。因此,推动政策创新、技术进步和产业升级,将是实现这一目标的有效路径。

第二节 能源生产率指标选取及其数据来源

一、能源生产率的指标选取

自改革开放以来,我国经济快速发展。尤其是在 2001 年加入世界贸易组织以后,中国经济已经取得了举世瞩目的成就。但与此同时,高投入、高排放、低效益的粗放型经济发展模式,导致资源的过度消耗、环境的恶化和社会的不平等,不利于可持续发展。党的十八大提出,要实施节约能源、提高能源利用效率的战略,推动能源生产和消费方式转变,加快构建资源节约型社会,"努力建设美丽中国,实现中华民族永续发展"。

能源生产率是指在一定时间内的产出与所投入的能源总量的比率。[1][2][3] 在国家层面,能源生产率可以用国内生产总值与能源投入之比来表示:

$$EP = GDP/E$$

---

[1] 李双杰,李春琦. 全要素能源效率测度方法的修正设计与应用[J]. 数量经济技术经济研究,2018,35(09):110-125.

[2] 吴琦,武春友. 基于 DEA 的能源效率评价模型研究[J]. 管理科学,2009,22(01):103-112.

[3] 魏楚,沈满洪. 能源效率与能源生产率:基于 DEA 方法的省际数据比较[J]. 数量经济技术经济研究,2007,24(09):110-121.

式中，EP 表示能源生产率，GDP 表示国内生产总值，E 表示能源投入。能源强度又称为单位国内生产总值能耗，可以用能源投入与国内生产总值之比来表示：

$$EI = E/GDP$$

式中，EI 表示能源强度。能源生产率与能源强度互为倒数。

能源生产率和能源强度同属于单要素能源效率，并没有考虑到非期望产出，例如工业废水、工业废气和工业烟尘的排放量。全要素能源效率（Total Factor Energy Efficiency）是对单要素能源效率的改进，综合考虑投入和产出要素间的配合与替代，加入了考虑环境影响的非期望产出。[①][②] TFEE 的投入指标包括资本存量、劳动力和能源，期望产出指标为 GDP，非期望产出指标为工业三废排放量。Chung 等（1997 年）将包含了非期望产出的方向距离函数应用于 Malmquist 模型，提出了 Malmquist – Luenberger 生产率指数。[③][④] 将 M – L 生产率指数应用于全要素能源效率测算，得出的指数称为 M – L 能源生产率指数。

通常，国内生产总值（GDP）是按当年价格计算的，称之为名义 GDP。由于价格存在着波动，不同年度的名义 GDP 在比较时存在着价格的干扰，这就需要把价格干扰因素剔除掉，统一按某一年份的价格计算各个年份的 GDP，这样算出来的 GDP 称为不变价 GDP。比较各个年度的不变价 GDP，就可以看出 GDP 的真实变化。本章主要研究单要素的能源生产率，并以 2000 年为基期将地区名义 GDP 缩减为实际 GDP 以消除价格的影响。

二、数据来源

能源生产率是指在一定时间内单位能源投入所产生的产出。它通常用

---

① 邹静，王强，鄢慧丽，邓晓军. 数字经济如何影响绿色全要素生产率？——来自中国地级市的证据 [J]. 软科学，2024，38（03）：44 – 52.

② 郑丽琳，朱启贵. 纳入能源环境因素的中国全要素生产率再估算 [J]. 统计研究，2013，30（07）：9 – 17.

③ Xia F., Xu J. Green total factor productivity: A re – examination of quality of growth for provinces in China [J]. China Economic Review, 2020, 62: 101454.

④ Chung Y. H., Fare R. and Grosskopf S. Productivity and Undesirable Outputs: A Directional Distance Function Approach [J]. Journal of Environmental Management, 1997, 51: 229 – 240.

于衡量能源利用的效率和经济性。能源生产率的高低直接关系到国家、企业和个人的能源利用效率，对于可持续发展和资源节约具有重要意义。

能源投入指标选取全社会用电量（万千瓦时）、人工煤气和天然气供气总量（万立方米）、液化石油气供气总量（吨）等。数据主要来源于《中国统计年鉴》和《中国能源统计年鉴》，包括 2000—2021 年全国各省域、副省级城市的能源资源相关数据①、2006—2021 年全国 282 个设区市②的能源资源相关数据。总吨标准煤表示消耗一定量的不同类型能源所产生的能量相当于燃烧一定量的标准煤所产生的能量。

第三节　能源生产率排行榜测算

一、省域能源生产率排行榜

本节具体报告省域能源生产率（单位：亿元/吨标准煤）的测算结果，并给出省域能源生产率排行榜。

图 7-3、图 7-4 和图 7-5 分别给出了 2000—2021 年省域能源生产率的排行榜、堆积图和趋势堆积图。不难看出，能源生产率排在前 5 名的分别是北京、广东、上海、福建和江苏，都属于东部沿地区；排在最后 5 名的分别是贵州、新疆、山西、青海和宁夏，都是中西部地区。素有"经济大省，资源小省"之称的浙江紧跟江苏排在第 6 名，能源生产率为 1.26 亿元/吨标准煤。

---

①　统计数字来源于《中国统计年鉴》和《中国能源统计年鉴》，均未包括香港、澳门特别行政区和台湾地区，西藏自治区的能源平衡表数据暂缺。

②　我国共有 299 个设区市，由于能源资源数据存在缺失，暂不包括内蒙古的鄂尔多斯、安徽的巢湖和新疆的哈密等 17 个设区市。

图 7-3 2000—2021 年省域能源生产率排行榜

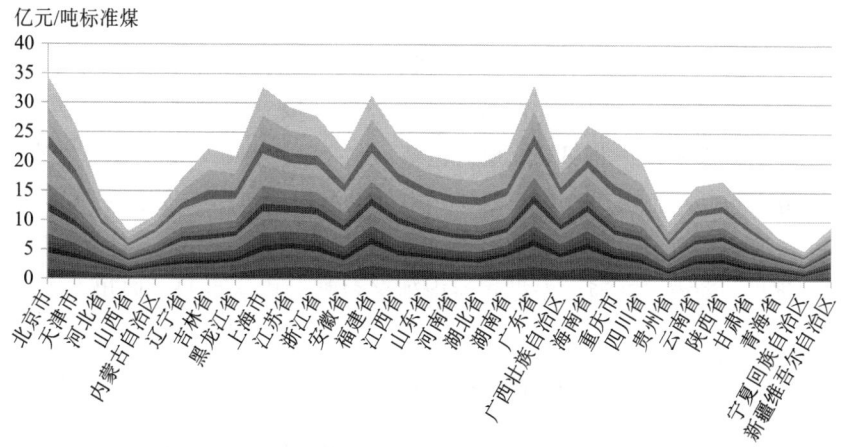

图 7-4 2000—2021 年省域能源生产率堆积图

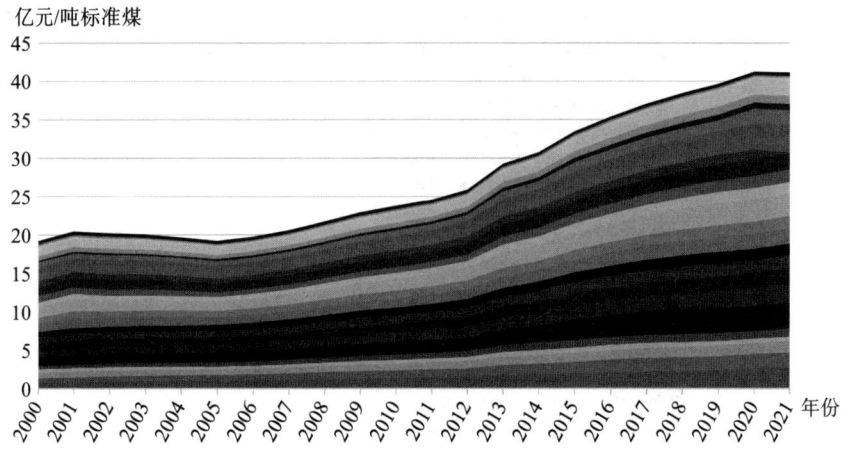

图 7-5　2000—2021 年省域能源生产率趋势堆积图

由图 7-5 可以看出，2000—2021 年我国的能源生产率总体上呈上升趋势。进一步将 2000—2021 年划分为三个阶段，对我国能源生产率作更加具体的分析。第一个阶段是 2000—2005 年，我国的能源生产率无明显上升，甚至在 2001 年加入 WTO 以后有明显的下降。第二个阶段是 2006—2012 年，我国的能源生产率略有上升，但是增长速度比较缓慢。第三个阶段是 2013—2021 年，我国的能源生产率呈现明显的上升趋势，增长速度明显加快。但是，由于 2020 年受到新冠疫情的影响，2021 年的能源生产率有所下降。

传统的四大经济区域划分不利于对中国各省的资源禀赋进行更加深入与细化的研究。国务院发展研究中心发展战略和区域经济研究部综合考量了空间邻接关系、自然条件和资源禀赋、经济发展状况、社会结构与区域发展规模等因素，把中国大陆分为八大经济区域。[1][2] 东北地区包括：辽宁、吉林、黑龙江；北部沿海地区包括：北京、天津、河北、山东；东部沿海地区包括：上海、江苏、浙江；南部沿海地区包括：福建、广东、海南；黄河中游地区包括：陕西、山西、河南、内蒙古；长江中游地区包括：湖北、湖南、江西、安徽；西南地区包括云南、贵州、四川、重庆、

---

[1] 胡东欧. 绿色经济视角下中国区域可再生能源发展路径研究 [D]. 山东：中国石油大学，2022.

[2] 丁涛，黄宇菲，冯奎，吴华清. 中国区域低碳经济发展水平测度、区域差距与空间收敛性研究——来自八大综合经济区的证据 [J]. 经济问题探索，2023，2：28-44.

广西；西北地区包括：甘肃、青海、宁夏、西藏、新疆。

图7-6给出了2000—2021年八大经济区域的能源生产率盒子图。由图7-6可以看出，南部沿海和东部沿海地区的能源生产率比较高，能源生产率中位数为1.376和1.358；北部沿海与长江中游地区的能源生产率次之，能源生产率中位数分别为1.089和1.003；而黄河中游地区的能源生产率相对较低，能源生产率中位数为0.639；西北地区的能源生产率最低，能源生产率中位数仅为0.386。不难看出，我国能源生产率的地区差异非常显著。东部、南部和北部沿海经济发达地区拥有更加先进的生产技术和管理经验，能够提高能源生产率。政府对能源资源生产的政策支持和投入不同，也会影响能源生产率的提高。东北、黄河中游和西南地区的能源生产率还有很大的提升空间，当地政府可以进行适当的政策支持和引导，推动中西部能源消费结构的调整。

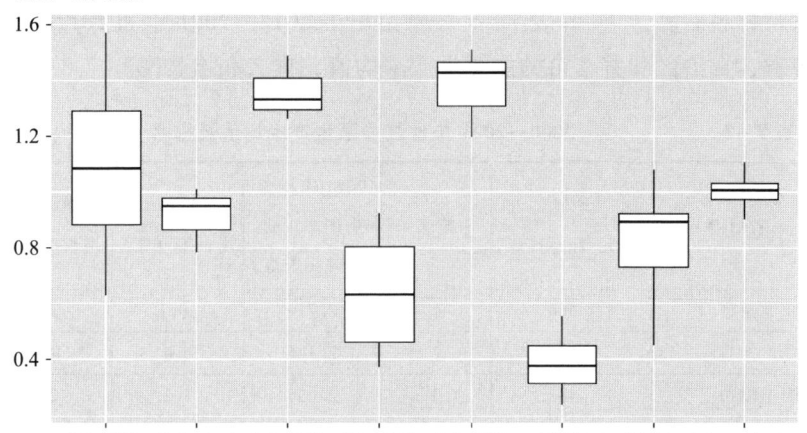

图7-6 2000—2021年八大经济区的能源生产率盒子图

表7-2具体给出了八大经济区的能源生产率。由表7-2可以看出，能源生产率排前3名的地区分别是东部沿海、南部沿海和北部沿海；接着是长江中游、东北和西南地区；最后是黄河中游和西北地区。2021年东部沿海地区的能源生产率最高，为2.061亿元/吨标准煤，南部沿海地区次之，能源生产率为1.877亿元/吨标准煤，再接着是北部沿海地区，能源生产率为1.785亿元/吨标准煤，西北地区的能源生产率最低，为0.494亿元/吨标准煤。

表 7-2　　　　　　　八大经济区的能源生产率　　　　单位：亿元/吨标准煤

经济区	2000—2021年均值	2012—2021年均值	2017—2021年均值	2021年能源生产率
东部沿海	1.358	1.729	1.936	2.061
南部沿海	1.376	1.651	1.809	1.877
北部沿海	1.089	1.45	1.644	1.785
长江中游	1.003	1.299	1.471	1.55
东北	0.914	1.248	1.406	1.462
西南	0.815	1.071	1.223	1.184
黄河中游	0.639	0.812	0.898	0.923
西北	0.386	0.436	0.471	0.494

表 7-3 给出了 2000—2021 年全国各个省、自治区和直辖市的能源生产率均值、2021 年能源生产率以及 2020 年和 2021 年增长率，并按照均值进行排名。表 7-4 和表 7-5 分别给出了 2012—2021 年和 2017—2021 年各省、自治区和直辖市的能源生产率均值、排名和增长率。

表 7-3　　　　　　2000—2021年省域能源生产率均值及排名

省域	均值（亿元/吨标准煤）	排名	2021年能源生产率（亿元/吨标准煤）	2020年增长率（%）	2021年增长率（%）
北京市	1.566	1	2.719	10.1	3.3
广东省	1.508	2	2.146	6.4	-2.1
上海市	1.485	3	2.464	7.2	2.7
福建省	1.423	4	1.980	1.9	-0.9
江苏省	1.330	5	2.077	3.2	6.9
浙江省	1.260	6	1.642	-5.9	0.5
海南省	1.196	7	1.506	3.2	3.2
天津市	1.196	8	1.995	3.2	5.3
江西省	1.104	9	1.612	2.3	3.2
重庆市	1.080	10	2.095	21.2	2.6
吉林省	1.010	11	1.836	1.6	5.1
安徽省	1.008	12	1.508	-2.0	3.7
湖南省	1.000	13	1.626	2.1	3.7

续表

省域	均值（亿元/吨标准煤）	排名	2021年能源生产率（亿元/吨标准煤）	2020年增长率（%）	2021年增长率（%）
山东省	0.968	14	1.458	1.8	2.3
黑龙江省	0.949	15	1.483	1.8	0.7
河南省	0.924	16	1.544	－0.7	2.9
四川省	0.920	17	1.860	32.0	2.6
湖北省	0.899	18	1.452	1.2	0.9
广西壮族自治区	0.892	19	0.083	－1.0	－93.3
辽宁省	0.782	20	1.068	－3.9	5.5
陕西省	0.767	21	1.043	1.9	－0.9
云南省	0.731	22	1.065	－2.6	3.7
河北省	0.628	23	0.969	3.1	5.5
甘肃省	0.553	24	0.854	2.0	5.9
内蒙古自治区	0.494	25	0.544	－6.4	－2.0
贵州省	0.451	26	0.818	7.7	1.8
新疆维吾尔自治区	0.413	27	0.445	0.7	3.3
山西省	0.369	28	0.560	3.0	5.8
青海省	0.341	29	0.430	3.6	－6.6
宁夏回族自治区	0.239	30	0.246	－7.4	6.0

表7－4　2012—2021年省域能源生产率均值及排名

省域	均值（亿元/吨标准煤）	排名	2021年能源生产率（亿元/吨标准煤）	2020年增长率（%）	2021年增长率（%）
北京市	2.150	1	2.719	10.1	3.3
上海市	1.978	2	2.464	7.2	2.7
广东省	1.870	3	2.146	6.4	－2.1
福建省	1.741	4	1.980	1.9	－0.9
江苏省	1.666	5	2.077	3.2	6.9
天津市	1.628	6	1.995	3.2	5.3
浙江省	1.545	7	1.642	－5.9	0.5
重庆市	1.514	8	2.095	21.2	2.6

续表

省域	均值（亿元/吨标准煤）	排名	2021年能源生产率（亿元/吨标准煤）	2020年增长率（%）	2021年增长率（%）
吉林省	1.470	9	1.836	1.6	5.1
江西省	1.365	10	1.612	2.3	3.2
海南省	1.344	11	1.506	3.2	3.2
湖南省	1.312	12	1.626	2.1	3.7
安徽省	1.300	13	1.508	-2.0	3.7
四川省	1.275	14	1.860	32.0	2.6
黑龙江省	1.273	15	1.483	1.8	0.7
河南省	1.241	16	1.544	-0.7	2.9
山东省	1.237	17	1.458	1.8	2.3
湖北省	1.220	18	1.452	1.2	0.9
广西壮族自治区	1.016	19	0.083	-1.0	-93.3
辽宁省	1.002	20	1.068	-3.9	5.5
陕西省	0.937	21	1.043	1.9	-0.9
云南省	0.919	22	1.065	-2.6	3.7
河北省	0.787	23	0.969	3.1	5.5
甘肃省	0.703	24	0.854	2.0	5.9
贵州省	0.632	25	0.818	7.7	1.8
内蒙古自治区	0.602	26	0.544	-6.4	-2.0
山西省	0.468	27	0.560	3.0	5.8
新疆维吾尔自治区	0.405	28	0.445	0.7	3.3
青海省	0.381	29	0.430	3.6	-6.6
宁夏回族自治区	0.256	30	0.246	-7.4	6.0

表7-5　　2017—2021年省域能源生产率均值及排名

省域	均值（亿元/吨标准煤）	排名	2021年能源生产率（亿元/吨标准煤）	2020年增长率（%）	2021年增长率（%）
北京市	2.443	1	2.719	10.1	3.3
上海市	2.258	2	2.464	7.2	2.7
广东省	2.062	3	2.146	6.4	-2.1

续表

省域	均值（亿元/吨标准煤）	排名	2021年能源生产率（亿元/吨标准煤）	2020年增长率（%）	2021年增长率（%）
福建省	1.937	4	1.980	1.9	-0.9
江苏省	1.888	5	2.077	3.2	6.9
天津市	1.864	6	1.995	3.2	5.3
重庆市	1.815	7	2.095	21.2	2.6
吉林省	1.732	8	1.836	1.6	5.1
浙江省	1.662	9	1.642	-5.9	0.5
四川省	1.532	10	1.860	32.0	2.6
湖南省	1.519	11	1.626	2.1	3.7
江西省	1.516	12	1.612	2.3	3.2
河南省	1.453	13	1.544	-0.7	2.9
安徽省	1.449	14	1.508	-2.0	3.7
黑龙江省	1.437	15	1.483	1.8	0.7
海南省	1.429	16	1.506	3.2	3.2
湖北省	1.400	17	1.452	1.2	0.9
山东省	1.385	18	1.458	1.8	2.3
辽宁省	1.049	19	1.068	-3.9	5.5
云南省	1.028	20	1.065	-2.6	3.7
陕西省	1.023	21	1.043	1.9	-0.9
广西壮族自治区	0.991	22	0.083	-1.0	-93.3
河北省	0.883	23	0.969	3.1	5.5
甘肃省	0.785	24	0.854	2.0	5.9
贵州省	0.750	25	0.818	7.7	1.8
内蒙古自治区	0.600	26	0.544	-6.4	-2.0
山西省	0.517	27	0.560	3.0	5.8
青海省	0.427	28	0.430	3.6	-6.6
新疆维吾尔自治区	0.426	29	0.445	0.7	3.3
宁夏回族自治区	0.248	30	0.246	-7.4	6.0

由表7-3可见，2000—2021年能源生产率均值排在前5名的分别是北京、广东、上海、福建和江苏。第1名北京是我国的政治、经济和文化

中心，2021年能源生产率为2.719亿元/吨标准煤，增长率为3.3%，略有提升。第2名广东是全国首个地区生产总值突破13万亿元的省域，能源生产率为2.146亿元/吨标准煤，增长率为-2.1%，略有下降。第3名上海是国际经济、金融、贸易和航运中心，能源生产率为2.464亿元/吨标准煤，增长率为2.7%。第4名福建地处中国东南沿海，能源生产率为1.980亿元/吨标准煤，增长率为-0.9%，能源生产率略有下降。第5名江苏地处中国大陆东部沿海，能源生产率为2.077亿元/吨标准煤，增长率为6.9%。不难发现，能源生产率均值排在前5名的都地处我国东南沿海，拥有北京、上海、广州、深圳、南京等一线城市，经济比较发达，拥有先进的生产技术和管理经验。

由表7-3可以看出，2000—2021年能源生产率均值排在最后5名的分别是贵州、新疆、山西、青海和宁夏。第26名贵州地处西南内陆地区腹地，2021年能源生产率为0.818亿元/吨标准煤，增长率为1.8%。第27名新疆位于中国西部地区，是面积最大的省域行政区，能源生产率为0.445亿元/吨标准煤，增长率为3.3%。第28名山西位于中国华北，能源生产率为0.560亿元/吨标准煤，增长率为5.8%。第29名青海位于中国西北内陆，能源生产率为0.430亿元/吨标准煤，增长率为-6.6%，能源生产率略有下降。第30名宁夏位于中国西北内陆地区，能源生产率为0.246亿元/吨标准煤，增长率为6.0%。不难看出，能源生产率均值排在最后5名的都地处我国中西部内陆，经济相对落后，缺少先进的生产技术和管理经验。

由表7-4可知，2012—2021年能源生产率均值排在前5名的分别是北京、上海、广东、福建和江苏。第1名仍是北京市，上海市由第3名上升到第2名，而广东省由第2名下降到第3名，福建和江苏的名次不变。能源生产率均值排在最后5名的分别是内蒙古、山西、新疆、青海和宁夏。内蒙古由第25名下降到第26名，山西由原来的第28名上升到第27名，新疆由原来的第27名下降到第28名，青海和宁夏的名次不变。浙江省由原来的第6名下降到第7名，吉林由第11名上升到第9名。广西和内蒙古两个自治区的能源生产率呈负增长，2021年增长率分别为93.3%和-2.0%。青海的能源生产率也呈负增长，2021年增长率为-6.6%。

由表7-5可知，2017—2021年能源生产率均值排在前5名的分别是北京、上海、广东、福建和江苏，排名上没有变化。能源生产率均值排在最后5名的分别是内蒙古、山西、青海、新疆和宁夏,排名上略有变动。青海由第29名上升到第28名,新疆由第28名下降到第29名。浙江由原来的第7名下降到第9名,吉林由第9名上升到第8名。广东、福建、陕西、广西、内蒙古和青海的能源生产率呈负增长,2021年增长率分别为-2.1%、-0.9%、-0.9%、-93.3%、-2.0%和-6.6%。

综上所述,东南沿海省域的能源生产率较高,排在前3名的分别是北京、上海和广东,在经济高速发展的同时,能源生产率也在持续上升。值得注意的是素有"经济大省,资源小省"之称的浙江的能源生产率排名近年来有所下降。随着浙江省经济的持续高速发展,能源供需矛盾日益突出,能源约束问题已经严重影响到浙江省进一步的可持续发展。[①]值得注意的是我国5个少数民族自治区,广西壮族自治区和内蒙古自治区的能源生产率近年来呈负增长,新疆维吾尔自治区排在第29名,宁夏回族自治区排在第30名。[②]

二、副省级城市能源生产率排行榜

我国共有15个副省级城市,其中包括广州等10个省会城市,深圳等5个计划单列市。尽管副省级城市属于设区市的范畴,鉴于副省级城市的独特地位,此处特别将副省级城市单列,以更加清晰洞悉副省级城市的自然资源生产率排行情况。表7-6单独列出了2021年副省级城市的能源生产率(单位:亿元/吨标准煤)及排名,前3名分别为哈尔滨、长春和青岛,广州排在第4名,大连和厦门分别为第7名和第8名,南京排在第9名,杭州和宁波分别为第12名和第13名,深圳为第15名。

表7-6　　　　2021年副省级城市的能源生产率及排名　　单位:亿元/吨标准煤

所属省域	城市	类别	2021年能源生产率	排名
黑龙江	哈尔滨	省会城市	1.266	1
吉林	长春	省会城市	1.100	2
山东	青岛	计划单列市	1.094	3

---

① 汪德兴. 浙江省能源效率及其影响因素研究 [D]. 杭州:浙江工商大学,2024.
② 在《中国能源统计年鉴》中西藏自治区的能源平衡表数据暂缺。

续表

所属省域	城市	类别	2021年能源生产率	排名
广东	广州	省会城市	1.041	4
辽宁	沈阳	省会城市	0.953	5
山东	济南	省会城市	0.901	6
辽宁	大连	计划单列市	0.886	7
福建	厦门	计划单列市	0.848	8
江苏	南京	省会城市	0.821	9
四川	成都	省会城市	0.728	10
湖北	武汉	省会城市	0.706	11
浙江	杭州	省会城市	0.657	12
浙江	宁波	计划单列市	0.597	13
陕西	西安	省会城市	0.498	14
广东	深圳	计划单列市	0.485	15

可见，中国东部经济发达地区的副省级城市在能源生产率方面存在一些问题，主要原因可以归结为以下几点：

首先，经济发展模式存在问题。由于长期以来，中国东部地区一直是经济发展的主要引擎，城市的经济增长主要依赖于建筑业、重工业和制造业，这些行业对能源消耗比较大，但却往往忽视了能源的高效利用。因此，能源生产率低主要是由于产业结构不合理导致的。

其次，能源生产和利用方面缺乏创新。虽然中国东部城市在技术和科研方面有一定优势，但在能源生产和利用方面却缺乏创新意识。很多城市仍然沿用传统的能源生产方式，没有引入先进的生产技术和设备，导致能源的浪费和效率低下。

再次，政府在能源政策和管理方面存在不足。中国东部地区城市的政府在能源政策和管理方面存在一定的盲区和不足，缺乏对能源生产和利用的有效监管和引导。一些市政府对能源生产和利用的重要性认识不足，导致能源资源的浪费和低效利用。

最后，能源生产和利用方面存在一定的技术和人才短缺。由于能源生产和利用涉及多个领域，需要专业的技术和人才支持。然而，一些城市在这方面存在一定的短缺，导致能源生产和利用的效率低下。

综上所述，中国东部经济发达地区的副省级城市能源生产率低的原因主要包括产业结构不合理、缺乏创新意识、政府政策和管理不足以及技术和人才短缺等因素。要提高能源生产率，市政府需要调整产业结构，加强创新能力建设，完善能源政策和管理机制，加大技术和人才引进力度，从而实现能源生产和利用的高效率和可持续发展。

三、设区市能源生产率排行榜

本部分进一步报告设区市能源生产率（单位：亿元/吨标准煤）的测算结果，并给出设区市能源生产率排行榜。限于篇幅，表7-7仅列出了按照能源生产率均值进行排序的前100名设区市。

表7-7　　2006—2021年设区市能源生产率均值及排名（前100名）

所属省域	设区市	均值（亿元/吨标准煤）	排名	2021年能源生产率（亿元/吨标准煤）	2020年增长率（%）	2021年增长率（%）
云南	丽江	11.400	1	0.272	-4.7	-92.1
湖北	黄冈	6.367	2	1.127	-6.7	-1.4
广西	河池	5.061	3	0.855	-3.4	-1.2
河南	周口	4.751	4	1.202	-7.1	-5.6
甘肃	定西	4.542	5	0.385	-6.5	3.2
内蒙古	呼伦贝尔	4.509	6	1.172	-1.1	4.3
甘肃	陇南	4.013	7	0.412	-1.3	-1.2
湖北	孝感	3.991	8	0.908	-1.2	-2.0
福建	宁德	3.835	9	0.553	10.7	-11.1
湖南	邵阳	3.625	10	1.298	-0.4	-2.5
陕西	商洛	3.245	11	0.537	13.1	-29.1
江西	上饶	3.206	12	0.534	-3.2	-4.0
陕西	渭南	3.143	13	0.495	-17.5	-4.2
云南	临沧	3.080	14	0.792	-11.3	6.0
广东	云浮	2.896	15	0.889	-3.1	0.5
山东	威海	2.831	16	2.052	1.8	-1.4
陕西	汉中	2.777	17	0.696	-7.7	2.9
广西	崇左	2.766	18	0.487	-1.0	-3.4
湖南	永州	2.667	19	1.233	4.9	-14.1

续表

所属省域	设区市	均值（亿元/吨标准煤）	排名	2021年能源生产率（亿元/吨标准煤）	2020年增长率（%）	2021年增长率（%）
江西	吉安	2.657	20	0.718	-2.9	-1.7
广东	汕尾	2.627	21	1.001	-6.3	-3.6
江西	宜春	2.532	22	0.497	-0.2	-2.3
安徽	亳州	2.522	23	0.959	-4.0	-5.2
福建	泉州	2.458	24	0.937	-10.1	5.0
江苏	盐城	2.407	25	0.785	-4.9	-5.3
浙江	金华	2.404	26	0.587	1.3	-8.2
湖南	常德	2.386	27	1.361	1.4	-2.6
甘肃	庆阳	2.372	28	0.486	-2.6	-12.9
河南	许昌	2.369	29	0.948	-3.2	0.1
山西	吕梁	2.331	30	0.196	-4.9	-10.3
福建	漳州	2.308	31	0.962	1.2	-8.1
内蒙古	巴彦淖尔	2.273	32	0.766	9.9	28.7
广西	桂林	2.256	33	1.046	2.6	-2.2
湖南	怀化	2.202	34	1.041	0.3	-6.1
内蒙古	鄂尔多斯	2.187	35	0.142	-10.1	1.8
广东	梅州	2.178	36	0.805	-3.7	-4.1
江西	赣州	2.164	37	0.668	-2.6	-2.5
广东	茂名	2.128	38	1.502	-4.0	-7.6
四川	巴中	2.110	39	0.991	16.4	-11.2
湖南	益阳	2.078	40	1.077	1.7	-7.1
湖北	随州	2.066	41	1.205	-5.3	2.1
安徽	宣城	2.053	42	0.530	-5.1	-7.1
河南	驻马店	2.011	43	1.062	2.1	9.4
河北	衡水	1.997	44	0.817	2.2	0.8
四川	广安	1.995	45	1.017	-1.7	-0.8
安徽	六安	1.947	46	0.749	-8.3	-5.8
云南	玉溪	1.915	47	1.055	-2.3	4.8
内蒙古	乌兰察布	1.864	48	0.143	128.0	-55.0
广西	玉林	1.860	49	0.942	-4.5	-4.1
陕西	咸阳	1.845	50	0.784	-3.6	-3.2

续表

所属省域	设区市	均值（亿元/吨标准煤）	排名	2021年能源生产率（亿元/吨标准煤）	2020年增长率（%）	2021年增长率（%）
吉林	白城	1.831	51	0.716	-2.4	2.3
河北	沧州	1.812	52	0.542	-1.1	-4.4
江西	抚州	1.803	53	0.709	-5.9	5.4
云南	普洱	1.783	54	0.645	24.1	-8.6
河北	保定	1.762	55	0.793	2.6	7.3
黑龙江	黑河	1.757	56	0.744	-4.1	-16.0
湖北	咸宁	1.746	57	0.615	-2.2	-1.6
山东	烟台	1.729	58	0.864	0.8	2.8
吉林	四平	1.726	59	1.433	30.7	2.5
河南	南阳	1.714	60	0.998	-2.2	-6.2
湖北	襄阳	1.702	61	1.123	-4.9	1.6
云南	昭通	1.691	62	0.095	-7.0	-73.1
江西	鹰潭	1.679	63	0.569	-1.9	1.3
山东	泰安	1.662	64	0.864	-1.4	-3.0
浙江	丽水	1.661	65	0.543	5.0	-6.6
河南	信阳	1.654	66	0.948	1.2	2.8
安徽	滁州	1.643	67	0.587	-20.5	27.4
四川	资阳	1.640	68	1.378	-0.1	-10.5
湖南	郴州	1.637	69	1.027	-1.5	3.5
云南	保山	1.635	70	0.437	-1.6	0.8
四川	内江	1.632	71	0.859	0.0	-1.0
安徽	宿州	1.631	72	0.933	0.7	-4.7
广东	揭阳	1.625	73	0.912	-4.1	-3.8
甘肃	酒泉	1.618	74	0.552	-0.1	-6.5
黑龙江	佳木斯	1.616	75	0.866	-3.2	-21.5
浙江	绍兴	1.609	76	0.586	-1.8	-6.1
云南	曲靖	1.602	77	1.047	-5.6	202.8
浙江	台州	1.596	78	0.816	-1.0	-5.2
安徽	黄山	1.592	79	0.939	-0.3	-7.8
吉林	通化	1.584	80	1.215	21.9	-15.4
湖南	张家界	1.574	81	1.106	6.9	1.2

续表

所属省域	设区市	均值（亿元/吨标准煤）	排名	2021年能源生产率（亿元/吨标准煤）	2020年增长率（%）	2021年增长率（%）
福建	福州	1.574	82	0.957	8.4	-4.3
山东	济宁	1.571	83	0.839	-4.5	1.4
黑龙江	牡丹江	1.549	84	1.577	-2.6	2.7
辽宁	铁岭	1.548	85	0.584	-5.2	21.0
福建	三明	1.543	86	0.890	-4.7	6.3
山东	德州	1.536	87	0.721	-1.1	-3.3
四川	达州	1.527	88	1.012	-14.4	12.2
陕西	延安	1.516	89	0.537	-3.4	-1.7
湖北	荆门	1.514	90	1.104	0.4	-0.8
江苏	南通	1.513	91	0.767	54.6	-41.3
湖北	荆州	1.511	92	0.612	-4.9	-36.7
广东	湛江	1.495	93	0.737	-6.0	-8.4
浙江	温州	1.491	94	0.849	-8.5	4.7
辽宁	盘锦	1.482	95	1.015	-8.2	-1.6
福建	南平	1.474	96	1.102	3.9	-2.8
安徽	阜阳	1.451	97	0.662	-2.2	-1.5
陕西	安康	1.445	98	0.793	-3.9	-1.9
河北	廊坊	1.426	99	0.466	-4.7	-6.4
黑龙江	大庆	1.419	100	1.628	-1.8	-4.1

由表7-7和图7-7可知，2006—2021年能源生产率均值排在前5名的设区市分别是云南丽江、湖北黄冈、广西河池、河南周口和甘肃定西。第1名云南丽江是国际知名旅游城市，2021年能源生产率为0.272亿元/万吨标准煤，增长率为-92.1%，能源生产率有所下降。第2名湖北黄冈曾荣膺"十佳魅力城市"，能源生产率为1.272亿元/万吨标准煤，增长率为-1.4%。第3名广西河池是我国最大桑蚕茧丝生产基地，能源生产率为0.855亿元/万吨标准煤，增长率为-1.2%。第4名河南周口2020年被评为"国家园林城市"，能源生产率为1.202亿元/万吨标准煤，增长率为-5.6%。第5名甘肃定西是古丝绸之路的重要通道和"一带一路"的重要节点城市，能源生产率为0.385亿元/万吨标准煤，增长率为3.2%。

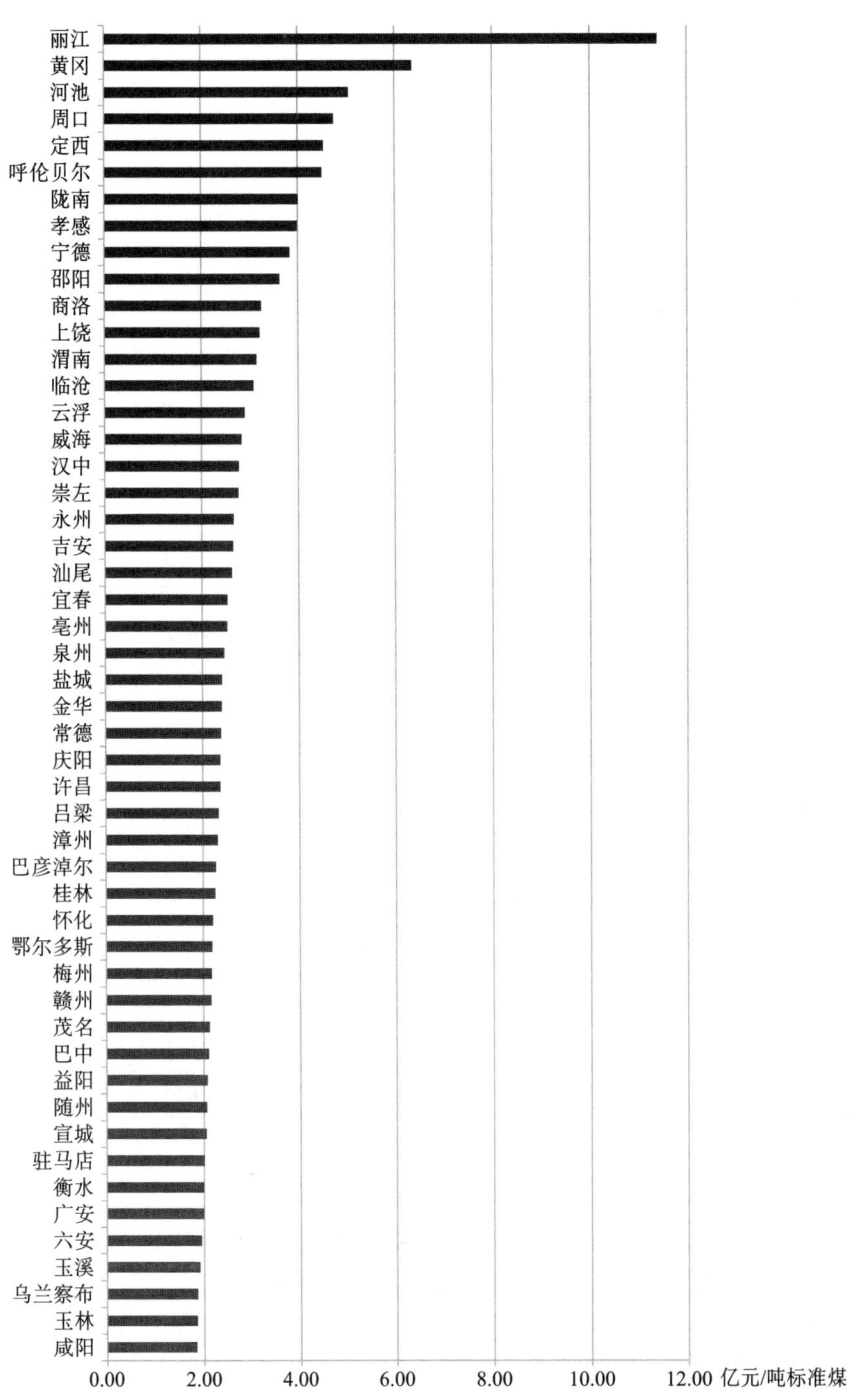

图 7-7 2006—2021 年设区市能源生产率排行榜（前 50 名）

而能源生产率均值排在前5名的都不是我国东南沿海经济发达的设区市,说明这些地区随着经济发展,能源生产率有所下降。值得注意的是,福建宁德排在第9名,能源生产率为0.553亿元/万吨标准煤,增长率为-11.1%。浙江有5个设区市进入能源生产率百强,分别为金华(第26名)、丽水(第65名)、绍兴(第76名)、台州(第78名)和温州(第94名)。但是,浙江这5个上榜设区市的能源生产率的增长率均为负值。

由表7-8和图7-8可知,2012—2021年能源生产率均值排在前5名的设区市分别为云南丽江、广西河池、湖北黄冈、甘肃定西和内蒙古呼伦贝尔。第1名仍是云南丽江市,广西河池市由第3名上升到第2名,而湖北黄冈市由第2名下降到第3名,甘肃定西市由第5名上升到第4名,内蒙古呼伦贝尔市由第6名上升到第5名。

表7-8　　2012—2021年设区市能源生产率均值及排名(前100名)

所属省域	设区市	均值(亿元/吨标准煤)	排名	2021年能源生产率(亿元/吨标准煤)	2020年增长率(%)	2021年增长率(%)
云南	丽江	10.876	1	0.272	-4.7	-92.1
广西	河池	6.746	2	0.855	-3.4	-1.2
湖北	黄冈	4.989	3	1.127	-6.7	-1.4
甘肃	定西	3.867	4	0.385	-6.5	3.2
内蒙古	呼伦贝尔	3.764	5	1.172	-1.1	4.3
河南	周口	3.546	6	1.202	-7.1	-5.6
湖南	邵阳	3.021	7	1.298	-0.4	-2.5
福建	宁德	2.683	8	0.553	10.7	-11.1
湖南	永州	2.670	9	1.233	4.9	-14.1
山东	威海	2.623	10	2.052	1.8	-1.4
广东	云浮	2.620	11	0.889	-3.1	0.5
湖北	孝感	2.616	12	0.908	-1.2	-2.0
江西	上饶	2.578	13	0.534	-3.2	-4.0
广东	汕尾	2.526	14	1.001	-6.3	-3.6
陕西	渭南	2.498	15	0.495	-17.5	-4.2
湖南	怀化	2.354	16	1.041	0.3	-6.1

续表

所属省域	设区市	均值（亿元/吨标准煤）	排名	2021年能源生产率（亿元/吨标准煤）	2020年增长率（%）	2021年增长率（%）
陕西	汉中	2.353	17	0.696	-7.7	2.9
云南	临沧	2.339	18	0.792	-11.3	6.0
甘肃	陇南	2.217	19	0.412	-1.3	-1.2
福建	泉州	2.215	20	0.937	-10.1	5.0
陕西	商洛	2.201	21	0.537	13.1	-29.1
广西	崇左	2.192	22	0.487	-1.0	-3.4
广西	桂林	2.167	23	1.046	2.6	-2.2
湖北	随州	2.129	24	1.205	-5.3	2.1
福建	漳州	2.071	25	0.962	1.2	-8.1
江西	吉安	2.071	26	0.718	-2.9	-1.7
广东	茂名	2.067	27	1.502	-4.0	-7.6
湖南	常德	1.999	28	1.361	1.4	-2.6
吉林	四平	1.964	29	1.433	30.7	2.5
河南	许昌	1.963	30	0.948	-3.2	0.1
安徽	亳州	1.938	31	0.959	-4.0	-5.2
内蒙古	巴彦淖尔	1.936	32	0.766	9.9	28.7
山西	吕梁	1.871	33	0.196	-4.9	-10.3
浙江	金华	1.871	34	0.587	1.3	-8.2
四川	资阳	1.870	35	1.378	-0.1	-10.5
广西	玉林	1.864	36	0.942	-4.5	-4.1
湖南	益阳	1.843	37	1.077	1.7	-7.1
江苏	盐城	1.827	38	0.785	-4.9	-5.3
陕西	咸阳	1.809	39	0.784	-3.6	-3.2
云南	玉溪	1.808	40	1.055	-2.3	4.8
江西	赣州	1.780	41	0.668	-2.6	-2.5
黑龙江	牡丹江	1.761	42	1.577	-2.6	2.7
江西	宜春	1.710	43	0.497	-0.2	-2.3
内蒙古	乌兰察布	1.694	44	0.143	128.0	-55.0

续表

所属省域	设区市	均值（亿元/吨标准煤）	排名	2021年能源生产率（亿元/吨标准煤）	2020年增长率（%）	2021年增长率（%）
吉林	通化	1.687	45	1.215	21.9	-15.4
安徽	六安	1.650	46	0.749	-8.3	-5.8
河南	南阳	1.636	47	0.998	-2.2	-6.2
广东	梅州	1.621	48	0.805	-3.7	-4.1
河南	驻马店	1.611	49	1.062	2.1	9.4
河北	衡水	1.608	50	0.817	2.2	0.8
云南	普洱	1.601	51	0.645	24.1	-8.6
湖南	郴州	1.597	52	1.027	-1.5	3.5
黑龙江	大庆	1.589	53	1.628	-1.8	-4.1
四川	巴中	1.584	54	0.991	16.4	-11.2
四川	广安	1.575	55	1.017	-1.7	-0.8
福建	福州	1.550	56	0.957	8.4	-4.3
福建	三明	1.548	57	0.890	-4.7	6.3
湖北	襄阳	1.538	58	1.123	-4.9	1.6
黑龙江	黑河	1.534	59	0.744	-4.1	-16.0
山东	烟台	1.520	60	0.864	0.8	2.8
黑龙江	佳木斯	1.519	61	0.866	-3.2	-21.5
山东	泰安	1.517	62	0.864	-1.4	-3.0
江西	鹰潭	1.509	63	0.569	-1.9	1.3
江西	抚州	1.507	64	0.709	-5.9	5.4
四川	南充	1.506	65	0.937	215.5	-70.5
河北	保定	1.503	66	0.793	2.6	7.3
安徽	黄山	1.496	67	0.939	-0.3	-7.8
云南	曲靖	1.490	68	1.047	-5.6	202.8
辽宁	盘锦	1.482	69	1.015	-8.2	-1.6
甘肃	张掖	1.476	70	0.547	0.1	-6.4
浙江	温州	1.474	71	0.849	-8.5	4.7
安徽	宣城	1.466	72	0.530	-5.1	-7.1

续表

所属省域	设区市	均值（亿元/吨标准煤）	排名	2021年能源生产率（亿元/吨标准煤）	2020年增长率（%）	2021年增长率（%）
福建	南平	1.461	73	1.102	3.9	-2.8
湖南	张家界	1.460	74	1.106	6.9	1.2
山东	济宁	1.458	75	0.839	-4.5	1.4
湖北	荆门	1.456	76	1.104	0.4	-0.8
浙江	台州	1.435	77	0.816	-1.0	-5.2
内蒙古	鄂尔多斯	1.433	78	0.142	-10.1	1.8
湖北	荆州	1.432	79	0.612	-4.9	-36.7
四川	内江	1.425	80	0.859	0.0	-1.0
浙江	丽水	1.424	81	0.543	5.0	-6.6
安徽	宿州	1.414	82	0.933	0.7	-4.7
云南	昭通	1.410	83	0.095	-7.0	-73.1
安徽	滁州	1.390	84	0.587	-20.5	27.4
吉林	长春	1.386	85	1.100	1.0	-5.2
吉林	白山	1.383	86	1.231	-5.2	6.6
甘肃	酒泉	1.375	87	0.552	-0.1	-6.5
福建	龙岩	1.373	88	0.876	-1.0	-4.6
河南	信阳	1.371	89	0.948	1.2	2.8
湖南	岳阳	1.370	90	1.115	2.3	-0.6
甘肃	庆阳	1.367	91	0.486	-2.6	-12.9
江苏	南通	1.365	92	0.767	54.6	-41.3
湖北	咸宁	1.353	93	0.615	-2.2	-1.6
山东	青岛	1.353	94	1.094	0.7	-1.8
黑龙江	哈尔滨	1.332	95	1.266	5.9	-1.2
陕西	安康	1.324	96	0.793	-3.9	-1.9
云南	保山	1.315	97	0.437	-1.6	0.8
河南	三门峡	1.308	98	0.653	13.6	-17.6
四川	达州	1.303	99	1.012	-14.4	12.2
广东	揭阳	1.293	100	0.912	-4.1	-3.8

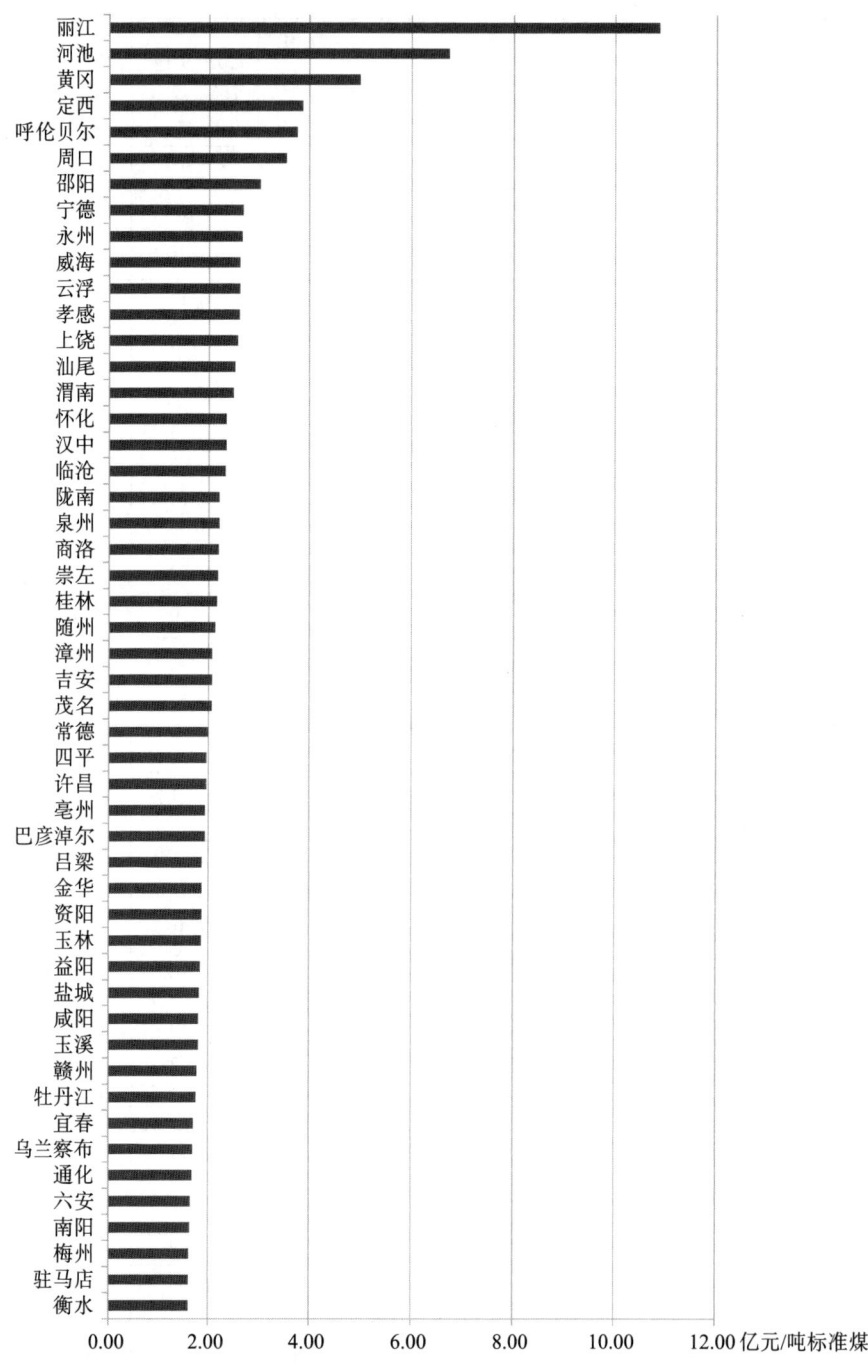

图 7-8 2012—2021 年设区市能源生产率排行榜（前 50 名）

河南周口由第 4 名下降到第 6 名，福建宁德由第 9 名上升到第 8 名。浙江有 4 个设区市进入能源生产率百强，金华由第 26 名下降到第 34 名，温州由原来的第 94 名上升到第 71 名，台州由原来的第 78 名上升到第 77 名，丽水由第 65 名下降到第 81 名，浙江绍兴由原来的第 76 名跌出百强。山东威海排在第 10 名，增长率为 -1.4%，宁波市排在第 186 名，增长率为 -4.7%，杭州市排在第 197 名，增长率为 -14.5%。可以看出，东南沿海经济发达的设区市的能源生产率排名并不一定靠前。

由表 7-9 和图 7-9 可知，2017—2021 年能源生产率均值排在前 5 名的设区市变化很大。第 1 名仍是云南丽江市，第 2—5 名分别是山东威海、黑龙江大庆、广东茂名和黑龙江牡丹江。在 100 名排行中，能源生产率均值排在最后 5 名的分别是陕西咸阳、江苏徐州、陕西安康、湖北十堰和云南昆明。而在 282 个设区市中最后 5 名的分别是山东滨州、宁夏银川、宁夏石嘴山、青海西宁和宁夏中卫。浙江有 3 个设区市进入能源生产率百强，分别是舟山（第 77 名）、温州（第 88 名）、台州（第 95 名）。

表 7-9　2017—2021 年设区市能源生产率均值及排名（前 100 名）

所属省域	设区市	均值（亿元/吨标准煤）	排名	2021 年能源生产率（亿元/吨标准煤）	2020 年增长率（%）	2021 年增长率（%）
云南	丽江	3.916	1	0.272	-4.7	-92.1
山东	威海	2.067	2	2.052	1.8	-1.4
黑龙江	大庆	1.672	3	1.628	-1.8	-4.1
广东	茂名	1.650	4	1.502	-4.0	-7.6
黑龙江	牡丹江	1.583	5	1.577	-2.6	2.7
四川	资阳	1.521	6	1.378	-0.1	-10.5
四川	南充	1.422	7	0.937	215.5	-70.5
湖南	永州	1.379	8	1.233	4.9	-14.1
湖南	常德	1.373	9	1.361	1.4	-2.6
湖南	邵阳	1.349	10	1.298	-0.4	-2.5
河南	周口	1.343	11	1.202	-7.1	-5.6
辽宁	鞍山	1.300	12	0.779	329.8	-76.8
湖北	随州	1.246	13	1.205	-5.3	2.1

续表

所属省域	设区市	均值（亿元/吨标准煤）	排名	2021年能源生产率（亿元/吨标准煤）	2020年增长率（%）	2021年增长率（%）
黑龙江	哈尔滨	1.246	14	1.266	5.9	-1.2
吉林	通化	1.244	15	1.215	21.9	-15.4
湖北	黄冈	1.239	16	1.127	-6.7	-1.4
吉林	四平	1.235	17	1.433	30.7	2.5
四川	自贡	1.233	18	1.282	32.1	-0.2
吉林	白山	1.204	19	1.231	-5.2	6.6
吉林	长春	1.177	20	1.100	1.0	-5.2
内蒙古	呼伦贝尔	1.158	21	1.172	-1.1	4.3
湖北	襄阳	1.149	22	1.123	-4.9	1.6
湖南	益阳	1.133	23	1.077	1.7	-7.1
黑龙江	佳木斯	1.125	24	0.866	-3.2	-21.5
山东	青岛	1.124	25	1.094	0.7	-1.8
湖北	荆门	1.122	26	1.104	0.4	-0.8
吉林	松原	1.117	27	1.108	-3.1	2.6
湖南	株洲	1.110	28	1.141	3.6	-4.4
湖南	岳阳	1.108	29	1.115	2.3	-0.6
辽宁	盘锦	1.104	30	1.015	-8.2	-1.6
湖南	怀化	1.096	31	1.041	0.3	-6.1
广西	桂林	1.095	32	1.046	2.6	-2.2
安徽	安庆	1.089	33	1.045	0.4	-4.1
广东	汕尾	1.069	34	1.001	-6.3	-3.6
湖南	张家界	1.067	35	1.106	6.9	1.2
河南	南阳	1.066	36	0.998	-2.2	-6.2
山东	济南	1.064	37	0.901	-2.9	-1.6
福建	南平	1.056	38	1.102	3.9	-2.8
黑龙江	鸡西	1.052	39	1.060	0.7	-0.3
安徽	亳州	1.052	40	0.959	-4.0	-5.2
安徽	黄山	1.046	41	0.939	-0.3	-7.8

续表

所属省域	设区市	均值（亿元/吨标准煤）	排名	2021年能源生产率（亿元/吨标准煤）	2020年增长率（%）	2021年增长率（%）
湖南	衡阳	1.040	42	1.022	-1.4	0.9
四川	绵阳	1.036	43	1.023	-6.8	3.0
云南	玉溪	1.035	44	1.055	-2.3	4.8
四川	广安	1.035	45	1.017	-1.7	-0.8
河南	漯河	1.029	46	0.983	2.0	1.6
广西	玉林	1.018	47	0.942	-4.5	-4.1
福建	漳州	1.017	48	0.962	1.2	-8.1
四川	巴中	1.014	49	0.991	16.4	-11.2
广东	广州	0.997	50	1.041	1.9	5.0
湖南	郴州	0.997	51	1.027	-1.5	3.5
黑龙江	齐齐哈尔	0.992	52	1.001	-5.5	6.6
安徽	宿州	0.987	53	0.933	0.7	-4.7
河南	驻马店	0.987	54	1.062	2.1	9.4
黑龙江	伊春	0.978	55	1.221	-4.1	49.8
河南	许昌	0.974	56	0.948	-3.2	0.1
吉林	辽源	0.967	57	1.077	6.0	13.2
江苏	扬州	0.949	58	0.973	2.5	0.1
湖北	荆州	0.944	59	0.612	-4.9	-36.7
河南	信阳	0.944	60	0.948	1.2	2.8
湖北	孝感	0.942	61	0.908	-1.2	-2.0
福建	泉州	0.941	62	0.937	-10.1	5.0
陕西	宝鸡	0.938	63	0.920	-0.6	-1.7
广东	汕头	0.935	64	0.934	-1.3	-1.6
广东	揭阳	0.933	65	0.912	-4.1	-3.8
福建	福州	0.932	66	0.957	8.4	-4.3
广东	云浮	0.924	67	0.889	-3.1	0.5
江苏	南通	0.915	68	0.767	54.6	-41.3
辽宁	沈阳	0.915	69	0.953	-9.1	13.2
河南	濮阳	0.907	70	0.864	-4.7	0.4

续表

所属省域	设区市	均值（亿元/吨标准煤）	排名	2021年能源生产率（亿元/吨标准煤）	2020年增长率（%）	2021年增长率（%）
黑龙江	黑河	0.906	71	0.744	-4.1	-16.0
广西	河池	0.904	72	0.855	-3.4	-1.2
福建	龙岩	0.903	73	0.876	-1.0	-4.6
四川	遂宁	0.898	74	0.764	-1.4	-14.8
吉林	吉林	0.896	75	0.916	0.5	5.1
山东	泰安	0.896	76	0.864	-1.4	-3.0
浙江	舟山	0.889	77	0.472	-30.1	-15.7
四川	宜宾	0.888	78	0.770	10.6	-21.3
辽宁	大连	0.883	79	0.886	-4.3	7.0
云南	临沧	0.882	80	0.792	-11.3	6.0
江西	南昌	0.876	81	0.907	-0.3	3.7
福建	三明	0.871	82	0.890	-4.7	6.3
安徽	六安	0.871	83	0.749	-8.3	-5.8
河南	开封	0.870	84	0.882	7.1	-3.7
山东	济宁	0.868	85	0.839	-4.5	1.4
广东	梅州	0.862	86	0.805	-3.7	-4.1
四川	内江	0.862	87	0.859	0.0	-1.0
浙江	温州	0.861	88	0.849	-8.5	4.7
福建	厦门	0.858	89	0.848	2.4	-4.6
黑龙江	七台河	0.856	90	0.896	10.1	-5.2
湖南	湘潭	0.853	91	0.847	0.9	-2.2
四川	达州	0.843	92	1.012	-14.4	12.2
江苏	盐城	0.840	93	0.785	-4.9	-5.3
山东	烟台	0.840	94	0.864	0.8	2.8
浙江	台州	0.839	95	0.816	-1.0	-5.2
陕西	咸阳	0.839	96	0.784	-3.6	-3.2
江苏	徐州	0.838	97	0.893	-3.6	11.4
陕西	安康	0.835	98	0.793	-3.9	-1.9
湖北	十堰	0.834	99	0.848	-6.5	5.9
云南	昆明	0.830	100	0.859	12.5	-2.6

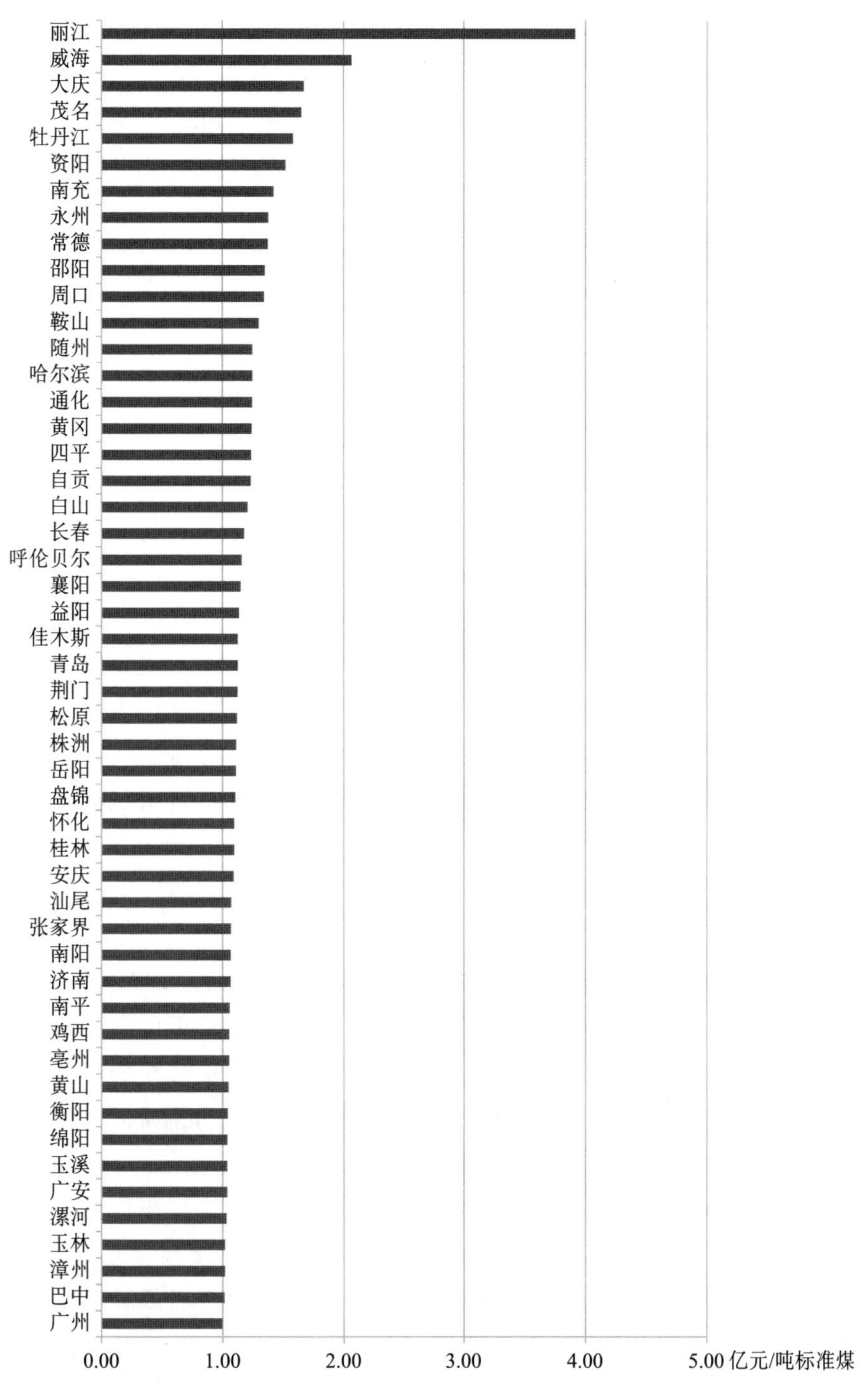

图 7-9 2017—2021 年设区市能源生产率排行榜（前 50 名）

杭州市排在第130名，金华跌出百强排第155名，绍兴排第156名，宁波排第157名，丽水排第168名。可以看出，浙江设区市的排名并不十分靠前，与浙江是经济大省和强省的地位并不匹配。2021年5月，中共中央、国务院支持浙江省高质量发展建设共同富裕示范区。浙江各设区市可以通过调整产业结构，进一步促进能源生产率的提升。

第四节 能源生产率排行榜分析与探讨

一、能源生产率省域排行榜分析与探讨

能源生产率是指单位能源资源投入所能产生的产出量，是衡量一个国家或者地区能源利用效率的重要指标。第三节主要以2000年为基期，将省域实际GDP与能源消费总量（总吨标准煤）相除计算得省域能源生产率，给出了2000—2021年、2012—2021年和2017—2021年省域能源生产率均值排行榜，并进行相应的统计分析。

在第三节的基础上，进一步汇集最新的2021年省域能源生产率排行榜，具体排名见图7-10和表7-10。

由图7-10可以看出，北京市的能源生产率最高，为2.719亿元/吨标准煤。能源生产率排第2—5名的分别是上海、广东、重庆和江苏，分别为2.464、2.146、2.095和2.077亿元/吨标准煤；排第6—10名的分别是天津、福建、四川、吉林和浙江；排在最后5名的分别是内蒙古、新疆、青海、宁夏和广西，属于西部地区。

由表7-10可以看出，前10名分别是北京、上海、广东、重庆、江苏、天津、福建、四川、吉林和浙江。前10名中除了吉林（东北）、重庆和四川（西部），其余皆为东部经济发达地区。最后5名都属于西部地区，其中有4个是少数民族自治区。①

---

① 西藏自治区的能源数据暂缺，未列入2021年省域能源生产率排行榜。

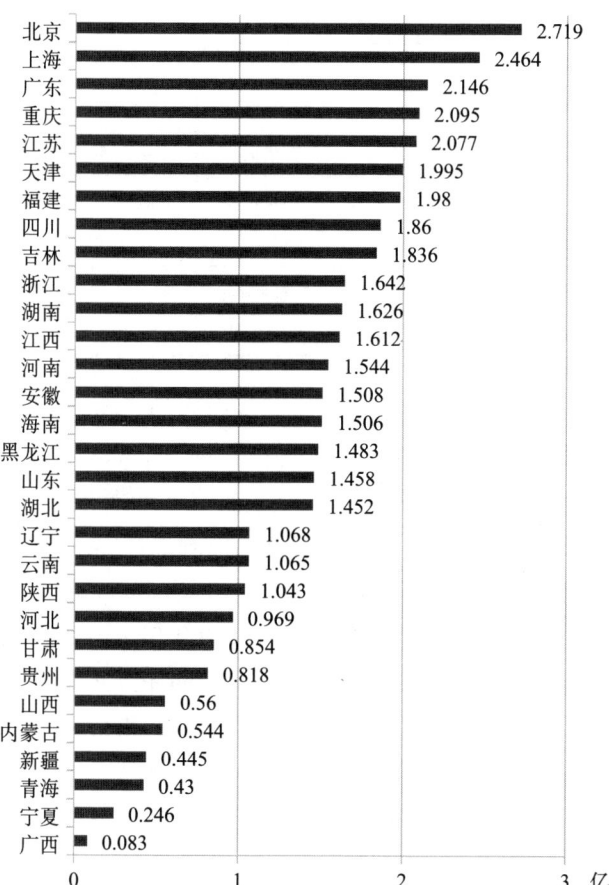

图 7-10　2021 年省域能源生产率条形图

表 7-10　　　　　　2021 年省域能源生产率及排名　　　　单位：亿元/吨标准煤

省域	2021年能源生产率	排名	省域	2021年能源生产率	排名
北京市	2.719	1	浙江省	1.642	10
上海市	2.464	2	湖南省	1.626	11
广东省	2.146	3	江西省	1.612	12
重庆市	2.095	4	河南省	1.544	13
江苏省	2.077	5	安徽省	1.508	14
天津市	1.995	6	海南省	1.506	15
福建省	1.98	7	黑龙江省	1.483	16
四川省	1.86	8	山东省	1.458	17
吉林省	1.836	9	湖北省	1.452	18

续表

省域	2021年能源生产率	排名	省域	2021年能源生产率	排名
辽宁省	1.068	19	山西省	0.56	25
云南省	1.065	20	内蒙古自治区	0.544	26
陕西省	1.043	21	新疆维吾尔自治区	0.445	27
河北省	0.969	22	青海省	0.43	28
甘肃省	0.854	23	宁夏回族自治区	0.246	29
贵州省	0.818	24	广西壮族自治区	0.083	30

图7-11给出2021年八大经济区的能源生产率排行榜。从中可以看出，东部沿海地区的能源生产率最高，能源生产率为2.061亿元/吨标准煤；南部沿海和北部沿海地区的能源生产率次之，能源生产率分别为1.877和1.785亿元/吨标准煤；再接着是长江中游地区、东北地区和西南地区，能源生产率分别为1.550、1.462和1.184亿元/吨标准煤；而黄河中游地区的能源生产率相对较低，能源生产率为0.923亿元/吨标准煤；西北地区的能源生产率最低，能源生产率仅为0.494亿元/吨标准煤。不难看出，我国能源生产率的区域差异非常显著。东部、南部和北部沿海经济发达地区拥有更加先进的生产技术和管理经验，能够提高能源生产率。东北、西南和黄河中游地区的能源生产率还有较大的提升空间。

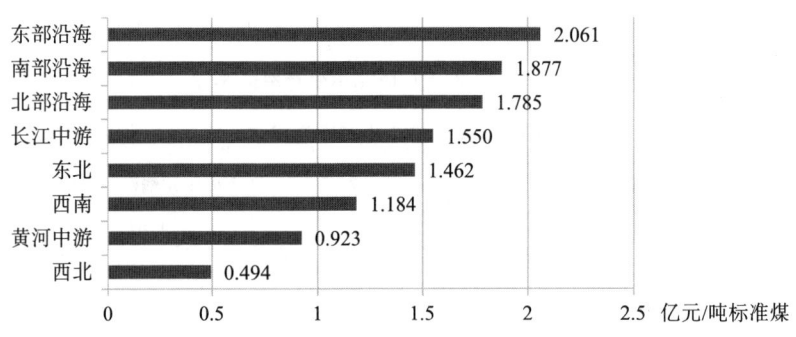

图7-11 2021年八大经济区的能源生产率条形图

本书通过探讨和分析中国各省域的能源生产率测算结果，以期为能源管理和政策制定提供参考。

首先，通过对中国各省域的能源生产率进行测算，可以了解各地能源利用效率的差异，为优化资源配置和提高能源利用效率提供依据。在测算过程中，需要考虑到各省域的地理环境、产业结构、技术水平等因素，以确保结果的准确性和可比性。

其次，通过对中国各省域能源生产率的分析，可以发现存在的问题和挑战，为制定相应的政策和措施提供依据。例如，一些地区能源生产率较低，可能是由于能源利用方式落后、技术水平低下等原因所致，需要加强技术创新和产业升级，以提高能源利用效率。另外，一些地区存在能源资源过度消耗和浪费的问题，需要加强资源管理和环境保护，实现可持续发展。

最后，中国作为世界上最大的能源消费国之一，其能源生产率的提高对于全球能源市场和环境保护具有重要意义，进一步了解中国在能源利用效率方面的优势和劣势，为制定国际合作和政策提供参考。

综上所述，中国是世界上最大的能源消费国之一，能源生产率对于国家经济发展和可持续发展具有重要意义。中国分省能源生产率的测算结果探讨与分析对于能源管理和政策制定具有重要意义，为提高能源利用效率和实现可持续发展提供支持。

二、能源生产率副省级城市排行榜分析与探讨

由前面的表 7-6 可知，东部和南部沿海经济发达地区的副省级城市的能源生产率排名并不靠前。主要原因可以归结为以下几点：

首先，经济发展模式存在问题。由于长期以来，中国东部地区一直是经济发展的主要引擎，城市的经济增长主要依赖于建筑业、重工业和制造业，这些行业对能源消耗比较大，但却往往忽视了能源的高效利用。因此，能源生产率低主要是由于产业结构不合理导致的。

其次，能源生产和利用方面缺乏创新。虽然中国东部城市在技术和科研方面有一定优势，但在能源生产和利用方面却缺乏创新意识。很多城市仍然沿用传统的能源生产方式，没有引入先进的生产技术和设备，导致能源的浪费和效率低下。

再次，政府在能源政策和管理方面存在不足。中国东部地区城市的政府在能源政策和管理方面存在一定的盲区和不足，缺乏对能源生产和利用的有效监管和引导。一些市政府对能源生产和利用的重要性认识不足，导致能源资源的浪费和低效利用。

最后,能源生产和利用方面存在一定的技术和人才短缺。由于能源生产和利用涉及多个领域,需要专业的技术和人才支持。然而,一些城市在这方面存在一定的短缺,导致能源生产和利用的效率低下。

综上所述,中国东部经济发达地区的副省级城市能源生产率低的原因主要包括产业结构不合理、缺乏创新意识、政府政策和管理不足以及技术和人才短缺等因素。要提高能源生产率,市政府需要调整产业结构,加强创新能力建设,完善能源政策和管理机制,加大技术和人才引进力度,从而实现能源生产和利用的高效率和可持续发展。

三、能源生产率设区市排行榜分析与探讨

本章的第三节以 2000 年为基期,将设区市实际 GDP 与能源消费总量(总吨标准煤)相除计算得设区市能源生产率,给出了全时段(2006—2021 年)、10 年(2012—2021 年)和 5 年(2017—2021 年)设区市能源生产率均值排行榜,并进行相应的统计分析。在第三节的基础上进一步报告最新的 2021 年设区市能源生产率排行榜,具体排名见表 7-11。

表 7-11　　2021 年设区市能源生产率及排名(前 100 名)

单位:亿元/吨标准煤

所属省域	设区市	2021 年能源生产率	排名	所属省域	设区市	2021 年能源生产率	排名
黑龙江	绥化	2.293	1	吉林	白山	1.231	13
山东	威海	2.052	2	黑龙江	伊春	1.221	14
黑龙江	大庆	1.628	3	吉林	通化	1.215	15
黑龙江	牡丹江	1.577	4	湖北	随州	1.205	16
广东	茂名	1.502	5	河南	周口	1.202	17
吉林	四平	1.433	6	内蒙古	呼伦贝尔	1.172	18
四川	资阳	1.378	7	湖南	株洲	1.141	19
湖南	常德	1.361	8	湖北	黄冈	1.127	20
湖南	邵阳	1.298	9	湖北	襄阳	1.123	21
四川	自贡	1.282	10	湖南	岳阳	1.115	22
黑龙江	哈尔滨	1.266	11	吉林	松原	1.108	23
湖南	永州	1.233	12	湖南	张家界	1.106	24

续表

所属省域	设区市	2021年能源生产率	排名	所属省域	设区市	2021年能源生产率	排名
湖北	荆门	1.104	25	河南	信阳	0.948	55
福建	南平	1.102	26	河南	许昌	0.948	56
吉林	长春	1.100	27	广西	玉林	0.942	57
山东	青岛	1.094	28	安徽	黄山	0.939	58
湖南	益阳	1.077	29	福建	泉州	0.937	59
吉林	辽源	1.077	30	四川	南充	0.937	60
河南	驻马店	1.062	31	广东	汕头	0.934	61
黑龙江	鸡西	1.060	32	安徽	宿州	0.933	62
云南	玉溪	1.055	33	陕西	宝鸡	0.920	63
云南	曲靖	1.047	34	吉林	吉林	0.916	64
广西	桂林	1.046	35	广东	揭阳	0.912	65
安徽	安庆	1.045	36	湖北	孝感	0.908	66
湖南	怀化	1.041	37	江西	南昌	0.907	67
广东	广州	1.041	38	山东	济南	0.901	68
湖南	郴州	1.027	39	黑龙江	七台河	0.896	69
四川	绵阳	1.023	40	江苏	徐州	0.893	70
湖南	衡阳	1.022	41	福建	三明	0.890	71
四川	广安	1.017	42	广东	云浮	0.889	72
辽宁	盘锦	1.015	43	辽宁	大连	0.886	73
四川	达州	1.012	44	河南	开封	0.882	74
广东	汕尾	1.001	45	福建	龙岩	0.876	75
黑龙江	齐齐哈尔	1.001	46	黑龙江	佳木斯	0.866	76
河南	南阳	0.998	47	河南	濮阳	0.864	77
四川	巴中	0.991	48	山东	烟台	0.864	78
河南	漯河	0.983	49	山东	泰安	0.864	79
江苏	扬州	0.973	50	云南	昆明	0.859	80
福建	漳州	0.962	51	四川	内江	0.859	81
安徽	亳州	0.959	52	广西	河池	0.855	82
福建	福州	0.957	53	浙江	温州	0.849	83
辽宁	沈阳	0.953	54	湖北	十堰	0.848	84

续表

所属省域	设区市	2021年能源生产率	排名	所属省域	设区市	2021年能源生产率	排名
福建	厦门	0.848	85	广东	梅州	0.805	93
湖南	湘潭	0.847	86	河北	保定	0.793	94
四川	德阳	0.845	87	陕西	安康	0.793	95
山东	济宁	0.839	88	辽宁	锦州	0.792	96
湖北	宜昌	0.822	89	云南	临沧	0.792	97
江苏	南京	0.821	90	江苏	无锡	0.789	98
河北	衡水	0.817	91	江苏	盐城	0.785	99
浙江	台州	0.816	92	山东	枣庄	0.785	100

由表7-11进一步统计可得表7-12，能源生产率排在前100名的设区市当中，有30个来自东部，20个来自东北，31个来自中部，19个来自西部。

表7-12　　　　　　2021年能源生产率百强市

省域	地区	设区市个数	省域	地区	设区市个数
湖南	中部	11	安徽	中部	4
黑龙江	东北	9	辽宁	东北	4
四川	西部	9	云南	西部	4
河南	中部	8	广西	西部	3
福建	东部	7	河北	东部	2
广东	东部	7	陕西	西部	2
湖北	中部	7	浙江	东部	2
吉林	东北	7	江西	中部	1
山东	东部	7	内蒙古	西部	1
江苏	东部	5			

由表7-12可知，能源生产率排前100名的设区市中，湖南上榜的设区市有11个，黑龙江和四川有9个，河南有8个，福建和广东有7个，江苏有5个。浙江只有两个设区市进入百强，分别为温州（第83名）和台州（第92名）。广州第38名，大连第73名，厦门第85名，南京第90名。

通过上述分析可以发现一个现象：东部沿海经济发达地区的设区市的能源生产率的排名不一定靠前。比如苏州市（第177名），杭州市（第139名），南京市（第90名），厦门市（第85名），大连市（第73名）。例如，杭州市在2021年的实际GDP为993.66亿元（高产出），能源消费为1513.3万吨标准煤（高投入），能源生产率为0.656亿元/吨标准煤（低效率）；而黑龙江的绥化市（第1名）在2021年的实际GDP为180.17亿元（低产出），能源消费为78.57万吨标准煤（低投入），能源生产率为2.293亿元/吨标准煤（高效率）。因此，不能简单通过经济是否发达来判断一个设区市的能源生产率的高低。

中国东部经济发达地区设区市的能源生产率偏低的主要原因包括产业结构不合理、缺乏创新意识、政府政策和管理不足以及技术和人才短缺等因素。要提高能源生产率，设区市政府需要进一步调整产业结构，加强创新能力建设，完善能源政策和管理机制，加大技术和人才引进力度，从而实现能源生产和利用的高效率和可持续发展。

四、能源生产率测算结果整体再说明

我国地区能源生产率的影响因素是多方面的，主要包括资源储备、技术水平、政策环境、人力资源和市场需求等因素。这些因素相互作用，共同影响着地区能源生产率的水平和发展。

首先，资源储备是影响地区能源生产率的重要因素之一。能源资源的丰富程度直接影响着地区能源生产的规模和效率。资源储备越丰富，地区能源生产率就越高。例如，煤炭、石油和天然气等传统能源资源在某些地区的储备量较大，使得这些地区能够实现较高的能源生产率。

其次，技术水平也是影响地区能源生产率的重要因素。先进的生产技术和设备可以提高能源生产的效率和质量，降低生产成本。地区拥有先进的技术水平和设备，能够更好地利用资源，提高能源生产率。因此，技术创新和引进对于提高地区能源生产率至关重要。

再次，政策环境是影响地区能源生产率的另一个重要因素。政府的政策支持和监管措施直接影响着地区能源生产的发展方向和速度。有利于能源生产的政策环境可以促进地区能源生产率的提高，反之则会限制其发展。因此，政府应该通过制定相关政策来支持和引导地区能源生产的发展。

最后，人力资源和市场需求也是影响地区能源生产率的重要因素。人力资源的素质和数量决定了地区能源生产的效率和质量。市场需求的变化直接影响着地区能源生产的规模和结构。因此，地区应该注重培养和吸引人才，同时关注市场需求的变化，以提高地区能源生产率。

综上所述，我国地区能源生产率的主要影响因素包括资源储备、技术水平、政策环境、人力资源和市场需求等多方面因素。只有综合考虑这些因素，地区才能实现能源生产率的提高和可持续发展。希望未来我国能够进一步关注这些影响因素，提高地区能源生产率，为经济社会发展作出更大贡献。

第八章

提高自然资源生产率的对策建议

  本章首先从整体视角分析了资源环境效率的严峻形势,并提出了全面实施自然资源生产率领跑者制度、深化环境要素配置市场化改革、推进创新驱动以及加强资源环境数据搜集和统计等宏观措施。接着,从细分视角详细探讨了提升各类资源生产率的对策建议。针对土地生产率,提出了加强农业基础设施建设、推广先进农业技术、优化种植结构等建议;针对水资源生产率,提出了节水技术创新与推广、区域水资源协调利用等建议;针对环境生产率,提出了完善环境法规、推动产业结构优化、加强科技创新等建议;针对碳生产率,提出了聚焦优化能源结构、调整产业结构、加强科技创新等建议;针对能源生产率,提出了着重于优化产业结构、加强技术创新、完善政策体系等建议。通过这些综合措施,旨在提高资源利用效率,促进经济社会的可持续发展。

第一节 提高自然资源生产率的综合对策

一、清醒认识资源环境效率的严峻形势

第一,水资源与环境资源的"双降"趋势。①强度下降。随着节水技术的推广和用水效率的提高,中国每单位产出的水资源消耗量正在逐步减少。这反映了中国在水资源管理方面取得的显著成效。②总量下降。在用水量强度下降的同时,部分地区的总用水量也出现了下降趋势。这得益于中国对水资源保护的重视和一系列节水政策的实施。然而,值得注意的是,这种下降趋势并非普遍现象,部分地区的用水量仍在增长。对于环境资源而言,随着环保意识的提升和环保法规的完善,中国的环境污染状况得到了有效遏制,环境资源的使用强度也在逐步降低。同时,一些地区的环境质量得到了显著改善,环境资源的总量也在一定程度上呈现下降趋势。

第二,碳资源与能源资源的"一降一升"。①强度下降:中国在节能减排方面取得了显著成效,单位产出的碳排放量和能源消耗量都在逐步减少。这得益于中国对绿色低碳发展的重视和一系列节能减排政策的实施。②总量上升。尽管碳排放强度和能源消耗强度在下降,但由于经济规模的扩大和人口的增长,中国的碳排放总量和能源消耗总量仍在持续增长。这反映了中国在经济发展与环境保护之间面临的巨大挑战。

第三,工业用地尚未达到"零增长"。尽管中国正在积极推动工业用地节约集约利用,但工业用地的增长速度仍然较快。这主要归因于工业化进程的加速和城市化进程的推进。工业用地的快速增长不仅占用了大量宝贵的土地资源,还可能对生态环境造成破坏。

第四,生态文明建设成就与差距并存。尽管中国出台了一系列环保法规和政策,加强了对环境污染的治理和监管力度。同时,还积极推动绿色低碳发展,鼓励企业和个人采取节能减排措施。在生态文明建设方面取得

了历史性、转折性、全局性变化。这体现在空气质量、水质、土壤质量等方面的显著改善，以及生态系统质量的稳步提升。但是，中国的生态建设与发达国家相比仍有一定的差距，生态环境保护的结构性、根源性、趋势性压力尚未根本缓解。这主要体现在环保技术的创新能力、环保产业的发展水平以及环保法规的完善程度等仍然不足，并且在一些地区的环境污染问题仍然严重，生态环境质量仍然不稳定，以及生态安全仍然面临威胁等方面。

二、全面实施自然资源生产率领跑者制度

第一，建立常规化的自然资源生产率排行榜制度。①设立全面的评价指标。如土地资源生产率、水资源生产率、碳生产率、能源生产率、环境生产率等，确保评价的全面性和准确性。②定期发布排行榜。可以每季度或每年发布一次自然资源生产率排行榜，公开透明地展示各地区、各行业、各企业的自然资源生产率情况。③强化数据监测与统计。建立健全自然资源生产率的数据监测和统计体系，确保数据的准确性和及时性。

第二，对自然资源生产率领跑者予以充分激励。对于自然资源生产率较高的地区、行业或企业，可以给予用地指标、用能指标等政策优惠，鼓励其继续保持领先地位。设立自然资源生产率奖励基金，对表现突出的地区、行业或企业进行表彰和奖励，激发其积极性和创造力。同时，通过媒体宣传、经验交流会等方式，推广自然资源生产率较高的地区、行业或企业的先进经验和做法，带动整体水平的提升。

第三，对自然资源生产率落后者予以必要惩戒。对于自然资源生产率较低的地区、行业或企业，可以实施约谈制度，要求其制定整改措施并限期整改。对于违反自然资源管理法律法规、造成资源浪费和环境污染的行为，要依法进行查处，并公开曝光。同时，对于长期自然资源生产率较低且整改无望的地区、行业或企业，可以建立淘汰机制，逐步退出市场。

第四，形成自然资源生产率比学赶超的竞争机制。①加强宣传教育发。如通过媒体宣传、培训教育等方式，提高全社会对自然资源生产率重要性的认识，形成比学赶超的良好氛围。②鼓励创新创造。如鼓励各地区、各行业、各企业加强技术创新和管理创新，提高自然资源生产率和资

源利用效率。③建立合作机制。加强地区之间、行业之间、企业之间的合作与交流，共同分享经验、资源和成果，推动自然资源生产率的整体提升。

三、全面深化环境要素配置市场化改革

通过测算表明，自然资源生产率无论在省际还是市际均存在显著的差异性，只要资源边际产出价值或环境边际减排成本存在差异性，就有可能通过交易机制实现资源配置的优化，以更低的成本实现绿色低碳发展。

第一，建立健全环境资源交易市场。①要构建多元化交易平台。如建立涵盖水权、排污权、碳排放权等多种环境资源的交易平台，为资源的高效配置提供市场基础。②需要建立健全交易规则和标准。如制定清晰、透明的交易规则和标准，确保市场公平、公正、公开运行，增强市场信心。

第二，加快推进环境资源定价机制改革。①科学确定环境资源价格。如通过科学评估环境资源的稀缺性、价值及生态损害成本，合理确定其价格，反映其真实价值。②尽快实施动态调整价格机制。根据市场供求关系、资源稀缺程度及环境质量变化，动态调整环境资源价格，引导资源合理配置。

第三，强化环境监管和执法力度。①要加强环境监测和评估。如运用现代科技手段，加强对环境资源的监测和评估，为市场交易提供准确数据支持。②应加大环境执法力度。如对环境违法行为进行严厉打击，维护市场秩序，保障环境资源交易市场的健康发展。

第四，鼓励企业参与环境资源交易。①建立企业参与环境资源交易政策激励机制。如对积极参与环境资源交易的企业给予税收优惠、资金补贴等政策支持，激发企业参与市场的积极性。②加强企业环保意识培养。如通过培训、宣传等方式，提高企业环保意识，引导企业主动参与环境资源交易，实现绿色发展。

第五，推动跨区域环境资源交易合作。推动不同地区之间的环境资源交易合作，实现资源互补、优势互利。同时，积极参与国际环境资源交易，引进国外先进技术和管理经验，提升我国环境资源交易市场的国际化水平。

四、全面推进创新驱动自然资源生产率提升

第一，大力驱动绿色低碳科技创新。①加大对绿色低碳技术的研发投入，支持关键技术的突破和创新，提升技术的可行性和经济性。②积极搭建绿色低碳技术创新平台，整合科研资源，促进产学研用合作，加速科技成果的转化和应用过程。

第二，不断促进绿色低碳科技转化。①实施一批绿色低碳技术示范性项目，通过实际应用展示技术的优势和效果，增强市场信心。②为绿色低碳技术的研发和应用提供绿色金融支持，如绿色信贷、绿色债券等，降低技术转化的资金门槛。

第三，全面推进生态环境治理体系建设。①要明确责任主体。各级政府、企业、社会组织和公众都应承担起生态环境保护的责任。政府应制定并落实相关政策，企业应执行环保标准，社会组织应发挥监督作用，公众应提高环保意识。②应建立责任追究机制。对于未履行环保责任的行为，应建立严格的责任追究机制，包括行政责任、民事责任和刑事责任，确保责任得到落实。③需要推动多元共治。鼓励政府、企业、社会组织和公众之间的合作与交流，形成多元共治的格局，共同推动生态环境保护。

第四，建立健全生态环境监管体系。①建立健全生态环境监管制度，明确监管标准、程序和责任，确保监管工作的规范性和有效性。②运用现代科技手段，如大数据、人工智能等，提高监管的精准性和效率，实现对生态环境的全面、实时、动态监管。③提升监管人员的专业素质和技能水平，加强监管机构的设备配置和人员培训，确保监管工作的顺利开展。

第五，建立健全生态环境市场体系。①建立绿色市场机制。推动绿色产品、绿色服务和绿色技术的市场交易，形成绿色消费、绿色投资和绿色生产的良性循环。②健全完善价格机制。通过资源税、环境税等经济手段，使资源和环境的成本内部化，引导企业和个人节约资源和保护环境。

第六，健全生态环境法律法规政策体系。①制定和完善与生态环境保护相关的法律法规，明确各方权利义务，为生态环境保护提供法律保障。②通过财政、税收、土地等政策手段，引导企业和个人选择绿色低碳的发展模式，推动绿色低碳技术的研发和应用。③加大对生态环境违法行为的查处力度，提高违法成本，形成有效的震慑作用。

五、全面加强资源环境数据的搜集和统计

第一，推进一体化资源环境气候数据监测体系建设，实现数据可获取。①要整合监测资源如统筹规划，整合各部门、各地区的监测资源，避免重复建设和资源浪费。建立跨部门、跨地区的监测网络，实现资源环境气候数据的全面覆盖。②应提升监测能力如加大对监测设备的投入，更新升级监测技术，提高监测的准确性和时效性。③加强监测人员培训，提升专业素质和技能水平，确保监测数据的质量。④更要建立健全监测标准：制定统一的监测标准和规范，确保监测数据的可比性和一致性。同时，加强对监测标准的宣传和培训，提高各部门和地区的执行力度。

第二，加强资源环境气候数据的统一归口统计工作，实现数据标准化。①要明确统计责任如确定资源环境气候数据的统计责任部门，明确其职责和权限。建立数据统计的责任追究机制，确保统计数据的准确性和及时性。②应统一统计标准：制定资源环境气候数据的统计标准和分类体系，确保数据的规范化和标准化。同时，加强对统计标准的执行和监督，防止数据造假和虚报。③要强化数据审核，建立数据审核机制，对上报的数据进行严格审核，确保数据的真实性和可靠性。定期对数据进行复核和抽查，及时发现和纠正数据错误。

第三，加大资源环境气候数据在一定程度和范围的公开力度，实现数据可利用。①应建立公开平台。建立资源环境气候数据的公开平台，实现数据的集中存储和共享。同时，优化平台功能，提供便捷的数据查询、下载和分析服务。②应明确公开范围：根据法律法规和政策要求，明确数据公开的范围和程度。③对涉及国家秘密、商业秘密和个人隐私的数据进行脱敏处理或保密处理。④要推进数据的应用。鼓励政府部门、科研机构、企业和社会组织利用资源环境气候数据进行科学研究、决策制定和公众服务。同时，加强数据应用的宣传和培训，提高数据利用的能力和水平。

第四，建立健全综合应对机制。①要加强政策引导。制定和完善相关政策，为资源环境数据的搜集和统计提供政策支持和保障。同时，要加大对资源环境数据搜集和统计工作的投入，确保各项措施的顺利实施。②应强化协同合作机制。加强各部门、各地区之间的协同合作，形成工作合力，共同推动资源环境数据的搜集和统计工作。同时，建立定期沟通和交

流机制,及时分享经验和信息,促进工作的持续改进和提升。③应加强对资源环境数据搜集和统计工作的宣传教育,提高公众对资源环境数据的认识和重视程度。同时,鼓励公众积极参与资源环境数据的搜集和统计工作,形成全社会共同关注和支持的良好氛围。

第二节 提高自然资源生产率的专项对策

一、提升土地生产率的对策建议

(一)提升农业土地生产率的对策建议

第一,推动农业基础设施建设。①大力推进灌溉系统改善。加大投资,改善灌溉设施,推广节水灌溉技术,提高灌溉效率,确保农作物生长所需的水分供应。②加大农田道路建设力度。修建和维护农田道路,便于农业机械进出和操作,提高农业生产效率。③推进农机具存放设施建设。建设农机具存放设施,保护农机具,延长使用寿命,提高机械化作业水平。

第二,推广先进农业技术。①推广科学种植技术。推广如精准施肥、合理密植等,提高作物产量和品质等科学种植技术。②推广智能化农业设备。引入智能化农业设备,如无人机、智能灌溉系统等,提高农业生产自动化和智能化水平。③精准利用农业技术。利用大数据、物联网等技术,实现精准农业管理,提高资源利用效率。

第三,优化种植结构和作物布局。①调整种植结构。根据地区气候、土壤等条件,合理调整种植结构,发展适销对路的优质农产品。②推广作物轮作。推广作物轮作制度,改善土壤结构,提高土壤肥力,减少病虫害发生。③发展特色农业。挖掘地区特色资源,发展特色农业,提高农产品附加值。

第四,加强农业劳动力培训。①提高农民素质。加强农民文化素质和技能水平培训,培养新型职业农民。②推广现代农业理念。推广现代农业经营理念和技术，提高农民的管理水平和创新能力。③鼓励农民成立合作社。成立合作社以实现规模化经营，提高农业生产效率。

第五，完善农业政策扶持。①加大补贴力度。提供农业补贴、税收优惠等政策支持，降低农民生产成本。②强化金融支持。为农民提供贷款支持，解决资金短缺问题。③建立农业保险制度。完善农业保险制度，降低农民因自然灾害等不可抗力因素导致的损失。

第六，推进农业可持续发展。①推广绿色农业。推广绿色生态农业可持续发展模式，减少化肥农药使用量，保护农业生态环境。②加强农业废弃物资源化利用。提高农业废弃物资源化利用水平，减少环境污染。③保护耕地资源。严格保护耕地资源，防止耕地非农化、非粮化，确保粮食安全。

（二）提升建设用地生产率的对策建议

第一，优化产业结构。①发展高附加值产业。鼓励发展高科技产业、现代服务业等高附加值产业，提高土地的产出效率。②淘汰落后产能。加快淘汰落后产能，推动传统产业转型升级，提升产业竞争力。

第二，完善基础设施建设。①加强交通网络建设。完善高速公路、铁路、航空和海运等交通网络，降低物流成本，提高运输效率。②提升城市基础设施水平。加强城市供水、供电、供气、通信等基础设施建设，提高城市承载能力和运行效率。③推进智慧城市建设。利用现代信息技术手段，推进智慧城市建设，提高城市管理水平和公共服务能力。

第三，提高土地利用效率。①加强土地规划和管理。严格土地规划和管理，严格控制建设用地规模，提高土地利用的集约化程度。②鼓励土地复合利用。鼓励土地复合利用，如建设多层厂房、地下空间开发等，提高土地的利用效率。③推动旧城改造。加快旧城改造步伐，优化城市空间布局，提高城市土地利用效率。

第四，优化建设用地政策环境。①制定优惠政策。制定税收减免、土地使用优惠等政策措施，吸引企业投资。②简化审批流程。简化企业审批流程，提高行政效率，为企业提供良好的营商环境。③加强政府服务。加强政府服务，为企业提供政策咨询、技术支持等全方位服务。

第五，促进区域协调发展。①加强区域合作。加强区域间的经济合作和协调发展，推动资源优化配置和产业分工合作。②支持欠发达地区发展。加大对欠发达地区的支持力度，推动其加快发展，缩小区域间的发展差距。

二、提升水资源生产率的对策建议

第一，强化节水技术创新与推广。①加强科技创新。加大对水资源管理和节水技术的研发投入，推动科技创新和成果转化；建立水资源科技创新平台，促进产学研用结合，提高水资源管理和节水技术的研发和应用水平。②积极推广节水技术的应用。在农业方面，推广滴灌、喷灌等现代灌溉技术，减少水分蒸发和渗漏，提高灌溉效率；鼓励使用耐旱作物品种，调整种植结构，减少高耗水作物的种植。在工业方面，推广工业节水技术和设备，如循环用水系统、废水回收利用系统等；鼓励企业采用清洁生产技术，减少水资源消耗和污染排放。在第三产业方面，推广节水器具和设备，如节水型洁具、智能节水系统等。③建立健全节水技术管理机制。在农业方面，建立健全农业水资源管理机制，实施精准农业和数字化管理，提高水资源利用效率；在工业方面，加强对高耗水行业的监管，推动其进行技术改造和产业升级，提高水资源生产率；在第三产业方面，加强服务业水资源管理，实施雨水收集、中水回用等措施，提高水资源利用效率。

第二，加强区域水资源协调利用与合作。①加强水资源调配。加强跨区域水资源调配，通过水利工程和输水管道等设施，将水资源从丰水区调配到缺水区；建立跨区域水资源协调机制，确保水资源的合理分配和高效利用。②加强经验与技术交流。组织跨区域的水资源管理经验和技术交流活动，促进先进技术和经验的共享；鼓励各地政府和企业建立合作关系，共同开展水资源管理和节水技术研究。③加强联合治理力度。加强跨区域的水污染防治和生态修复工作，共同维护水资源的可持续利用；建立联合监测和预警机制，及时发现和解决跨区域水资源问题。

第三，优化用水产业结构。①发展节水型产业。鼓励发展节水型农业、工业和服务业，限制高耗水产业的发展；加大对节水型产业的扶持力度，提供政策、资金和技术支持。②调整农业结构。推广节水型农业种植模式，减少高耗水作物的种植比例；加强农业科技创新，提高农作物的水分利用效率和产量。③推动工业用水转型升级。鼓励工业企业进行技术改造和产业升级，提高水资源利用效率；加强对高耗水行业的监管和治理，推动其向节水型、环保型方向发展。

第四,加强水资源利用的政策引导。①完善水资源管理制度。建立健全水资源管理制度体系,明确各级政府在水资源管理方面的职责和权限;加强对水资源开发利用的监管和管理,确保水资源的合理利用和有效保护。②制定节水政策。制定和完善节水政策体系,包括节水标准、节水补贴、节水税收优惠等;加大对节水技术和设备的研发投入和推广力度,提高节水技术的普及率和应用水平。③加强水资源监测和评估。建立完善的水资源监测和评估体系,及时掌握水资源利用状况和存在的问题;根据监测和评估结果,制定针对性的水资源管理和保护措施,提高水资源利用效率和保护水平。

第五,提高公众节水意识。①加强宣传教育力度。加大对公众的水资源保护教育力度,通过媒体、网络、社区等多种渠道宣传节水知识;在学校、企业和社区等场所开展节水宣传活动,提高公众的节水意识和参与度。②积极制定政策激励机制。制定节水奖励政策,对在节水方面表现突出的个人和企业给予表彰和奖励。对浪费水资源的行为进行处罚,提高违法成本,形成有效的节水约束机制。③吸引公众积极参与。鼓励公众参与水资源管理和节水工作,如建立节水志愿者队伍、开展节水公益活动等;加强政府与公众之间的沟通和互动,共同推动水资源保护和节水工作的开展。

三、提升环境生产率的对策建议

第一,完善环境法规与政策引导。①修订和完善环境法规。确保环境保护法律法规与当前环境挑战和经济发展需求相匹配,适时更新和修订相关法律法规;设立严格的污染物排放标准,特别是针对重工业和高污染行业,以法律手段推动其技术改造和产业升级。②强化绿色发展的政策激励。制定和实施一系列鼓励绿色发展的政策措施,如税收减免、财政补贴、绿色金融等,激励企业和个人积极参与环保;将环境生产率纳入地方政府的政绩考核体系,作为绿色发展的重要指标,推动各级政府重视环境保护。③加强政策宣传与引导。通过多种渠道宣传环保政策,提高公众对环保政策的认识和理解;设立环保示范项目和案例,引导企业和公众向绿色、低碳方向转型。

第二,推动产业结构优化与升级。①发展绿色新兴产业。鼓励和支持新能源、节能环保、新材料等绿色产业的快速发展,培育新的经济增长点;限制高污染、高能耗产业的发展,逐步淘汰落后产能,推动产业结构向绿色、低碳方向转变。②促进传统产业技术改造。加强对传统产业的技术改造和升级,推广先进的生产工艺和设备,提高资源利用效率,减少污染物排放;设立专项基金和技术支持计划,帮助企业进行技术改造和升级。③推动产业绿色转型。制定产业绿色转型的规划和路线图,明确转型目标和时间表;加强与高校、科研机构的合作,共同研发和推广绿色技术,推动产业绿色转型。

第三,加强科技创新与技术应用。①加大环保技术研发投入。增加对环保技术的研发投入,鼓励高校、科研机构和企业开展合作,共同研发高效、经济的环保技术;设立环保技术创新基金,支持环保技术的研发和推广。②推广先进环保技术。在重点行业和领域推广先进的环保技术,如废水处理、废气治理、固废资源化利用等;建立环保技术示范项目,展示先进环保技术的效果和应用前景,鼓励企业采用。③加强环保技术培训和指导。为企业提供环保技术培训和指导服务,帮助企业提高环保技术水平和管理能力;设立环保技术咨询机构,为企业提供技术咨询和解决方案。

第四,强化环境监管与公众参与。①完善环境监管体系。建立健全环境监管体系,加强对重点行业和企业的环境监管,确保其遵守环保法规;加强环境监测和预警,及时发现和处理环境污染问题,防止环境污染事故的发生。②加大执法力度和公开透明。对违反环保法规的行为进行严厉打击,加大处罚力度,提高违法成本;加强环保执法的公开透明,及时公布执法结果和处罚情况,接受社会监督。③提高公众环保意识与参与度。通过各种渠道和形式加强环保宣传教育,提高公众的环保意识和参与度;建立公众参与环保的机制和平台,鼓励公众对环境污染问题进行举报和监督,形成全社会共同关注环境保护的良好氛围。

第五,促进区域协调与政企合作。①加强区域环保合作。推动区域间的环保合作,共同应对跨区域的环境污染问题;加强区域间的资源共享和技术交流,促进区域环保水平的整体提升。②实施差异化环保政策。根据不同地区的经济发展水平和环境承载力,实施差异化的环保政策;对环境承载力较弱的地区采取更为严格的环保措施,对环境承载力较强的地区给予更多的发展空间和支持。③加强政企合作与公众参与。政府应与企业建立紧密的合作关系，共同推动环保工作的开展；鼓励企业积极参与环保技术研发和应用，为企业提供政策支持和资金扶持；立公众参与环保的激励机制，加强环保信息的公开和透明，保障公众的知情权和监督权，形成政府、企业和公众共同参与环保的良好局面。

四、提升碳生产率的对策建议

第一，优化能源结构，提升能源利用效率。①大力推动清洁能源发展。加大投资力度，显著增加对风能、太阳能、水能等可再生能源的投资，特别是在资源丰富的中西部地区，重点发展清洁能源产业，减少对传统化石能源的依赖；鼓励新型能源利用，特别鼓励沿海地区积极利用海洋能、生物质能等新型能源，探索潮汐能、波浪能等海洋能发电项目，提高能源多样性。②推广高效节能技术和产品。在工业领域，积极推广高效电机、变频调速系统、余热回收等技术，降低工业能耗；在交通领域，积极推广新能源汽车，建设充电桩等基础设施，鼓励公共交通系统使用清洁能源车辆；在建筑领域，积极推广节能建筑材料、智能温控系统、LED照明等，提高建筑能效。③促进区域能源协同健康发展。加强能源合作，建立区域间能源合作机制，优化能源资源配置，实现能源供需平衡；共享清洁能源资源，鼓励东部沿海地区与中西部地区开展能源项目合作，共享清洁能源资源和技术成果，促进区域能源协调发展。

第二，调整产业结构，推动绿色低碳转型。①发展绿色低碳新兴产业。培育新增长点，大力支持新能源、节能环保、新材料等绿色低碳产业的发展，培育新的经济增长点；严格限制高污染、高能耗产业的发展，逐步淘汰落后产能，推动产业结构优化升级。②促进传统产业转型升级。加强对传统产业的技术改造和升级，推广先进的生产工艺和设备，提高资源利用效率，减少碳排放；同时，加大力度推进低碳技术应用，鼓励企业开展碳捕集、利用与封存（CCUS）等低碳技术研究和应用，降低生产过程中的碳排放。③优化区域产业布局。合理规划布局，根据各地区的资源禀赋和经济发展状况，合理规划产业布局，避免重复建设和资源浪费；同时，推动东部地区向绿色低碳、高端制造和服务业转型，中西部地区则结合自身优势发展清洁能源和特色产业，形成区域协同发展的良好局面。

第三，加强科技创新，提升低碳技术水平。①加大科研投入力度。增加研发资金,特别显著增加对低碳技术研发的投入,鼓励高校、科研机构和企业开展合作,共同攻克低碳技术难题;设立低碳技术创新基金,支持低碳技术的研发和推广,促进低碳技术的产业化应用。②推广先进低碳技术。在电力、钢铁、水泥等重点行业和领域推广先进的低碳技术,如碳捕集与封存、智能电网、新能源汽车等。同时,建立低碳技术示范项目,展示先进低碳技术的效果和应用前景,鼓励企业积极采用低碳技术。③加强技术培训和指导。为企业提供低碳技术培训和指导服务,帮助企业提高低碳技术水平和管理能力;同时,设立低碳技术咨询机构,为企业提供技术咨询和解决方案,解决企业在低碳技术应用过程中遇到的问题。

第四,完善政策体系,强化制度保障。①制定和完善碳交易制度。完善碳排放权交易市场,通过市场机制促进碳排放显著减少;同时,制定合理的碳排放配额分配方案,激励企业减少碳排放,提高碳交易市场的活跃度。②实施碳税政策。对高碳排放产品征收碳税,增加碳排放成本,推动企业减少碳排放;同时,利用碳税收入支持低碳技术研发和推广,形成良性循环,促进低碳经济的发展。③加强环保法规和标准建设。完善环保法规和标准体系,确保其与当前环境挑战和经济发展需求相适应;同时,加大对违法排污行为的处罚力度,提高违法成本,形成有效的环保约束机制,保障环保法规的有效实施。

第五,提高公众环保意识,促进全民参与。①加强环保宣传教育。多渠道宣传,通过各种渠道和形式加强环保宣传教育,提高公众的环保意识和参与度;开展公益活动,如开展低碳生活、绿色出行等环保公益活动,鼓励公众参与环保行动,形成全社会共同关注环境保护的良好氛围。②建立公众参与机制。建立公众参与环保的机制和平台,鼓励公众对环境污染和碳排放问题进行举报和监督;加强政府与公众之间的沟通和互动,及时回应公众关切,提高政府环保工作的透明度和公信力。③推广低碳生活方式。倡导低碳生活,鼓励公众采用低碳生活方式,如减少使用一次性塑料制品、选择公共交通出行等;同时,加强政策激励引导公众树立绿色低碳的生活理念,形成全社会共同推动绿色低碳发展的强大合力。

五、提升能源生产率的对策建议

第一,优化产业结构,促进能源高效利用。①推动产业结构转型升级。发展高新技术产业,鼓励和支持高新技术产业、现代服务业等低能耗、高附加值产业的发展,逐步降低高能耗、高污染的传统产业比重;限制高耗能产业扩张,对钢铁、水泥、化工等高耗能产业实施严格的准入标准,限制其无序扩张,推动其进行技术改造和转型升级。②推广循环经济模式。构建循环产业链,鼓励企业构建循环产业链,实现资源的最大化利用和废弃物的最小化排放;推广清洁生产,在工业生产中推广清洁生产技术,减少生产过程中的能源消耗和污染物排放。③加强能源管理。定期对重点用能企业进行能源审计,发现能源浪费和节能潜力,提出改进措施;推动企业建立和完善能源管理体系,提高能源利用效率和管理水平。

第二,加强技术创新,提升能源利用效率。①加大研发投入。加大对能源领域科研的投入,鼓励高校、科研机构和企业开展合作,共同攻克能源技术难题;设立能源技术创新基金,支持新能源、节能技术的研发和推广。②推广先进节能技术,在工业、交通、建筑等领域推广高效节能设备,如高效电机、LED照明、节能建筑材料等;推动智能电网建设,提高电网的传输效率和稳定性,降低输电损耗。③加强技术培训和指导。为企业提供节能技术培训和指导服务,帮助企业提高节能技术水平和管理能力;建立能源技术咨询机构,为企业提供技术咨询和解决方案,解决企业在能源利用过程中遇到的问题。

第三,完善政策体系,强化制度保障。①制定和完善能源政策。完善国家能源发展规划,明确能源发展的目标和路径,引导能源生产和消费向绿色低碳方向转型;根据不同地区的资源禀赋和经济发展状况,实施差别化的能源政策,促进区域能源协调发展。②推进碳交易市场建设。完善碳排放权交易市场,通过市场机制促进碳排放的减少和能源生产率的提高;实施碳税政策,对高碳排放产品征收碳税,增加碳排放成本,推动企业减少碳排放和提高能源生产率。③加强监管和执法力度。建立健全能源监管体系,加强对能源生产和消费的监管,确保能源政策的有效实施;加大执法力度,对违法用能行为进行严厉打击,提高违法成本,形成有效的能源利用约束机制。

第四,促进区域协同发展,实现资源共享。①加强区域能源合作。推动跨区域能源项目,鼓励跨区域能源项目合作,实现能源资源的优化配置和共享;建立区域能源市场,促进能源的自由流动和交易,提高能源利用效率。②推动区域产业协同发展。根据各地区的资源禀赋和经济发展状况，合理规划产业布局，避免重复建设和资源浪费，优化产业布局；鼓励东部地区的高耗能产业向中西部地区转移，利用中西部地区的资源和成本优势，实现产业协同发展。③加强区域技术交流与合作。建立区域技术交流与合作平台，促进先进能源技术的共享和推广；鼓励跨区域的企业和科研机构开展联合研发，共同攻克能源技术难题，提高区域能源技术水平。

第五，提高公众节能意识，促进全民参与。①加强节能宣传教育。通过各种渠道和形式加强节能宣传教育，提高公众的节能意识和参与度；组织节能宣传周、节能知识竞赛等活动，鼓励公众参与节能行动。②建立公众参与机制。建立公众参与节能的机制和平台，鼓励公众对能源浪费行为进行举报和监督；加强政府与公众之间的沟通和互动，及时回应公众关切，提高政府节能工作的透明度和公信力。③推广节能生活方式，鼓励公众采用节能生活方式，如使用节能家电、合理调节室内温度、减少一次性塑料制品使用等；通过政策激励和宣传教育，引导公众树立节能低碳的生活理念，形成全社会共同推动能源生产率提升的良好氛围。

后 记

自然资源生产率不仅是资源与环境经济学领域的一个热点学术问题，也是"亩均论英雄"的自然延伸与拓展，具有极强的政策应用价值。自改革开放以来，我国自然资源生产率有了极大的提升，但总体上离发达国家先进水平还有相当大的差距。提高资源生产率是贯彻新发展理念、推进高质量发展的重要路径。自然资源生产率指的是单位自然资源投入所能创造的产出量。自然资源生产率的高低是衡量经济社会绿色低碳转型的重要标志。提高自然资源生产率，有助于促进自然资源的节约和高效利用，助推资源节约型社会建设；有助于促进生态环境的保护和修复工作，助推环境友好型社会建设；有助于促进碳达峰碳中和工作目标实现，助推气候适宜型社会建设。

编制"我国自然资源生产率排行榜"能够激励资源生产率高的地区、行业或企业，约束资源生产率低的地区、行业或企业。因此，浙江省新型重点专业智库——浙江农林大学生态文明研究院设立专项课题，委托我组织课题组开展省域、设区市等层面的自然资源生产率排行榜研究，以打造研究院智库品牌。

课题研究报告的形成过程是反复推敲的过程。首先由我草拟所有章节的提纲，根据分工修改形成所有章节目的提纲，经过研究院组织专家把脉，课题组多次集体研讨并修改后正式确定提纲。各章初稿形成后，我进行了认真的审读，并提出详尽的修改意见。各章执笔人进行修改，经我审定后形成合成稿。课题组对合成稿进行了认真研讨，进而修改形成课题研究报告，最终形成此书稿，定名为《中国自然资源生产率排行榜研究》。在研究提纲和课题报告形成后沈满洪做了认真审读，并提出了详尽的修改建议，这很好保障了本书的质量。本书是课题组集体合作的成果。各章执笔分工如下：

第一章、第八章、后记：顾光同（浙江农林大学生态文明研究院生

态经济研究所所长、经济管理学院教授、经济学博士）

第二章：朱兴旺（浙江农林大学生态文明研究院骨干、经济管理学院讲师、经济学博士）

第三章：陈秀平（浙江农林大学生态文明研究院骨干、数学与计算机科学学院副教授、理学博士）

第四章：李玉文（浙江农林大学生态文明研究院信息部部长、经济管理学院教授、理学博士）

第五章：叶玉菁（浙江农林大学生态文明研究院骨干、数学与计算机科学学院讲师、经济学博士）

第六章：何青华（浙江农林大学生态文明研究院骨干、经济管理学院讲师、经济学博士）

第七章：邱峰（浙江农林大学生态文明研究院骨干、数学与计算机科学学院讲师、经济学博士）

基于本研究内容，2024年6月29日，PACE2024中国绿色低碳发展国际研讨会上公布了"我国自然资源生产率排行榜"，此次会议得到了人民日报全国党媒信息公共平台、新华社、绿色中国、中国科学网、中国新闻社、中国教育在线、科技金融时报、浙江经视、新浪财经、腾讯新闻、北青网、浙江社科、国家林业和草原局政府网等媒体关注和报道。并进一步细化撰写了《中国环境资源生产率的时空特征及其影响因素研究》《中国粮食全要素生产率测度及其影响效应研究》等论文。

在课题研究过程中，浙江农林大学生态文明研究院院长沈满洪教授、副院长钱志权教授、浙江农林大学文科处原处长王成军教授、浙江农林大学经济管理学院院长吴伟光教授、副院长朱臻教授等专家，既对课题研究给予充分肯定，又十分中肯地提出了十分宝贵的意见和建议。

同时，参与本书稿现场评审的专家有：浙江大学城市发展与低碳战略研究中心主任、中国自然资源学会资源经济研究专业委员会主任石敏俊教授；浙江大学土地科学与不动产研究所所长吴宇哲教授；浙江大学求是青年学者、浙江大学城市发展与低碳战略研究中心首席专家杜立民教授；浙江大学公共管理学院首位长聘教授、浙江大学城市发展与低碳战略研究中心首席专家方恺；宁波大学商学院副院长、中国生态经济学学会常务理事谢慧明教授等。专家们一致认为，研究院开展《中国自然资源生产率排行榜研究》具有鲜明的学术价值和社会价值，不仅有利于促进自然资源的节约和高效利用，而且有利于促进生态环境的保护和修复工作、促进碳达峰碳中和工作目标实现，政治意义、生态意义、经济意义和社会意义突出，同时高屋建瓴提出了研究内容的相关完善建议以及未来继续开展研究的方向。

正是各位专家的意见和建议，使得《中国自然资源生产率排行榜研究》书稿更趋完善。在此对各位专家表示衷心感谢！

为了出版本书，中国财政经济出版社和周桂元编审付出了大量的心血，编辑成就作者！衷心感谢周桂元编审的贡献！

由于我国自然资源种类丰富，各省、副省级城市、设区市资源禀赋差异较大，影响因素较多，数据收集难度大，使得研究工作不够深入，导致书中难免存在一些瑕疵。敬请各位读者批评指正！

本书作为全国影响力建设智库专项——浙江省哲学社会科学重大课题"中国自然资源生产率排行榜研究"（项目编号：ZKZD202402）的成果推出，也是浙江省新型重点专业智库——浙江农林大学生态文明研究院、浙江省生态文明智库联盟推出的《生态文明研究丛书》第四部。

顾光同

2024 年 11 月 12 日